OS DOMINICANOS
DE TOLOSA NO BRASIL
(1881-1952)

OS DOMINICANOS DE TOLOSA NO BRASIL
(1881-1952)
Da missão ao apostolado intelectual

Claire Pic

Frei Márcio Couto, OP
(org. da edição brasileira)

Tradutores:
Frei Márcio Couto, OP
Irmã Valéria Moutinho, OP
Irmã Glycia Barbosa da Silva, OP
Irmã Rosângela Maria Pinto de Assis, OP
Frei Oswaldo Augusto Rezende Jr., OP

Dados Internacionais de Catalogação na Publicação (CIP)
(Câmara Brasileira do Livro, SP, Brasil)

Pic, Claire
  Os dominicanos de Tolosa no Brasil (1881-1952) : da missão ao apostolado intelectual / Claire Pic ; (org. da edição brasileira) Márcio Alexandre Couto. -- 1. ed. -- São Paulo : Edições Loyola, 2024.

  Título original: Les dominicains de Toulouse au Brésil (1881-1952) : de la mission à l'apostolat intellectuel.
  Vários tradutores.
  ISBN 978-65-5504-329-7

  1. Diocese de Goiás (GO) - História 2. Dominicanos - Brasil : Aspectos religiosos 3. Evangelização - Igreja Católica 4. Missão da Igreja - América Latina I. Couto, Márcio Alexandre. II. Título.

23-184300   CDD-277.3083042

Índices para catálogo sistemático:
1. Missão da Igreja : Evangelização : Cristianismo   277.3083042
Aline Graziele Benitez - Bibliotecária - CRB-1/3129

Preparação: Mônica Glasser
Capa: Ronaldo Hideo Inoue
Vista noturna da fachada da Igreja São Domingos de Uberaba, MG, primeira igreja construída pela missão dominicana no Brasil, inaugurada em 1904 e finalizada em 1914. Foto do acervo pessoal de Frei Márcio Couto, OP. Na contracapa, detalhes exteriores e interiores do santuário (acervo pessoal de Frei Márcio) sobre detalhe de mapa histórico (1874) da província de Goiás (domínio público, acervo do Arquivo Nacional).
Diagramação: Desígnios Editoriais
Revisão: Irmã Rosângela Maria Pinto de Assis, OP

Edições Loyola Jesuítas
Rua 1822 n° 341 – Ipiranga
04216-000 São Paulo, SP
T 55 11 3385 8500/8501, 2063 4275
editorial@loyola.com.br
vendas@loyola.com.br
www.loyola.com.br

Todos os direitos reservados. Nenhuma parte desta obra pode ser reproduzida ou transmitida por qualquer forma e/ou quaisquer meios (eletrônico ou mecânico, incluindo fotocópia e gravação) ou arquivada em qualquer sistema ou banco de dados sem permissão escrita da Editora.

ISBN 978-65-5504-329-7

© EDIÇÕES LOYOLA, São Paulo, Brasil, 2024

Agradecimentos

No Brasil

Rio de Janeiro: Stella Maris Cermeño Mendonça, Nico, Beatriz, Bastien, Claudia e toda sua família, Paulo Ribeiro, Ana-Leticia, Marcela, Filipe, Marcos, frei Bruno Palma, Jayni, Profa. Beatriz Catão Cruz Santos, Profa. Jacqueline Hermann.

Belo Horizonte: Frei Mário Taurinho, Jackson Augusto de Souza, Júnia Mariza Carneiro Pinheiro.

Uberaba: Irma Ângela, Vera, Lúcio.

Goiânia: toda a família Caetano da Costa: Servio Tulio Jr., Dela, Servio Tulio, Marcella, Deaulas Enrique, Silvana, Pandora.

Caminho de Emaús: Irmã Nadir, Maria Lúcia.

Goiás: às irmãs do Asilo São Vicente, Frei Marcos.

Brasília: Tito, Bidô, Mário, Adriana, Prof. Estevão Chaves Rezende Martins.

Conceição do Araguaia: Dom Dominique You, Manelão, Frei Henri des Roziers, Soraya, Luzinete, Magda, Dona Ana, Valdemar Costa, Teresinha Jesus da Costa e Maria Jesus de Souza, Aparecida. Frei Renato, Frei Saul, Frei Zezinho.

Recife: Elizama, Sablina, Bebel, Claudia, Prof. Luiz Marques.

E muitos outros, que tão bem me acolheram por onde passei.

Na França

Minha família: Valentine, J-C e Dany, Nathalie e Florent, Violette e Capucine, Marie-Laure, Geneviève e Paolina.

Minha residência, o observatório: Rita, Hicham, Djoudi, Audrey, Melo, Anna, Renaud, Marine, Julie, Antoine, Loic e todos aqueles que estiveram lá nos últimos três anos... e me suportaram.

E Julie Chival, Kim, Kaolin, Rodrigo, Ariela e Felipe, Patricia e Americo, Mariane, Sigried, Kalys, Maticha, Caniche e Sandrine... e tantas outras pessoas importantes da Provença à Bretanha, passando pelo Tarn, sem esquecer uma especial dedicação a Didier Progeas e acima de tudo, especialmente a Julie Fardet e seu amor pela língua francesa.

Um missionário pergunta a uma jovem em confissão: "Quantos deuses existem?". A jovem, atordoada por essa pergunta, embaraçada, responde-lhe: "Diversos, sem dúvida"[1].

---

1. Narrativa manuscrita de frei Olléris, não datada, mas supostamente de 1920, porque o autor diz que vai deixar Goiás e que foi designado para Porto Nacional em 1920; intitulada *Fragmentos de notas, 1ª parte: Goiás, a maldita*, é composta de 171 páginas, e classificada como K1702, nos arquivos dominicanos do convento Santo Tomás de Aquino, em Tolosa.

Sumário

Apresentação à edição brasileira...... 13
Introdução...... 15
    Escolha do assunto...... 15
    Estado da questão (*status quaestionis*)...... 17
    Problemática...... 41
    Meios utilizados...... 44
    Fontes e metodologia...... 48
    Plano e recorte cronológico...... 56

PRIMEIRA PARTE
Uma missão dominicana na tradição

Capítulo I. A tradição e o passar do tempo...... 63
    1. A Ordem Dominicana e sua tradição missionária... 63
    2. Um contexto favorável à missão...... 68
    3. Lugar da correspondência...... 76

Capítulo II. Goiás, região de missão...... 91
    1. A escolha do Brasil...... 91
    2. Goiás: realidades de uma região de fronteira...... 105
    3. Situação religiosa...... 117

Capítulo III. Projeto e olhar missionário...... 127
    1. "Evangelizar fiéis e infiéis"...... 127
    2. Contribuição científica de testemunhas missionárias. 143
    3. Olhar e cultura europeia...... 159

SEGUNDA PARTE
Uma missão no processo de romanização

Capítulo I. A romanização no Brasil 173
    1. A romanização e sua realização no Brasil 173
    2. Tensões entre a Igreja e o Estado que favorecem a romanização 178
    3. Papel dos religiosos europeus na romanização brasileira 186

Capítulo II. As formas concretas da romanização na missão dominicana 197
    1. Missões populares e catecismo 197
    2. Seminários e criação de dioceses 210
    3. Ordens terceiras, confrarias e organização de leigos 223
    4. O culto do rosário e dos santos da Ordem Dominicana no Brasil 230

Capítulo III. Adaptação do olhar, educação, civilização 245
    1. Olhares brasileiros e impressões dominicanas 245
    2. Os dominicanos ante a religiosidade brasileira 256
    3. Obra das dominicanas de Nossa Senhora do Santo Rosário no Brasil 267
    4. Missionários a serviço do poder temporal e da "civilização" 285

TERCEIRA PARTE
Brasilianização da missão

Capítulo I. Da evangelização à pacificação 303
    1. Arquivos do SPI: considerações brasileiras sobre a catequese dominicana 303
    2. Fracasso do projeto de aculturação desenvolvido em Conceição do Araguaia 316
    3. Novas estratégias 330

Capítulo II. Recrutamento: brasilianização muito lenta 347
    1. 1881-1920: efetivos reduzidos e pouco recrutamento brasileiro 347
    2. 1920-1937: grandes dificuldades da missão e início da integração 356

3. 1937-1952: urbanização e brasilianização da missão 365
Capítulo III. O apostolado intelectual 379
    1. Os dominicanos nas grandes cidades: uma vontade
       da hierarquia eclesiástica brasileira 379
    2. Os missionários dominicanos: atores ou guias? 391
    3. Final da missão e fundação de uma província
       dominicana brasileira 408

Conclusão 429
    Brasilianização 429
    Memória da missão 432
    Considerações finais 445

ANEXOS

1. Mapas 453
2. Tabelas 463
3. Missionários 471
4. Ameríndios 487
5. Memória da missão 493

Fontes 497
    1. Arquivos brasileiros 497
    2. Arquivos dominicanos 498
    3. Narrações missionárias 499
Bibliografia 501

Apresentação à edição brasileira

Gostaria de apresentar aos leitores brasileiros este trabalho realizado pela estudiosa Claire Pic sobre a missão dos dominicanos franceses de Tolosa no Brasil, no final do século XI e metade do século XX. Trata-se de uma tese que foi defendida na Universidade de Toulouse/Le Mirail, sob a direção de Richard Marin, em setembro de 2014.

Em primeiro lugar, o texto é importante porque propõe uma abordagem da história a partir de vários pontos de vista. A autora leu a correspondência trocada entre os frades que estavam no Brasil e seus superiores na França. Esse olhar permite ver não apenas acontecimentos importantes e os datados historicamente – como a constituição de um convento, de uma paróquia, de um tipo específico de fraternidade com leigos –, mas, sobretudo, o que os frades pensavam a respeito das obras que realizavam; não só os que realizavam obras aqui no Brasil, como também a visão dos superiores que estavam longe e que, algumas vezes, vinham ao país para fazer uma visita e conhecer de perto o que se realizava aqui.

Outro elemento importante assinalado pela autora foi a capacidade de os frades se adaptarem à realidade brasileira. Isso ocorreu aos poucos, é verdade. Mas a finalidade da missão vai também sendo modificada à medida que os frades franceses vão se integrando ao mundo brasileiro, especialmente à Igreja do Brasil. Esse enfoque vai permitir que os frades deixem os primeiros lugares da missão para assumirem trabalhar numa realidade mais urbana. Ora, esse processo de urbanização que se realiza paulatinamente no Brasil, e hoje sabemos que a maior parte dos habitantes do país vive nas cidades, é importante porque mostra que os frades começam a perceber essa mudança e se propõem a realizá-la também entre eles.

Um terceiro aspecto que me chamou a atenção nesta obra foi o fato de a autora pesquisar também a reação das autoridades civis ao trabalho missionário dos frades. Ela expõe os conflitos que ocorreram entre os frades e algumas autoridades que não viam com bons olhos o trabalho missionário.

Finalmente, seria importante também notar que a preocupação da Claire Pic é mostrar como se dá o intercâmbio cultural gerado pela missão. O processo vai se desenvolvendo a ponto de chegar o momento em que os frades franceses concluem que devem passar o governo da missão para os próprios brasileiros.

Há outros aspectos que um(a) leitor(a) atento(a) vai perceber no correr da leitura.

Espero que você, que tem o livro em mãos, possa aproveitá-lo ao máximo, não só para conhecer como se realizou a missão francesa no Brasil, mas também para entender como essa missão continuou com os frades brasileiros que deram continuidade ao trabalho implementado pelos missionários franceses.

Frei Márcio Alexandre Couto, OP

Introdução

Escolha do assunto

Este trabalho tem por objeto a história da missão realizada pelos dominicanos da Província dominicana de Tolosa no Brasil, no final do século XIX. Esses missionários se instalam na Diocese de Goiás, no centro do país, em 1881. A missão continua até 1952, data em que se constitui uma província dominicana brasileira, o que põe fim à missão e rompe os liames entre os conventos do Brasil e da França. Durante esse período, os dominicanos realizam um vasto projeto missionário, que consiste na instalação de numerosas congregações europeias na América Latina e, em particular, no Brasil. Assim, essa missão não é um caso isolado e responde a uma tríplice vontade: vontade da Província de Tolosa de desenvolver uma obra missionária; vontade da Igreja brasileira de trazer religiosos europeus para suprir a falta de padres e formar o clero local; e, enfim, vontade pontifícia de unificar a Igreja Católica, afirmando a autoridade romana.

Eu quis, nesta tese, levar em consideração os setenta anos da missão através de um enfoque temático. Essa escolhe nasceu do desejo de estudar a missão em seu conjunto, e é uma continuidade de duas pesquisas realizadas no âmbito de um "master", sobre os inícios da missão e a contribuição etnográfica dos testemunhos missionários[1]. Esses estudos me permitiram tomar contato com as temáticas religiosas, mais particularmente das missões católicas, e de me dotar de uma cultura histórica do campo religioso.

De fato, quando busquei prosseguir meus estudos, minha finalidade não era de me engajar no terreno da história das religiões. Afora meu desejo de trabalhar sobre o Brasil do século XX, eu não tinha ideias precisas, e foi meu diretor de pesquisa, Richard Marin, quem me falou da missão brasileira e dos arquivos do convento dominicano de Tolosa. Por isso, fui até a biblioteca do convento, onde frei Montagne me abriu os arquivos e me guiou em minhas primeiras leituras. Foi no contato com essas cartas do final do século XIX, as quais nenhum historiador ainda havia explorado, que meu interesse por essa missão se desenvolveu. As cartas do início da missão possuem, por numerosos aspectos, a atração das narrativas de viagem, típicas do século XIX. Elas me descreviam um Brasil que eu não conhecia, num estilo que lembrava aquele dos primeiros missionários e colonos da época da conquista: esses europeus que haviam visto a América pela primeira vez. Primeiramente, fui atraída pelo Brasil mítico dessas descrições; em seguida, meu interesse foi levado para a análise do olhar europeu sobre a América e sobre o Outro, veiculado nesses escritos. Foi por isso que meus dois primeiros estudos foram consagrados aos inícios da missão e à dimensão etnográfica dos testemunhos missionários. A reflexão e o interesse pelos religiosos vieram mais tarde. Certamente porque esses últimos estavam mais afastados de minhas concepções e de meus conhecimentos; seu estudo e sua compreensão exigiram de mim um maior esforço. É, portanto, evidente que o religioso constitui um aspecto

---

1. Pic, Claire, *Une mission dominicaine au Brésil. Premiers temps, 1881-1900*, mémoire de maîtrise, Université Toulouse-Le Mirail, octobre 1999; id., *A la recherche des "sauvages" dans le diocèse de Goiás, apport ethnographique des missionnaires dominicains (1881-années 1920)*, mémoire de master 2 recherche, Université Toulouse-Le Mirail, IPEALT, 2009.

essencial e indispensável para compreender os missionários, mas igualmente as populações brasileiras às quais se endereçava essa missão. Ao começar esta tese, fui levada a me questionar sobre meu posicionamento em relação a um tema religioso e brasileiro. De fato, partindo de um ponto de vista afastado do objeto, por causa de meu agnosticismo, minha educação laica e minha inscrição numa pesquisa histórica francesa, eu tinha muitas dúvidas sobre minhas capacidades para apreender esse objeto. O temor de não conseguir perceber o alcance religioso da missão me levou a me interrogar sobre o fato religioso e a evolução historiográfica de sua análise. Essas pesquisas me fizeram compreender que o estudo das missões religiosas ultrapassa o religioso e que o método histórico permite ter um olhar sem *a priori* sobre esses fenômenos, como sobre todo outro fenômeno cultural, quaisquer que sejam nossas convicções. Meu medo de desenvolver um ponto de vista eurocêntrico – o que permanece, ainda hoje, uma realidade bastante corrente nos estudos franceses sobre a América Latina –, sem ter sido completamente superado, foi diminuído por minhas escolhas problemáticas. Interessando-me pelo olhar de dominicanos franceses sobre o Brasil, fiz a análise de um eurocentrismo, o que me obrigou a estudar o próprio objeto de meus temores. De fato, para pôr em evidência esse traço nos missionários, fui obrigada a questionar meu próprio olhar. Ademais, estudando uma missão francesa no Brasil, isto é, um deslocamento, um intercâmbio entre a França e o Brasil, escolhi um enfoque transversal, o que, de meu ponto de vista, me dá mais legitimidade para tratar desse assunto do que se fosse unicamente brasileiro.

Estado da questão (*status quaestionis*)

A historiografia do estudo das missões mostra que essas últimas estão totalmente ligadas à das religiões. Seguiram a mesma evolução até os anos 1980, quando as missões religiosas começaram a ser analisadas de maneira dissociada. Para compreender essa evolução, é preciso colocá-la em paralelo com o desenvolvimento da sociologia e da antropologia, situando o estudo das religiões no cruzamento de diversos campos disciplinares.

A história das religiões, enquanto disciplina científica nascida no século XIX, por ocasião do questionamento da própria religião e das interrogações sobre as origens do homem, fizeram dela um objeto de estudo. Até aquele momento, os próprios religiosos escreviam sua história com uma preocupação de memória e de apresentação apologética de suas ações.

Do século XIX ao começo do século XX, dois enfoques da religião caminham lado a lado: um elaborado pelos religiosos e o outro pelos historiadores frequentemente "antirreligiosos". Esses historiadores anticlericais, influenciados pelas ideologias cientificistas da época, opõem a religião à razão, e, segundo eles, a primeira precederia a segunda na evolução intelectual do homem.

A história das religiões não se desenvolve realmente na França senão a partir dos anos 1930, no rasto dos *Annales*, no seio da história social. Ela se apoia essencialmente sobre teorias procedentes da sociologia, que permitiram renovar o estudo das religiões. De fato, as definições da religião, elaboradas desde o início do século XX pelos fundadores da sociologia – Durkheim[2] e Weber[3] à frente, para não citar senão os mais emblemáticos –, e em seguida pelos seus sucessores,

---

2. DURKHEIM, Émile, *Les formes élémentaires de la vie religieuse, le système totémique en Australie*, Paris, Editions du CNRS, 2008 (^{1}1912). (Em português: *As formas elementares da vida religiosa, o sistema totêmico na Austrália*, São Paulo, Paulinas, 1989 (Sociologia e religião, 7). [N. dos T.])

3. WEBER, Max, *L'Ethique protestante et l'esprit du capitalisme*, trad. J. P. Grossein, Paris, Gallimard, 2003 (1er éd. allemande 1904-1905, française 1964). (Em português: *A ética protestante e o espírito do capitalismo*, São Paulo, Pioneira, 1989. [N. dos T.])

Introdução

permitiram aos historiadores visar à religião como um fato cultural constitutivo das sociedades humanas[4].

A escola dos *Annales* desenvolve, a partir dos anos 1930, métodos que favorecem a interdisciplinaridade. Os historiadores utilizam, doravante, os instrumentos da economia, da geografia, da sociologia, da etnologia, da linguística ou mesmo da psicologia em suas pesquisas, e essa interdisciplinaridade será bem aproveitada na história das religiões. O historiador e jurista Gabriel Le Bras é um bom exemplo dessas evoluções. Ele elabora, no final dos anos 1940, uma sociologia histórica do catolicismo francês, utilizando o método quantitativo para estudar as práticas religiosas. Ele classifica as populações em quatro categorias: os não praticantes; os praticantes "temporários" que só vão à igreja para os grandes sacramentos (batismo, comunhão, matrimônio, funeral); os praticantes regulares (missas dominicais, Páscoa, Natal) e os praticantes "militantes", que são ativos na vida religiosa de sua paróquia. É em torno dele que é criado, em 1954, o Grupo de Sociologia das Religiões (GSR) do CNRS (Centro Nacional de Ciências Religiosas da França), grupo que está na origem de pesquisas que permitiram elaborar mapas

---

4. A partir do final do século XIX, novas formas de pensar a religião são elaboradas no seio da sociologia nascente. Émile Durkheim (1858-1917) definiu a religião por aquilo que se refere ao sagrado, em oposição ao profano, mas sobretudo como um sentimento coletivo, isto é, um componente do pertencimento a uma sociedade, a uma dada ordem social. Max Weber (1864-1920) teve um papel maior na construção da sociologia das religiões. Ele visava à racionalização como uma particularidade do mundo ocidental, caracterizado pelo "desencantamento", isto é, o desaparecimento das crenças na magia e na ação de Deus. Ele buscou a origem dessa racionalização nas religiões monoteístas. Sua obra mais conhecida, *A ética protestante e o espírito do capitalismo*, não é senão uma parte de uma reflexão comparativa mais vasta sobre as ligações entre religião e modelos de sociedade. Outros pensadores e sociólogos puderam, em seguida, tentar definir a religião, mas não se trata aqui de desenvolver esse aspecto. Nós queremos simplesmente sublinhar que os estudos sociológicos levaram a pensar a religião como um fenômeno social e cultural constitutivo das sociedades.

religiosos da França. Em 1956, o CNRS publica uma revista, *Archives de sciences sociales des religions* (Arquivos de Ciências Sociais das Religiões), afirmando, assim, o caráter pluridisciplinar das pesquisas sobre as religiões.

É importante precisar que, se a sociologia das religiões tem um efeito estimulante sobre as pesquisas históricas, ela levou muito tempo para se desconfessionalizar. A sociologia religiosa francesa do pós-guerra permanece marcada pelo catolicismo, sem dúvida porque a própria Igreja Católica se interroga sobre a diminuição do sentimento religioso e utiliza a sociologia para encontrar explicações e soluções. Em 1952, o Centro Católico de Sociologia Religiosa é criado; tornou-se, em 1971, a Associação Francesa de Sociologia Religiosa e, hoje, se chama Associação Francesa de Ciências Sociais das Religiões. Constatam-se as mesmas evoluções em nível europeu com a fundação, por um padre em 1948, da CISR (Conferência Internacional de Sociologia Religiosa). Ela se propõe não confessional, mas só se abre a outras religiões em 1971; desde 1989 é chamada Sociedade Internacional de Sociologia das Religiões. Nos países em que a tradição protestante é majoritária, Estados Unidos e Alemanha especialmente, observam-se mais ou menos as mesmas evoluções, e a sociologia religiosa protestante se desconfessionaliza progressivamente.

No desenvolvimento dos estudos do fato religioso, é preciso também sublinhar a emergência, nos anos 1950 e 1960, da antropologia religiosa muito ligada à sociologia das religiões. A história dessas disciplinas é, de fato, comum, e fala-se hoje de socioantropologia das religiões. A obra de Claude Rivière[5], justamente intitulada *Socioantropologia das religiões*, atesta essa evolução e faz referência a Marx, Durkheim, Weber e Le Bras, até Tylor, Frazer, Bastide e Lévi-Strauss, para retraçar a história da disciplina.

---

5. RIVIÈRE, Claude, *Socio-anthropologie des religions*, Paris, Armand Colin, 2008 ([1]1997).

Introdução

A antropologia das religiões se interessa pelos mitos, símbolos, pela cosmologia dos diferentes povos colonizados (dogon do Mali, ameríndios, canacos...); ela tenta restituir suas religiões de origem e compreender as modificações culturais engendradas pela colonização. Os trabalhos de M. Leenhardt, R. Bastide, J. Soustelle e C. Lévi-Strauss ilustram essa corrente na França. Na École Pratique des Hautes Études – fundada em 1945 e tornada, desde 1975, a Escola de Altos Estudos em Ciências Sociais –, o CARE (Centro da Antropologia Religiosa Europeia) nasce em 1972. Aí se desenvolvem numerosas pesquisas sobre a história das práticas religiosas e sobre os métodos utilizados, situando-se no cruzamento entre história e antropologia.

É igualmente no seio da sociologia e da antropologia das religiões que se desenvolvem os procedimentos comparatistas. De fato, buscando definir a religião, sua essência, suas funções, o sagrado e o sentimento religioso individual e coletivo, essas disciplinas compararam as religiões e seu papel nas diferentes sociedades para tentar extrair definições globais.

A multiplicação dos enfoques sociológicos e antropológicos da religião permitiu, pois, a renovação das análises históricas do fato religioso. A história das religiões transformou-se progressivamente para se tornar um elemento de análise dos sistemas culturais e culminar, a partir dos anos 1970, na história das mentalidades no seio da história cultural. O estudo das práticas e do vivido religioso, próximos da antropologia, marcou os anos 1970 e 1980. Desde os anos 1990, volta-se ao estudo das instituições e das relações entre política e religião.

Primeiramente, centrados sobre o estudo das práticas religiosas mais marginais (feitiçaria, loucura, messianismo, heresia, atitudes diante da morte...), como mostram os trabalhos de Georges Duby ou de Philippe Ariès, os objetos de pesquisas, em seguida, se diversificaram, interessando-se pelas instituições eclesiásticas, pelas práticas dos fiéis ou ainda pelas relações entre Igrejas e poderes. Os três tomos, doravante clássicos, de *Faire l'Histoire*[6], dirigidos por Pierre Nora e Jacques Le Goff, descrevem os novos enfoques históricos que se desenvolvem desde os anos 1970, especialmente no seio da história cultural. A propósito das religiões, e mais particularmente do catolicismo durante o período contemporâneo, os trabalhos de Jean-Marie Mayer, Yves-Marie Hilaire[7], Gérard Cholvy[8], ou ainda Patrick Cabanel[9] e Denis Pelletier[10], ilustram a renovação da história das religiões e nutrem as reflexões sobre os modos de elaborá-las.

Desde os anos 1990, as pesquisas francesas consagradas à história das religiões são cada vez mais numerosas e constata-se a mesma dinâmica no resto da Europa e na América. Entretanto, os estudos sobre as ordens religiosas no período contemporâneo são raros e geralmente elaborados pelos membros dessas ordens. Assim, a única obra que encontramos traçando a história da Ordem Dominicana até os anos 1960 é a de um de seus membros[11], e que permanece mais factual do que analítica.

Para estudar a missão dominicana, tivemos que nos interessar pela história da educação e, assim, pela das congregações femininas, a fim

---

6. GOFF, Jacques Le; NORA, Pierre (dirs.), *Faire de l'histoire*, tome 1: Nouveaux problèmes, tome 2: Nouvelles approches, tome 3: Nouveaux objets, Paris, Gallimard, 1974.
7. MAYEUR, Jean-Marie; HILAIRE, Yves-Marie (dirs.), *Dictionnaire du monde religieux dans la France contemporaine*, 10 tomes, Paris, Beauchesne, 1985-2001.
8. CHOLVY, Gérard, *La religion en France de la fin du XVIIIe siècle à nos jours*, Paris, Hachette, 1998.
9. CABANEL, Patrick, *Entre religions et laïcité, la voie française, XIXe-XXIe siècles*, Toulouse, Privat, 2007.
10. PELLETIER, Denis (dir.), *Utopie missionnaire, militantisme catholique*, Paris, Editions de l'Atelier, 1996.
11. HINNEBUSCH, William A., OP, *The Dominicans, a Short History*, New York, Alba House, 1975. Traduit de l'anglais par BEDOUELLE, Guy, OP, *Brève histoire de l'Ordre dominicain*, Paris, Les Éd. du Cerf, 1990. (Em português: *Breve história da Ordem dos Pregadores*, Porto, Secretariado da Família Dominicana, 1985. [N. dos T.])

de analisar a obra das dominicanas que se instalaram no Brasil, em seguida à de seus homólogos masculinos. Pudemos, assim, constatar que, na França, as pesquisas históricas sobre as mulheres e o ensino confessional são menos numerosas do que no mundo anglo-saxão. No entanto, as congregações religiosas tiveram um papel preponderante na educação no século XIX, quando as políticas públicas de educação estavam pouco desenvolvidas, e, tanto menos, no que se refere à educação feminina. As pesquisas sobre a história das mulheres, como as perspectivas feministas ou as reflexões sobre o gênero, desenvolveram-se mais tarde na França do que na Inglaterra ou nos Estados Unidos. A história da educação feminina está no coração dessas preocupações, com a formação escolar e profissional desempenhando um papel evidente na emancipação das mulheres, permitindo-lhes sair do ambiente doméstico e ter acesso à instrução. Paralelamente, as vocações religiosas femininas foram por muito tempo a única possibilidade para as mulheres de se subtrair da autoridade do pai ou do marido, e constituem, portanto, um objeto de estudo importante para elaborar sua história. A multiplicação das congregações religiosas femininas no século XIX e suas novas orientações vocacionais nos setores do ensino e da saúde são um assunto de estudo importante para analisar a evolução do lugar das mulheres na·sociedade. No entanto, na França, as pesquisas sobre a história da educação concentraram-se, por muito tempo, sobre a educação pública e republicana, sem distinção de sexo. A prioridade da obra do ensino leigo, gratuito e obrigatório, instaurado na Terceira República, permitia ignorar ou difamar o ensino religioso e deixava de lado a especificidade do papel das religiosas na educação feminina. Somente as próprias congregações e os defensores do ensino católico abordavam o tema. A partir dos anos 1970, a multiplicação dos estudos, tendo por objeto a educação em história social e a influência da corrente anglo-saxã de pesquisas sobre a condição feminina e gênero, leva a uma abertura para os temas que tratam da educação feminina e das congregações religiosas do século XIX. Será preciso, no entanto, esperar pelos anos 1980 para que as pesquisas específicas sobre a educação feminina se realizem. Françoise Mayeur[12] permaneceu por muito tempo uma das poucas pesquisadoras nesse campo, antes que Claude Langlois[13] e, mais recentemente, Élisabeth Dufourcq[14] abordem igualmente a história das congregações religiosas e do catolicismo feminino contemporâneo.

No Brasil, desde o final dos anos 1990, as pesquisas sobre a educação, a história do ensino e o papel das congregações religiosas, especialmente no ensino feminino, multiplicaram-se no seio dos departamentos de ciências da educação. Numerosos mestrados e doutorados abordam esses temas e cruzam a história das mulheres e da educação no Brasil, através do estudo de um colégio particular ou de uma congregação docente[15]. O papel por muito tempo preponderante do ensino católico na educação explica o porquê de haver tantos pesquisadores que se interessam por sua história. Encontramos algumas menções das dominicanas em alguns desses trabalhos, mas aparentemente nenhum estudo particular lhe foi ainda consagrado.

---

12. MAYEUR, Françoise, *L'éducation des filles en France au XIXe siècle*, Paris, Hachette, 1979 (nouvelle édition Perrin, 2008).
13. LANGLOIS, Claude, *Le catholicisme au féminin, les congrégations françaises à supérieure générale au XIXe siècle*, Paris, Les Éd. du Cerf, 1984.
14. DUFOURCQ, Élisabeth, *Les aventurières de Dieu, trois siècles d'histoire missionnaire française*, Paris, Lattès, 1993.
15. Citamos aqui a tese de Paula Leonardi, consagrada a duas congregações francesas, mas numerosas outras pesquisas abordam o papel dos religiosos e religiosas no ensino no Brasil: LEONARDI, Paula, *Além dos espelhos, memórias, imagens e trabalhos de duas congregações católicas francesas em São Paulo*, tese de doutorado, Faculdade de Educação da Universidade de São Paulo, 2008. Essa tese trata da instalação, no Brasil, no início do século XX, das irmãs da Santa Família de Bordeaux e das irmãs de Nossa Senhora do Calvária. Esse estudo se interessa por suas criações na França, no século XIX, pela chegada delas ao Brasil, no início do século XX, e pelas diferentes obras que desenvolvem. Através dos arquivos das congregações, o estudo está centrado sobre a análise que as freiras fazem de si mesmas e de seu trabalho, e sobre a maneira que elas contam sua história.

A história das religiões nutriu-se amplamente da sociologia destes últimos anos, enquanto a história das missões está mais próxima da antropologia. Qualificam-se frequentemente de etno-história ou antropologia histórica os estudos atuais sobre as missões.

A história das missões religiosas mobiliza saberes históricos, mas também antropológicos, sociológicos, geográficos, teológicos, literários e linguísticos. Ela abre um campo tão vasto de questões que permite interrogar a história colonial do continente europeu, assim como a dos povos colonizados e, numa escala maior, a dos intercâmbios e mestiçagens culturais em todo o mundo.

Na primeira metade do século XX, quando se renovam os enfoques históricos, há poucos estudos sobre as missões. Apenas a etnologia nascente se interessa por elas, porque as narrativas missionárias são uma fonte importante para essa disciplina. Os missionários são, como veremos mais adiante, os primeiros etnógrafos. Os testemunhos deles são essenciais à etnologia para o conhecimento dos povos antigos, ditos "primitivos" na época, porque os etnólogos não são ainda homens de campo. As missões são, portanto, um tema precursor dos estudos interdisciplinares. A esse título, a obra de Robert Ricard, *A "conquista espiritual" do México*, é pioneira. Esse livro, escrito por um doutor em letras e publicado em 1933 pelo Instituto de Etnologia da Universidade de Paris, seria hoje qualificado de etno-histórico: ele analisa os métodos missionários praticados na Nova Espanha no século XVI e as realidades enfrentadas pelos missionários.

Nos anos 1950 e 1960, os historiadores latino-americanos do período colonial e os americanistas europeus ou norte-americanos, que faziam antropologia religiosa, começam a se interessar pelas missões. Na França, há poucos estudos sobre a colonização ou sobre as missões nessa época. Sem dúvida porque o país, ainda possuindo um vasto império colonial, deixava os intelectuais franceses desconfortáveis para estudar tais fenômenos.

A história das missões não se desenvolve realmente senão com a das religiões nos anos 1960, mas elas não são estudadas de modo independente e são geralmente abordadas em alguns capítulos no seio de vastas histórias do cristianismo ou da América colonial. Somente os antropólogos as estudam isoladamente, porque são para eles uma ferramenta importante para estudar as religiões de origem dos povos evangelizados e compreender os fenômenos de conversão e de sincretismo.

É preciso, pois, sublinhar a importância dos trabalhos de Missiologia realizados pelos teólogos católicos e protestantes durante todo o século XX. Em 1956, Mons. Delacroix faz publicar uma *História universal das missões católica*[16]; é uma retrospectiva, evidentemente apologética, do papel missionário em escala planetária. Ela contém uma advertência que precisa que o processo das ligações entre evangelização e colonização, que se pode fazer nas estratégias missionárias e na instituição em seu conjunto, não deve se referir aos missionários enquanto indivíduos. As reflexões teológicas sobre a missão são de fato numerosas, tanto no que se refere à preocupação da volta ao passado e às ligações mais ou menos assumidas com a expansão colonial europeia, quanto ao âmbito de interrogações sobre a "descristianização", relativa ou verificada, de certas partes do mundo.

Desde os anos 1980, as missões se tornaram, na França, completamente um objeto de estudo histórico, não apenas no seio da história das religiões, mas também nas reflexões mais amplas sobre a evangelização, a colonização, os intercâmbios interculturais e nos estudos etno-históricos. Este último tipo de pesquisa está muito em voga hoje. Um dos precursores, Nathan Wachtel[17], publicou, em 1971, *A visão dos vencidos*, livro no qual analisa a conquista do ponto de vista das populações indígenas do Peru e alega as resistências das populações à evangelização para mostrar o fracasso do projeto aculturador dos missionários.

---

16. DELACROIX, Mgr (dir.), *Histoire universelle des missions catholiques*, Paris, Grund, 1956, 4 v.
17. WACHTEL, Nathan, *La vision des vaincus*, Paris, Gallimard, 1971.

Novas perspectivas de pesquisas sobre a missão foram desenvolvidas pelos antropólogos e americanistas, em particular através dos estudos etno-históricos. Eles renovaram problemáticas, especialmente, para frustrar as críticas de etnocentrismo das quais eram objeto.

As reflexões sobre os intercâmbios interculturais, que se multiplicam desde os anos 1990, permitiram, assim, repensar a missão. Os historiadores utilizam hoje conceitos emprestados à antropologia para reinterrogar a noção de cultura e a de mestiçagem cultural.

O antropólogo africanista Jean-Loup Amselle[18] analisou as diferentes fases de conexões das culturas africanas com a cultura grega, árabe-muçulmana, depois europeia, mostrando assim que houve diversas fases de globalização. Ele prefere, ao termo de "mestiçagem", o de "branqueamento", que lhe permite pôr em evidência as interconexões entre essas culturas. Ele expõe a ideia de que toda cultura se constrói com relação a outras culturas e com relação ao outro: "Não se deve duvidar da ideia segundo a qual a instância íntima de uma cultura se exprime nas outras culturas, ou, dito de outro modo, apoiar-se sobre o postulado de abertura ao outro de toda cultura e, portanto, sobre a interculturalidade ou uma universalidade potencial de cada uma delas". Ele nos adverte, assim, contra o postulado de existência de culturas herméticas, puras ou originais, mostrando que em todas elas estão em ligação e que os empréstimos de uma e de outra são constitutivos de cada uma delas.

A noção de transferência cultural, tomada da antropologia, põe em evidência os mediadores e os receptores de um intercâmbio, a derrubada possível desses papéis e as readaptações culturais que daí decorrem. As pesquisas de Michel Espagne[19] abriram caminho para a utilização

---

18. AMSELLE, Jean-Loup, *Branchements, anthropologie de l'universalité des cultures*, Paris, Flammarion, 2001. (Em português, há um livro desse autor pela ed. Vozes: *No centro da etnia*. [N. dos T.]).
19. ESPAGNE, Michel, *Les transferts culturels franco-allemands*, Paris, PUF, 1999.

desse conceito nos estudos históricos na França. A noção de transferência cultural é, desde há alguns anos, regularmente colocada em proveito das reflexões sobre as relações entre Europa e América, porque permite repensar as culturas americanas desapegando-se das análises eurocentradas, baseadas em noções de influência ou de modelo. Essa noção foi especialmente utilizada nas pesquisas sobre as ligações entre a França e o Brasil, que são antigas e múltiplas, quer nos campos das ciências humanas, quer nos da literatura e das artes. A obra de Mario Carelli[20], consagrada aos intercâmbios culturais entre os dois países, mostra a pertinência da utilização do conceito de "transferência cultural" para os estudos históricos sobre o Brasil. Mais recentemente, a tese de Olivier Compagnon[21] sobre a circulação das ideias de um intelectual católico francês na América do Sul, que utilizamos para nossa pesquisa, assim como os trabalhos nos quais participou em seguida, põe em evidência as aplicações concretas desse conceito e seu interesse em analisar a história cultural da América Latina. Mais amplamente, a noção de transferência cultural permite colocar a questão de uma ocidentalização do mundo visada como um prolongamento das lógicas de colonização, do modo como o americanista Serge Gruzinski[22] demonstrou em seus numerosos trabalhos.

---

20. CARELLI, Mario, *Cultures croisées, histoire des échanges culturels entre la France et le Brésil, de la découverte aux Temps Modernes*, Paris, Nathan, 1993 (Em português: *Culturas cruzadas*, São Paulo, Papirus, 1994. [N. dos T.]).
21. COMPAGNON, Olivier, *Jacques Maritain et l'Amérique du sud, le modèle malgré lui*, Villeneuve d'Ascq, Presses Universitaires du Septentrion, 2003. (Desse autor, temos em português, publicado pela Ed. Rocco, o livro *O adeus à Europa, a América Latina e a Grande Guerra – Argentina e Brasil, 1914-1939*. [N. dos T.]).
22. GRUZINSKI, Serge, *La pensée métisse*, Paris, Fayard, 1999; id. Christianisation ou occidentalisation? Les sources romaines d'une anthropologie historique, *MEFRIM*, 101 (2), 1989. (Em português: BERNAND, Carmen; GRUZINSKI, Serge, *História do Novo Mundo, da descoberta à conquista, uma experiência europeia* [1492-1550], São Paulo, Edusp, 1997. [N. dos T.]).

Introdução

Essas pistas de reflexão são bastante fecundas para renovar os estudos sobre as missões e abordá-las sob o ângulo do encontro intercultural, assim como esperamos demonstrar neste estudo.

O interesse suscitado pelas missões se traduz, na França, pela multiplicação de grupos de pesquisa, colóquios e obras sobre o tema. O CREDIC[23] (Centro de Pesquisa e de Intercâmbios sobre a Difusão e a Inculturação do Cristianismo), o GRIEM[24] (Grupo de Pesquisa Interdisciplinar sobre as Escrituras Missionárias) ou ainda a AFOM[25] (Associação Francófona Ecumênica de Missiologia) fazem parte desses numerosos grupos. Outros organismos se interessam ocasionalmente pelas missões, porque elas estão ligadas a seus campos de pesquisa: o CARE, no seio do qual existe um grupo de pesquisa sobre as missões de evangelização na época moderna; o AFHRC[26] (Associação Francesa de História Religiosa Contemporânea); ou ainda o CRVL[27] (Centre de Pesquisas sobres as Literaturas de Viagem). Numerosos colóquios são organizados por esses grupos, que colaboram frequentemente entre si. Podemos citar como exemplo o colóquio organizado em 2003 pelo GRIEM, "a Missão em textos e em imagens", em associação com a maioria das organizações citadas acima. As atas desse colóquio[28] foram publicadas pelas edições Karthala, na coleção *Memória de igrejas*, que editam regularmente obras sobre as missões. Essa editora, fundada em 1980, especializou-se em ciências sociais e nas relações entre países do Norte e do Sul. Em 2007, ela criou uma revista especializada sobre as

---

23. Criado em 1979, como "Institut d'histoire du christianisme, Université Lyon 3".
24. Criado em 2001, no Instituto Católico de Paris.
25. Associação criada em 1994, em Paris.
26. Sociedade científica erudita, criada em 1974, em Lyon, sob a tutela do comitê dos trabalhos históricos e científicos da Escola Nacional dos Diplomas.
27. Criado em 1984, na Universidade Paris, Sorbonne.
28. PAISANT, Chantal (dir.), *La Mission en Textes et en Images*, Paris, Karthala, 2004.

missões, *História e missões cristãs*, dirigida por Paul Coulon. Nas universidades de Lyon, públicas e católicas, numerosos pesquisadores trabalham sobre a missão – o que pode se explicar pela história missionária de Lyon, sede da obra da Propagação da Fé –, como o atestam especialmente os trabalhos de Claude Prudhomme[29] sobre o assunto.

As universidades católicas e protestantes na França e no estrangeiro são igualmente lugares privilegiados de reflexões sobre a missão, em razão especialmente das preocupações teológicas que visam justificar os empreendimentos missionários cristãos, como mencionamos mais acima: as atividades da Universidade Católica de Lovaina, da faculdade de teologia protestante de Montpellier, das universidades pontifícias romanas, ou ainda da faculdade de teologia e de ciências religiosas da Universidade Laval do Québec são bons exemplos.

Em todos os colóquios e publicações dessas instituições e grupos de pesquisa, percebemos a dimensão interdisciplinar dos estudos sobre as missões: historiadores, sociólogos, antropólogos, teólogos, linguistas e literatos estão lado a lado e cruzam seus saberes, a fim de analisar o fenômeno missionário no seu conjunto, interrogando-o o mais eficazmente possível, enquanto aspecto da história humana que permita esclarecer as dinâmicas atuais, que são chamadas de mestiçagem cultural, ocidentalização ou mundialização.

Os campos de reflexão abertos pelas missões são múltiplos. Ligados à história do cristianismo e da colonização, as missões permitem abordar a religião das sociedades ocidentais, assim como aquela das sociedades colonizadas. Esta análise questiona os fenômenos religiosos em sentido amplo, cosmologia, instituições, práticas, religiosidade, sincretismo, o que faz desses fenômenos objetos de estudo quer para a história, quer para a antropologia, a sociologia, a literatura, a linguística ou

---

29. PRUDHOMME, Claude (dir.), *Une Appropriation du Monde, Mission et Missions XIXe-XXe siècle*, Paris, Publisud, 2004; id. *Missions chrétiennes et colonisations, XVIe-XXe siècle*, Paris, Les Éd. du Cerf, 2004.

ainda para a teologia. As missões são essenciais para pensar a ocidentalização do mundo desde a Idade Média, até mesmo da Antiguidade, se consideramos os apóstolos como os primeiros missionários cristãos.

A história das religiões e das missões religiosas no Brasil foi estudada pelos brasileiros e pelos americanistas norte-americanos e europeus. Esses estudos seguiram, aproximadamente, as mesmas evoluções quer no Brasil, quer na historiografia francesa.

Desde os anos 1960, numerosos historiadores anglo-saxões consagram suas pesquisas ao Brasil, especialmente no seio da corrente brasilianista norte-americana. Contudo, poucos estudos se concentram sobre a história católica e suas pesquisas se interessam essencialmente pela história política e econômica: as relações interamericanas, a era Vargas, a ditadura militar e a indústria brasileira são os assuntos mais estudados. A escravidão é também objeto de numerosas pesquisas, frequentemente através de enfoques comparatistas que se voltam para a história escravagista dos dois países. Desde os anos 1980, a história social está mais bem representada: as questões raciais, o lugar da mulher e as práticas religiosas populares são mais estudados. No entanto, a história das religiões permanece uma especialidade marginal, no seio da qual as Igrejas evangélicas (especialmente as de origem norte-americana) e as religiões afro-brasileiras são os assuntos prediletos dos pesquisadores. Apesar disso, três obras que abordam a história católica brasileira foram consultadas para nosso estudo: a de Thomas Bruneau[30], sobre a Igreja Católica brasileira no século XX; a de Kenneth Serbin[31],

---

30. BRUNEAU, Thomas, *The Political Transformation of the Brazilian Catholic Church*, London, Cambridge University Press, 1974 (Em português: *Catolicismo brasileiros em época de transição*, São Paulo, Loyola, 1974. [N. dos T.]).

31. SERBIN, Kenneth P., *Needs of the Heart, a Social and Cultural History of Brazil's, Clergy and Seminaries*, Notre Dame (Indiana), University of Notre Dame Press, 2006 (Em português: *Padres, celibato e conflito social, uma história da Igreja Católica no Brasil*, São Paulo, Companhia das Letras, 2008. [N. dos T.]).

sobre o clero e os seminários brasileiros; e, em menor medida, a de Dauril Alden[32], sobre a Companhia de Jesus no Império português.

Devemos, evidentemente, mencionar a suma dirigida por Leslie Bethell[33], sobre a história da América Latina, publicada desde os anos 1980 pela imprensa universitária de Cambridge e traduzida em espanhol, português e chinês. Esse trabalho é a síntese de referência sobre a história da América Latina, e os tomos[34] consagrados à cultura e à sociedade abordam os aspectos religiosos.

É preciso igualmente sublinhar que os estudos antropológicos anglo-saxões, tendo por objeto as populações ameríndias brasileiras, são numerosos e se interessam geralmente pelo papel das missões católicas na história dessas populações. Assim, *The Cambridge History of the Native People of the Americas*[35] é uma obra de síntese sobre as populações "nativas" do conjunto do continente, cujo terceiro volume está consagrado à América do Sul[36].

Na América Latina, pesquisadores, teólogos e clérigos se reagruparam no seio do CEHILA (Comissão de Estudos de História da Igreja na América Latina). Criada em 1973, ela se constituiu em torno de um projeto de elaboração da história da Igreja e do cristianismo na América Latina, e publicou vários tomos organizados por países ou áreas geográficas. O projeto era, no início, muito ligado à Igreja Católica e

---

32. ALDEN, Dauril, *The Making of an Enterprise, the Society of Jesus in Portugal, its Empire, and Beyond, 1540-1750,* Stanford, Stanford University Press, 1996.
33. BETHELL, Leslie (dir.), *The Cambridge History of Latin America,* 12v., Cambridge, Cambridge University Press, 1984-2008. (Em português: *História da América Latina,* 6v., São Paulo, Edusp, 1997. [N. dos T.]).
34. Id., *Historia de América Latina,* v. 8: América Latina, cultura y sociedad, 1830-1930, Barcelona, Editorial Critica, 1991.
35. SCHWARTZ, Stuart B.; SALOMON, Frank (dirs.), *The Cambridge History of the Native People of the Americas,* Cambridge, Cambridge University Press, 1996-1999.
36. Para uma resenha sobre os capítulos referentes ao Brasil, ver: ALENCASTRO, Felipe de, L'histoire des Amérindiens au Brésil, *Annales, Histoire, Sciences Sociales* 2002/5, 57e année, 1323-1335.

ao clero. Inspirava-se igualmente numa história marxista a serviço da teologia da libertação. A CEHILA progressivamente abriu-se ao ecumenismo: a participação de leigos aumentou e o caráter militante do projeto esbateu-se para deixar lugar a pesquisadores mais acadêmicos. Em 2004, a comissão se define como "uma rede internacional e interdisciplinar formada por pesquisadores que restituem de modo crítico a dimensão histórica do cristianismo latino-americano e caribenho em toda sua diversidade"[37]. Os tomos consagrados ao Brasil contemporâneo foram frequentemente consultados no decorrer de nossa pesquisa, a fim de recolocar a missão dominicana no contexto brasileiro.

No Brasil, o estudo das religiões é tradicional nas ciências sociais desde os começos do século XX. A história das religiões renovou-se nos anos 1960 e 1970, com o desenvolvimento da história cultural, cujo número de pesquisas não cessou de crescer durante os dois últimos decênios. Na história colonial, as missões jesuítas e o padroado real tiveram um papel central e foram objeto de numerosas pesquisas. Na história contemporânea, as relações entre a Igreja e o Estado, a teologia da libertação, as religiões afro-brasileiras e as Igrejas evangélicas contemporâneas são os temas mais frequentemente abordados. A teologia da libertação é um tema muito estudado porque esse movimento católico exerceu um papel importante na evolução da Igreja latino-americana e na história recente do Brasil. Durante muito tempo, a maioria das publicações sobre o assunto foi obra dos teólogos da libertação. Contudo, desde os anos 1990, os historiadores, sociólogos e politólogos

---

37. VEGA, Imelda; CENTENO, B., La CEHILA en el siglo XXI, una red de investigadores sobre la historia del cristianismo en América latina y el Caribe, *XX Siglos, Revista de Historia de la Universidad de Comillas*, España, Coordinación Latinoamericana de la CEHILA, octubre del 2009. Disponível em: http://www.cehila.org/uploads/CEHILA_SIGLO_XXI.pdf. Acesso em: jan. 2014. "CEHILA es hoy una red internacional e interdisciplinaria, formada por investigadores que rescatan críticamente la dimensión histórica del cristianismo latinoamericano y caribeño, en toda su diversidad."

muito se interessaram pelo assunto: podemos citar aqui os trabalhos de Enrique Dussel[38] e de Michael Löwy[39], para a América Latina em seu conjunto, e a tese de Richard Marin[40] para o Brasil. Os brasileiros e americanistas norte-americanos interessam-se mais pelas Igrejas evangélicas, ao seu incrível desenvolvimento e ao seu investimento na cena política e mediática desde os anos 1980. Outro campo amplamente abordado é o das religiões afro-brasileiras; expressão, talvez, mais emblemática do sincretismo religioso, característica da mestiçagem que se vê como fundamento da identidade brasileira. Elas são estudadas há cerca de cinquenta anos pelos historiadores, antropólogos e sociólogos: o francês Roger Bastide contribuiu amplamente para o desenvolvimento desses estudos.

Para contextualizar a missão dominicana, nós nos interessamos pela historiografia brasileira da Igreja e do catolicismo da segunda metade do século XIX aos anos 1950. Os trabalhos dos historiadores brasileiros José Oscar Beozzo[41], Riolando Azzi[42] e Eduardo Hoornaert[43] foram essenciais para este estudo e fazem parte de nossa bibliografia. Esses estudos nos permitiram compreender melhor o processo de romanização e os esforços da hierarquia eclesiástica para transformar o catolicismo tradicional popular. Eles abordam também a evolução da Igreja brasileira e suas relações com o poder político; da separação da Igreja e do Estado em 1891 ao engajamento social a partir dos anos

---

38. DUSSEL, Enrique. *Teologia da Libertação, um panorama do seu desenvolvimento*, Petrópolis, Vozes, 1999.
39. LÖWY, Michael, *La Guerre des Dieux, religion et politique en Amérique latine*, Paris, Éditions du Félin, 1998.
40. MARIN, Richard, *Dom Helder Câmara, les puissants et les pauvres*, Paris, Éditions de l'Atelier, 1995.
41. BEOZZO, José Oscar (colab.), *História da Igreja no Brasil*, tomo II, século XIX, Petrópolis, Vozes, 1992 (¹1980).
42. AZZI, Riolando (org.), *A vida religiosa no Brasil, enfoques históricos*, São Paulo, Paulinas, 1983.
43. HOORNAERT, Eduardo, *O cristianismo moreno do Brasil*, Petrópolis, Vozes, 1991.

1930, passando por um período de recristianização das elites. Esses três historiadores estão, contudo, muito ligados à Igreja Católica: Riolando Azzi foi salesiano, José Oscar Beozzo é um padre teólogo e Eduardo Hoornaert é também teólogo. Da mesma forma, numerosas publicações sobre a história do catolicismo são publicadas por editoras de diversas congregações religiosas: a editora Loyola é dos jesuítas, Duas Cidades foi dos dominicanos e a Vozes, dos franciscanos. De modo geral, a produção histórica sobre o catolicismo brasileiro permanece ainda muito ligada às instituições católicas e a seus representantes.

Sem pôr em questão o interesse e a qualidade dos trabalhos consultados, parece interessante e pertinente trazer outro olhar sobre as evoluções do catolicismo brasileiro. Ademais, se as dinâmicas gerais da Igreja Católica desse período são descritas, uma história das disparidades e particularidades regionais desses mecanismos está por fazer. As missões religiosas estrangeiras contemporâneas fazem parte dos temas que a história deve explorar, especialmente para analisar o papel de agente mantido pelos missionários da romanização.

A história missionária brasileira permanece dominada pela dos jesuítas. Essa história foi, durante muito tempo, elaborada pelos próprios jesuítas. Os primeiros missionários jesuítas – José de Acosta, José de Anchieta, Manuel da Nóbrega, Fernão Cardim, Antônio Vieira – escreveram, desde o século XVI, as crônicas de suas missões. A obra contemporânea de referência sobre a história da Companhia no Brasil, História da Companhia de Jesus no Brasil[44], foi também escrita por um jesuíta, Serafim Leite, e publicada em dez volumes entre 1938 e 1950. O sociólogo Gilberto Freyre e o historiador Sérgio Buarque de Holanda foram os primeiros leigos que abordaram as ações dos jesuítas no Brasil em suas obras fundadoras, para a construção da identidade brasileira: respectivamente *Mestres e escravos* (1933) e *Raízes do Brasil*

---

44. LEITE, Serafim, *História da Companhia de Jesus no Brasil*, 10v., Lisboa/Rio de Janeiro, 1938-1950.

(1936). Eles consideram a moral jesuíta como atípica, sendo, segundo eles, o oposto das características culturais do Brasil que se esboçam desde os primeiros séculos de formação do país.

A temática jesuíta conheceu, contudo, certo recuo dos anos 1940 aos anos 1970, certamente em razão do sucesso da obra de Serafim Leite, que podia dar a impressão de que o assunto havia sido tratado amplamente. Essa tendência se esbate desde os anos 1970, como testemunha, no Brasil, a obra de Luis Felipe Baeta Neves, *O combate dos soldados de Cristo na terra dos papagaios, colonialismo e repressão cultural* (1978), na qual ele analisa a ideologia jesuíta. Na Europa e nos Estados Unidos, as missões jesuítas são também estudadas. O Brasil é raramente central nessas pesquisas, porque as missões jesuítas no Oriente, e especialmente na China, são consideradas como mais frutuosas. O estadunidense Dauril Alden produziu uma obra importante sobre a Companhia de Jesus no Império português do período colonial: ele estuda a Companhia tomando como modelo a análise da empresa multinacional, daí seu título, *The Making of an Enterprise* (1996). Na França, a tese de Charlotte de Castelnau-L'Estoile[45] consagra-se à ação dos jesuítas no Brasil. É uma obra importante para compreender a lógica interna da Ordem no século XVI, a elaboração de sua política missionária, as dificuldades encontradas no Brasil e o processo de autonomização da província com relação a Roma. Vê-se, portanto, que, na história colonial do Brasil, as missões jesuítas foram amplamente estudadas, o que subentende que as outras ordens religiosas foram negligenciadas. O mesmo ocorre com as análises históricas sobre os missionários católicos depois da expulsão da Companhia em 1759, como, por exemplo, sobre o papel dos capuchinhos italianos nos séculos XVIII e XIX, que são raras. Existe, portanto, poucas pesquisas históricas sobre a religiosidade ou as missões católicas no Brasil contemporâneo.

---

45. CASTELNAU-L'ESTOILE, Charlotte de, *Les ouvriers d'une vigne Stérile, les Jésuites et la Conversion des Indiens au Brésil, 1580-1620*, Centre Culturel Calouste Gulbenkian, Paris, 2000.

Introdução

Por outro lado, os estudos antropológicos estão na origem da maior parte das pesquisas sobre as missões católicas. Para compreender as populações ameríndias de hoje, os antropólogos tiveram que voltar sobre a história das missões, que foram o instrumento privilegiado de assimilação dessas populações. Desde os anos 1950, os estudos que analisam as políticas indigenistas e as relações entre ameríndios e a sociedade se desenvolvem no Brasil e permitem interrogar a ação missionária. Os trabalhos de Roger Bastide[46], Darcy Ribeiro[47], ou ainda os de Roberto Cardoso de Oliveira[48], abriram caminho para esse tipo de reflexão. Esses trabalhos prosseguem com as pesquisas mais recentes de Eduardo Viveiros de Castro ou de Manuela Carneiro da Cunha[49], que abordam amplamente a dimensão histórica em seus estudos antropológicos. Podemos igualmente citar aqui o conjunto de autores que contribuíram para a síntese essencial dirigida por Manuela Carneiro da Cunha, *História dos índios no Brasil*[50]: Antônio Carlos de Souza Lima, Marta Rosa Amoroso ou ainda o norte-americano Robin M. Wright e a francesa Anne Christine Taylor[51]. Nessa obra, que retraça a história dos povos ameríndios do Brasil, a evangelização está amplamente abordada para sublinhar seu papel na assimilação dessas populações e compreendermos a importância das missões na política indigenista brasileira. Os pesquisadores do *Núcleo de História Indígena e do Indigenismo*,

---

46. BASTIDE, Roger, *Le sacré sauvage*, Paris, Stock, 1997 (Payot, ¹1975). (Em português: *O sagrado selvagem e outros ensaios*, São Paulo, Companhia das Letras, 2006. [N. dos T.]).
47. RIBEIRO, Darcy, *Os índios e a civilização*, Petrópolis, Vozes, 1970.
48. OLIVEIRA, Roberto Cardoso de, *Identidade, etnia e estrutura social*, São Paulo, Pioneira, 1976.
49. CASTRO, Eduardo Viveiros do; CARNEIRO DA CUNHA, Manuela (org.), *Amazônia, etnologia e história indígena*, São Paulo, Núcleo de História Indígena e do Indigenismo da USP/Fapesp, 1993.
50. CUNHA, Manuela Carneiro da (dir.), *História dos índios no Brasil*, São Paulo, Schwarcz, 1998 (¹1992).
51. Algumas das obras desses autores são citadas em nossa bibliografia.

fundado em 1990 no seio do departamento de antropologia da Universidade de São Paulo, desenvolvem esse tipo de reflexão. Mais amplamente, vemos se multiplicar, desde uma quinzena de anos nas universidades brasileiras, os estudos ântropo-históricos voltados às políticas indigenistas do século XVIII aos nossos dias. Analisam as diferentes fases de assimilação e os métodos empregados, portanto, às missões. A importância das missões católicas na elaboração dessa antropologia histórica mostra a riqueza que representam os testemunhos missionários para o conhecimento desses povos.

As missões religiosas contemporâneas são, no momento, tratadas essencialmente através dos estudos sobre as políticas indigenistas e os enfoques antropológicos que se interessam pelos primeiros contatos dos povos ameríndios com a sociedade brasileira. A missão dos dominicanos de Tolosa é assim abordada na obra *História dos índios no Brasil*[52]. Um dos capítulos[53] está consagrado à criação de Conceição do Araguaia e à evangelização dos Caiapós[54] pelos missionários dominicanos. Esse capítulo explica que essa evangelização levou ao desaparecimento desses Caiapós num período de quarenta anos, mas não retrata a história da missão dominicana. Outros capítulos descrevem as políticas indigenistas, especialmente a instalação de *aldeamentos* e de *presídios* na Província de Goiás, assim como o papel dos missionários capuchinhos e da catequese nas políticas de "pacificação" e de assimilação postas em prática do século XVIII à primeira metade do século XX. Em estudos

---

52. CUNHA, *História dos índios no Brasil*, op. cit.
53. TURNER, Terence, Os Mebengokre Kayapó, história e mudança social, de comunidades autônomas para a coexistência interétnica, in: CUNHA, *História dos índios no Brasil*, 311-338.
54. Diferentes ortografias são admitidas para designar os povos ameríndios do Brasil. Nós utilizamos aqui a ortografia mais comumente utilizada atualmente, mas outras formas aparecem neste estudo em certas citações ou títulos de obras e artigos. Esta observação se aplica a todos os povos ameríndios mencionados neste trabalho.

antropológicos mais antigos, encontramos igualmente menções da missão dominicana, especialmente, num livro de Berta Ribeiro[55] sobre os ameríndios na história do Brasil. Ela fala de Conceição do Araguaia e sobre os missionários responsáveis pelo desaparecimento dos ameríndios da região. Nos anos 1960, uma antropóloga francesa, Simone Dreyfus, cita igualmente a missão dominicana em seu estudo sobre os Caiapós[56] e sublinha o papel dos religiosos no desaparecimento desses últimos.

Entre os enfoques históricos das políticas indigenistas, que se multiplicaram no Brasil desde os anos 1980, encontramos um artigo de Leandro Rocha[57] sobre os missionários no estado de Goiás, em que são mencionados os dominicanos. Os missionários são aqui visados como agentes da política indigenista assimilacionista e aculturadora do Estado brasileiro.

Os estudos históricos que abordam a missão dominicana no Brasil são muito raros. Riolando Azzi escreveu um capítulo sobre essa missão numa obra que trata dos religiosos no Brasil[58]. Ele descreve os dominicanos como representantes da ortodoxia romana, herméticos à religiosidade popular dos brasileiros.

Encontramos uma história da missão dos dominicanos de Tolosa mais aprofundada numa dissertação brasileira, um mestrado de história das sociedades agrárias, redigida em 1996 por um dominicano, Edivaldo dos Santos[59]. Ele retrata a história da missão de 1881 a 1930

---

55. RIBEIRO, Berta, *O índio na história do Brasil*, São Paulo, Global, 1983.
56. DREYFUS, Simone, *Les Kayapo du Nord, Contribution à l'étude des Indiens Gé*, Paris-La Haye, Mouton & Co, 1963.
57. ROCHA, Leandro, Os missionários em Goiás, in: DEMARQUET, S., *A terra indígena no Brasil*, Brasília, Ministério do Interior, FUNAI, Coleção Cocar, 1988, v. 1.
58. AZZI, Riolando, Os dominicanos durante a época imperial, in: BEOZZO, José Oscar; AZZI, Riolando (org.), *Os religiosos no Brasil, enfoques históricos*, São Paulo, Paulinas, 1986.
59. SANTOS, Edilvado Antonio dos, OP, *Os dominicanos em Goiás e Tocantins (1881-1930), fundação e consolidação da missão dominicana no Brasil*, Dissertação de Mestrado, Goiânia, UFG, ago. 1996.

e se consagra unicamente à obra dominicana no centro-oeste do Brasil. Ele apresenta primeiramente o ideal missionário próprio da Ordem Dominicana desde sua criação e o modo vivido pelos missionários franceses que partem para o Brasil em 1881. Em seguida, descreve o perfil missionário dos dominicanos no Brasil, tomando três deles como exemplo, e depois expõe a tradição de evangelização pacífica da Ordem. Na terceira parte, ele se interessa pela romanização da Igreja brasileira e pelo modo como os dominicanos franceses participam dela. Para terminar, ele faz a descrição das diferentes obras missionárias no Brasil: fundações de conventos e escolas, missões junto às populações cristãs, evangelização dos ameríndios. O autor aborda a missão não apenas com um enfoque histórico, utilizando e analisando essencialmente as fontes romanas e brasileiras da Ordem, mas também teológico, com a finalidade, diz ele, de pôr em evidência as características "transcendentais e espirituais" dessa obra. Em conclusão, ele relata certas críticas emitidas por antropólogos sobre os resultados dessa missão, especialmente sobre o fato de ela ter levado ao desaparecimento completo dos habitantes de três *aldeias* de ameríndios com contato com os missionários em Conceição do Araguaia. Se o autor não toma realmente posição, ele abre outro debate, esse teológico, perguntando-se quantos fatos históricos podem ser analisados como fracassos. Para ele, se se ultrapassa a constatação de fracasso, a reflexão pode se abrir para outra dimensão: a de uma contribuição espiritual e moral da evangelização posta em obra pelos dominicanos, na qual ele vê uma importante dimensão humanitária. O julgamento teológico, se para nós não tem um grande interesse analítico, não retira nada ao estudo histórico, cuja contribuição principal se situa na explicação da ideologia missionária dominicana e da romanização da Igreja brasileira. Permite, outrossim, melhor compreender essa ideologia e o modo que os próprios dominicanos se voltam para a história missionária, que, ligada, em diversos níveis, à história da colonização e da dominação de uma arte do mundo sobre outra, coloca hoje numerosos problemas ao conjunto da Igreja Católica.

Não existe, em nosso conhecimento, nenhum estudo histórico dessa missão francesa, afora aqueles elaborados pelos dominicanos. Esses últimos escreveram diversos livros retraçando a história da missão, que foram fundamentais para este estudo e nos serviram de fonte. Voltaremos em detalhes sobre essas obras, especialmente na primeira parte deste trabalho.

A história dessa missão restava ser feita e a ambição desta pesquisa é de preencher essa lacuna. Tentamos responder às numerosas questões levantadas por essa experiência missionária pouco conhecida e pouco estudada, mas reveladora das evoluções da Igreja Católica brasileira. Frequentemente, uma história particular nos permite aqui pôr em evidência movimentos históricos e culturais muito mais vastos.

No primeiro capítulo de uma obra de 1983[60], Riolando Azzi formula o projeto de uma história dos religiosos no Brasil, da colonização aos nossos dias, no âmbito das pesquisas da CEHILA (Comissão de Estudos de História da Igreja na América Latina). Até onde sabemos, esse projeto não foi concluído. Se um dia isso acontecer, nosso trabalho poderia contribuir para ilustrar certos aspectos da terceira parte prevista por Riolando Azzi para este estudo: "Os religiosos na romanização da Igreja (1840-1962)".

A história das congregações religiosas europeias chegadas ao Brasil no final do século XIX e início do XX resta ser feita, e nossa pesquisa pretende contribuir na sua elaboração, analisando a missão dos dominicanos de Tolosa em Goiás.

Problemática

O estudo dessa missão, através das correspondências missionárias, abre numerosas pistas de reflexão, entre as quais dois eixos essenciais

---

60. AZZI, *A vida religiosa no Brasil...*, op. cit., 9-23.

nos parecem se destacar: de um lado, o papel de agente dos poderes espirituais e temporais exercido pelos missionários dominicanos; e, de outro, as transformações da missão em contato com as realidades brasileiras.

Visar aos missionários como "agentes" permite, de fato, deduzir diversos níveis de análise: são primeiramente agentes da romanização e, desse modo, estão a serviço de Roma e da Igreja brasileira. Eles atenuam a falta de padres, lutam contra o catolicismo popular, formam o clero e, em seguida, participam das evoluções intelectuais do catolicismo brasileiro, a partir dos anos 1930. São também agentes de políticas locais, depois nacionais, de ocupação do interior do país: instalam-se numa zona de fronte pioneiro e realizam a suplência devido à ausência dos poderes públicos nos campos da educação, da saúde, da "pacificação" das populações ameríndias e do enquadramento das populações cristãs.

Outros elementos merecem ser sublinhados e permitem abordar o que qualificamos de "lenta brasilianização"[61] da missão: primeiramente, a particularidade dessa missão francesa que, durante mais de cinquenta anos, se desenvolve de modo quase anônimo no interior pouco conhecido do Brasil. Ela se caracteriza, então, por fracos efetivos e uma bastante lenta integração de elementos brasileiros. Ela se transforma radicalmente durante os vinte e cinco últimos anos da missão, quando os conventos são criados nos grandes centros urbanos e os efetivos aumentam graças a um recrutamento nacional. Ela passa, assim, das populações rurais de Goiás às elites urbanas das cidades mais importantes do país e participa nas transformações intelectuais

---

61. Optamos por utilizar aqui a palavra "brasilianização" para pôr em evidência um processo inverso ao escrito pelos termos "ocidentalização" ou "europeização", muito correntes nos estudos sobre a colonização e mais amplamente nas pesquisas que descrevem o conjunto dos fenômenos reagrupados sob a noção de mundialização. Nós preferimos "brasilianização" à versão francesa *brésilianisation*, em referência ao termo já admitido de "brasilianista", para designar os pesquisadores norte-americanos que trabalham sobre o Brasil.

da Igreja brasileira e nas suas novas orientações. Nosso subtítulo – *Da missão ao apostolado intelectual* – traduz essa reviravolta, utilizando as palavras dos próprios missionários: "a missão" designa os conventos e as obras desenvolvidas no interior do Brasil; "o apostolado intelectual", as obras intelectuais e universitárias que começam a realizar nos centros urbanos a partir de 1927.

Os dois eixos de reflexão articulam-se num contexto mais amplo: o da romanização e da elaboração de uma doutrina social da Igreja, tanto na Europa como na América Latina. No Brasil, a Igreja Católica engaja-se numa política de aproximação de Roma desde a metade do século XIX, a fim de se emancipar do padroado imperial. Por ocasião da Proclamação da República e da separação da Igreja e do Estado (1889-1891), ela perde uma parte de seu poder político, mas ganha em autonomia, o que lhe permite prosseguir sua romanização. É nesse contexto que numerosas comunidades religiosas europeias se instalam no Brasil no transcorrer do século XX; os dominicanos não são um caso isolado. Todas essas congregações respondem a solicitações provenientes de bispos brasileiros reformadores bastante implicados na romanização da Igreja brasileira.

Tendo como pano de fundo esse contexto mais amplo, colocamos nossa análise mais perto dessa missão, de seus atores e testemunhos missionários que constituem o essencial de nosso *corpus*. Nossa hipótese de partida situa o projeto missionário num processo de europeização do catolicismo brasileiro, em razão especialmente da inscrição da missão na política de romanização promovida pelo papa. Nossas pesquisas concentraram-se, pois, sobre os meios utilizados pelos dominicanos para levar a bom termo seu projeto no contexto brasileiro, as resistências às quais tiveram que enfrentar e as transformações desse projeto. Essa hipótese, confrontada com as fontes mobilizadas, levanta diferentes questões às quais nosso trabalho se propõe responder: quem são os missionários dominicanos que se instalam no Brasil no final do século XIX? Qual é seu projeto de início? Que olhar eles têm sobre o Brasil?

Os dominicanos de Tolosa no Brasil (1881-1952): da missão ao apostolado intelectual

Que papel exerce a missão dominicana no contexto brasileiro? Quais são suas estratégias e suas particularidades? De que maneira o projeto missionário evolui durante os setenta anos de missão? Os missionários dominicanos exercem um papel transmissor das ideias desenvolvidas pelos intelectuais católicos franceses dessa época? Como a missão da Província de Tolosa dá assistência a uma província dominicana brasileira autônoma?

Meios utilizados

Nossa pesquisa inscreve-se na renovação atual da história missionária. Esse procedimento se situa no coração da história cultural e faz apelo a toda a diversidade das ferramentas e conceitos desse campo historiográfico. O estudo de uma missão religiosa nos situa no cruzamento de diversos campos problemáticos culturais e pode ser abordado sob diferentes aspectos.

A história da Igreja situa-se na encruzilhada de um lado político e institucional da história cultural. Ela é visada aqui como quadro contextual de nosso estudo. A missão dominicana exerce um papel no seio da história da Igreja brasileira, num período em que esta conhece uma reviravolta importante e se choca com as mudanças políticas e sociais do Brasil do final do século XIX e da primeira metade do século XX. Essa missão é igualmente representativa de uma reviravolta da Igreja Católica no seu conjunto e, numa menor medida, da evolução religiosa da França da época.

Colocando o missionário dominicano no centro de nossa análise e estudando seu olhar através de seus escritos e correspondências, nós nos situamos numa história das representações e das práticas missionárias. Esse enfoque, ditado pela natureza das fontes quase exclusivamente dominicanas, nos permite esclarecer suas concepções, suas maneiras de apreender as realidades brasileiras, o projeto missionário e as adaptações deste a essas realidades. Por um lado, nosso procedimento aproxima-se, pois, da história das ideias, ligando-se às concepções da época, à circulação dessas e pondo em evidência redes de pensamentos e de intelectuais católicos. Por outro lado, o confronto com as realidades brasileiras e a necessária adaptação do projeto e das práticas missionárias permitem-nos abordar quer a organização da missão dominicana e suas estratégias, quer as realidades sociais e religiosas brasileiras. A reflexão situa-se essencialmente no nível dos atores, os missionários dominicanos, tanto na análise de sua ação missionária como de suas representações do Brasil. Eles são os principais autores de nossas fontes; nós os definimos como transmissores e receptores: transmissores conscientes, quando se trata da obra missionária propriamente dita, e inconscientes, quando veiculam as ideias e concepções de seu tempo, ligadas a seu país de origem e à sua formação. Receptores, porque devem se adaptar à cultura e aos costumes do país no qual se instalam. A interpretação que fazem de suas ações e das dificuldades que encontram permite compreender as evoluções da missão e as apropriações progressivas de certas características brasileiras.

Esse procedimento permitiu-nos analisar os intercâmbios culturais gerados pela missão e pôr em evidência suas transformações, levando em conta sua temporalidade e finalidade.

Nosso trabalho situa-se nas dinâmicas atuais de uma história das relações culturais transnacionais do mundo contemporâneo, tal como a apresenta Pascal Ory na introdução da obra coletiva: *As relações culturais internacionais no século XX, da diplomacia cultural à aculturação*[62]. Essa introdução, que retraça a historiografia das relações culturais, nos iluminou na definição de nosso procedimento pessoal. Pascal Ory define três tipos de enfoque em história das relações culturais: enfoque

---

62. Duiphy, Anne et al. (dirs.), *Les relations culturelles internationales au XXe siècle, de la diplomatie culturelle à l'acculturation*, Bruxelles, P.I.E. Peter Lang S.A./ Editions Scientifiques Internationales, 2010.

formal, funcional e conjuntural, nos quais pudemos reconhecer nosso percurso no modo de abordar essa missão. O enfoque formal estuda o intercâmbio ou a transferência cultural propriamente dita, podendo ir de um efêmero efeito da moda a uma aculturação. O enfoque funcional põe em evidência os atores, os fatores e os efeitos do intercâmbio. Enfim, o enfoque conjuntural permite-nos situar o contexto político, geográfico e social do intercâmbio. Essa maneira de definir a análise história da relação cultural nos permite encarar a missão dominicana sob o ângulo do intercâmbio cultural, centrando a reflexão sobre os atores, ou mediadores, que são os missionários, e situando-os no contexto religioso, político e social do Brasil e da Igreja Católica. Torna-se, assim, possível compreender a missão dominicana em toda sua complexidade e pôr em evidência os diferentes aspectos de sua evolução. Para ilustrar a multiplicidade de trajetos, de formas e de efeitos de uma transferência cultural, Pascal Ory escreve: "A história escreve certo por linhas tortas"[63]. Nós nos permitimos aqui ir mais além, deslocando a metáfora geométrica para a do eixo de comunicação: a história escreve certo, sobre uma via em duplo sentido, com linhas tortas e uma infinidade de itinerários duplos.

Assim, a história cultural abarca uma grande diversidade de métodos e de objetos; é simultaneamente o que a torna criticável, mas também o que faz sua riqueza. O estudo de uma missão religiosa inscreve-se no campo historiográfico. Permite interrogar os atores, os missionários, como também aos que se destina a missão. Quisemos estudar a missão em toda sua abrangência para dar conta da extensão das implicações de tal empreendimento.

Para apreender a complexidade da missão, um enfoque transdisciplinar pareceu-nos indispensável: este estudo histórico, baseado na análise de arquivos precisos, deseja nutrir-se igualmente das contribuições etnográficas e geográficas dos testemunhos missionários. Esses

---

63. Ibid., 20.

últimos nos ensinam quer sobre a geografia do Brasil, a diversidade e a religiosidade de suas populações, quer sobre a realização da missão, suas estratégias de evangelização e seu papel na política e na economia locais. A antropologia exerce nessa análise um papel essencial em diversos níveis: primeiramente, os missionários são, como os viajantes e os grandes exploradores científicos da época, etnógrafos, e seus testemunhos nos dão informações antropológicas. A antropologia é igualmente indispensável à compreensão dos processos de evangelização das populações ameríndias. Ademais, a evolução epistemológica dessa ciência nos oferece chaves para compreender o olhar voltado pelos missionários sobre as populações do Brasil, permitindo-nos abordar o sentimento de superioridade civilizacional dos europeus da época.

Este estudo utiliza igualmente a noção de transferência cultural, aplicando-a às missões. As transferências culturais abrem numerosos eixos de pesquisas, porque permitem analisar a ação missionária sob diferentes ângulos: o missionário é vetor de uma mensagem, de uma cultura, que ele quer transmitir às pessoas "missionadas", portadoras de outra cultura; as resistências dessas populações e as adaptações missionárias são reveladoras de características culturais próprias a cada um dos grupos, mas também dos intercâmbios culturais que se produzem entre eles.

Nossa vontade de utilização da noção de transferência cultural como grade de leitura neste estudo chocou-se, portanto, com um limite: a dificuldade de encontrar fontes que permitiam analisar as recepções brasileiras da missão. Em razão de o essencial de nossas fontes ser de origem dominicana, não seria possível fazer da história dessa missão a história de uma transferência cultural. Partindo dessa constatação, nossa análise não podia se fazer senão a partir de uma perspectiva interna, a partir do ponto de vista dominicano, do olhar trazido pelos próprios missionários e sobre as realidades brasileiras. Essa escolha, imposta pela natureza dessas fontes, não impede de propor uma história distanciada da missão; limite e riqueza da análise, essas fontes permitem perceber essa missão do interior. Seguimos os missionários através de seus escritos; são esses, portanto, os fios diretores de nosso estudo. O olhar que eles trazem sobre o Brasil e seu percurso, coletivo e pessoal, nos servem para construir a história da missão. Para o estudo da recepção brasileira da mensagem dominicana, podemos apenas tirar alguns fios e emitir hipóteses às quais futuros pesquisadores contribuirão com respostas.

Fontes e metodologia

Para levar adiante esta pesquisa dispomos, principalmente, de um conjunto de documentos enviados pelos missionários ao seu convento de Tolosa entre 1881 e 1952. Esse arquivo encontrasse no convento de Santo Tomás de Aquino, em Tolosa. Essas fontes foram utilizadas pelos próprios dominicanos a fim de retratar a história de seu convento e da missão. Alguns estudos foram elaborados durante a missão, outros *a posteriori*; existem, pois, algumas obras, publicações e artigos que relatam a história dessa missão. A parte mais importante do fundo dominicano do convento de Tolosa é composta de dezessete envelopes, nos quais se encontram essencialmente cartas e relatórios, mas também alguns artigos de jornais brasileiros, as contas dos conventos, mapas e fotografias. Estima-se que há, no mínimo, cento e cinquenta cartas e uma quinzena de relatórios. Não pudemos levar em conta o conjunto dessas cartas, mas lemos todas. Selecionamos aquelas que nos pareceram mais significativas para reter por volta de duzentas delas. Foi relativamente fácil eliminar uma parte dessas cartas, porque elas são frequentemente repetitivas: as mesmas observações e pedidos repetidos durante longos meses, antes que seja tomada uma decisão. Essas fontes, muito abundantes, são de grande riqueza pela diversidade de temas abordados, e nos permitiram retraçar a história dessa missão, ao apreendermos diferentes aspectos dos fenômenos missionários.

A maioria das cartas foi escrita pelo superior ou vigário provincial da missão e se dirige ao provincial de Tolosa. O superior da missão escreve pelo menos uma vez por mês ao provincial. No início da missão, a correspondência é espaçada e irregular, porque o trajeto do correio do interior do Brasil para a costa, depois até a França, é longo e difícil; com o desenvolvimento do aeropostal, porém, ela se torna mais fácil. A frequência dos intercâmbios imposta pelo correio, acrescida da centralização dominicana – que faz com que nenhuma decisão possa ser tomada sem antes ser validada pelo superior da missão, o provincial de Tolosa e o mestre-geral da Ordem –, faz com que os prazos de decisões sejam muito longos. É preciso meses, até mesmo anos, para que uma proposta emanada dos missionários do Brasil seja estudada e validada na França, depois em Roma, para finalmente poder ser posta em prática.

As cartas e os relatórios emanam essencialmente dos dominicanos que ocupam funções importantes na hierarquia regular ou secular: vigário provincial da missão, superior de convento, visitador canônico ou ainda bispo. São, pois, todos letrados, intelectuais, que tiveram de atingir um nível elevado nos estudos dominicanos e souberam, no correr de sua carreira religiosa, mostrar capacidades para as funções de direção.

Essas correspondências têm seus limites: descrição da missão pelos próprios missionários, o que dá uma visão parcial dessa empresa e reflete unicamente o olhar trazido pelos missionários sobre seu próprio trabalho e sobre o Brasil.

Os relatórios escapam a essas críticas por certos aspectos. São geralmente realizados pelo visitador canônico da missão, que é, certamente, um dominicano, mas ele vem da França, designado pela província para determinar as coordenadas sobre o estado da missão. Essas visitas realizam-se, teoricamente, a cada quatro anos, mas, para a missão brasileira, elas são geralmente muito mais espaçadas em razão das distâncias e do tempo que é preciso passar *in loco* para visitar todos os conventos no interior do país. No final do século XIX, uma boa parte desses trajetos se faz no lombo de mulas ou em pequenas embarcações sem motor, e é preciso aproximadamente um ano ao visitador para dar a volta em toda a missão brasileira. Quando se sabe que o visitador é, frequentemente, o provincial e que esse foi eleito por quatro anos, compreendem-se as dificuldades de tal viagem. O visitador põe, portanto, um olhar exterior sobre a missão, descreve-a, emite críticas, dá conselhos e diretivas: ele faz um balanço no qual fixa os objetivos para os anos vindouros. Esses relatórios foram muito importantes para nossa análise. Eles nos ensinam simultaneamente sobre o estado da missão num dado momento e sobre o olhar da província, portanto, pela hierarquia francesa, à missão do Brasil.

O conteúdo das cartas evolui sobre os setenta anos da missão. Elas são muito descritivas, etnográficas, durante os trinta primeiros anos, e depois se tornam cada vez mais hierárquicas e puramente organizacionais a partir dos anos 1920. O Brasil é então "uma aquisição"; os missionários o conhecem perfeitamente e não há mais longas descrições nessas cartas. De 1881 aos anos 1910, os dominicanos descobrem e fazem descobrir a seu superior o Brasil no qual se instalam: eles se espantam, criticam e tentam compreender a Diocese de Goiás e seus habitantes. Eles multiplicam as descrições geográficas e econômicas de Goiás, as descrições dos costumes, dos modos de vida e da religiosidade brasileira, e, enfim, as descrições etnográficas dos ameríndios da região. No correr dos anos, as cartas são cada vez menos descritivas e cada vez mais centradas sobre a organização, a hierarquia, os problemas internos, a relação com o clero e os brasileiros. Esses elementos, que estão presentes nas correspondências dos missionários no transcorrer da missão, tornam-se pouco a pouco o essencial das correspondências. Somente os relatórios das visitas canônicas e das publicações (revistas ou obras) guardam um aspecto descritivo, uma vontade de "fixar o cenário", porque são destinados a leitores franceses que têm necessidade do contexto para compreender a missão e as obras ali desenvolvidas.

Os livros dos dominicanos, publicados no Brasil, são antes destinados às populações do Sul e das cidades que mal conhecem o interior do país, e adotam frequentemente um enfoque socioeconômico.

Pudemos observar ausências significativas para os decênios 1900 e 1910 nos arquivos dominicanos franceses. A expulsão da maioria das congregações religiosas da França, em 1903, seguida do exílio que perdura até 1920 para os dominicanos, explica a ausência de correspondência datando desse período nos arquivos do convento de Tolosa. As cartas dessa época devem ter-se perdido ou se encontram nos conventos que acolheram os dominicanos franceses na Espanha e na Itália.

O essencial de nosso *corpus* está constituído dos arquivos do convento dominicano de Tolosa, mas buscamos confrontar os arquivos franceses às fontes brasileiras eclesiásticas e laicas, a fim de que esta pesquisa pudesse se destacar de uma visão dominicana unilateral.

Para realizar este trabalho de doutorado, tive a chance de receber o benefício de uma alocação de pesquisa de onze meses, que me permitiu uma viagem de estudo no Brasil no âmbito do programa Egide (colégio doutoral franco-brasileiro), do ministério francês de assuntos estrangeiros. Durante o ano de 2010, tive acesso a numerosas fontes brasileiras essenciais para elaborar a história desta missão.

No Rio de Janeiro, fui ao *Museu do Índio*, onde estão reunidos os arquivos do SPI (Serviço de Proteção aos Índios)[64]. Pude consultar os informes dessa instituição e a imprensa da época da missão, que mencionam, às vezes, os dominicanos franceses e têm um olhar crítico sobre o trabalho das missões religiosas junto aos povos ameríndios. Encontrei igualmente documentos que vão ao mesmo sentido na Fundação Darcy Ribeiro.

Em Belo Horizonte, tive acesso aos arquivos da Ordem Dominicana no Brasil. Isso me permitiu estudar as cartas enviadas pelos superiores

---

64. SPI: Serviço de Proteção aos Índios, que se tornaria a FUNAI (Fundação Nacional do Índio) em 1967.

franceses, em resposta à dos missionários consultadas nos arquivos tolosanos. Pude também ler as correspondências trocadas entre conventos brasileiros, o que abriu minha análise para as relações e tensões internas da missão. Havia igualmente numerosos fascículos, mais recentes, retraçando uma parte da história da missão ou reagrupando notas biográficas sobre diferentes missionários, que permitem abordar a visão da província dominicana brasileira sobre essa missão fundadora[65]. Encontrei muito poucos documentos referentes aos começos da missão nos arquivos dominicanos brasileiros. Isso se deve certamente às diversas mudanças de conventos advindas no correr do período, assim como às dificuldades de conservação do papel num clima úmido. Havia igualmente muito poucos arquivos referentes aos anos 1930, isto é, ao período Vargas, e quase nenhuma referência à revolução de 1930 ou ao Estado Novo nas correspondências dominicanas existentes. Isso parece estranho quando se sabe que os dominicanos faziam frequentemente observações sobre a política brasileira, e sabemos, por outras fontes, que eles apreciaram esse período mais favorável à Igreja Católica do que o precedente, especialmente no plano das ajudas financeiras. Frei Mário Taurinho, arquivista dominicano que me acolheu e permitiu consultar o acervo de Belo Horizonte, me fez saber que uma parte dos arquivos dominicanos antigos tinha se perdido por ocasião de mudanças ou tinha sido abandonada nos conventos fechados no correr da missão. Ademais, durante a ditadura, nos anos 1960 e 1970, os militares fizeram requisições em certos conventos dominicanos e alguns arquivos desapareceram. Apesar disso, o acervo de arquivos dominicanos de Belo Horizonte permanece muito importante. Uma classificação completa do acervo estava sendo realizada em 2010, em vista da numeração do conjunto dos arquivos. Consultei o máximo de documentos possível, depois selecionei aqueles que me pareciam mais pertinentes para este

---

65. Fascículos não datados, mas provavelmente elaborados a partir dos anos 1990: *Memória dominicana*, frei Alano, OP, Juiz de Fora.

estudo. Assim, privilegiei cartas dos dois últimos decênios da missão, que eram as mais numerosas. Os anos 1930 e 1940 correspondem período de emancipação progressiva da missão com relação à Província de Tolosa. Os conventos fundados nas grandes cidades do país rapidamente se tornam importantes e o recrutamento de brasileiros se acelera. As correspondências entre conventos se multiplicam e as dissensões entre os missionários e a hierarquia aparecem. Os arquivos brasileiros nos permitiram estudar melhor essas evoluções, que se manifestam menos claramente nos arquivos franceses, cujo tom é mais policiado, porque as cartas se dirigem ao provincial, portanto, ao superior hierárquico da província.

Depois de deixar Belo Horizonte, quis conhecer as cidades das primeiras fundações dominicanas. Essa viagem me fez entrar em outra dimensão da missão: em sua memória. Tive a oportunidade de encontrar dominicanos e dominicanas brasileiros formados na França e pessoas que estudaram em colégios dominicanos. Também visitei os conventos e igrejas construídos pelos missionários e hospedei-me em alguns desses edifícios. É difícil explorar cientificamente essa parte dessa viagem de estudo, mas é evidente que ela me permitiu acesso a uma realidade da missão. Os testemunhos vivos, os lugares e as paisagens permitiram-se aproximar-me de meu projeto, apreender sua realidade física e passar da imagem construída, pela leitura dos arquivos, a uma visão concreta. Tenho consciência de que esses testemunhos estão submetidos, entre outros, aos filtros da memória e que os lugares que visitei se transformam no correr dos anos. Não é em termos de objetividade que se medem as contribuições dessa viagem; eu a vejo antes como uma medida para tentar me aproximar da experiência vivida pelos missionários no momento de sua descoberta da região e para conhecer os lugares onde eles viveram. Além disso, encontrei documentos interessantes em todos os lugares visitados. Em Conceição do Araguaia, cidade que os dominicanos fundaram, o bispo atual, D. Dominique You, interessou-se por minhas pesquisas, abriu-me os arquivos da diocese e me fez encontrar numerosas pessoas portadoras de uma memória da missão. Em Uberaba, encontrei uma obra, publicada por ocasião do centenário da presença das irmãs dominicanas no Brasil (1985), que, além de retraçar a história das diferentes fundações e a importância das obras desenvolvidas pelos dominicanos, volta-se para a história do ensino feminino na região e reúne artigos de jornais e discursos da época[66]. Encontrei, durante toda essa viagem, numerosas publicações locais voltadas à história da missão, e, ainda que comportem frequentemente erros históricos, permitem formar uma ideia das recepções da missão, de sua posteridade e de restabelecer os nomes dos missionários que mais marcaram os espíritos. Pude igualmente ler narrações de exploradores brasileiros que visitaram os lugares de missão na primeira metade do século XX.

A abundância de fontes representou a principal dificuldade encontrada durante a pesquisa. De fato, era difícil analisar as fontes em seu conjunto, isto é, ter uma visão clara, sintética, de seu conteúdo e de seu alcance. Elas se estendem sobre um período de setenta anos e permitem tratar temas tão variados que era necessário fazer escolhas a fim de retomar uma problemática à qual pudéssemos realmente responder no âmbito de uma tese de doutorado.

Diante da abundância de fontes, decidimos, pois, utilizar uma base de dados para poder destacar mais facilmente o conjunto dos temas abordados e selecionar os mais pertinentes. Utilizamos o programa *file maker*, a fim de classificar os documentos consultados e fazer as ligações entre seus autores, suas ligações de redações e os diferentes períodos da missão. Essa ferramenta permitiu-nos tratar nossas fontes numa perspectiva serial e pôr em evidência os assuntos recorrentes nas correspondências. Deduzimos doze temas principais e quarenta e nove subtemas, o que mostra, de golpe, a extensão dos assuntos abordados.

---

66. LOPES, Maria Antonieta Borges; BICHUETTE, Monica Teixeira Vale (org.), *Dominicanas, cem anos de missão no Brasil*, Uberaba, Vitória, 1986.

Introdução

A transformação do conteúdo das correspondências sobre os setenta anos da missão aparece bem nas temáticas principais da base de dados. No começo da missão, os temas mais presentes são: "dominicanos viajantes e observadores", "atividades missionárias", "religiosidade brasileira" e "ameríndios". A partir dos anos 1920, o tema que volta com mais frequência se intitula "organização e vida dominicana", o que mostra que as correspondências são menos descritivas e estão recentradas sobre a organização interna e hierárquica da missão. Essa base de dados permitiu-nos, sobretudo, estabelecer ligações mais facilmente entre as correspondências, uma vez que é possível realizar pesquisas por temas, autores, datas, referências ou simples palavras. Pudemos também repertoriar numerosas citações. Enfim, levamos em conta mais fontes e evitamos esquecer algumas delas consultadas há mais anos. Essa ferramenta deu, pois, um elemento de síntese essencial para nosso estudo.

O estudo dos recenseamentos brasileiros de 1872, 1890, 1900, 1920, 1940 e 1950[67] permitiu-nos esboçar uma história social das regiões nas quais se desenvolveu a missão. Desse modo, elaboramos tabelas[68] que traçam a evolução da população, de sua alfabetização e do número de religiosos no conjunto do país e nos estados em que os dominicanos fundaram conventos. Esses dados destacam as disparidades regionais, em termos de educação e de presença clerical, e suas evoluções para o período estudado. Igualmente nos interessamos pelas diferentes categorias de habitantes, apresentados em função de sua cor; característica brasileira dos recenseamentos nos quais os habitantes devem declarar sua "raça", segundo o termo empregado no Brasil. Esses dados são indicadores da composição das populações às quais se dirige a missão e da história do povoamento das regiões em que ela se desenvolve.

---

67. Recenseamentos tirados do *site* do IBGE (Instituto Brasileiro de Geografia e Estatística). Disponível em: http://biblioteca.ibge.gov.br. Acesso em: out. 2013.
68. Ver tabelas em Anexos, p. 466 a 468.

Permitem também estudar o modo pelo qual se definem esses habitantes e a evolução dessas percepções. Utilizamos esses recenseamentos a fim de ter uma ideia mais precisa das realidades sociais das regiões onde se instalam os dominicanos e para melhor compreender o que eles descrevem em suas correspondências. Pudemos, igualmente, colocar em evidência aspectos dos quais os missionários não falam diretamente, mas que podem explicar certas orientações da missão.

A análise de arquivos, de recenseamentos, de jornais e de obras brasileiros da época permitiu-nos confrontar as fontes dominicanas com dados brasileiros, a fim de melhor compreender o contexto brasileiro no qual se desenvolve a missão e o olhar missionário.

Plano e recorte cronológico

Nosso estudo articula-se em torno de um plano temático em três partes. Uma primeira parte estabelece os parâmetros da missão, ressituando-a na tradição dominicana e no contexto religioso francês e brasileiro. Descreve a vocação missionária da Ordem, o projeto brasileiro, as estratégias postas em prática pelos dominicanos, a região na qual se instalam e a visão que têm sobre esse Brasil do final do século XIX.

A segunda parte está consagrada ao processo de romanização no qual se inscreve a missão, assim como à adaptação do olhar e das estratégias missionárias às realidades brasileiras. Essa parte detalha a realização da romanização no Brasil, as formas concretas que toma no trabalho missionário. Tentamos igualmente apreender o olhar trazido pelos brasileiros sobre esses religiosos estrangeiros, mobilizando fontes não dominicanas.

Na terceira parte, abordamos a lenta brasilianização da missão, interessando-nos pelas transformações do projeto de evangelização, pelas dificuldades de recrutamento da Ordem no Brasil e pela

Introdução

fundação de conventos nas grandes cidades do Sul, que conduz os missionários para o apostolado intelectual a partir de 1927. Permite, igualmente, interrogar seu papel na circulação das ideias dos intelectuais católicos da época de um lado ao outro do Atlântico, assim como o modo que se inscrevem na evolução do catolicismo brasileiro e finalmente se emancipam da província tolosana.

Os limites cronológicos de nossa pesquisa, 1881-1952, são os da missão: da chegada ao Brasil dos primeiros missionários dominicanos franceses, à fundação da província dominicana brasileira, que rompe a ligação hierárquica com a França.

Um recorte cronológico em três fases permite melhor apreender as evoluções da missão: 1881-1911, 1911-1927, 1927-1952. Esse recorte permite-nos, de modo prévio a este estudo, situar mais precisamente as principais articulações e temáticas que cruzam a história dessa missão[69].

O primeiro período estende-se de 1881 a 1911 e compreende a instalação da missão na Diocese de Goiás e sua "descoberta" pelos missionários. Quatro conventos são fundados sucessivamente nas cidades da região: 1881 em Uberaba, 1883 em Goiás (sede da diocese), 1886 em Porto Nacional e 1905 em Formosa. Ademais, em 1897 os missionários põem em prática um projeto de evangelização dos ameríndios no norte da diocese, onde fundam Conceição do Araguaia. Esse período caracteriza-se por uma forte inscrição do projeto missionário na política de romanização da Igreja brasileira, que se apoia especialmente sobre a instalação no Brasil de numerosas congregações europeias. Os dominicanos assumem a responsabilidade de numerosas paróquias para enfrentar a falta de padres e participam na formação de um clero local, ensinando nos seminários. Eles partem em missão durante longos meses, por toda a diocese, para administrar os sacramentos e educar as populações católicas. Nisso, eles são agentes exemplares de Roma e

---

69. Ver tabelas cronológicas e mapas em Anexos, respectivamente, p. 464-465 e 454 a 456.

da hierarquia eclesiástica brasileira. Eles investem também nos domínios temporais, especialmente nos setores da educação e da saúde em que o papel das dominicanas é essencial. Elas se instalam, alguns anos depois de seus homólogos masculinos, em todas as cidades da missão. Os missionários participam assim da política de povoamento, de enquadramento e de "civilização" no interior do país. Desse modo são agentes do poder civil que, durante o Império, a República ou a era Vargas, os apoia e os utiliza a fim de cobrir a falta de meios e estruturas nas regiões do Araguaia e Tocantins. Durante esse período, os efetivos missionários masculinos são fracos e unicamente franceses, enquanto o número de dominicanas aumenta rapidamente.

De 1911 a 1927, a missão se transforma lentamente. Os dominicanos franceses começam a ser integrados no clero secular brasileiro, o que representa um reconhecimento do trabalho da missão por Roma. Dois missionários franceses são, de fato, nomeados bispos por ocasião da criação de duas novas dioceses na zona de missão: Conceição do Araguaia, em 1911, e Porto Nacional, em 1920. Os dominicanos começam a recrutar e formar brasileiros no final dos anos 1910, mas a formação é muito longa e se desenvolve na França. Não há, pois, dominicanos brasileiros antes do final dos anos 1920. Paralelamente, o processo de romanização prossegue e os dominicanos participam dele ativamente, continuando seu trabalho de missão e de educação a fim de lutar contra o catolicismo popular. O projeto de evangelização transforma-se diante do fracasso do projeto inicial de evangelização dos Caiapós de Conceição. Novas tentativas de contato com outros povos são realizadas, abrindo caminho para novos métodos de evangelização. Esse período é sobretudo marcado por dificuldades materiais e um grande déficit de missionários. Os dominicanos são muito pouco numerosos no Brasil e mal conseguem suprir as necessidades da missão, que se encontra comprometida por causa disso. As dominicanas, por sua vez, estão se tornando cada vez mais numerosas, porque começaram a integrar brasileiras desde que chegaram. Seus colégios permitem-lhes, ademais, suprir suas necessidades e desenvolver outras obras: hospitais, asilos, orfanatos.

Nosso terceiro período estende-se de 1927 a 1952 e é marcado pela instalação dos dominicanos nas grandes cidades do Sul do país e pelo abandono progressivo da maioria dos conventos de Goiás. A convite de Dom Sebastião Leme, então arcebispo auxiliar do Rio de Janeiro, os dominicanos instalam-se aí em 1927 e depois fundam um convento em São Paulo, em 1937. No mesmo ano, o convento de Formosa é fechado e o convento de Goiás é confiado aos dominicanos italianos da Lombardia, em 1938. Os franceses conservam no interior do país os conventos de Uberaba, de Conceição do Araguaia e de Porto Nacional. Em 1941, fundam um convento em Belo Horizonte e fecham o de Porto Nacional, em 1944. As dificuldades materiais e a falta de efetivos missionários explicam, em parte, que os dominicanos não possam manter todos seus conventos do interior. A partir de 1927, a missão francesa conhece, pois, transformações profundas: ela passa do catolicismo popular das regiões rurais de Goiás aos centros intelectuais urbanos, onde se elaboram as novas orientações da Igreja Católica brasileira. Esse período caracteriza-se pelo recrutamento de numerosos dominicanos brasileiros. A formação de brasileiros se acelera a partir dos anos 1930, porque a fundação de conventos nas grandes cidades permite um recrutamento entre as elites urbanas. Em 1947, o primeiro bispo dominicano brasileiro saído da missão é nomeado à frente da Diocese de Conceição do Araguaia. As dominicanas, muito mais numerosas, conseguem acompanhar as fundações do Sul sem abandonar Goiás.

Em 1952, a missão termina com a criação da província brasileira Santo Tomás de Aquino. Doravante os dominicanos do Brasil não têm mais ligação com a Província de Tolosa.

PRIMEIRA PARTE

Uma missão dominicana na tradição

CAPÍTULO I
A tradição e o passar do tempo

1. A Ordem Dominicana e sua tradição missionária

"Vocês serão minhas testemunhas até os confins da terra." Esta frase atribuída a São Domingos, momentos antes de sua morte[1], nos leva a refletir sobre a vocação missionária dominicana desde a origem da Ordem. Essa Ordem, aprovada pelo papa em 1216, é mendicante, fundada na Idade Média por um padre que nasceu por volta de 1170 na cidade de Caleruega, Espanha: Domingos de Gusmão. À Ordem, comumente chamada de dominicana, por causa de seu fundador, os frades lhe deram o nome de Ordem dos Frades Pregadores (OP)[2]. Pelo nome que lhe foi dado, já se vê que a pregação está no centro de sua vocação. Foi para pregar as "verdades bíblicas" aos "hereges" do sudeste da França que Domingos criou uma Comunidade religiosa de frades itinerantes e mendicantes, dedicados à pregação. Entre 1217 e 1220, Domingos funda conventos em Paris, Bolonha e na Espanha. Morre

---

1. Citação do frei Lacomme numa conferência posterior a 1926, classificada como K1109, nos arquivos dominicanos do convento Santo Tomás de Aquino, em Tolosa. O documento não está datado, mas podemos indicá-lo porque ele cita uma encíclica de Pio XI, *Rerum Ecclesiae*, de 1926.
2. OP é abreviatura de *Ordo Praedicatorum*, Ordem dos Pregadores.

PRIMEIRA PARTE | Uma missão dominicana na tradição

em 1221 e é canonizado em 1234. Os Frades Pregadores são missionários desde a Idade Média. Participam da difusão do catolicismo na Espanha, no norte e leste da Europa, na Grécia, no Oriente Médio, na Ásia e na África. Trabalham na evangelização de cristãos, judeus, mulçumanos e pagãos de todas essas regiões do mundo. Na Idade Moderna, a conquista da América pelos europeus abre novos campos de apostolado. Frei Lacomme cita o frei Lacordaire[3] ao elogiar a obra dominicana na América:

> [...] todas estas missões, cuja enumeração seria fatigante, foram banhadas pelo mais puro e mais generoso sangue [...]. Nunca a Ordem de São Domingos apresentou tão grande espetáculo. Visto do alto, como Deus vê, é inacreditável que um grupo tão pequeno de homens pôde falar tantas línguas, ocupar tantos lugares, dirigir tantas coisas, e dado tanto sangue[4].

A boa relação com a coroa espanhola abre aos frades a possibilidade de se estabelecerem em todas as regiões do Império, ao lado dos franciscanos. Chegam ao sul da ilha "Hispaniola"[5], em 1510, e fundam, em 1530, sua primeira província americana, que compreende as ilhas do Caribe já colonizadas e uma parte costeira da Venezuela. É na época

---

3. Henrique Lacordaire é um intelectual católico da primeira metade do século XIX. Entrou no seminário em 1824 e foi ordenado padre em 1827. Faz parte da corrente "ultramontana" e liberal do catolicismo dos anos 1830, próximo de Montalembert e do Padre Lamennais. Afastou-se desse último depois da condenação de suas ideias pelo papa, na encíclica *Mirari Vos*, em 1832. Volta a se aproximar do papado, estuda com os jesuítas e toma o hábito dominicano em 1839, com a intensão de restabelecer a Ordem na França. Estuda teologia no convento Santa Sabina, em Roma, e volta à França em 1841. Abre, depois, casas dominicanas em Nancy e Paris, e um noviciado em Chalais (Isère), antes da restauração oficial da Ordem em 1850.
4. Texto também retirado da conferência citada na nota 1 acima.
5. Atuais Haiti e República Dominicana.

moderna que as missões dominicanas têm o seu apogeu. Os religiosos não se contentam com as Américas e vão por toda a Ásia. No fim do século XVIII, estão presentes em todos os continentes. Atravessam o mundo para propagar a fé católica.

No século XIX, contudo, a Ordem Dominicana, como outras congregações religiosas, se encontra numa situação difícil. É devido às políticas liberais oriundas da Revolução Francesa que enfraquece as posições católicas na Europa e no mundo. As missões, por algum tempo pouco numerosas, vão conhecer novo florescimento entre 1850 e 1950. Isso pelo fato da multiplicação de vocações religiosas na Europa, como veremos em seguida.

A pregação é a "profissão" dos Frades Pregadores. Ela designa, ao mesmo tempo, o trabalho específico dos religiosos, como também a promessa solene que eles fazem quando entram na Ordem. Dedicam sua vida à evangelização, ou seja, à difusão da Palavra de Cristo, explicitada nos Evangelhos, a fim de converter os pagãos ao cristianismo. Pode-se ler no "site" dos dominicanos de Tolosa[6]: "Anunciar, por toda a parte, o nome de Nosso Senhor Jesus Cristo" (papa Honório III a São Domingos, bula de 18 de janeiro de 1221). "Essa é a finalidade da nossa Ordem". A entrada oficial na Ordem é marcada pela profissão de fé, ou seja, a promessa solene de respeitar os votos de pobreza, castidade e obediência. Nos conventos, a vida dominicana se organiza segundo alguns preceitos: a vida comunitária, segundo a Regra de Santo Agostinho, a observância regular, que se traduz pelo respeito às regras conventuais, a oração litúrgica cotidiana, o estudo da Bíblia, da teologia e das principais correntes do pensamento cristão.

A organização da Ordem Dominicana se estrutura em três níveis de hierarquia: a central, que corresponde à Ordem no seu conjunto; o nível provincial, em cada província dominicana; o nível local, em cada

---

6. Disponível em: https://toulouse.dominicains.com, rubrica: notre vie, que vivons-nous? Acesso em: 08 jul. 2013.

PRIMEIRA PARTE | Uma missão dominicana na tradição

convento. Nos níveis central e provincial, os superiores são eleitos por um capítulo, ou seja, uma assembleia de representantes eleitos. A Ordem é dirigida pelo mestre da Ordem, eleito pelo capítulo geral, cujo mandato é de nove anos. Em cada província, o capítulo provincial nomeia um provincial, por quatro anos. O provincial, com seu conselho, nomeia os superiores (que, na Ordem, são chamados priores) de cada convento da província. O capítulo geral é o órgão de representação das Províncias. Os provinciais se reúnem com o mestre da Ordem e representantes eleitos, para funções especiais. Podem também se reunir para falar sobre as missões ou algum problema particular do qual são os porta-vozes. Uma missão depende diretamente da província de onde se originou e de seu capítulo. O provincial nomeia um vigário provincial que o representa na missão. Esse lhe deve prestar contas regularmente. Os missionários estão sob sua autoridade. O provincial e seu vigário decidem sobre a nomeação dos superiores de cada convento. Os superiores têm o título de priores logo que o convento é erigido formalmente.

A organização pode parecer representativa, por seu sistema eletivo. No entanto, é muito hierarquizada. Além disso, os dominicanos têm o dever da obediência. Desse modo, a decisão de um superior é raramente questionada por um frade. Se o frade insiste em ter uma opinião contrária, mesmo assim deve obedecer. Eleições, nomeações e decisões são sempre aceitas. E todo pedido deve passar pela hierarquia: primeiro, é dirigido ao superior do convento que, se lhe parece razoável, o envia ao provincial. Este, por sua vez, quando o assunto é muito importante, o remete ao mestre da Ordem.

A Ordem depende, ainda, da autoridade pontifícia, para assuntos mais importantes. Sua sede está em Roma, no convento de Santa Sabina, onde reside o mestre da Ordem. Muitas vezes, o mestre da Ordem foi designado pelo papa, que lhe dava orientações para as atividades e as escolhas.

A Ordem Dominicana é clerical. Os religiosos são ordenados padres depois de sua formação. A Ordem se compõe, igualmente, de frades cooperadores, chamados "Frades Conversos". Esses religiosos leigos fazem parte integrante da Ordem desde sua formação. São encarregados, geralmente, dos aspectos materiais da vida conventual e têm um papel muito importante. "Em muitas Comunidades, eles são como a alma do Convento."[7] Fazem o noviciado junto com os outros religiosos e recebem formação religiosa e intelectual menos exigente. Essa formação pode ser completada pela aquisição de uma competência técnica, útil à Comunidade. Fazem, também, a profissão religiosa. Participam de todos os exercícios conventuais e têm voz nos capítulos.

A formação dominicana dos religiosos que são padres é longa e de nível intelectual elevado. O noviciado é de um ano. Esse período de reflexão tem por fim testar a vocação do futuro dominicano e fazê-lo conhecer a vida religiosa dominicana. No fim desse ano, se o noviço é aceito pela comunidade, ele faz a primeira profissão religiosa, que é renovada dois anos mais tarde. Em seguida, começam seus estudos. Os estudos consistem em dois anos de filosofia e quatro anos de teologia. No término desses estudos, os dominicanos são ordenados padres. O programa dos dois anos de filosofia é o seguinte: latim, grego, exegese bíblica, patrística[8] e filosofia. Os quatro anos de teologia, ou *Studium*, são dedicados aos dogmas da Igreja Católica. Os dominicanos dão grande importância ao estudo de Santo Tomás de Aquino e do tomismo[9] em sua formação. No fim dos estudos, os religiosos recebem o bacharelato canônico de teologia, diploma específico da Igreja Católica, que lhes dá direito, àqueles que o desejam, de seguir seus estudos teológicos.

---

7. Disponível em: http://toulouse.dominicains.com, rubrique: notre vie, que vivons-nous? Acesso em: 08 jul. 2013.
8. Estudo dos Padres da Igreja e seus escritos. Os Padres da Igreja são os pensadores mais importantes dos oito primeiros séculos do cristianismo, que influenciaram a evolução cristã por seus atos e seus escritos.
9. Filosofia elaborada por Santo Tomás de Aquino (1224-1274), que concilia aquisições do pensamento de Aristóteles e as exigências da fé cristã. Teremos ocasião de voltar a essa obra, em detalhes, na última parte deste trabalho.

PRIMEIRA PARTE | Uma missão dominicana na tradição

Esta rápida apresentação da Ordem Dominicana e de sua vocação missionária é oportuna para aclarar os elementos indispensáveis à compreensão dos religiosos que partem ao Brasil e para a organização da missão. O contexto histórico que segue põe em evidência as dinâmicas políticas e religiosas que fizeram do século XIX o "século das missões".

2. Um contexto favorável à missão

"Nas vossas Igrejas, o ministério é tão ativo e consolador como foi em nossas Igrejas e conventos franceses antes da perseguição."[10] Assim descreve frei Tapie, em 1919, aludindo à grande participação de fiéis nas Igrejas dominicanas brasileiras, em comparação com as dificuldades das congregações religiosas na França. Se o termo "perseguição" é geralmente atribuído às expulsões de 1903, então podemos dizer que as medidas anticlericais francesas remontam a mais de um século.

Da Revolução Francesa ao início do século XX, as mudanças políticas na Europa enfraquecem a importância das antigas congregações religiosas. As políticas liberais, muitas vezes anticlericais, desorganizam as ordens religiosas e pressionam muitos religiosos ao retorno à vida civil ou ao exílio.

Na França, o decreto de 13 de fevereiro de 1790 proíbe os votos religiosos e suprime as ordens religiosas. O decreto de 18 de agosto de 1792 suprime as congregações seculares de ensino e hospitalares. Estas leis levam ao êxodo mais ou menos 30 mil clérigos[11] regulares e seculares, porque a constituição civil do clero inclui também os "resistentes"

---

10. TAPIE, Marie Hilarion, OP, *Visite canonique et statistique de la mission dominicaine du Brésil – 1911-1919*, Toulouse, Privat, 1919, 12.
11. HOURS, Bernard, Legislation et exil congréganiste de l'ancien régime à la republique opportuniste, in: CABANEL, Patrick; DURAND, Jean-Dominique (dirs.), *Le grand exil des congrégations religieuses françaises – 1901-1914*, Actes du

ao exílio. A partir da instauração do Império napoleônico, essas medidas obrigam as congregações que querem se instalar na França a pedir autorização ao Estado. O Império dá uma autorização global a várias novas congregações que se dedicam ao ensino ou ao cuidado de doentes, mas recusa a entrada das antigas. Esse estado de coisas perdura por todo o século XIX. A partir da Restauração, mesmo que haja mais tolerância referente aos religiosos, e se permita, progressivamente, a volta das antigas Ordens (jesuítas em 1814, beneditinos em 1837), algumas não obtêm autorização do Estado. Paradoxalmente, o golpe sofrido pelas antigas congregações presentes na França não impede a fundação de novas congregações femininas seculares no século XVIII. Muitas vezes, elas até são encorajadas. Isso até 1880. Grande número de congregações nasce na Franca no período de 1820 a 1860. Essa multiplicação de congregações e de vocações é estímulo para que numerosos religiosos partam em missão, sobretudo para as Américas e as colônias francesas.

Os dominicanos não escapam dessas políticas anticlericais. A Revolução Francesa marca o início de um século de grandes dificuldades para a Ordem, em seu conjunto, porque o Império napoleônico estende as medidas francesas a uma grande parte da Europa. Em 1789, a Ordem tem 52 províncias no mundo e mais ou menos 20 mil membros. Em 1844, eles não passam de 4.562. O número mais baixo, desde o século XIII[12], é verificado em 1876, com 3.474 membros. A partir de 1790, a Ordem, na França, é interditada, e muitos dominicanos escolhem o exílio. Na América Latina, as independências e a adoção de políticas liberais trazem, também, dificuldades para as ordens religiosas já instaladas, sobretudo por causa de sua oposição histórica ao poder colonial. Com a queda de Napoleão, as províncias dominicanas da

---

colloque international de l'université Jean Moulin-Lyon III, Paris, Les Éd. du Cerf, 2005, 31.
12. HINNEBUSCH, *The Dominicans, a Short History*, 217 e 225.

PRIMEIRA PARTE | Uma missão dominicana na tradição

Europa começam a se reerguer. Na França, a Ordem só é restaurada em 1850, graças à ação do frei Henrique Lacordaire, que, nomeado provincial, refunda, oficialmente, a Província de França. Frei Jandel, mestre-geral da Ordem de 1850 a 1872, restaura a Província de Lion em 1862, e a de Tolosa em 1865. Esses dois frades rapidamente se desentendem porque divergem sobre a prioridade que se deve dar à Ordem nesse período de reorganização. Frei Jandel é muito apegado a uma estrita adoção das constituições medievais e das regras de vida religiosa nos conventos. Essas devem ser de absoluta prioridade. Frei Lacordaire, ao contrário, pensa que se deve priorizar o apostolado dominicano de pregação e ensino. Segundo ele, as regras de vida comum devem se adaptar a essas atividades e às realidades do tempo presente. Em 1855, o papa Pio IX nomeia o frei Jandel como mestre-geral da Ordem. Ele era vigário-geral desde 1850. O papa, assim, afirma sua preferência pelo estrito retorno às tradições dominicanas. O frei Cormier, primeiro provincial de Tolosa, de 1865 a 1869, apoia o frei Jandel. Logo depois de sua restauração, a província do sul da França conta com dois conventos: Tolosa e São Maximino, e duas casas: Mazères e Marselha. Estas duas se tornam conventos em 1867. O convento de Bordeaux é anexado à Província em 1868. Um ano mais tarde, a Província conta com 30 padres, 4 frades estudantes e 9 frades conversos[13].

O generalato do frei Jandel marca a reorganização da Ordem: muitas Províncias são restauradas. Restabelecem-se regras estritas de observância da vida religiosa nos conventos. Fomenta-se a fundação de casas de estudo e noviciados para se retomar a formação e o recrutamento. Apesar das dificuldades do século XIX, um ramo da Ordem Dominicana se desenvolve muito em toda a Europa: congregações das irmãs dominicanas da Ordem Terceira, que se dedicam ao ensino e ao cuidado dos doentes. As irmãs da Congregação Nossa Senhora do Santo

---

13. Disponível em: http//dominicains.com/fondations-des-precheurs/3-histoire-de-la-provonce-dominicaine-de-toulouse. Acesso em: out. 2013.

Rosário, fundada em 1850, partem em missão para o Brasil em 1885, completando, assim, a obra dos dominicanos. Elas pertencem à Ordem Terceira e se dedicam ao ensino em meio rural. Em 1895, já são mais ou menos 20 mil irmãs, compreendendo 55 congregações[14]. A implantação de novas províncias dominicanas e a multiplicação das missões, a partir do fim do século XIX e início do século XX, propiciam à Ordem o retorno à sua dimensão internacional. Ela se expande não só na Europa como também na América e na Ásia. Em 1963, são 10.150 dominicanos no mundo. Quase três vezes mais que em 1876. Naquele ano, os dominicanos têm 9 missões espalhadas no mundo. Em 1922, são 20. Em 1947, são 33. Em 1958, são 40. O número de missionários passa, então, de 470, em 1930, para 1.175, em 1966[15]. Portanto, a Ordem Dominicana, muito afetada pelas políticas anticlericais do século XIX, consegue manter-se e organizar-se. Ela experimenta novo elã na primeira metade do século XX.

Na França, as congregações religiosas passam, novamente, por dificuldades por causa de leis anticlericais promulgadas pela Terceira República. O decreto de 29 de março de 1880 exige das congregações não autorizadas que se submetam a um processo de reconhecimento. Têm o prazo de três meses para se regularizar. No término desse prazo, a maior parte das congregações é expulsa, e muitos religiosos se exilam nos países vizinhos da França. Muitos religiosos do sul da França vão, então, para a Espanha em 1880: são mais ou menos mil religiosos[16]. Os dominicanos fecham muitos conventos, mas a expulsão de 1880 não resulta na perda de seus bens. Isso lhes permite voltar à França alguns anos mais tarde. Os dominicanos da província de Tolosa se refugiam em Salamanca, de onde partem os primeiros missionários enviados ao

---

14. HINNEBUSCH, *The Dominicains, a Short History*, 241.
15. Ibid., 235 e 247.
16. DELAUNAY, Jean-Marie, Exil ou refuge? De nouvelles perspectives d'études sur les religieux français em Espagne, au début du XXeme. Siècle, in: CABANEL; DURAND, *Le grand exil des congrégations religieuses françaises – 1901-1914*, 221.

Brasil, em 1881. Certamente, as expulsões aceleram a decisão de partir em missão, mas não temos registro disso nos arquivos da Ordem. O *Studium*, nível mais alto da formação dominicana consagrada aos estudos teológicos, é, então, transferido de São Maximino para Salamanca. Depois, em 1886, volta para Tolosa, no momento em que os frades retornam à França. Dois anos mais tarde, funda-se um convento em Biarritz.

O período de 1901 a 1904, durante o qual se adota nova série de leis anticlericais, é considerado, pelos religiosos franceses, como o tempo da "perseguição". Em 1901, a lei sobre as associações obriga as congregações a pedirem uma autorização. Em 1902, as escolas de religiosos são fechadas. E todos os pedidos de autorização das congregações são negados, gerando, em 1903, a expulsão de uma grande leva de religiosos. No ano seguinte, toda forma de ensino é proibida para os religiosos. Desse fato resultam três tipos de reação às leis promulgadas: volta à vida civil, secularização disfarçada e o exílio. Em 1901, dos 158.000 religiosos franceses (30 mil homens e 128 mil mulheres), estima-se que seja 30 mil o número de exilados[17]. Bélgica, Espanha, Quebec e Suíça acolhem o maior número de franceses exilados. Contrariamente aos expulsos dos anos 1880, poucos religiosos exilados voltam à França, porque a relação entre governo e as congregações só se normaliza depois da Primeira Guerra Mundial. As congregações religiosas femininas, até então poupadas das medidas anticlericais, também são atingidas. As irmãs das cidades partem para aumentar o efetivo de suas obras espalhadas pelo mundo. E assim cresce a tendência, já existente em certas congregações, da expansão muito mais importante no estrangeiro que na França. Na maioria dos casos, essa tendência não se reverte quando essas congregações voltam novamente para a França. As medidas anticlericais, portanto, contribuem para a multiplicação de missões religiosas de origem francesa. A América Latina, sobretudo Brasil e

---

17. Ibid., 11.

Argentina, é o destino escolhido por muitos franceses exilados. O papa Leão XIII, pouco antes do primeiro Concílio latino-americano, convocado em Roma no ano 1899, já havia enviado aos superiores religiosos uma circular, em que lhes pedia que se interessassem pela América Latina. O Núncio Apostólico brasileiro, Giulio Tonti (1902-1916), pergunta aos Bispos brasileiros se eles podem acolher religiosos franceses em suas Dioceses. Muitas congregações francesas, sobretudo femininas, se instalam no Brasil, no início do século XX, principalmente na Bahia e no Sul do país.

Os dominicanos franceses são expulsos em 1903, e seus bens confiscados. São enquadrados nos dispositivos de exceções previstos contra as congregações, pela lei de 1901. Somente vinte anos depois é que têm autorização para voltar à França. A Província de Tolosa transfere os estudantes e seus formadores para o convento de Quercia (Viterbo, Itália), mas os franceses não constituem uma comunidade autônoma. São, apenas, acolhidos pelos dominicanos italianos. Dominicanos da província de Tolosa aspiram fundar um convento na Itália, na fronteira com a França, mas esse projeto não se realiza. Alguns religiosos se refugiam em Pasajes, no País Basco espanhol. Aí se realizam alguns capítulos provinciais. Durante esse período, o recrutamento é quase inexistente, acarretando problemas para a missão brasileira. Em 1920, o convento de São Maximino é reaberto e ali se instalam o noviciado e o *Studium*. Progressivamente, outros conventos da Província se reorganizam: Marselha, Tolosa, Bordeaux, Biarritz. As casas de Montpellier e de Nice se abrem respectivamente em 1920 e 1939.

Pode parecer paradoxal, mas o século XIX é marcado por uma renovação católica na Europa. Com efeito, enquanto nesse século acontecem movimentos de descristianização das ideias, de negação da religião e afirmação de teorias racionalistas, ao mesmo tempo, há um florescimento de vocações religiosas e o surgimento de muitas congregações.

PRIMEIRA PARTE | Uma missão dominicana na tradição

A partir de 1815, muitas ordens religiosas se restabelecem e outras são fundadas. São numerosas as congregações missionárias dedicadas ao ensino ou à conversão dos pagãos. Em 1800, Padre Coudrin funda a Congregação dos Sagrados Corações de Jesus e de Maria. A ela pertencem os padres e as irmãs do Sagrado Coração, que se dedicam a difundir a devoção ao Sagrado Coração, à educação e ao apostolado missionário. Em 1817, Padre Chaminade funda uma Ordem Religiosa masculina, a Sociedade de Maria, ou marianistas. O ramo feminino: as Filhas de Maria Imaculada, surge mais tarde. Não se pode confundir essa Ordem com os padres maristas, que têm o mesmo nome (Sociedade de Maria), mas são outra Congregação Religiosa católica, fundada em 1822, em Lyon, pelo Padre Colin. Há também os irmãos Maristas dedicados a escolas, também chamados de "pequenos irmãos de Maria". Essa é uma Ordem de religiosos leigos, fundada em 1817, pelo Padre Champagnat. Essas três Ordens se dedicam ao ensino e as duas últimas abriram numerosas missões no mundo. Os Oblatos de Maria Imaculada, Congregação clerical católica, fundada em 1816 pelo Padre Eugenio de Mazenod (1782-1861), é também missionária. Criada, inicialmente, para recristianizar a "Provence", dá origem a numerosas missões estrangeiras. Em 1854, em Issoudun, a Congregação Religiosa masculina, Sagrado Coração de Jesus, é fundada pelo Padre Chevalier. Em 1856, monsenhor Marion Brésillac funda as missões africanas de Lyon, sociedade de vida apostólica[18] que se transfere para a África. Em 1868, monsenhor Laviguerie funda, na Argélia, os Padres Brancos, ou Missionários da África. É uma sociedade de vida apostólica, tendo por vocação a evangelização da África. Um ramo feminino é fundado em 1869, com o nome de Missionárias de Nossa Senhora da África. Podemos citar muitas outras, mas o que já enumeramos é suficiente para mostrar o entusiasmo missionário do século XIX. Em

---

18. Organização religiosa católica, cujos membros (padres, irmãos e irmãs) não fazem votos religiosos e não são considerados como religiosos.

1878, há, na França, 56 mil padres diocesanos, 130 mil religiosas e 30 mil religiosos[19].

O século XIX é chamado "século das missões". Ao mesmo tempo em que se multiplicam as vocações religiosas, há a formação de impérios coloniais europeus e políticas anticlericais, provocando muitas saídas. Na França, surgem organizações que auxiliam as missões: a Obra da Propagação da Fé é uma associação criada em Lyon, em 1822, para angariar fundos e apoiar a evangelização católica no mundo, principalmente, as Missões Estrangeiras de Paris. Essas, desde o século XVII, enviam sacerdotes pelo mundo para evangelizar os pagãos e desenvolver o clero local. A Santa Infância é criada em 1843 com a finalidade de formar crianças missionárias para que elas evangelizem outras crianças. Esse organismo publica muitas revistas para suscitar vocações missionárias e angariar fundos. Nesse tempo em que as organizações católicas perdem a contribuição do Estado, é preciso encontrar benfeitores ou apoios financeiros, sobretudo através de assinatura de revistas.

O contexto político europeu, e sobretudo o francês, não é, pois, um freio à expansão missionária católica no mundo. Mesmo que a Igreja Católica tenha perdido suas prerrogativas políticas, e que a sociedade se tenha laicizado, fundam-se novas congregações, as antigas são restauradas e as vocações se multiplicam. As medidas anticlericais, dentro desse contexto, até favorecem para que haja numerosas partidas para a missão. Expulsos de França, durante a revolução, e depois, em 1880 e 1903, os religiosos franceses contribuem muito com o contingente missionário espalhado pelo mundo. Em 1900, dois terços dos missionários católicos e 80% de religiosas[20] são franceses.

---

19. CHOLVY, Gérard, *Christianisme et société en France au XIXeme: 1790-1914*, Paris, Ed. du Seuil, 2001.
20. MARIN, Richard, "Du curé d'Ars au P. Lebret ou les matrices françaises du catholicisme brésilien", artigo que aparece nos Anais do colóquio *Res publica, Republique, República, matrices, héritages, singularités,* Universidade de Nantes, 18-19 de novembro de 2009.

3. Lugar da correspondência

"[...] Ainda é preciso [diz frei Gallais em 1893] que vocês permaneçam ligados à Província da qual sempre foram filhos. [...]"[21] O missionário é um migrante que está sempre muito preso a seu país de origem, por laços hierárquicos que o unem às autoridades religiosas de sua Congregação e de sua Província de origem. Entre os dominicanos, nenhuma decisão é tomada diretamente pelos missionários, mas pelo superior da província e seu conselho. Além disso, um visitador canônico é enviado, regularmente, aos locais de missão, para inspecioná-las. Ele faz um relatório e dá diretivas. A missão depende financeiramente da província religiosa à qual está filiada.

Durante todo o tempo da missão, os religiosos estão, pois, ligados à província de Tolosa. Regularmente, chegam de lá novos missionários e visitadores, assim como as diretivas dos superiores. Os missionários estão, também, ligados a Roma, onde reside o mestre-geral da Ordem, pois seus superiores provinciais e a missão estão subordinados à autoridade da Ordem Dominicana. A ligação é mantida por correspondência. Os missionários têm a obrigação de relatar tudo o que se passa na missão a seu superior francês.

Essas cartas põem em evidência a forte hierarquização da Ordem Dominicana. A maioria das cartas é escrita pelo superior ou vigário provincial da missão e enviada ao provincial de Tolosa.

> Mas são os superiores locais que têm o dever de dar explicações à autoridade central. É por eles, sobretudo, que a missão se liga à Província, como o galho se liga ao tronco da árvore. [...] Creio mostrar nosso interesse pela missão, pedindo aos vigários locais de nos relatar o que se passa nas suas respectivas comunidades[22].

---

21. GALLAIS, Étienne, OP, *Une mission dominicaine au Brésil*, Marseille, Imprimerie Marseillaise, 1893, 54.
22. Ibid.

A tradição e o passar do tempo

O superior presta conta de todas as atividades e pede o parecer do provincial sobre todos os aspectos da missão. Ele não tem nenhum poder de decisão. Tem liberdade somente quando relata a situação da missão e apresenta os futuros projetos. Isso lhe dá um certo poder em relação aos outros missionários. Os superiores de cada convento, muitas vezes, se dirigem diretamente ao provincial para falar de seus problemas pessoais. O provincial de Tolosa é o detentor da autoridade. Todas as decisões passam por ele. Decide do que deve ser levado ao mestre-geral. Isso vai até ao ponto da escolha do tecido para se fazer os hábitos, quando se leva em conta, por exemplo, que a lã não é conveniente para um clima tropical. O mestre-geral da Ordem, em Roma, às vezes decide por algumas mudanças. Essas decisões são incontestáveis. E o superior da missão se dirige diretamente ao mestre muito raramente. Geralmente, ele se dirige ao provincial, que, se necessário, expõe a situação ao mestre-geral, respeitando, assim, a escada hierárquica dominicana.

Geralmente, o estilo das correspondências é muito vigiado. Isso mostra o grande respeito que se tem à autoridade, pois que a obediência é um dos pilares da vida religiosa dominicana. Há também certa precaução e dificuldade para dizer o que não é adequado. Primeiro, para não parecer que o missionário está cumprido mal a sua tarefa, e, sobretudo, para não culpar a província-mãe e o provincial em exercício.

As cartas dos missionários estão livres dessa hierarquia, são menos numerosas e, muitas vezes, mais reveladoras. Destacam os conflitos internos das missões, as dificuldades em relação às realidades brasileiras e as dificuldades pessoais dos religiosos. Muitas vezes, os missionários confiam no provincial como a um "pai", não hesitando em criticar os responsáveis pela missão. Essas cartas são raras e com mais notícias que as outras. Seus autores se exprimem mais livremente e com grande confiança. Talvez seja porque tenham menos responsabilidade e não se dirijam diretamente a seu superior.

Através das cartas, é fácil detectar os traços de caráter de seus autores e seu nível de instrução. As dos irmãos conversos, por exemplo, são raras e, muitas vezes, escritas num mau francês; porém, são muito instrutivas, porque revelam seus sentimentos, sem rodeios. Por elas, conhecemos também os problemas dos missionários com os Bispos ou entre eles. Temos cartas que se referem aos mesmos assuntos, enviadas por missionários a uma mesma pessoa. Todas essas cartas são edificantes e, muitas vezes, publicadas nas revistas católicas, com o intuito de exaltar o ideal missionário. Algumas são dirigidas, diretamente, aos noviços para suscitar neles a vocação missionária. E os missionários são citados como exemplo. Os que morrem na missão, em circunstâncias trágicas, são considerados mártires.

Tradicionalmente, as congregações católicas se servem das correspondências para preservar os laços com os missionários. Essas cartas contribuem muito para reconstituir a história missionária das Ordens. Desde o século XVIII, os jesuítas publicam suas correspondências com o título: *Cartas edificantes e curiosas*. Os trinta e quatro volumes, editados de 1702 a 1776, contêm cartas e relatórios de jesuítas missionários do mundo inteiro, que até hoje estão sendo editados[23]. Utilizadas por historiadores, etnólogos e linguistas, as correspondências missionárias são fontes essenciais para se conhecer a história da expansão do cristianismo no mundo e dos povos, e das regiões onde os missionários atuaram.

Três relatórios de visitas canônicas ao Brasil foram impressas em Tolosa e Marselha. Os dois primeiros são da autoria do frei Gallais, logo depois de suas visitas de 1892 e 1900[24]. O relatório de 1892 compõe-se

---

23. As *Lettres Edifiantes et Curieuses* foram escritas por alguns missionários da Companhia de Jesus em missões estrangeiras. A primeira edição é de 1702. Os jesuítas se sucedem para dirigir a coleção até o ano de 1776. A maior parte dos volumes foi editada em Paris, por Nicolas Le Clerc. Referem-se a diferentes partes do mundo. Há muitas reedições publicadas posteriormente. Para a América do Sul, podemos citar: Reichler, Claude (préf.), *Lettres édifiantes et curieuses des missions de l'Amérique méridionale, por alguns missionários da Companhia de Jesus*, Paris, Utz, com 2 volumes publicados em 1901 e 1903.
24. Gallais, *Une mission dominicaine au Brésil...*, op. cit.; id., *Une catéchèse chez les indiens de l'Araguaya*, Toulouse, Vialelle et Perry, 1902.

de duas partes: na primeira, dirigida ao mestre-geral da Ordem, frei Fruhwirth faz um histórico da missão, fala dos três conventos existentes e das obras realizadas pelos missionários. A segunda parte é um conjunto de instruções deixadas aos missionários pelo visitador. Na introdução, há uma carta do mestre-geral ao frei Gallais. Ele lhe agradece pelo relatório e expressa apoio à missão no Brasil, confiando na sua contínua evolução. Essas publicações, certamente, são destinadas, em primeiro lugar, aos dominicanos da Província de Tolosa, para suscitar vocações, mas também aos missionários brasileiros, a fim de os encorajar, e aos membros das outras Províncias dominicanas francesas francófonas, para que conheçam a obra missionária da Província de Tolosa. Na segunda publicação, frei Gallais escreve, sobretudo, sobre Conceição do Araguaia. Relata a viagem para entrar em contato com os ameríndios e a obra de evangelização iniciada pelos missionários, que inspirou o título: *Une catéchèse chez les indiens de l'Araguaya* (Uma catequese entre os índios do Araguaia). Ele explica que não fala sobre as atividades dos conventos de Uberaba e Porto Nacional porque iria repetir muita coisa já descrita, quando fez a visita canônica dez anos antes. Seu objetivo é, realmente, mostrar a importância da evangelização dos Caiapós, dando uma informação etnográfica sobre os ameríndios de Goiás. Uma nota, redigida pelo leitor e pelo mestre em teologia de Tolosa, descreve, no início da brochura, a importância da publicação: "Esta leitura nos parece muito apropriada para edificar o público, fazendo-o conhecer as obras de dedicação e os trabalhos apostólicos que nossos missionários realizaram com os índios do Brasil. E, também, para a propagação da fé e a extensão da influência francesa". Compreende-se, então, o quanto essa publicação foi importante na propagação da obra missionária. Pode-se pensar também que ela visa, ao mesmo tempo, suscitar vocações missionárias e angariar fundos de particulares e de organizações tais como a Obra da Propagação da Fé. O terceiro relatório de visita canônica, o do frei Tapie[25], é impresso em 1919

---

25. TAPIE, *Visite canonique et statistique...*, op. cit.

e faz a síntese de suas duas primeiras visitas canônicas, em 1911 e 1919. Na primeira parte, ele se dirige aos missionários, faz um apanhado geral sobre todas as obras e trabalhos dos dominicanos no Brasil, descreve a situação e dá conselhos. Ele se atém mais à observância religiosa e à vida interna dos conventos do que ao ministério voltado ao exterior. No fim do relato, dá, em detalhes, e por conventos, o número de missionários e de obras existentes no Brasil. No prólogo, descreve as missões anuais dos dominicanos em todas as Dioceses, com o intuito de "explicar aos frades da França o que é esse ministério, ao mesmo tempo, tão especial quanto fatigante, mas também tão consolador para uma alma de apóstolo". Compreende-se que essa publicação é dirigida mais aos dominicanos franceses do que aos religiosos brasileiros. Esses últimos já haviam recebido as cartas de instrução e de encorajamento, citadas na primeira parte. A finalidade é, ainda, chamar atenção sobre a missão, suscitar vocações e angariar fundos.

Os freis Gallais e Tapie foram, ambos, responsáveis pela Província de Tolosa e viajaram, muitas vezes, ao Brasil como visitadores canônicos da missão. São da mesma geração e ocupam postos de responsabilidade durante o período de exílio em Salamanca (1880-1886), onde se decide a ida para a missão. Frei Gallais é o superior do convento de Salamanca e frei Tapie, o leitor, submestre de noviços e professor de dogmática. Têm também em comum o fato de investirem muito nessa missão. Reivindicam, junto a seus superiores, meios necessários a ela, bem como o envio de missionários. Mostram-se, pois, muito dedicados ao ideal missionário da Ordem. Escrevem livros sobre as missões e mostram seu apego ao Brasil, relatando experiências únicas que viveram no Brasil. Frei Tapie escreve no fim de seu relatório de visita canônica: "Estes anos passados no vosso meio, apesar dos cansaços e dos perigos, foi um dos mais consoladores de nossa vida"[26]. Frei Gallais vai quatro vezes ao Brasil: em 1888, 1892, 1900 e 1906. E frei Tapie, três vezes: 1911, 1919, 1927.

---

26. TAPIE, *Visite canonique et statistique...*, op. cit., 30.

Fazemos, aqui, uma pausa para relatar algo sobre a biografia desses dois dominicanos que marcaram a primeira metade da missão que, a partir da França, se abriram para a posteridade. Eles representam bem o papel da autoridade e do apoio que exercem os superiores franceses e os visitadores canônicos.

Frei Étienne Gallais[27] nasce em 1851. É nomeado prior do convento de São Maximino, quando a Comunidade volta para a França, em 1886. É, muitas vezes, mestre de noviços. É eleito três vezes para o cargo de provincial da Província dominicana de Tolosa: de 1894 a 1898; de 1902 a 1906; e, novamente, em 1906, pouco antes de seu falecimento no Brasil. Morre em 1907, no convento de Formosa, durante sua quarta visita. É enterrado em Formosa, na igreja construída pelos padres. Dominicano brilhante, como atestam os diversos cargos hierárquicos que ocupou, seus relatórios, redigidos logo depois de cada visita, são muito detalhados e de grande utilidade para nossas pesquisas, sobretudo a obra: *Une catéchèse chez les indiens de l'Araguaya*[28], publicado depois da visita de 1900. Nesta obra, ele se faz etnógrafo e descreve, com precisão, a região e seus habitantes. Escreve também cartas aos noviços e algumas delas são publicadas nas revistas dominicanas, muitos anos depois de sua morte. É o caso de *Les Missions Dominicaines*, de 1923. Ele quer, com essas cartas, mostrar aos noviços as realidades da vida missionária e suscitar vocações. São edificantes as cartas e os artigos escritos para instruir os futuros dominicanos e exaltar a obra missionária. Frei Gallais é também autor de uma biografia do frei Vilanova[29]. Ele o conheceu muito bem, pois haviam percorrido juntos a Diocese de Goiás, e apoiou, desde o início, o projeto de catequese que frei Vilanova realizava em Conceição do Araguaia.

---

27. Ver fotografia em Anexos, p. 473.
28. GALLAIS, *Une atéchèse chez les indiens...*, op. cit.
29. GALLAIS, Étienne, OP, *Le Père Gil Vilanova*, Toulouse, Privat, 1906. (Em português: *O apóstolo do Araguaia*, Conceição do Araguaia, Prelazia, 1942. [N. dos T.])

PRIMEIRA PARTE | Uma missão dominicana na tradição

Frei Tapie nasce em 1855 e faz profissão na Ordem em 1876. É nomeado pregador-geral e, depois, prior do convento de Biarritz, fundado em 1888, onde supervisiona a construção do convento e da igreja. Eleito provincial em 1908, substituindo frei Gallais, ocupa esse cargo de 1908 a 1920 e, depois, de 1924 a 1928. Mesmo no período em que não é provincial, de 1920 a 1924, muitos missionários lhe escrevem porque confiam nele e sabem de seu interesse pela missão. Escreve dois livros no formato de narrativas de viagem, contando as caminhadas através de Goiás, feitas durante suas visitas[30]. No início dos anos 1920, é, muitas vezes, solicitado a enviar exemplares de seu primeiro livro ao Brasil, e também a fazer novas edições, para apoiar frei Thomas, que havia relançado a obra da catequese e necessitava de financiamentos. Frei Thomas pôde, assim, fazer conhecida essa obra que ressalta o trabalho "civilizatório" dos dominicanos na região.

O testemunho missionário ultrapassa o âmbito de correspondências internas da Ordem, quando são publicadas e difundem, na França, uma pequena imagem do Brasil. No século XIX, as revistas religiosas sobre missão se multiplicam na França, impulsionadas pela Obra de Propagação da Fé. Esta publica, desde 1823, os *Annales de la Propagation de la Foi*. Esses anais se definem como uma "compilação de edições das cartas edificantes"[31], referindo-se também às *Lettres édifiantes et curieuses* dos jesuítas. Elas têm um crescente sucesso durante todo o século. São, pouco a pouco, editadas em diferentes países da Europa. Essas revistas

---

30. TAPIE, Marie-Hilarion, OP, *Feuilles de route d'un missionnaire au centre do Brésil et chez les peaux-rouges de l'Araguaya et du Tocantins*, Toulouse, Privat, 1913; *Chevauchées à travers deserts et forêts vierges du Brésil inconnu*, Paris, Plon, 1928 (Fr. Manoel B. da Silveira traduziu *Feuilles de route d'un missionnaire...*, com o título *Anotações de viagem de um missionário no meio dos índios*, 2v., impressos, datilografados, Biblioteca Pe. Lebret. [N. dos T.]).
31. O'REILLY, Patrick, Les études missionnaires en France, *Revue d'histoire de l'Église de France* [online], tome 17, n. 75 (1931) 162. Disponível em: http://www.persee.fr/web/revues/home/prescript/article/rhef_0300-9505_1931_num_17_75_2574. Acesso em: jul. 2013.

são, ao mesmo tempo, instrumento de propaganda missionária e um meio de obter fundos para as missões. Em 1846, surgem os *Annales de l'oeuvre de la Sainte Enfance*, e, em 1868, a revista *Missions catholiques*. Esta última é o boletim oficial da Obra da Propagação da Fé. Ela quer testemunhar o alcance religioso e científico da missão. Essas duas revistas têm sucesso e são editadas em muitos idiomas. Outros numerosos boletins aparecem na França, na mesma época. Artigos sobre a missão dominicana no Brasil são publicados em algumas delas. Na primeira metade do século XX, outras revistas, de caráter científico, vêm à luz. Elas se referem mais ao estudo histórico e contribuições científicas (linguísticas, etnológicas...) do que à propaganda missionária. A *Revue d'histoire des missions* sai a público em 1924, com esse fim. É apoiada pela Sociedade dos Amigos das Missões, fundada em 1923 por J. B. Piolet, com a colaboração de diversas congregações missionárias e de intelectuais católicos, com o fim de desenvolver os estudos missionários. Um pouco mais tarde, aparece a *Nouvelle revue de science missionnaire*, publicação suíça com os mesmos objetivos.

Os dominicanos publicam, também, artigos sobre suas atividades missionárias nas próprias revistas. Primeiro, em rubricas dedicadas às missões no *Année Dominicaine*, criado em 1859. Em 1922, fundam a revista específica *Missions Dominicaines*, sobre o mesmo assunto.

Todas essas revistas publicam, com frequência, cartas dos missionários ou trechos de relatórios dos visitadores. Os artigos exaltam o espírito de aventura dos missionários, os progressos geográficos da missão, contribuindo para a expansão do cristianismo no mundo. Algumas dão ênfase às contribuições científicas, principalmente as etnográficas e cartográficas, além do progresso da civilização devido à ação missionária. As notícias dos falecimentos se referem aos missionários como mártires e os glorificam. Essas publicações seguem em paralelo com a expansão colonial europeia e a evangelização dos "infiéis", e constituem um importante componente do discurso civilizatório, justificando essa expansão.

PRIMEIRA PARTE | Uma missão dominicana na tradição

Os dominicanos também publicam periódicos no Brasil, desde o fim do século XIX. O *Correio Católico* foi fundado em 1896, em Uberaba, por membros do clero secular e importantes leigos católicos. Passa à responsabilidade dos dominicanos em 1897 e continua sendo publicado até os anos 1970, embora o tenham deixado nos anos 1910. De 1900 a 1911, é dirigido pelo frei Thomas, que defende ideias católicas, principalmente sobre o ensino religioso, e critica as políticas liberais, como o casamento civil e as escolas laicas. Em 1898, os dominicanos criam a revista *O Mensageiro do Santo Rosário* para propagar a devoção ao rosário. Abordaremos mais longamente a história dessa revista no capítulo que trata de tal devoção. A contribuição dos dominicanos a essas publicações e periódicos, e o sucesso destes últimos, atesta sua integração na sociedade uberabense e região.

De 1922 a 1933, os dominicanos publicam, no Brasil, uma revista sobre os Carajás e os Caiapós: *Caiapós e Carajás*, que, conforme seu subtítulo, é "O Órgão da catequese dos índios, da Prelazia de Conceição do Araguaia, e o eco da Diocese de Porto Nacional". A expressão: "Salvemos os índios", da primeira página, mostra claramente os objetivos da revista: tornar conhecida a obra dos missionários junto aos ameríndios e angariar fundos. São adotadas várias maneiras de sustentar essa obra: simplesmente assinar a revista; dedicar-se mais a ela, procurando quatro assinantes e, assim, obter o título de "zeladores"; ou, então, ser padrinho de um ou mais ameríndios, contribuindo, anualmente, com a soma necessária para sua adoção. Essa adoção e educação, em regime de internato, são feitas pelas irmãs dominicanas de Conceição do Araguaia. O ameríndio ou ameríndia já evangelizado(a), no fim de sua formação, pode optar por um casamento católico com uma ou um ameríndio evangelizado, ou mesmo com alguma ou algum cristão. O padrinho pode escolher o nome de batismo do afilhado(a) e recebe, de presente, um objeto fabricado pelos ameríndios. Há também os benfeitores, que fazem doação significativa para as escolas dominicanas. Seu nome é dado a um ameríndio batizado e ele também recebe de presente um objeto ameríndio.

Enfim, os "insignes benfeitores" são os que fazem doações ainda mais significativas. Três ameríndios batizados recebem seu nome e têm como presentes a assinatura da revista por um ano e um objeto feito pelos ameríndios. Os dominicanos evidenciam o papel patriótico dessa obra, quando apresentam seu trabalho de evangelização como uma obra a serviço do avanço da civilização no interior do país. A revista é, também, científica e contém muitos artigos etnógrafos; é trimestral e impressa em Poços de Caldas, no sul de Minas Gerais, pela *Typographia Tupy*. Numa de suas páginas internas, recomenda-se que se dirija à superiora das dominicanas do Colégio São Domingos, de Poços de Caldas, para mais informações. As dominicanas da Congregação de Sèvres, instaladas em Poços de Caldas, são encarregadas da edição, difusão e das respectivas assinaturas da revista, em razão do isolamento dos conventos do norte de Goiás. A revista é posta sob a proteção de D. Ranulpho da Silva Farias (1920-1939), que, na qualidade de Bispo da Diocese de Guaxupé, da qual depende Poços de Caldas, autoriza sua publicação. Na sua última edição, os dominicanos anunciam o fim da revista, por razões "independentes de sua vontade". Agradecem aos leitores e lhes recomendam a leitura do *Mensageiro do Santo Rosário*. Daí em diante, aparecerão nela algumas notícias sobre a "catequese dos índios". Lembram, igualmente, aos leitores que continuam com necessidade de apoio financeiro para a obra, e que, apesar do fim da revista, podem continuar enviando sua contribuição.

Os missionários dominicanos publicam livros sobre a missão brasileira, retratando sua história, e descrevem a Diocese de Goiás. Duas dessas obras são biografias: uma escrita por frei Gallais sobre frei Gil Vilanova[32], fundador de Conceição do Araguaia; e a outra, escrita por frei Audrin sobre frei Carrérot[33], que, em sua carreira missionária, foi Bispo de Conceição do Araguaia e, depois, de Porto Nacional. São obras

---

32. GALLAIS, *Le Père Gil Vilanova*, op. cit.
33. AUDRIN, Joseph, OP, *Entre sertanejos e índios do Norte*, Rio de Janeiro, Pugil, 1946.

PRIMEIRA PARTE | Uma missão dominicana na tradição

hagiográficas que relatam a vida de dois missionários que tiveram um papel importante na missão. Um dos autores foi, muitas vezes, visitador canônico. O outro, missionário no Brasil por cinquenta anos. Fazem apologia do missionário, de sua vida no Brasil, e também descrevem o país. Outros quatro livros surgem, ainda, como relatórios de viagens, ou então são obras de cunho científico, em que descrevem a Diocese de Goiás, sua geografia, sua natureza e seus habitantes. Frei Tapie[34] escreve duas dessas obras, onde faz a descrição de suas viagens pelas Dioceses. Esses dois livros contêm numerosos detalhes sobre a natureza e o modo de vida dos habitantes. São muito etnógrafos. A obra de frei Audrin, *Os sertanejos que eu conheci*[35], também descreve os brasileiros e a região de Goiás. É um livro mais científico do que os outros. Tem, realmente, abordagem sociológica e histórica, estudando, precisamente, a vida socioeconômica do centro do Brasil no início do século XX. Enfim, o livro do frei Tournier[36] faz, ao mesmo tempo, a descrição da região e o histórico da missão. Essas obras, muito completas, são a síntese feita, de um lado, para os membros da Ordem e, de outro, para difundir, na França, uma imagem positiva e válida das missões no estrangeiro. Há também a intenção de tornar o Brasil, sua população e as atividades missionárias mais conhecidos. As obras mencionadas dão uma imagem do missionário aventureiro, explorador e civilizador. Estão de acordo com o gosto pelas viagens em voga na Europa no início do século XX. Prova disso são as numerosas edições da primeira obra do frei Tapie: *Feuilles de route d'un missionnaire au centre du Brésil et chez les peaux-rouges de l'Araguaya e du Tocantins*.

---

34. TAPIE, *Feuilles de route d'un missionnaire...*, op. cit.
35. AUDIRIN, Joseph, OP, *Os sertanejos que eu conheci*, Rio de Janeiro, José Olympio, 1963.
36. TOURNIER, Réginald, *Plages lointaines de l'Araguaia*, Paris, Des Missions Dominicaines, 1934. (Em português: *Lá longe, no Araguaia*, Conceição do Araguaia, Prelazia, 1942. [N. dos T.])

Duas publicações, mais modestas, tratam dos ameríndios. A primeira, escrita por Dom Thomas[37], missionário dominicano, nomeado Bispo de Conceição do Araguaia, descreve uma expedição feita em 1934 pelos missionários, com a finalidade de entrar em contato com os Gorotires, que viviam a oeste de Conceição do Araguaia. Há, nesse livro, muitas fotografias mostrando a história da missão e da catequese junto aos ameríndios, e tem um cunho etnográfico. O mesmo se diz de um segundo livro escrito pelo dominicano brasileiro Dom Luiz Palha: *Índios do Araguaia, costumes e lendas, coisas vistas e vividas*. O editor e a data da edição não são mencionados. Supomos que foi editado pela Diocese de Conceição do Araguaia, pois é assinado: "Dom Luiz Palha, o.p., Bispo missionário", e escrito enquanto Dom Luiz ocupava esse cargo, de 1947 a 1967. Nessa obra, referente aos Carajás, ele descreve episódios que viveu em Conceição do Araguaia, os quais retratam, muito bem, a relação entre os "brancos" e ameríndios. A obra contém, também, elementos etnográficos sobre os Carajás e relata acontecimentos da vida do frei Vilanova e da fundação de Conceição.

As obras mencionadas não têm o mesmo tipo de difusão. Os dois livros do frei Tapie são publicados na Espanha em 1929 e 1930[38]. Isso mostra algum sucesso. A biografia do frei Vilanova e o livro do frei Tournier são editados primeiro na França e depois no Brasil[39], e só em português, em 1942, pela Prelazia de Conceição do Araguaia, ou seja, pelos próprios dominicanos. Pode-se ver, então, a vontade dominicana de difundir, no Brasil, a história da missão. Os dois livros do

---

37. THOMAS, Sébastien, OP, *Gorotires*, Rio de Janeiro, Imprimatur, 1936.
38. TAPIE, Marie-Hilarion, OP, *En las selvas vírgenes del Brasil*, Barcelona, Ediciones y publicaciones Iberia, 1929; id., *A través de las selvas brasileñas, segunda parte de En las selvas vírgenes del Brasil*, Barcelona, Ediciones y Publicaciones Iberia, 1930.
39. GALLAIS, Étienne, OP, *O apóstolo do Araguaia, Frei Gil Vilanova, missionário dominicano*, Prelazia de Conceição do Araguaia, 1942. TOURNIER, Réginald, J. S. de Azevedo, *Lá longe, no Araguaia*, Prelazia Dominicana, 1942.

frei Audrin e os de Dom Sebastião Thomas e Dom Palha, editados só no Brasil, são muito específicos. Tratam do povo ameríndio do interior, o que, certamente, explica por que não foram traduzidos para o francês. Atestam o interesse brasileiro em conhecer as regiões e as populações do interior do país. Pode-se, também, pensar que essas obras serviram para justificar a presença de missionários, muitas vezes criticada por jornais brasileiros, hostis aos religiosos estrangeiros. Elas demonstram o papel desses missionários valorizando o interior do país e, sobretudo, "pacificando" os ameríndios. Aliás, são numerosos os artigos que se referem aos missionários como mediadores de conflitos entre "brancos" e ameríndios.

Outra obra, escrita bem depois do fim da missão, é publicada em 2009. Relata a vida missionária do frei Audrin[40], que passou cinquenta anos no Brasil (1902-1952) e cuja biografia passamos a relatar[41]. Esse padre nasce em 1879 e estuda na Escola Apostólica de Mazères, de 1892 a 1894. Por ela passaram vários futuros missionários de sua geração, que depois foram enviados ao Brasil. Frei Audrin continua seus estudos na Escola Apostólica de Tolosa até 1896. Depois, faz seu noviciado e começa os estudos em São Maximino entre 1896 e 1899. Sua tomada de hábito como dominicano é celebrada pelo frei Gallais. De 1899 a 1902, faz seu estudantado em Tolosa, onde frei Gallais era um professor muito apreciado. Enfim, é ordenado padre e nomeado vice-mestre de noviços em São Maximino, no ano de 1902. Em julho do mesmo ano, assiste ao capítulo provincial em que os freis Vilanova e Devoisins são representantes da missão brasileira. Um ano mais tarde, os religiosos são expulsos da França e alguns dominicanos de São Maximino emigram para a Itália. O frei Audrin parte para o Brasil. Permanece em

---

40. AUDRIN, Joseph, OP, *Souvenirs d'un missionnaire au Brésil (1902-1952)*, Marseille, La Thune, 2009.
41. Ver fotografias em Anexos, p. 473, 474 e 479, nas quais se vê frei Audrin em diferentes períodos da missão.

Uberaba, antes de sua primeira assinação para Goiás, em 1904. No ano seguinte, ele é designado para Conceição do Araguaia e, no ano de 1907, para Porto Nacional. Volta para Conceição em 1909. Naquele ano, durante uma viagem à região do Xingu, contrai febre amarela e é levado para Belém. Depois, vai para Uberaba a fim de se convalescer, onde permanece por alguns meses. Só volta a Conceição em 1910. Em 1914, ele cria, para a juventude de Conceição, o *Grupo Frei Gil* e a *Banda Frei Ângelo* (grupo de atividades e grupo de música, cujos nomes fazem referência aos fundadores da cidade). Em 1920, é novamente designado para Porto Nacional. Em 1928, volta ao convento de Conceição como superior. No início dos anos 1930, permanece na França, pela primeira vez, depois de haver passado trinta anos no Brasil. Encontra os intelectuais católicos da época, como Jacques Maritain e frei Lebret. Quando volta, ele começa a pedir para entrar, definitivamente, na França. Em 1938, frei Audrin é enviado a São Paulo e, depois, ao Rio de Janeiro, como superior do convento. Três anos mais tarde, retorna a São Paulo para a abertura do colégio dominicano de filosofia e teologia. Entre 1946 e 1950, é sucessivamente designado para Uberaba, São Paulo, Uberaba e, enfim, Rio de Janeiro, e diz de si mesmo que é um "tapa-buraco"[42]. Nessa época, já com quase 70 anos, dedica-se basicamente só a retiros espirituais. No entanto, aproveita para escrever os dois livros já citados acima. Em 1952, quando a província dominicana brasileira é criada, os missionários franceses podem optar por se integrar na nova província ou partir para a França. Frei Audrin é um dos raros a optar por voltar para a França. Foi lá que escreveu suas memórias: *Souvenirs d'un missionnaire au Brésil*.

Essa obra é uma fonte tardia, uma testemunha *a posteriori*, que não pode ser considerada da mesma forma que os documentos contemporâneos da missão. É um trabalho de memória, no qual o missionário reconstitui seu passado. Ele o termina em 1972. O manuscrito,

---

42. AUDRIN, *Souvenirs d'um missionnaire...*, 161.

PRIMEIRA PARTE | Uma missão dominicana na tradição

encontrado nos arquivos do convento de Tolosa, só será publicado em 2009. As publicações dominicanas são submetidas à censura da Ordem, o que talvez explique o lado um pouco "açucarado" dessas memórias. Elas dão a impressão de que a missão se realizou sem nenhum choque com a Igreja brasileira nem com os superiores, o poder civil, a população etc. No entanto, nas obras escritas no Brasil, frei Audrin tem um estilo mais apaixonado, e frequentemente mostra um espírito crítico, como tivemos oportunidade de demonstrá-lo ao longo deste trabalho.

Os escritos missionários são, pois, numerosos e de diversas abordagens. Como fio condutor de nossa análise, eles ajudam no estudo da organização interna da missão, como também a entender a maneira como os dominicanos consideram o Brasil.

Os textos missionários são numerosos e de naturezas diversas. Fios condutores de nossa análise, eles possibilitam a organização interna da missão e a perspectiva dominicana sobre o Brasil.

CAPÍTULO II
Goiás, região de missão

1. A escolha do Brasil

[...] acredito [escreve frei Cormier em 1873] fazer parte da vontade de Deus que eu empregue, acima de tudo, meus parcos meios para o bem da Província de Tolosa. Desejo uma missão para ela, porque será dar ao espírito da Ordem seu pleno desenvolvimento e abrir uma fonte de bênçãos excepcionais[1].

Ao citar frei Cormier em um artigo de 1995, frei Montagne remonta ao desejo missionário da Província de Tolosa desde os primeiros anos de sua restauração. Em 1865, frei Cormier, primeiro provincial nomeado, já pensava em dotar sua província com uma missão distante para assegurar seu desenvolvimento. Frei Montagne relata a história dos passos dados nessa direção até a fundação no Brasil, através da

---

1. CORMIER, H.-M. a "Meu T. R. e caro Pai", 21.03.1873, in: MONTAGNE, Bernard, OP, Uma missão para a Província de Tolosa, projetos apostólicos de frei Cormier, *Memoires Dominicaines*, Paris, Cerf, n. 6 (1995) 71.

PRIMEIRA PARTE | Uma missão dominicana na tradição

correspondência de frei Cormier[2] com o mestre-geral da Ordem. Em 1869, a província dominicana do Equador solicita ajuda, dada a falta de pessoal, mas frei Cormier não pode atendê-la. Primeiro, ele explica, por falta de efetivo religioso, mas também porque gostaria de desenvolver um trabalho específico para a Província de Tolosa, e não dispersar missionários em várias províncias e projetos. Nos anos seguintes, a aspiração dos dominicanos de Tolosa volta-se para a África, onde a Ordem ainda não tem missão no início dos anos 1870. Apesar da insistência de frei Cormier, que gostaria de concretizar seu desejo de missão durante seu segundo mandato, seus superiores respondem-lhe que o projeto é prematuro e que as condições humanas e espirituais não se reúnem. Frei Cormier também reconhece que é preciso, primeiro, consolidar os conventos da França e instaurar neles a observância religiosa. Observa-se aqui a influência de frei Jandel, mestre-geral de 1850 a 1872, muito voltado para a restauração de uma estrita observância regular que é, para ele, prioridade na reorganização da Ordem na segunda metade do século XIX. Outra possibilidade de concretizar a missão alcançou êxito em Jerusalém, onde o governo francês desejava confiar a Igreja de Santa Ana a religiosos, mas frei Mas, sucessor do frei Cormier, em 1874, não deu sequência ao projeto. É um outro projeto que culmina em Jerusalém em 1890, quando frei Lagrange[3], também membro da Província de Tolosa, é para lá enviado para fundar a Escola Bíblica de Jerusalém, então denominada Escola Prática de Estudos Bíblicos, no convento dominicano de Santo Estêvão, em Jerusalém. Essa escola dedica-se à exegese de textos bíblicos e a pesquisas

---

2. Frei Cormier foi nomeado provincial de Tolosa três vezes: de 1865 a 1869, quando da restauração da província; de 1869 a 1873 e depois de 1878 a 1882. Mais tarde, foi eleito mestre-geral da Ordem, cargo que exerceu de 1904 a 1916.
3. Frei Lagrange seguiu sua formação em São Maximino e Salamanca, e conviveu com futuros missionários para o Brasil. Esteve em Salamanca em 1883, com frei Carrérot. Dois missionários brasileiros, frei Sebastião Thomas e frei Bennet, de fato, estudaram na escola bíblica antes de partirem para o Brasil.

arqueológicas na Terra Santa. Sua opção em aplicar o método histórico-crítico a textos sagrados lhe renderá muitas críticas por parte das autoridades do Vaticano, que ainda recusam a modernidade e, até a década de 1930, manterão opinião negativa sobre essa prática, que julgam muito racionalista. Essa escola, tornada mais tarde Escola Bíblica e Arqueológica Francesa de Jerusalém, perdura até hoje e é amplamente reconhecida pela qualidade de seus trabalhos e, principalmente, concede doutorado em ciências bíblicas.

A ideia de uma missão no Brasil e os primeiros contatos se manifestam na década de 1870. É nessa época que frei Vicente de Melo (1854-1881), sacerdote brasileiro, continua sua formação sacerdotal no Colégio Pontifício Pio Latino-Americano de Roma e opta por entrar na Ordem Dominicana. É enviado à Córsega, no convento de Corbara, onde há um colégio para missões, diretamente dependente do generalato. É lá que ele toma o hábito dominicano em 1872. Dois anos mais tarde, o colégio é fechado e frei Melo é designado para o convento de São Maximino, onde informa ao superior, frei Signerin, seu desejo de instalar a Ordem Dominicana no Brasil, visto ela não ter sido ainda nele estabelecida. De fato, durante o período colonial, os vínculos da Ordem Dominicana com a coroa espanhola e sua importância na evangelização da América espanhola não favoreceram sua implantação na colônia americana portuguesa. Em uma conferência, frei Lacomme explica que, nessa época, a Província Dominicana de Portugal mal tinha efetivo suficiente para as colônias da Ásia e da África. De fato, os dominicanos portugueses não se estabelecem no Brasil colonial, deixando seus compatriotas franciscanos e jesuítas implantar a religião católica na América portuguesa. Apenas alguns bispos dominicanos portugueses são nomeados para o Brasil durante o período colonial. Por outro lado, a Terceira Ordem Dominicana se estabelece desde essa época, por intermédio de membros portugueses que vêm se estabelecer na colônia. Frei Signerin é favorável à ideia de frei Vicente de Melo, que escreve ao bispo do Rio de Janeiro, Dom Lacerda, a quem conhece

PRIMEIRA PARTE | Uma missão dominicana na tradição

bem, para lhe submeter o projeto. No entanto, frei Melo não pretende retornar ao Brasil. Ele morre fora de Salamanca, onde ensina no *Studium*, quando a missão inicia-se. Em 1877, Dom Lacerda, após uma visita *ad limina*[4] a Roma, permanece alguns dias no convento São Maximino e apresenta aos dominicanos seu desejo de vê-los se estabelecer em sua diocese. Assegura-lhes poder lhes dar um convento no Rio de Janeiro e que teriam o apoio do governo brasileiro para a evangelização dos ameríndios. O conselho provincial decide então enviar dois dominicanos ao Rio de Janeiro, frei Signerin e frei Sans, a fim de estudar as possibilidades e de elaborar mais precisamente o projeto missionário que será submetido, em última instância, ao Capítulo Geral da Ordem. Os freis Signerin e Sans empreendem a viagem em 1878 e são acolhidos no Rio de Janeiro pelos lazaristas franceses, encarregados do seminário maior. No entanto, as negociações com Dom Lacerda não logram êxito porque ele não oferece garantias suficientes aos dominicanos. Os dois religiosos preparam-se para retornar à França, quando frei Signerin fica gravemente doente e morre de febre amarela três dias depois. Frei Sans, após ter também contraído a febre amarela, consegue retornar à França. Assim termina, sem sucesso, a primeira tentativa de estabelecer a Ordem Dominicana no Brasil.

Alguns anos mais tarde, a possibilidade de estabelecer uma missão no Brasil volta à agenda, quando Dom Cláudio Gonçalves Ponce de Leão, nomeado bispo de Goiás em 1879, solicita aos dominicanos suprir a falta de sacerdotes em sua imensa diocese. Esse bispo, lazarista brasileiro, fez parte de sua formação na França (1861-1867) e conheceu os freis Signerin e Sans em 1878, quando de sua passagem no Rio de Janeiro, visto estarem hospedados no seminário mantido pelos lazaristas. Faz, então, apelo aos superiores da província de Tolosa para desenvolver uma missão na Diocese de Goiás. Em 1881, ele escreve ao provincial de Tolosa[5]:

---

4. Visita quinquenal que os bispos devem fazer a Roma.
5. Carta de Dom Gonçalves Ponce de Leão, datada de 27.02.1981, não classificada, nos arquivos dominicanos do convento Santo Tomás de Aquino, em Tolosa.

O trabalho que confiei ao zelo dos filhos de São Domingos é precisamente o que eles desejavam. Missões nas paróquias e catequese dos índios. Para facilitar seu ministério, seus bons sacerdotes poderiam encarregar-se de alguma paróquia [*sic*] vizinha dos territórios ocupados pelos índios. [...] vários conventos podem ser estabelecidos e conventos numerosos, onde as regras podem ser bem observadas e onde os missionários jamais são obrigados a sair menos de dois juntos. O território em que os freis terão jurisdição será bem determinado, para que não surjam dificuldades com outras ordens ou congregações que desejarem se dedicar a esse ministério apostólico.

Apresenta, em seguida, dois outros argumentos para convencer os dominicanos. Aborda, em primeiro lugar, a situação francesa e as leis anticlericais de 1880, que levaram ao exílio os dominicanos da Província de Tolosa, e que ele apresenta como um sinal da vontade divina, estimulando os religiosos à partida:

Meu muito reverendo padre, não lhe parece que a atual perseguição sofrida pelas ordens religiosas é como um meio empregado pelo Mestre da Vinha para obrigar os bons operários a se espalharem por toda a terra para semear a boa semente? Se o Senhor deseja que deixemos tudo, sacrifiquemos tudo para ajudar nossos irmãos à salvação, teremos nós a coragem de resistir à Santa Vontade de Deus?

Embora não se encontre menção, nas fontes missionárias, de uma ligação entre as expulsões de 1880 e a partida em missão em 1881, pode-se supor que a situação da Província de Tolosa, exilada em Salamanca, deve ter precipitado a decisão de aceitar a oferta de Dom Gonçalves. Nota-se até que essa aceitação foi muito rápida, visto o sistema de tomada de decisão dominicano ser geralmente muito longo. Em sua carta, Dom Gonçalves também destaca as disposições favoráveis do governo brasileiro:

PRIMEIRA PARTE | Uma missão dominicana na tradição

O governo do meu país autorizou-me a fazer contratos com congregações religiosas, e deseja ardentemente a catequese dos índios. Isso significa que o governo brasileiro está disposto a arcar com as despesas de chamar e de manter missionários que desejam se dedicar à catequese.

O Estado brasileiro está, portanto, pronto para auxiliar financeiramente os bispos, a fim de facilitar a vinda de religiosos estrangeiros que se dedicariam à evangelização dos ameríndios.

Em 1881, os dominicanos aceitam a proposta de Dom Gonçalves[6]. Assim, é de Salamanca que os primeiros dominicanos partem para o Brasil para fundar um convento em Uberaba, na Diocese de Goiás. As relações entre o bispo de Goiás e os dominicanos são regidas por um contrato que delimita as atribuições de cada um e preserva a autonomia da Ordem religiosa relativamente ao poder secular. O contrato é celebrado entre o bispo de Goiás, Dom Gonçalves Ponce de Leão, e o provincial de Tolosa, frei Colchen. Estabelece os compromissos de cada uma das partes na implementação da missão dominicana na Diocese de Goiás. Encontramos uma cópia desse contrato[7], datado de 1885, o que significa serem necessários vários anos para formalizar e redigir um contrato definitivo. Este último destaca vários aspectos dos acordos feitos para a vinda dos missionários: o bispo compromete-se em financiar sua vinda e pagar uma pensão mensal aos religiosos-sacerdotes, enquanto os conventos não conseguirem prover suas necessidades. Promete, também, não convidar outras congregações religiosas para assumir as paróquias cristãs, se os dominicanos se comprometerem a abrir outros conventos no norte da diocese (em 1885, há apenas dois

---

6. Veja fotografia em Anexos, p. 472.
7. Contrato datado de 04.04.1885, redigido, de modo triplicado, para o bispo, o superior da missão e o provincial de Tolosa; não classificado, nos arquivos dominicanos do convento Santo Tomás de Aquino, em Tolosa.

no Sul). Além disso, o contrato lembra que o superior da Ordem mantém autoridade espiritual e administrativa sobre os conventos, e que apenas os assuntos diocesanos (seminários, paróquias, missões) serão regidos por contratos específicos entre o bispo e o provincial. Esses acordos evoluirão ao longo da missão, mas pode-se observar que os dominicanos atendem, inicialmente, às expectativas específicas do bispo. Este se assegura de sua colaboração, facilitando sua vinda e instalação. De fato, além das pensões pagas aos missionários, eles obtêm casas e terrenos, bem como posse de uma igreja nas cidades onde fundam conventos.

A missão dominicana, portanto, responde a uma solicitação do bispo brasileiro que precisa de religiosos para suprir a falta de sacerdotes em sua diocese. Embora ele insista nas possibilidades de evangelização dos ameríndios, os missionários dominicanos são chamados ao Brasil, em primeiro lugar, para supervisionar a população católica. Os dominicanos, portanto, estabelecem-se em 1881 na Diocese de Goiás, região rural no Brasil central, isolada dos grandes centros urbanos do Sul e do litoral.

Para melhor entender os missionários dominicanos que partem para o Brasil, abordaremos primeiro às características gerais que pudemos identificar sobre as origens e a formação desses dominicanos da segunda metade do século XIX.

Na tentativa de definir a origem geográfica dos missionários, utilizamos um catálogo que lista os missionários dominicanos que chegaram ao Brasil entre 1881 e 1915, encontrado nos arquivos dominicanos de Belo Horizonte. Nele, são enumerados cerca de sessenta dominicanos, mas nem todos eram missionários: há os freis Signerin e Sans, dominicanos que vieram ao Rio de Janeiro para estudar as possibilidades de uma fundação em 1878, e freis Gallais e Tapie, que eram visitadores canônicos. Portanto, não há exclusivamente missionários nesse catálogo. Entre os dominicanos, há 44 franceses e 16 estrangeiros, geralmente europeus, dos quais 7 portugueses, e os outros principalmente italianos

PRIMEIRA PARTE | Uma missão dominicana na tradição

ou espanhóis. A presença de dominicanos estrangeiros pode ser explicada de várias maneiras: em primeiro lugar, o exílio dos dominicanos da Província de Tolosa na Espanha e na Itália, após as expulsões francesas, pode ter suscitado, nesses países, vocações para a missão brasileira. A presença de muitos portugueses é compreensível pelo fato de os dominicanos de Portugal nunca terem se estabelecido no Brasil, e a missão francesa abrir-lhes, então, essa oportunidade. Além disso, seu domínio da língua deve ter interessado os franceses que partiam sem a ter aprendido antes. Entre os 44 franceses, 17 são originários do Sudoeste, 5 do Sudeste, outros das regiões Norte, e, para metade deles, só temos a menção "França", sem mais detalhes. Metade é, portanto, originária da área geográfica correspondente à Província de Tolosa, que se estende por toda a metade do Sul da França. Os 17 dominicanos do Sudoeste geralmente vêm das zonas rurais da região, nenhum nascido em Tolosa. Há vários nativos de Mazères ou dos arredores da localidade de Ariège, onde a escola apostólica dominicana se encontra até 1894, o que certamente influenciou algumas vocações.

Quase todos os missionários enviados ao Brasil, entre 1881 e 1910, têm entre 25 e 35 anos. Os dominicanos preferem enviar jovens porque o clima é difícil e o trabalho missionário exige esforços físicos intensos, especialmente durante as longas missões na diocese. Além disso, a Província de Tolosa, recentemente restaurada, dispõe de uma equipe reduzida, mas constituída por muitos estudantes, entre os quais é mais fácil suscitar vocações missionárias.

Os primeiros missionários partiram de Salamanca, onde os dominicanos da Província de Tolosa estavam exilados de 1880 a 1886. Em Salamanca, alguns ensinavam, enquanto outros estudavam. A missão iniciou-se logo após a restauração da Ordem na França. Frei Lacoste, missionário mais velho a embarcar para o Brasil, participou da restauração da Ordem na Bélgica, depois na França, e, certamente, conheceu frei Lacordaire e frei Jandel. Os missionários mais jovens, mas formados nos anos 1870 a 1890, tiveram professores que também participaram da restauração e conheceram os dois dominicanos que tinham assumido a liderança desse processo. A missão faz parte do processo de restauração e do desenvolvimento da Província de Tolosa, que precisava ser, por sua vez, reimplantada e desenvolvida.

A partida em missão tem, sem que isso seja confirmado oficialmente, um caráter definitivo. A maioria dos missionários que partiu para o Brasil aí morreu. Alguns passam várias dezenas de anos sem nunca retornar à França, enquanto outros apenas fazem uma visita para rever a família. Muito poucos expressaram o desejo de retornar e puderam fazê-lo, mas a grande maioria passou o resto de sua vida no Brasil. É preciso acrescentar que, durante toda a missão, a falta de religiosos é um problema que, em certos momentos, se torna dramático. Nesse contexto, era difícil pedir para retornar sem colocar toda a missão em dificuldade, o que é contrário ao espírito comunitário da Ordem. Além disso, a escolha da vocação missionária é geralmente sentida como resultado de uma vontade divina incontestável, e o religioso deve se curvar a seu destino.

Aparentemente, os missionários que partiram para o Brasil em 1881 não receberam nenhum treinamento específico. Aprenderam a língua portuguesa ao chegarem e parece nada conhecerem, antecipadamente, sobre o Brasil. Na melhor das hipóteses, baseavam-se na leitura de exploradores da época e em artigos que apareciam nas inúmeras revistas missionárias citadas anteriormente, sem esquecer as crônicas missionárias do período colonial. Embora não mencionem, pode-se pensar que tenham lido os jesuítas e suas *Cartas edificantes e curiosas*[8], e também os escritos dos Padres José de Acosta[9], José de

---

8. *Lettres Edifiantes et Curieuses, écrites des missions étrangères par quelques missionnaires de la Compagnie de Jésus*. A primeira coleção foi publicada em 1702, com os jesuítas se sucedendo na administração da coleção até 1776, com a maioria dos volumes sendo editada em Paris por Nicolas Le Clerc.

9. *Histoire naturelle et morale des Indes* (Historia natural y moral de las Indias), Sevilha, 1590, obra traduzida para o francês em 1598.

PRIMEIRA PARTE | Uma missão dominicana na tradição

Anchieta, Manuel da Nóbrega[10], Fernão Cardim e Antônio Vieira, que dirigiram as primeiras missões jesuítas no Brasil. Frei Lacomme, em uma conferência realizada em Goiás, em 1905, para arrecadar fundos para a evangelização dos ameríndios, assim se refere a Padre Vieira: "[...] esse grande Padre Antônio Viera, também filho da Companhia de Jesus, rejeitando todas as honras do mundo, vem ao vale do Amazonas entre os povos bárbaros para hastear a cruz de Cristo e pregar seu Evangelho libertador"[11]. Obviamente, ele conhece a obra missionária jesuíta no Brasil e se refere a esse missionário como um herói mítico da história da evangelização deste país. Provavelmente também, leram e estudaram a obra e a vida de Bartolomeu de Las Casas, o dominicano mais famoso da história colonial espanhola, que escreveu, entre outras, a *História das Índias*[12]. Os missionários também puderam ler exploradores da época que viajaram para o Brasil, como Francis de Castelnau[13] e Alexander Von Humbolt[14]. A partir do final da década de 1870, os missionários puderam acessar, antes de sua partida, as obras de Henri Coudreau[15] e de Élisée Reclus[16]. Uma vez estabelecidos no Brasil, os dominicanos eram, às vezes, críticos

---

10. NOBREGA, Manuel da, *Cartas do Brasil*, São Paulo, Edusp, 1988.
11. Texto de frei Lacomme, para uma conferência realizada em Goiás, em 1905, classificada como K1108, nos arquivos dominicanos de convento Santo Tomás de Aquino, em Tolosa.
12. LAS CASAS, Bartolomé de, *Historia de las Indias*, Madrid, Imprimerie de N. Ginesta, ¹1875-1876, 5 v.
13. CASTELNAU, Francis de, *Expédition dans les parties centrales de l'Amérique du sud*, de Rio de Janeiro a Lima, et de Lima ao Pará, 7 tomos, Paris, P. Bertrand, 1850-1857.
14. VON HUMBOLT, Alexander; BONPLAND, Aimé, *Voyage aux régions équinoxiales du Nouveau Continent*, 30 v., Paris, 1807-1834, para a ed. monumental; 30 v., Paris, 1816-1831 para a ed. pequena.
15. COUDREAU, Henri, *Voyage au Tocantins-Araguaya*, 31 de dezembro de 1896-23 de maio de 1897, Paris, A. Lahure, 1897.
16. RECLUS, Élisée, *Nouvelle géographie universelle*, Paris, Hachette, 1876-1894, 19v.; o volume XIX é dedicado à América do Sul.

relativamente aos relatos dos exploradores e viajantes do século XIX; assim, frei Tapie constata, durante sua própria viagem, que esses relatos continham muitos erros. Para ele, os exploradores atravessavam as regiões muito rapidamente para poder realmente compreendê-las. Alguns viajantes ou cientistas não iam realmente às áreas desconhecidas, sem falar dos exploradores "de gabinete". Relativamente a um encontro noturno com os ameríndios, ele diz: "Admitimos, de fato, ainda pouca familiarização com os peles-vermelhas, a cabeça cheia do que lemos nos relatos de grandes exploradores 'de gabinete'; aliás, não estávamos tranquilos e teríamos, com prazer, passado sem essa visita noturna"[17]. Mais adiante, ele escreve novamente:

> [...] É-me difícil ter uma justa ideia de muitas coisas concernentes a esses peles-vermelhas. É-me impossível falar sobre isso com a segurança dos romancistas e viajantes, que nunca viram nada além dos peles-vermelhas das feiras. A maior parte do que pude constatar, em nada se parece com o que li em autores reputados, sérios e respeitáveis [...][18].

Uma vez no local, a realidade brasileira lhes parece muito distante do que leram nesses livros que se dizem científicos.

Por outro lado, geralmente, eles têm uma visão idealizada e mítica do trabalho missionário. Citam os apóstolos difundindo a palavra de Cristo, mas também São Domingos, fundador da Ordem, convertendo os hereges, e Bartolomeu de Las Casas defendendo e evangelizando os ameríndios. Frei Lacomme escreve para uma conferência: "Antes de deixar a terra, Jesus confiou a seus Apóstolos a missão de percorrer o mundo inteiro e de ensinar todas as nações, batizando todos os homens e ensinando-lhes a observar tudo o que ele, o Soberano Mestre, tinha

---

17. TAPIE, *Feuilles de route d'un missionnaire...*, op. cit., 213.
18. Ibid., 277.

PRIMEIRA PARTE | Uma missão dominicana na tradição

ordenado"[19]. Procurando arrecadar fundos para a evangelização dos ameríndios, ele faz remontar a vocação missionária às origens do cristianismo. Além das referências a esses "ilustres" predecessores e a suas obras edificantes, os primeiros missionários não parecem ter uma ideia concreta do que os espera no Brasil. Os que chegam mais tarde não parecem, pois, estar mais bem preparados, embora possam ter lido artigos abordando especificamente essa missão e, assim, conhecer um pouco melhor a região. De fato, esses artigos, visando exaltar o ideal missionário e enaltecer seus mártires, não os preparavam para as realidades com as quais seriam confrontados. Foi pela experiência concreta que esses jovens missionários tiveram conhecimento do Brasil.

Entre os primeiros missionários enviados ao Brasil, pode-se considerar os freis Madré e Lacoste como os fundadores da missão dominicana em Goiás, embora eles nunca tenham sido apresentados como tais nos documentos que consultamos. Eles representam a autoridade da Província de Tolosa e desempenham funções importantes que ajudaram a consolidar a missão em seus primórdios. É por esses motivos que apresentamos aqui suas biografias.

Frei Madré, nascido em 1849 no País Basco francês, foi o primeiro zuavo[20] pontifício durante a guerra de 1869, e depois soldado durante a guerra Franco-Prussiana de 1870, antes de entrar para os dominicanos em 1874, com 25 anos. Fez o noviciado em Mazères e os estudos de filosofia e teologia em São Maximino. Quando da expulsão de 1880, é vice-mestre dos noviços e parte em exílio para Salamanca, onde também ocupa o cargo de cantor. É quando frei Cormier começa a falar

---

19. Texto do frei Lacomme, destinado a uma conferência, aproximadamente de 1926, classificado como K1109, nos arquivos dominicanos do convento Santo Tomás de Aquino, em Tolosa.
20. Os zevares papais constituem um regimento militar composto de voluntários, principalmente holandeses, franceses e belgas, para defender os Estados pontifícios contra as tropas piemontesas nos conflitos, em vista da unidade italiana, entre 1861 e 1870.

sobre a missão no Brasil. Um ano depois, ele faz parte dos três primeiros missionários enviados ao Brasil, com frei L. Mélizan, que retorna à França em 1882 por motivos de saúde, e frei G. Mole, que passará a maior parte de sua vida missionária em Goiás, onde falece em 1925. Eles são inicialmente enviados para estudar no local a possibilidade de uma fundação dominicana na Diocese de Goiás. Chegam a Uberaba em 31 de outubro de 1881 e sua viagem de prospecção rapidamente se transforma em instalação duradoura. Frei Madré, naquele ano, funda aí um convento. É nomeado vigário de Uberaba em 1882, depois vigário provincial da missão em 1883, ano em que funda o convento de Goiás. Permanece designado nesse convento com o cargo de vigário provincial, até seu retorno à França em 1890, onde morre em 1910. É, portanto, o primeiro responsável pela missão.

Frei Lacoste, nascido por volta de 1830, entra na Ordem já sacerdote e participa da restauração da província dominicana da Bélgica, onde ocupa, primeiramente, o cargo de mestre de noviços e, depois, de prior. Quando da restauração da Ordem na França, é nomeado prior do convento de Bordeaux. Quando a missão no Brasil se inicia, coloca-se à disposição de seus superiores para dela fazer parte. Chega ao Brasil em 1882 e desenvolve toda a sua carreira missionária no convento de Uberaba, onde é superior de 1883 a 1894. Desde 1890, é também vigário provincial da missão. Durante esses anos, investe sobretudo na rigorosa implementação das regras da vida conventual em Uberaba; convento que dirige de forma muito autoritária, como deixam entender alguns missionários em suas correspondências. É preciso saber que frei Lacoste é o missionário mais idoso enviado ao Brasil. Conta 52 anos quando de sua chegada e, portanto, exerce autoridade moral sobre os jovens missionários, que não ousam criticá-lo. Durante os anos de organização da missão, frequentemente discorda de seu superior hierárquico, frei Madré, vinte anos mais novo, relativamente ao futuro da missão e das orientações a serem dadas ao projeto brasileiro. Em 1885, é ele quem acolhe as dominicanas em Uberaba e acompanha as que

PRIMEIRA PARTE | Uma missão dominicana na tradição

vão se instalar em Goiás, em 1889. Teve grande dificuldade para aprender o português; traduzia e memorizava seus sermões, mas, segundo outros missionários, nunca conseguiu dominar o sotaque brasileiro. Investiu igualmente no plantio das primeiras vinhas em Uberaba, a fim de produzir vinho de missa. Morreu em 1894, em Uberaba. Suas cartas longas, contundentes e de uma escrita nervosa foram-nos de grande ajuda, pois poucos missionários ousavam falar com tanta franqueza e fazer julgamentos tão duros. Sua idade e antiguidade na Ordem deviam dar-lhe mais liberdade para expressar seus pensamentos, sobre os quais voltaremos posteriormente.

Frei Lacoste tem uma visão muito pessimista quanto às possibilidades da missão brasileira, principalmente em decorrência da falta de educação religiosa das populações. Ao contrário, frei Madré, como superior, mostra, em suas cartas ao provincial, otimismo quanto ao desenvolvimento futuro da missão, destacando o forte sentimento religioso dos brasileiros. Ambos são os representantes da autoridade da província no Brasil durante os anos de organização da missão. Suas divergências de pontos de vista dificultaram as tomadas de decisão do provincial, com frei Lacoste criticando sistematicamente todas as tomadas de posição de frei Madré. Parece paradoxal que frei Madré, bastante otimista no início da missão, se desencoraje, a ponto de querer voltar para a França, enquanto frei Lacoste, tão negativo e fazendo julgamentos definitivos, permanece em Uberaba até sua morte em 1894. Talvez suas dissensões, que aparecem mais ou menos abertamente nas entrelinhas da correspondência com o provincial, tenham acabado com o entusiasmo de frei Madré.

As cartas desses dois missionários, portanto, fazem parte das mais antigas que consultamos. Elas contêm as primeiras impressões dos dominicanos sobre o Brasil e são reveladoras de seu estado de espírito no início da missão. Além disso, os missionários dominicanos chegam ao Brasil em plena mudança, tanto que, às vezes, têm dificuldade para compreender que são, de fato, testemunhas da transição do Império para a República (1889), da abolição da escravidão (1888) e da separação da Igreja e do Estado (1891). As cartas sobre os primeiros anos da missão permitem-nos analisar, com detalhes, a perspectiva dos dominicanos. Elas fornecem um "instantâneo" do olhar laçando pelos missionários franceses sobre o Brasil no final do século XIX.

2. Goiás: realidades de uma região de fronteira

[...] Não vou levá-lo para passear, caro leitor, ao longo da costa do Brasil, pois isto seria continuar sua vida rotineira da Europa [escreve frei Olléris por volta de 1920]. Então, partimos para o interior quase desconhecido de um grande deserto, o "sertão"[21], como se diz aqui[22].

Estas são as palavras de frei Olléris no prefácio de um relato em que ele narra sua vida missionária em Goiás e escreve a história da presença dominicana no Brasil. Aqui, não se deve entender "deserto" em seu sentido climático, mas no sentido de "vazio de pessoas". O Brasil, aonde os dominicanos chegam, não é o do Rio de Janeiro e do Sul, em plena modernização política e econômica no final do século XIX. A missão se desenvolve no Centro-Oeste do país, zona rural e isolada que inclui a Província de Goiás e o Triângulo Mineiro, extremo sudoeste

---

21. *Sertão* geralmente designa, desde o início da conquista, o interior desconhecido do território brasileiro. Os dominicanos o empregam, de fato, para designar as terras do interior, mas em seu emprego no século XIX são acrescentadas as noções de isolamento, miséria e afastamento da "civilização".
22. Prefácio de um relato manuscrito de frei Olléris, sem data, mas supostamente de 1920, porque o autor diz que vai deixar Goiás por ter sido designado para Porto Nacional em 1920, intitulado *Fragments de notes, 1er partie: Goyaz la maudite* [Fragmentos de notas, 1ª parte: Goyaz, a maldita], composto de 171 páginas, classificado como K1702, nos arquivos dominicanos do convento Santo Tomás de Aquino, em Tolosa.

de Minas Gerais. Essa região[23] corresponde às fronteiras eclesiásticas da Diocese de Goiás em 1881 e representa, aproximadamente, o dobro do território francês. Os primeiros missionários dominicanos se estabelecem nessa imensa diocese, onde terras de criação de gado e espaços "virgens" se misturam.

Para chegar à Diocese de Goiás, os missionários dominicanos do final do século XIX empreendem longa viagem. Partem de Salamanca ou de Tolosa, embarcam em Marselha ou Bordéus e geralmente fazem escala em Marrocos ou Dakar, antes de chegar ao Rio de Janeiro, após uma travessia de quinze a vinte dias. Do Rio de Janeiro, pegam o trem até São Paulo, depois, até Casa Branca, em Minas Gerais, e terminam a viagem no dorso de uma mula durante sete dias para chegar a Uberaba. A viagem completa dura cerca de um mês e meio no início da missão, depois fica mais curta, quando o trem chega a Uberaba, alguns anos mais tarde. Para chegar a outras partes da diocese, os missionários se deslocam nos lombos de mulas ou em pequenos barcos no rio Araguaia e são sempre acompanhados por guias brasileiros[24]. No final da missão, as condições de viagem mudaram completamente; melhoria das estradas, automóveis e início do transporte aéreo aproximaram consideravelmente a França do interior brasileiro.

Naquela época, Goiás era uma região de fronteira entre o Brasil moderno, do Sul e do litoral, e o Brasil pouco conhecido, ainda escassamente ocupado, com florestas tropicais e populações ameríndias. É uma área colonizada apenas tardiamente, quando garimpeiros se interessam por ela. Goiás, fundada por estes em meados do século XVIII, é a cidade mais antiga da região. Seu nome deriva dos ameríndios Goyzes, que habitavam a região antes de serem expulsos por garimpeiros. Goiás é a sede da diocese e a capital da província de mesmo nome; os dominicanos aí se estabelecem em 1883. Uberaba data do início do

---

23. Ver mapas em Anexos, p. 454, 455, 457 e 458.
24. Ver fotografias em Anexos, p. 478.

século XIX. É a cidade mais importante da diocese, quando da chegada dos dominicanos, e nela instalam seu primeiro convento, em 1881. Ela faz parte da Província de Minas Gerais. Porto Imperial[25], terceira cidade da diocese, é ainda mais recente; fundada em meados do século XIX, os missionários aí se estabelecem em 1886. Finalmente, em 1905, os dominicanos também fundam um convento em Formosa. Essa localidade, povoada a partir do século XVIII por garimpeiros e criadores de gado, obtém o *status* de vila em 1843. Está localizada no sudeste de Goiás, na fronteira com a província da Bahia.

Os dominicanos ficam impressionados ante a pobreza da região, principalmente durante suas primeiras viagens pela diocese, quando visitam os doentes, administram os últimos sacramentos ou param para dormir nas fazendas[26]. Frei Lucas relata em uma carta de 1884: "[...] nunca me encontrei em um país tão pobre. Trememos de espanto ao entrar nas casas dessas pessoas pobres que nos chamam na última hora; em nossas casas, animais imundos têm tetos, aqui seres humanos têm tocas infectas"[27]. No final do século XIX, Goiás é uma região rural e pobre, cuja economia é baseada na pecuária extensiva, e encontra-se isolada do resto do país. Há poucas estradas e as duas vias de comunicação natural, os rios Araguaia e Tocantins, são pouco utilizadas. O sul da diocese, que corresponde às regiões de Uberaba e de Goiás, é a parte mais populosa. Antiga área de mineração, no final do século XIX, tornou-se uma região agrícola.

A cidade de Uberaba, mais rica que a de Goiás, é uma cidade de comerciantes e de grandes proprietários de terra, em plena expansão, quando da chegada dos dominicanos. Segundo frei Gallais, ela conta "seis a sete mil almas"; a ferrovia aí chegou em 1889 e a criação de gado,

---

25. Esta cidade recebe o nome de Porto Nacional em 1889, quando da Proclamação da República.
26. Veja fotografia em Anexos, p. 478.
27. Carta de frei Lucas, datada de 15 de abril de 1884, não classificada, nos arquivos dominicanos do convento Santo Tomás de Aquino, em Tolosa.

especialmente zebus, desenvolve-se rapidamente: "[...] *os uberabenses* veem o futuro com as cores as mais promissoras e aspiram a destinos mais altos. Denominam sua cidade de rainha do *sertão* [...]"[28]. O *sertão* designa o interior do país, apelido este que mostra que Uberaba representa, na época, o avanço da civilização no interior brasileiro.

Goiás é uma cidade mais isolada e as explorações agrícolas, mais modestas. Conta com poucos recursos, desde o final da exploração aurífera. Os missionários explicam que sua importância vem do *status* de capital da província:

> A permanência do Bispo, do Governador e de outros funcionários públicos imprimiu uma certa originalidade à cidade [escreve frei Lucas em 1883], não habitual a ser encontrada no interior do Brasil, mas, por outro lado, percebe-se logo que os negócios estão quase mortos e que a riqueza e o conforto são muito mais raros do que em Uberaba[29].

Goiás é frequentemente apresentada como cidade adormecida, em câmera lenta. Característica ainda ampliada nas cartas dos missionários, que se queixam do calor opressivo em certas épocas do ano, pois a cidade está localizada em uma bacia fechada pela *Serra Dourada*.

A parte leste da diocese, ao longo do Tocantins, às margens do qual se situa Porto Imperial, também é uma área de criação, formada por pequenas explorações agrícolas. O transporte fluvial no Tocantins, aberto desde o século XVIII, é mais desenvolvido que no Araguaia, mas permanece fraco devido à falta de recursos e mão de obra. A maioria dos habitantes de Porto Imperial é navegador ou saltimbanco, chamados "filhos do rio". Todos os anos, partem para Belém, em março

---

28. GALLAIS, *Une mission dominicaine au Brésil...*, op. cit., 13.
29. Relatório de frei Lucas, de 1883, classificado como K1021, nos arquivos dominicanos do convento Santo Tomás de Aquino, em Tolosa.

ou abril, para vender couros e retornam em setembro ou outubro com sal, tecidos, instrumentos e "produtos da indústria europeia de que precisam"[30]. Portanto, a cidade é provisionada apenas uma vez por ano para determinados produtos. Nos primeiros anos de sua instalação em Porto Imperial, aos missionários, às vezes, faltam produtos básicos, o que mostra o isolamento e a pobreza do norte de Goiás naquela época. Os religiosos mal têm farinha suficiente para fazer as hóstias do ano e raramente comem carne ou peixe, apenas quando as pessoas da cidade podem vendê-los. Segundo frei Devoisins[31], não há mais que quinhentos habitantes na localidade em 1887. No entanto, a cidade se enche com a partida e a chegada de barcos, duas vezes por ano, atingindo duas mil pessoas.

O oeste e o norte da diocese são pouco povoados e cobertos por florestas tropicais, e é nessa região, principalmente, que vivem as populações ameríndias. Frei Gallais escreve em 1893: "Além disso, as fronteiras ocidentais da Província de Goiás marcam o limite extremo alcançado pela civilização. Para além dela, estendem-se imensas regiões ainda inexploradas, onde os índios circulam em liberdade [...]"[32]. A fronteira oeste da província, separando Goiás de Mato Grosso, é materializada pelo rio Araguaia e, portanto, representa, segundo frei Gallais, os limites da civilização. No final do século XIX, tornam-se áreas de ocupações fundiárias e econômicas recentes, frentes pioneiras onde os brasileiros em busca de terras se estabelecem, expulsando os povos ameríndios para o oeste. A exploração da borracha, que se desenvolve no final do século, acelera ainda mais a transformação dessa região em nova área de povoamento. O general José Viera Couto de Magalhães[33],

---

30. GALLAIS, *Une mission dominicaine au Brésil...*, op. cit., 41.
31. Carta de frei Devoisins, datada de 15.08.1887, não classificada, nos arquivos dominicanos do convento Santo Tomás de Aquino, em Tolosa.
32. GALLAIS, *Une mission dominicaine au Brésil...*, op. cit., 11.
33. Couto de Magalhães é um militar, político e explorador de importância durante o Império. Nascido em Diamantina, em 1837, estudou direito antes

PRIMEIRA PARTE | Uma missão dominicana na tradição

governador da província de Goiás em 1862, depois das do Pará e do Mato Grosso durante a Guerra do Paraguai (1865-1870), explorou a região do Araguaia e procurou desenvolver nela o transporte fluvial. Criou uma empresa de navegação a vapor no Araguaia, em 1868, para promover o comércio com o Pará. Os três barcos a vapor desciam, uma vez por mês, de Leopoldina (hoje Aruanã) para Santa Maria do Araguaia e, em seguida, canoas adaptadas às numerosas correntezas assumiam a etapa até Belém. Essa empresa desapareceu nos anos 1880, devido à falta de recursos, de pessoas e de atividades suficientes na região.

No recenseamento de 1872[34], primeiro censo real do Brasil, constata-se que a Província de Goiás é uma das regiões menos populosas, com 160 mil habitantes, em um país que conta com cerca de 10 milhões. A população, no entanto, aumenta rapidamente e, em 1900, há 17 milhões de habitantes no Brasil e 255 mil no estado de Goiás. Para se ter uma ideia da população total da Diocese de Goiás, quando da chegada dos dominicanos, é preciso adicionar os habitantes do extremo oeste de Minas Gerais, ou Triângulo Mineiro. Minas Gerais é, então, a província mais populosa do Brasil, com 2 milhões de habitantes em 1872. Portanto, pode-se estimar que, em 1881, deveria haver entre 250 mil e 300 mil habitantes na diocese.

---

de se dedicar a etnologia, botânica e línguas estrangeiras. Sua carreira também é política e militar. Nomeado governador da província de Goiás em 1862, começa a explorar o centro do país e desce particularmente o Araguaia, que descreve em *Viagem ao Araguaia* (São Paulo, Brasiliana, XXVIII, 1934, ¹1863). Em seguida, realiza inúmeras expedições do Sul ao Norte do país, de São Paulo a Belém, de Minas Gerais a Mato Grosso, localiza rios navegáveis, mapeia essas regiões pouco conhecidas e estuda a flora e a fauna, destacando as várias possibilidades de desenvolvimento do interior do país. É também autor de *Os selvagens* (Rio de Janeiro, Typografia da Reforma, 1876), sobre os ameríndios da região.

34. Ver tabela em Anexos, p. 466, para os números exatos retirados dos censos do IBGE, referentes ao período que nos interessa. Os cálculos de porcentagem foram feitos a partir dos dados dessas tabelas, que arredondamos.

Goiás, região de missão

O censo de 1872 possibilita, igualmente, melhor conhecer a composição da população de Goiás. Quando os dominicanos se estabelecem no Brasil, a escravidão ainda é praticada e só será abolida em 1888; portanto, esse recenseamento permite-nos ter uma ideia da proporção de escravos na região, quando da chegada dos missionários. Há, então, 1,5 milhão de escravos no país, ou seja, 15% da população, e 10.500 em Goiás, o que representa 6,5% dos habitantes da província. Os dominicanos falam pouco sobre escravos em suas correspondências, mas, no início da missão, são confrontados com a escravidão e seus excessos, principalmente quanto às questões relacionadas à prática da religião e ao pecado da carne. Assim, em um relatório de missão de 1884, um dos autores escreve:

> Outra chaga do Brasil é a escravidão com seus inevitáveis embrutecimentos e abusos! Que força de persuasão e que autoridade o sacerdote precisa ter para arrancar tantos jovens cativos dos ardores implacáveis de seus senhores, ou para mantê-los calmos e resignados à vontade de Deus ante os caprichos bizarros e, muitas vezes, cruéis de seus donos? Que conselhos dar ao escravo imerso na vida dos sentidos e incapaz de se controlar; ao escravo pai de uma família numerosa, antes de se casar, mas desejoso de regularizar sua situação mediante uma aliança honesta e legítima, não podendo fazê-la ante a obstinada recusa de seu dono[35].

Em um de seus livros, frei Audrin também menciona a presença de escravos na região, quando descreve a festa de Nossa Senhora do Rosário:

> Outra festa muito estimada é a de Nossa Senhora do Rosário. Anteriormente reservada aos escravos, numerosos em nossas regiões do

---

35. Relato escrito, em outubro de 1884, por dois missionários do convento de Uberaba (acreditamos, com base nos escritos, ser um deles frei Lucas), arquivo não classificado, do convento Santo Tomás de Aquino, em Tolosa.

interior, durante o tempo de mineração, esta festa ainda mantém hoje os vestígios de seu antigo formato. [...] Segundo os antigos, são apenas vestígios pálidos dos esplendores do passado, quando os escravos, auxiliados pelos abundantes recursos de seus senhores, verdadeiros magnatas do sertão, compensavam, durante esses maravilhosos dias de festa, a dureza e as humilhações de suas existências[36].

Nas estatísticas brasileiras, a cor da pele dos habitantes é indicada em uma rubrica específica intitulada "raça". Assim, podemos ter uma ideia da diversidade dos habitantes de Goiás, tendo presente que esses números não refletem, necessariamente, uma realidade, pois essa noção de cor ou "raça" é muito subjetiva. Além disso, se nas estatísticas de hoje cada um define sua cor, não sabemos como isso se dava na época, e é possível que os oficiais do recenseamento preenchiam essa rubrica segundo sua percepção pessoal, sem deixar às pessoas a possibilidade de sua autodefinição. Estes dados nos servem para estabelecer proporções e para pôr em evidência a percepção que os brasileiros têm de si mesmos.

Num escalonamento do país, 3,8 milhões de brasileiros se declaram brancos, 900 mil brasileiros livres e um milhão de escravos se declaram negros, 3,3 milhões de brasileiros livres e 500 mil escravos se declaram *pardos*[37], ou seja, mestiços, e, finalmente, quase 400 mil brasileiros se declaram *caboclos*, ou seja, mestiços de ameríndios e brancos. Na província de Goiás, 42 mil goianos se declaram brancos, 17 mil goianos livres e 6.500 escravos se declaram negros, 86 mil

---

36. AUDRIN, *Os sertanejos que eu conheci*, 125.
37. "Pardos" pode ser traduzido, aproximadamente, para o francês como "marrons". Este termo ainda é usado hoje e refere-se aos mestiços em geral. Outros termos foram usados para caracterizar, com mais precisão, as origens da mestiçagem: "caboclos" refere-se aos descendentes de ameríndios e brancos; "mulatos" designa os descendentes de negros e brancos; "cafuzos" refere-se aos descendentes de negros e ameríndios.

goianos livres e 4 mil escravos se declaram *pardos* e 4.200 goianos se declaram *caboclos*[38]. Observa-se que, em Goiás, os habitantes *pardos* são majoritários, representando, de fato, 56% da população goiana, em comparação com 38% em todo o país. Somando negros e mestiços, obtém-se um total de 74% da população em Goiás e 62% no país. Estes números destacam a pobreza dos habitantes de Goiás em comparação com a do resto do país; as populações brancas, oriundas de colonos portugueses e de outros migrantes europeus, são as mais favorecidas. Os brancos, que vivem principalmente no Sul e litoral do Brasil, representam 38% da população do país, 54,5% no Rio de Janeiro e 26% em Goiás. Estes números são também reveladores das sucessivas ondas de povoamento de Goiás: o período de mineração, em que muitos escravos foram levados para Minas Gerais e Goiás, e, depois, das migrações de camponeses pobres aventurando-se para o oeste para se estabelecerem nas terras livres e desbravá-las. Esses migrantes, que se estabeleceram às margens do Tocantins e no sul de Goiás, chegaram majoritariamente do Nordeste, Bahia e Minas Gerais, ou seja, das regiões mais habitadas anteriormente por colonos portugueses e escravos africanos. Portanto, foram majoritariamente negros e mestiços que povoaram Goiás. O baixo número de *caboclos* declarados em Goiás é surpreendente, pois trata-se de uma região tradicional de povoamento ameríndio. Além disso, o avanço das frentes de colonização levou, inevitavelmente, à mestiçagem, como no resto do país. Portanto, devia haver, no final do século XIX, muitos descendentes de ameríndios na sociedade goiana e pode-se supor que alguns deles se declararam *pardos*, já que este termo designa os mestiços em geral. Frei Gallais escreve em 1892:

---

38. Veja a tabela em Anexos, p. 466, para os números exatos retirados dos censos do IBGE, referentes ao período que nos interessa. Os cálculos de porcentagem que seguem foram feitos usando os dados dessas tabelas, que arredondamos.

A população de Uberaba, como a de todo o Brasil, apresenta aspecto o mais variado. É uma mistura, em proporções desiguais, das três raças: branca, preta e vermelha. A maioria dos habitantes descende dos antigos colonos portugueses e, portanto, à primeira dessas raças. No entanto, os negros, filhos de escravos anteriormente transportados da África, são numerosos; e algumas gotas de sangue indiano também se encontram misturadas, em alguns indivíduos, ao de uma das outras duas raças. De fato, no Brasil, brancos, negros e peles-vermelhas fundem-se mais facilmente do que no norte dos Estados Unidos e os mestiços oriundos de uniões entre cônjuges de diferentes origens tornam-se cada vez mais numerosos[39].

Os dominicanos, portanto, perceberam a natureza mista da população brasileira; no entanto, frei Gallais considera que a maioria dos brancos é, segundo o recenseamento de 1872, válida apenas para a cidade do Rio de Janeiro e pode não corresponder à realidade goiana.

Para completar essa descrição demográfica de Goiás, é preciso acrescentar que as populações ameríndias, não sendo integradas à sociedade brasileira, não são contabilizadas nesse recenseamento. De fato, os numerosos ameríndios que vivem na Província de Goiás, sem contato com a sociedade brasileira, não podem ser contabilizados para o Estado brasileiro nem são considerados brasileiros, enquanto viverem no "estado selvagem".

Quando os missionários dominicanos se estabelecem no Brasil, não há uma real política indigenista em nível nacional, mas vontades regionais de "pacificação". Durante o período imperial (1822-1889), a situação isolada da Província de Goiás e o avanço das frentes pioneiras levam as autoridades a implementar medidas destinadas a promover o desenvolvimento econômico e o povoamento da região. A extensão de terras agrícolas, principalmente dedicadas à pecuária, e o uso de vias

---

39. GALLAIS, *Une mission dominicaine au Brésil...*, op. cit., 14.

naturais de comunicação (Araguaia e Tocantins) são objetivos a serem alcançados para estender a "civilização" a essa parte do país. O principal obstáculo à chegada dessa "civilização" a Goiás reside na presença de inúmeras populações ameríndias e nos frequentes confrontos entre elas e os recém-chegados brasileiros, que as expulsam para se instalar nas terras deles. O povoamento gradativo da região condiciona as relações com os ameríndios à problemática da terra. Conflitos e massacres são comuns nessas áreas do interior, onde o Estado imperial é pouco presente e onde domina a lei do mais forte. Em Goiás, essa situação dá lugar ao estabelecimento de *presídios*[40] e de *aldeamentos*[41] para promover uma política indigenista, cujo objetivo é "pacificar" e "civilizar" os ameríndios para integrá-los à sociedade brasileira. A partir dos anos 1840, presídios são instalados em toda a região para reprimir ataques ameríndios e proteger novos centros de povoamento e a circulação de viajantes e de mercadorias. Os aldeamentos agrupam ameríndios, geralmente em uma parte de seu território "tradicional", a fim de sedentarizá-los, evangelizá-los e fazê-los trabalhar como lavradores, navegadores, desbravadores ou criadores. Até 1831, a guerra ofensiva e a escravidão são permitidas contra os ameríndios "hostis", isto é, aqueles que não se deixam sedentarizar nem se pôr a trabalho, e que atacam os recém-chegados para defender seus territórios. O decreto de 1845, "regulamento das missões de catequese e de civilização dos índios", teoricamente, põe fim ao estado de guerra. Coloca os aldeamentos e os ameríndios, antes submetidos à direção de oficiais ou de militares, sob a autoridade do Ministério da Agricultura. Na realidade, a gestão dos aldeamentos, geralmente, é confiada a religiosos que se encarregam da evangelização, alfabetização, manutenção dos registros de nascimento e de

---

40. Posto militar onde moram soldados, prisioneiros que cumprem sua sentença e navegadores do rio, entre dois empregos.
41. Nessa época e nessa parte do Brasil, o termo designa uma colônia de povoamento na qual os ameríndios se agrupam. Geralmente ela é confiada a um missionário.

batismo, e supervisionam as atividades e trabalhos agrícolas. Os religiosos são, portanto, verdadeiros agentes a serviço do Estado. Como o clero brasileiro não era numeroso o suficiente, o poder imperial recorreu a missionários estrangeiros; foi nesse contexto que os capuchinhos italianos chegaram ao Brasil nos anos 1940. Estabeleceram-se em quase todas as províncias brasileiras, e havia cerca de sessenta capuchinhos no país em 1850[42]. A maioria dos aldeamentos fundados pelos capuchinhos em Goiás, a partir de 1841, tornou-se cidades e vilarejos nos anos seguintes: Santa Maria do Araguaia, Boa Vista, Pedro Afonso, Piabanhas e São José do Araguaia. Na chegada, os dominicanos encontraram alguns dos capuchinhos e visitaram aldeamentos. No entanto, em 1881, muitos desses capuchinhos morreram e não foram substituídos. Segundo frei Artigue, "Os capuchinhos são pouco numerosos e muito isolados para realizar um trabalho consistente"[43]. Na realidade, nos presídios e aldeamentos da região, oficiais e religiosos não são numerosos o suficiente para a vastidão dos territórios a ser controlada e faltam-lhes recursos. As áreas de criação estendem-se, os massacres continuam e as *aldeias*[44] se esvaziam progressivamente. A situação dos ameríndios da região é cada vez mais miserável: aqueles que não fugiram ou morreram de doenças constituem uma das categorias mais pobres da população e uma mão de obra barata e marginalizada. Além disso, a maioria dos presídios da região foi abandonada. Os que permanecem são descritos de forma muito negativa pelos dominicanos. Assim, frei Berthet escreve em 1884:

---

42. ROCHA, Leandro, Os missionários em Goiás, in: DEMARQUET, S., *A terra indígena no Brasil*, Brasília, Ministério do Interior/FUNAI, 1988, Coleção Cocar, v. 1, 67.
43. Carta de frei Artigue, 1883, não classificada, nos arquivos dominicanos do convento Santo Tomás de Aquino, em Tolosa.
44. Ao contrário do *aldeamento*, que designa um reagrupamento forçado dos ameríndios, *aldeia* designa, geralmente, "vila" ou "povoado", origem destes últimos.

Essas colônias, que poderiam ser tão úteis para a evangelização dos índios, são-lhes, muitas vezes, um obstáculo. A imoralidade aí se instala com os soldados, os prisioneiros e os marinheiros, e, longe de ser um poderoso auxiliar para o missionário, comprometem seu trabalho, estimulando os índios a brigas ou à imoralidade[45].

Esses postos militares, isolados no meio da floresta e mais ou menos abandonados pelo Estado, são deixados por conta própria e fadados a desaparecer, quando os missionários chegam à região.

Os dominicanos, portanto, instalam-se nesse "extremo oeste" brasileiro e devem se adaptar ao Brasil do interior, que os surpreende por vários aspectos. São, ao mesmo tempo, fascinados pelos ameríndios, a quem sonham evangelizar, e desconcertados, ante costumes e práticas religiosas dos brasileiros, de quem se tornam sacerdotes.

3. Situação religiosa

Frei Madré é o primeiro vigário provincial da missão. Chegando a Uberaba em 1881, descreve, nestes termos, Goiás e as possibilidades de desenvolvimento da missão, em um relatório enviado ao provincial de Tolosa, em 1882:

> Os primeiros tempos serão difíceis e os resultados consoladores não aparecerão inicialmente para manter a coragem. É somente após alguns anos que se vê corações se inflamarem e o zelo se reanimar. Quando se penetra mais profundamente nas almas, é-se movido de compaixão ante pessoas corajosas que permanecem, em tão grande número, na mais completa ignorância. Muitas vezes, a paróquia não

---

45. Carta de frei Berthet, de 1884, classificada como K1030, nos arquivos dominicanos do convento Santo Tomás de Aquino, em Tolosa.

tem sacerdote, faz muito tempo, e crianças de 4 a 5 anos ainda não receberam o batismo. Mesmo em lugares onde há um pároco, a ignorância é extrema. Não sabem o que é comunhão e se aproximam dos sacramentos, pela primeira vez, na véspera do casamento. Apesar da ignorância, dos detestáveis exemplos e da corrupção de muitos, a fé vive profundamente nas almas e não demora muito para se perceber que os sentimentos religiosos estão profundamente enraizados no povo. Eis porque não se pode impedir de gemer e de exclamar: oh! A magnífica colheita que apodrece no pé por falta de operários![46]

No final do Império, as estruturas eclesiásticas da Igreja Católica brasileira estão muito pouco desenvolvidas. Há apenas doze dioceses no Brasil, para um território que representa dezesseis vezes a França, e o país carece imensamente de sacerdotes. O catolicismo brasileiro, afastado das diretrizes romanas pelo padroado real e as distâncias, é um catolicismo popular, que pouco integrou as reformas do Concílio de Trento. A população brasileira, formada inicialmente por colonos católicos europeus, escravos africanos e populações ameríndias forçadas a se converter ao catolicismo, desenvolveu suas próprias formas de religiosidade: o culto aos santos é muito importante, enquanto os sacramentos são pouco administrados e o papel dos leigos, organizados em confrarias, é central nessa igreja sem sacerdote.

Na Diocese de Goiás, a falta de sacerdotes é tanta que muitas pessoas vivem em concubinato por vários anos, antes de encontrar um padre e poder se casar. Da mesma forma, as crianças não são batizadas, poucas pessoas fizeram a primeira comunhão e raras são as ocasiões para se confessar. Os dominicanos, portanto, encontram uma população católica muito crente, até fervorosa, mas que, segundo sua perspectiva de leitura, vive em pecado.

---

46. Relato de frei Madré, de 03.12.1882, não classificado, nos arquivos dominicanos do convento Santo Tomás de Aquino, em Tolosa.

Goiás, região de missão

Em suas cartas, os missionários lançam uma luz negativa sobre a religiosidade popular e festiva dos leigos e, especialmente, sobre o clero brasileiro, que consideram corrompido e inculto. Emitem críticas muito duras sobre esse clero, a quem principalmente responsabilizam pela falta de educação religiosa dos brasileiros. Frei Madré pinta um quadro muito decadente:

> Os sacerdotes brasileiros são considerados de costumes pouco puros. Essa acusação é fundamentada em relação à Diocese de Goiás. É quase impossível encontrar um pároco que guarde a castidade sacerdotal. O presbitério é uma casa como as outras e os filhos do pároco são publicamente conhecidos como tais. O pároco brasileiro não difere muito de um pastor protestante e, quando é tido como bom pai de família, é considerado bom padre. Suas principais, ou melhor, únicas funções são batizar, casar, enterrar, ações que lhe rendem dinheiro. Quanto a confessar, pregar, ensinar catecismo, ele não se ocupa[47].

Em uma carta de 1884, que se segue a partir de uma das primeiras missões populares na Diocese de Goiás, frei Madré confirma suas observações de 1882:

> Nas 20 paróquias que visitamos, encontramos 15 a 16 sacerdotes, todos, infelizmente, na mesma situação. É apenas uma questão, entre eles, de mais ou menos. No entanto, afirmaram-me que um deles, apenas um, nunca teve nada a censurar em termos de costumes, mas, por outro lado, bebe a ponto de não conseguir cumprir as funções curiais. Outro havia bebido tanto no jantar que rolou no chão na frente de todos, ao descer as escadas do santuário após uma cerimônia de confirmação. Não se trata, portanto, apenas de uma questão

---

47. Relato de frei Madré, datado de 03.12.1882, não classificado, nos arquivos dominicanos do convento Santo Tomás de Aquino, em Tolosa.

relativa a degraus. Acredite, um deles não pôde assistir à bênção papal nem à cerimônia de encerramento porque sua companheira sentia as dores do parto! Outro acrescenta, às funções de pai de família, as de comerciante e de negociante de cavalos[48].

Os dominicanos ficam chocados com o comportamento dos sacerdotes brasileiros que encontram em Goiás e com a indiferença da população, que não critica, particularmente, os costumes dos párocos.

No início da missão, alguns missionários percebem os brasileiros como pouco religiosos e sua fé lhes parece muito superficial. Atribuem a causa à falta de conhecimentos religiosos e à pouca prática dos sacramentos. Pouco a pouco, essa percepção se transforma e eles compreendem que a religiosidade popular, que se expressa principalmente no culto dos santos, ao contrário, testemunha um grande sentimento religioso. Em um relato de 1884[49], frei Berthet, primeiro missionário a percorrer a diocese com o Bispo de Goiás, em 1883, descreve o que viveu e se detém particularmente na religiosidade brasileira. Ficou impressionado com o entusiasmo das populações com essas visitas e as longas distâncias que percorrem para vir a seu encontro: "Entre o povo brasileiro, que só recebe a graça de uma missão a longos intervalos, o anúncio desses santos exercícios é acolhido com alegria e produz toda uma revolução". Observa um grande fervor religioso no povo de Goiás, mas lamenta ser ele limitado pela falta de educação religiosa e costumes distantes da ortodoxia católica recomendada pelos dominicanos. Conhecem poucas orações e a falta de sacerdotes não lhes permite seguir as aulas de catecismo.

---

48. Carta de frei Madré, datada de 11.11.1884, não classificada, nos arquivos dominicanos do convento Santo Tomás de Aquino, Tolosa.
49. Relato de frei Michel Berthet, de 1884, classificado como K1027, nos arquivos dominicanos do convento Santo Tomás de Aquino, em Tolosa.

Infelizmente, dois grandes obstáculos se opõem ao reino de Deus nessas almas, obstáculos contra os quais vêm romper a paciência e a indulgência do mais paciente e indulgente dos missionários.

A ignorância e a corrupção.

A ignorância é tão grande que muitas pessoas não conhecem as verdades elementares da religião, as verdades relativas à necessidade de meios. A maioria mal sabe o pai-nosso e a ave-maria [...]. Por outro lado, essas pessoas corajosas sabem muitas orações absurdas e abomináveis que recitam para obter de Deus a graça de poder satisfazer sua sensualidade com tal ou tal pessoa.

Para ilustrar essa "ignorância", ele descreve, detalhadamente, as dificuldades com as quais o missionário esbarra no momento da confissão:

Ninguém sabe se confessar. [...] É preciso, portanto, prepará-los para a confissão, instruí-los e interrogá-los. [...] Todos querem se confessar, se apressam, se empurram. [...] Chegado ao confessionário, o penitente permanece mudo como uma carpa. "Você está preparado?" "Oh! Há muito tempo! Desde que saí de casa, formei a intenção de me confessar" – Eis toda a sua preparação; nada de exame de consciência – "Quantos deuses há, pessoas em Deus? Quem é J. C.?", etc. – "Não sei, é você que deve saber", eles respondem. Ou então: "Minha mãe não me ensinou". E muitas vezes, antes da confissão, a mãe vem lhe dizer: "Meu filho não sabe nada, mas tenha paciência, ensine-lhe suas orações". [...] a esta questão, "Diga seus pecados", eles sempre respondem: "Pergunte-me e eu responderei". O interrogatório deve ser minucioso, pois estão convencidos de que não há pecado ao esconder uma falta, desde que o confessor não pergunte se foi cometida. [...] "Bem, quais são os pecados que você cometeu?" Um me respondeu: "Todos os pecados mortais, metade dos pecados veniais e alguns outros contra a natureza".

Ele também fica impressionado com a honestidade, mesmo ingenuidade, com que os habitantes de Goiás admitem não poder mudar de vida para sair do pecado, sem compreender por que o missionário não pode absolvê-los. Quando frei Berthet pergunta:

"Você quer mudar de vida?" – "Não posso", diz a mulher casada. "Meu marido costuma ficar ausente, algumas vezes por seis meses, e eu não aguento." O marido diz o mesmo. "Não posso", diz a mulher pública, "ninguém cuida de mim. Nada tenho para comer e me vestir e só posso viver do meu pecado". [...] "Não posso mudar de vida", diz o escravo, "meu senhor é que me obriga a pecar [...] meu senhor não quer me deixar casar". E os senhores ficam surpresos quando não é dada absolvição a seus escravos, que vivem em concubinato. [...]

Eles não querem prometer mudar de vida porque pensam ser pecado maior mentir para o missionário do que viver em pecado. Solicitam muitas recitações do rosário e outras penitências em troca da absolvição, pois estão prontos para prometer qualquer coisa para obtê-la, ao compreenderem que o missionário não cederá.

Por "corrupção", frei Berthet entende costumes sexuais e conjugais contrários à moral católica, que ele, frequentemente, observa na região. Assim, ele faz alusão aos numerosos casos de adultérios, de incestos e de concubinatos. Fica chocado com os relatos de rapazes e moças que vivem em concubinato na casa dos pais, de maridos que instalam suas amantes no lar conjugal, de mulheres deixadas sozinhas em casa e que são vítimas de agressões sexuais por homens de passagem. Critica também o fato de o casamento não ser levado muito a sério: casais se formam às pressas quando sabem que o missionário ou o bispo vai chegar; homens abandonam suas esposas e se casam várias vezes, sem nada dizer. O missionário também deve verificar e questionar cuidadosamente os futuros cônjuges antes de casá-los, para se certificar de que não há laços de parentesco contrários ao casamento e garantir que a moça não seja muito jovem. Casamentos entre primos em primeiro grau, irmãos e irmãs, tios e sobrinhas são realmente frequentes, e tudo é feito para esconder do missionário esses laços. Ele acrescenta que muitas pessoas vivem em concubinato porque os párocos pedem valores muito altos para casá-los e que a pobreza da grande maioria das populações dessa região não lhes permite pagar pelo casamento.

Essas descrições relativas aos primeiros tempos da missão dão-nos uma ideia das primeiras impressões dos missionários e chaves para entender o catolicismo brasileiro, identificar suas peculiaridades e acompanhar suas evoluções ao longo de mais de meio século. As críticas dos missionários permitem-nos fazer um balanço do que separa as práticas tradicionais do catolicismo europeu das práticas brasileiras, decorrentes da herança colonial e das apropriações locais, feitas pelos diversos habitantes do país ao longo dos séculos.

Distinguem-se duas formas de catolicismo na história religiosa do Brasil: o catolicismo tradicional, ou luso-brasileiro, e o catolicismo renovado ou romanizado. A transição de um para o outro ocorre entre os séculos XIX e XX, sob o impulso da política de romanização, que analisaremos com detalhes mais adiante. Apresentamos aqui as principais características do catolicismo tradicional brasileiro, a fim de entender melhor os católicos que encontram os dominicanos, quando de sua chegada, e de analisar o olhar dos missionários sobre a religiosidade brasileira.

O catolicismo tradicional tem fortes origens medievais e portuguesas. Está centrado na família e os leigos desempenham nele um papel preponderante. Esse catolicismo é uma das principais características da cultura colonial brasileira, mas persiste muito além desse período e, ainda hoje, são encontradas muitas expressões na cultura e na religiosidade brasileira. As práticas mais populares no catolicismo tradicional

PRIMEIRA PARTE | Uma missão dominicana na tradição

são procissões, peregrinações, promessas e ex-votos; de fato, todas as manifestações religiosas giram em torno do culto dos santos. Essas práticas remetem ao catolicismo medieval, muito devocional e anterior ao Concílio de Trento. As reformas tridentinas do século XVI reforçaram a necessidade da intermediação do clero quanto às práticas religiosas, afirmando a importância dos sacramentos, especialmente para garantir a salvação. No entanto, essas reformas não foram implementadas no Brasil antes do século XIX, devido à fragilidade das estruturas eclesiásticas e ao número muito limitado de membros do clero para esse imenso território. Por causa dessas fragilidades, o catolicismo tradicional se organizou em torno de estruturas predominantemente laicas. São as confrarias que administram a maioria dos locais de culto e se encarregam das manifestações religiosos. A família também desempenha um papel importante nesse catolicismo, porque é no seio dela que a fé é transmitida e que a educação religiosa ocorre. Esse aspecto remete ao passado colonial do Brasil, em que as famílias dos colonizadores portugueses foram um importante vetor do catolicismo. Muitas vezes, há um oratório particular nas casas e nas grandes fazendas, onde os proprietários têm sua capela. A religião católica também desempenha um papel social importante; manifestações religiosas regulam o ritmo da vida das populações e são a principal razão de reuniões das comunidades. Além disso, geralmente, reúne-se na igreja para eventos não religiosos, como reuniões políticas ou eleições. O catolicismo tradicional, portanto, estrutura a sociedade brasileira até o século XX. A população é profundamente católica, mas de um catolicismo sem sacerdote, dirigindo-se diretamente aos santos que se celebra com fervor.

É esse catolicismo que os dominicanos descobrem, não sem surpresa, quando se estabelecem em Goiás, em 1881. Goiás, onde todas essas características são exacerbadas pelo isolamento da região, onde a falta de sacerdotes é ainda mais gritante do que em outros lugares.

Nesse contexto, os dominicanos apresentam-se como defensores da ortodoxia religiosa e se fixam com o objetivo primeiro de recuperar o controle dos católicos de Goiás. Ao mesmo tempo, querem desenvolver um projeto de evangelização dos ameríndios da região, que levarão anos para concretizar. A análise desse projeto, e de como olham estes últimos, permite-nos abordar, no capítulo seguinte, as contribuições etnográficas dos testemunhos missionários e questionar a noção de civilização, como é entendida no final do século XIX.

CAPÍTULO III
Projeto e olhar missionário

1. "Evangelizar fiéis e infiéis"

Nossos primeiros missionários [escreve frei Vayssière em 1937] vieram para o Brasil sobretudo com um profundo desejo de evangelização... O estado de desolação espiritual das populações do sertão... ignorantes, abandonados, ovelhas errantes e sem pastor... A miséria mais profunda ainda dos indígenas selvagens, que, no seio das florestas virgens, longe de toda civilização, viviam em uma degradação mais dolorosa, despertou no coração de nossos frades a chama de um zelo que queria, sobretudo, converter e conquistar... e, durante anos, heróis obscuros de um apostolado sem interrupção... sob o único olhar de Deus, eles se dedicaram a essa tarefa[1].

Essa missão pode ser definida como tradicional pela natureza do projeto de partida e pela perspectiva dos primeiros missionários sobre o Brasil e seus habitantes. Entende-se por "tradição", no título de nossa

---

1. Carta de frei Vayssière, de setembro de 1937, classificada como K1361, nos arquivos dominicanos do convento Santo Tomás de Aquino, em Tolosa.

PRIMEIRA PARTE | Uma missão dominicana na tradição

primeira parte, a história das missões religiosas na América, desde os primórdios da civilização, e a maneira pela qual a missão dominicana se insere na continuidade desse legado.

Com efeito, lendo as narrativas missionárias, tivemos a sensação de que se alegravam com certos episódios da história da colonização da América: o encontro, em plena floresta tropical de missionários europeus e ameríndios, os presentes distribuídos pelos religiosos para ganhar a confiança desses últimos, as observações e reflexões dos dominicanos sobre a nudez e a inocência desses seres que eles queriam "salvar" e "civilizar"; tudo nos conduz às crônicas do século XVI. Além disso, os dominicanos desempenham um papel no enquadramento das populações católicas que eles educam e de "pacificadores" das populações ameríndias que evangelizam; papéis pelos quais o Estado brasileiro, geralmente, aceita sua presença. Esse aspecto da missão conduz, igualmente, à lógica da época colonial, quando os missionários tinham, além de suas atribuições religiosas, um papel de agentes da coroa, explorando e consolidando os territórios colonizados. Se bem que, no século XIX, nossos missionários parecem mais livres e afirmam sua vontade de se desvencilhar dos métodos antigos. Adotam mecanismos que fazem dos dominicanos agentes da política brasileira e introduzem métodos de colonização e evangelização estabelecidos no conjunto do continente desde o início da conquista.

"Evangelizar fiéis e infiéis"[2], tal é o objetivo que abraçam os missionários, quando definem sua missão nos primeiros anos de sua instalação no Brasil. Os "fiéis" são os cristãos da Diocese de Goiás, cuja religiosidade popular não é, aos olhos dos dominicanos, suficientemente respeitosa dos dogmas da religião católica. Os missionários desejam, pois, catequizar essas populações para levá-las ao "caminho certo".

---

2. Expressão utilizada várias vezes nas correspondências missionárias desde o início da missão, que se encontram nos arquivos dominicanos do convento Santo Tomás de Aquino, em Tolosa.

As estratégias de que se servem se inscrevem no contexto da romanização que descreveremos detalhadamente na segunda parte deste trabalho. Os "infiéis" são os ameríndios pagãos que povoam a região. Os dominicanos querem "salvá-los", batizando-os antes de sua morte, para que possam alcançar o paraíso. Procuram entrar em contato com esses povos para iniciar o que chamam de "obra da catequese dos indígenas". Isso significa estabelecer um centro de evangelização prioritariamente destinado à conversão dos ameríndios e, em um segundo momento, à sua integração na sociedade brasileira.

O projeto dos dominicanos, no início da missão, encontra um ideal que atravessa toda a história missionária desde os primórdios da colonização das Américas: "Salvar os indígenas". Realmente, em seu conjunto, o essencial da missão dominicana será dedicado aos católicos. Entretanto, sua vontade de evangelizar os ameríndios marca os vinte primeiros anos da missão e se concretiza em Conceição do Araguaia, em 1897. Essa obra dura de 1900 a 1930. Perde sua importância quando as fundações das cidades ao sul do país se multiplicam. Entretanto, ela permanece como a obra principal de certos missionários que a ela consagraram sua vida, como os freis Vilanova e Sebastião Thomas. A fundação de um convento em Porto Imperial[3], em 1886, serve também a esse projeto. Suprindo a falta de sacerdotes, ainda maior no norte que no sul da diocese, os dominicanos se servem do convento de Porto Nacional para ter contato com as populações ameríndias, numerosas na região, e encontrar um lugar para implantar um centro de evangelização. As primeiras experiências de evangelização se deram mesmo em Porto Nacional. Em seu relatório de 1893[4], frei Gallais faz referência a três jovens ameríndios que viviam no convento dos frades pelos anos de 1890. Os ameríndios da região aceitaram confiar-lhes

---

3. Porto Imperial torna-se Porto Nacional por ocasião da Proclamação da República, em 1889.
4. GALLAIS, *Une mission dominicaine au Brésil...*, op. cit., 44-45.

PRIMEIRA PARTE | Uma missão dominicana na tradição

três adolescentes e os missionários os alfabetizaram e os evangelizaram. Entretanto, os pais foram buscá-los assim que foram batizados e fizeram sua primeira comunhão. Frei Gallais alegra-se com essa experiência e gostaria que ela se repetisse, esperando que os missionários fossem bastante numerosos para instalar um centro de evangelização próximo ao povo ameríndio.

O desejo de evangelizar os ameríndios está presente nas cartas dos missionários desde o início da missão. Em 1883, frei Berthet, que foi o primeiro a visitar o norte da diocese acompanhando o bispo, escreve: "É também uma ocasião de ver aquilo de que tanto falamos no noviciado, aquilo que tantas vezes sonhamos. Visitar os indígenas"[5]. O bispo de Goiás insiste também para que os dominicanos se consagrem a essa missão. Ele é investido pelo Estado, em 1884, da tarefa de se ocupar da evangelização dos ameríndios de sua diocese e recebe para isso ajuda financeira:

> Finalmente está decidida a questão de nossos indígenas. O Ministro da Agricultura acabou de nos comunicar, oficialmente, que a alta direção da civilização dos indígenas me foi devolvida. [...] É o Senhor, agora, que vai me enviar numerosas pessoas para a obra e, em seguida, algumas outras para começar nossa imensa tarefa. [...] Será grande minha alegria se, durante este ano de 1884, o Senhor puder me enviar doze padres para evangelizar meus pobres selvagens[6].

Entretanto, Dom Gonçalves Ponce de Leão não terá a "alegria" de ver o projeto se estabelecer durante seu mandato em Goiás, que durará até 1890. É preciso esperar muitos anos para que os dominicanos se

---

5. Relatório de frei Berthet, de 1884, classificado como K1030, nos arquivos dominicanos do convento Santo Tomás de Aquino, em Tolosa.
6. Carta de Dom Gonçalves Ponce de Leão, datada de 28.02.1884, não classificada, nos arquivos dominicanos do convento Santo Tomás de Aquino, em Tolosa.

decidam a estabelecer esse projeto que tem tudo para ser um dos motores da partida da missão. Aparentemente, a falta de conhecimento da região dos ameríndios, a prudência com a qual eles empreendem todas as coisas no Brasil, mas sobretudo o pequeno número de missionários, explicam essa demora. Mesmo que o bispo insista para que os dominicanos comecem a obra, frei Madré, primeiro vigário provincial da missão, explica várias vezes em suas cartas dos anos 1880 que eles não estão prontos e que devem possuir mais informações sobre os diferentes povos e sua situação, antes de iniciar a evangelização dos ameríndios. Frei Vilanova exprime, ele próprio, sua impaciência em uma carta de 1887, ano de sua chegada ao Brasil:

> Entretanto, creio estar no caminho certo e me alegro só de pensar que me aproximo, cada vez mais, daquilo que desejo desde a hora de minha conversão, a saber: a evangelização dos povos selvagens. Deus permita que meu desejo se realize logo! O Senhor sabe, com efeito, que sou fraco e não sei esperar. Mas também, meu Reverendíssimo Padre, quanto mais se atrasa, mais morrem essas pobres pessoas, sem batismo e sem nenhum socorro[7].

Os dominicanos começam visitando e observando a região. Informam-se sobre experiências já realizadas no passado. Entregam-se, de fato, à exploração da diocese com o objetivo de entrar em contato com os ameríndios, que, nos anos 1890, estiveram sob a orientação do impaciente frei Vilanova.

Os dominicanos conhecem, como vimos, experiências missionárias coloniais passadas, das quais se fazem herdeiros. No Brasil, a herança das estratégias de evangelização do período colonial reside, essencialmente, no sistema das reduções dos jesuítas, estabelecidas no século XVI.

---

7. Carta de frei Vilanova, datada de 22.12.1887, não classificada, nos arquivos dominicanos do convento Santo Tomás de Aquino, em Tolosa.

PRIMEIRA PARTE | Uma missão dominicana na tradição

Esse sistema apresentou diversas formas, segundo as regiões e os povos evangelizados, mas o princípio era o mesmo em todos os lugares: reagrupar populações ameríndias sob a direção dos missionários jesuítas, a fim de educá-los, evangelizando-os e estabelecendo estruturas agrícolas, para reavivar a comunidade recentemente formada. Algumas dessas experiências respeitavam mais as culturas ameríndias. Os jesuítas procuravam conservar as práticas que não eram contrárias à moral cristã e governá-las com os ameríndios. Elas favoreciam, todavia, as políticas de controle e de europeização dessas populações, porque os jesuítas dependiam da coroa portuguesa como todos os religiosos da colônia. Aliás, os jesuítas não se serviam do mesmo tipo de evangelização na China ou no Brasil, adaptando-se, assim, às populações que queriam converter: na China, devido à complexidade e à antiguidade da organização social e da religião, eles optaram por uma "chinalização" dos missionários e dos conceitos bíblicos; no Brasil, onde consideravam os ameríndios como "uma folha em branco, sobre ela vão escrever livremente"[8]. Eles procuravam aculturar as populações para "civilizá-las", quer dizer, impor-lhes a cultura europeia e cristã. Essas questões sobre as estratégias da evangelização a serem desenvolvidas se apresentaram a todas as ordens religiosas na América e em outras nações. No México, o franciscano Bernardino de Sahagun, cujos escritos no começo do século XVI são uma fonte formidável de conhecimento dos Astecas[9], optou por uma estratégia de inculturação[10] (como o conjunto da Ordem franciscana), quer dizer, uma adaptação dos fatos bíblicos à cultura das populações. O papa decide em favor da aculturação[11], preconizada pelos dominicanos que queriam "hispanizar" os indígenas.

---

8. Padre Nóbrega, citado em BLANCKAERT, Claude, *Naissance de l'ethnologie?*, Paris, Ed. do Cerf, 1985, 180.
9. SAHAGUN, Bernardino de, *Histoire de la Nouvelle-Espagne*, Paris, Masson, 1880.
10. Em sua definição antropológica, a inculturação é a inserção da mensagem cristã em uma determinada cultura.
11. Em sua definição antropológica, a aculturação corresponde ao conjunto das modificações que se produzem em um grupo em consequência do

Os aldeamentos brasileiros, confiados aos capuchinhos italianos a partir de 1840, são uma continuidade de experiências de aculturações coloniais e das reduções dos jesuítas. Eles reúnem, geralmente, ameríndios vindos de várias aldeias que eram geridas por um único capuchinho pago pelo Estado. Alguns cristãos instalavam-se, muitas vezes, próximos a essas aldeias e formavam rapidamente um vilarejo (chamado de "arraial"), o que levava a uma apropriação de terras ameríndias. O capuchinho tornava-se, então, o padre do vilarejo. A coabitação entre cristãos e ameríndios era, muitas vezes, conflituosa e o religioso tomava partido dos cristãos, fazendo apelo às forças armadas dos presídios quando os conflitos explodiam. Como os jesuítas, antes deles, o projeto de evangelização dos capuchinhos era bastante aculturado. Os ameríndios eram obrigados a se sedentarizar, trabalhar a terra, se vestir, e a poligamia era proibida. As crianças deviam aprender o português e participar, diariamente, das aulas de religião. Elas eram, com efeito, o alvo privilegiado dessas estratégias de evangelização, porque os religiosos pensavam que era mais fácil educá-las e fazê-las mudar de vida do que os adultos. Os missionários esperavam, assim, conseguir que elas perdessem seus hábitos e costumes para se tornarem cristãos "civilizados" na idade adulta. Frei Berthet descreve o funcionamento dos aldeamentos do jeito que ele conheceu, quando de sua visita à diocese com Dom Gonçalves Ponce de Leão, em 1883:

> O elemento religioso marca o missionário que é tratado como um empregado do governo. Ele recebe 2.500 francos de pagamento e não pode sair de sua residência sem a permissão do ministro, sob pena de perder esse tratamento. Até o presente, somente os religiosos capuchinhos são reconhecidos pelo governo para a catequese dos indígenas.

---

contato permanente com um grupo de uma outra cultura. No caso das missões religiosas, a vontade de inculturação aproxima-se mais da definição antropológica do verbo "aculturar": pelo fenômeno da aculturação, assimilar um grupo étnico, os indivíduos de um grupo cultural a um outro grupo cultural.

PRIMEIRA PARTE | Uma missão dominicana na tradição

Ele se mostra crítico com respeito a essa dependência do Estado. Além disso, encontrou os três últimos capuchinhos presentes em Goiás, nessa época:

> São três os religiosos nessa situação. Um deles, a título de visitador, reside às margens do rio Araguaia, no vilarejo de São Vicente, do qual, de algum modo, é o fundador. Esse missionário, longe de se ocupar dos indígenas, porque acha que eles são inconvertíveis, desempenha a função de pároco em sua paróquia, formada exclusivamente por cristãos, e, em sua família, as funções de um bom pai de suas crianças. Os dois outros missionários residem às margens do rio Tocantins. Um deles, cansado pelo trabalho e já de idade, mora na paróquia cristã de Pedro Afonso, e o outro, no pequeno vilarejo das Piabanhas. Longe do visitador, pela distância de um mês de viagem, e sem alguma comunicação com ele, frei Antoine de Ganges parece ser um bom religioso. Ele goza da estima geral dos cristãos e dos indígenas, dos quais se ocupa um pouco mais que seu confrade do Araguaia, mas seu papel, ele mesmo confessa, é mais o de um pacificador que de um apóstolo[12].

Ele critica também o estado moral e o trabalho dos capuchinhos, cujo isolamento e a falta de meios tornaram o trabalho impossível. De fato, os aldeamentos perdiam, em geral, rapidamente, sua população ameríndia. Numerosas doenças, levadas pelos religiosos e pelos cristãos, os dizimavam, ou então eles iam mais para o oeste, enquanto o vilarejo cristão perecia. No caso de Boa Vista, por exemplo, a população dos Kraôs e dos Apinagés é estimada em 4 mil habitantes em 1853, 1.176 em 1857 e 600 em 1861[13], e era uma paróquia importante quando os dominicanos chegaram, no fim do século.

---

12. Relatório de frei Berthet, de 1884, nos arquivos do convento Santo Tomás de Aquino, em Tolosa.
13. ROCHA, Leandro, Os missionários de Goiás, in: DEMARQUET, S., *A terra indígena no Brasil*, 75.

Os dominicanos citam, igualmente, várias vezes, o projeto de assimilação leiga estabelecido por Couto de Magalhães, quando ele era diretor da catequese pela Província de Goiás. Ele funda, em 1871, o Colégio Isabel, em Leopoldina. Frei Berthet visita esse colégio em 1883 e escreve que ele

> [...] tem por objetivo educar os jovens indígenas, inculcar-lhes o gosto e o amor pelo trabalho e amenizar seus costumes. Um professor é encarregado de ensinar-lhes a língua portuguesa e as ciências elementares que lhes permitirão, mais tarde, servir de intérpretes aos missionários para a evangelização, e aos negociantes, para as transações comerciais. [...] O tempo não dedicado ao estudo se divide entre o trabalho nos campos e a criação de alguns bois[14].

Esse estabelecimento escolar tem, pois, um claro objetivo prático. Eles formam crianças ameríndias da região com a finalidade de fazer delas intérpretes entre a sociedade brasileira e os povos dos quais são oriundas, assim como agentes de "civilização" para seus pais. Nesse colégio, elas recebem igualmente uma educação religiosa e são batizadas. No início, havia também crianças cristãs a fim de serem educadas junto com as crianças ameríndias. Frei Berthet cita igualmente Couto de Magalhães desejando, em 1871, que

> [...] dentro de dez anos haja, em cada tribo de indígenas, dez ou doze homens que saibam falar sua língua materna e nossa língua portuguesa. Indígenas pela língua e pelo sangue, mas brasileiros e cristãos por suas ideias, sentimento e educação. Não se pode esperar, com razão, que, se essas tribos não se transformarem inteiramente, poderão, ao menos, começar a ser úteis?[15]

---

14. Relatório de frei Berthet, de 1884, classificado como K1030, nos arquivos dominicanos do convento Santo Tomás de Aquino, em Tolosa.
15. Relatório de frei Berthet, de 1884, classificado como K1030, nos arquivos dominicanos do convento Santo Tomás de Aquino, em Tolosa.

Mais pragmático que os missionários, vê-se, nas palavras desse homem político brasileiro do século XIX, a importância que ele dá à integração econômica e social dos ameríndios. Para ele, podem ser "úteis" ao desenvolvimento econômico da região e assim ocupar um lugar na sociedade brasileira. Frei Berthet afirma que, em 1883, pelas dificuldades do colégio Isabel, não tinha mais do que uns doze alunos, dos quais quatro ou cinco indígenas educados pela esposa do professor, enquanto ele contava com cerca de 52 alunos em 1872-1873. Além disso, essa experiência não produziu os resultados esperados por seu fundador. A maioria dos jovens ameríndios, muitas vezes colocados ali à força, não ficava muito tempo e fugia para a floresta, a fim de encontrar sua aldeia. O colégio foi fechado logo após a visita de frei Berthet, pois custava muito caro em relação aos poucos resultados obtidos. O frei escreve ainda em seu relatório:

> Logo que deixam o colégio, eles vão reaprender, em suas aldeias, os hábitos da vida errante e selvagem e, muitas vezes, levam para o meio dessas populações virgens uma corrupção que teriam felizmente ignorado se não tivessem entrado em contato com pessoas que se dizem cristãs e civilizadas. [...] Os indígenas não demoram, entretanto, a reconhecer a superioridade adquirida por seus compatriotas com o contato com povos civilizados e muitas vezes eles nomeiam chefe de sua aldeia um antigo aluno do colégio Isabel. Esse último, às vezes, se orgulha até de vir ao Rio de Janeiro visitar Sua Excelência, o Imperador, e solicitar um certificado de Capitão[16].

Os dominicanos que entram em contato com os ameríndios da região, alguns anos após a visita de frei Berthet, são testemunhas dos vestígios da educação dada no colégio Isabel, porque encontram alguns

---

16. Relatório de frei Berthet, de 1884, classificado como K1030, nos arquivos dominicanos do convento Santo Tomás de Aquino, em Tolosa.

desses "capitães"[17] que falam português e vão lhes permitir iniciar seu projeto de evangelização.

Antes de se encontrar com esses "capitães", os dominicanos exploraram a região, repertoriaram e localizaram os diferentes povos ameríndios que aí viviam. Após vários anos dessas pesquisas, os missionários conseguiram entrar em contato com o povo caiapó, ao norte da diocese, no extremo sul do estado do Pará, à margem esquerda do rio Araguaia, onde fundaram Conceição do Araguaia, em 1897. Os primeiros contatos foram facilitados pela presença de dois antigos alunos do colégio Isabel entre esses ameríndios. Frei Gallais conta que os Caiapós, encontrados por frei Vilanova, eram dirigidos pelo "coronel" Fontoura, que tinha sob suas ordens quatro capitães, dois quais dois, João Gongry e João Pacaranty, haviam aprendido português no colégio e usavam roupa quando se apresentavam diante dos missionários:

> Graças a João[18] Gongry e João Pacaranty, o Reverendo frei Vilanova se confrontou com seus novos amigos e conseguiu, primeiramente, que eles abandonassem suas vidas de andanças vagabundas e viessem se estabelecer perto de Conceição e, depois, que confiassem alguns de seus filhos aos missionários. As negociações se resolveram com a distribuição de presentes[19].

---

17. *A priori*, nessa época, os ameríndios com título de "capitão" eram aqueles que falavam português e serviam de intermediários entre ameríndios e populações brasileiras. Tiveram, pois um contato bastante longo com a sociedade brasileira, assimilaram certos códigos e tiraram disso, aparentemente, prestígio e poder. Entretanto, é pouco provável que tenham sido numerosos os que foram ao Rio de Janeiro para obter um título oficial. Os missionários dominicanos encontraram, às margens do Araguaia, diferentes povos usando esses títulos, entre os quais os Caiapós e os Carajás.
18. O impressor utilizou a ortografia "aô" para transcrever a forma portuguesa "ão". João é a tradução portuguesa de Jean, prenome cristão que deve ter sido acrescentado aos nomes ameríndios desses Caipós no momento de seu batizado no colégio Isabel.
19. GALLAIS, *Une catéchèse chez les indiens de l'Araguaya*, 40.

PRIMEIRA PARTE | Uma missão dominicana na tradição

Os dominicanos se estabelecem, pois, em 1897, nessa frente pioneira e organizam um centro de evangelização dos Caiapós. Constroem um convento e uma capela com meios simples, às margens do rio, e os Caiapós aceitam se sedentarizar nas proximidades, fixando suas aldeias a poucos quilômetros de distância. Conceição do Araguaia torna-se rapidamente um vilarejo, pois vários cristãos se instalaram ali.

O projeto missionário pretende se consagrar, prioritariamente, à conversão e à educação das crianças, que os Caiapós aceitam confiar aos dominicanos e se tornam pensionistas do convento[20]. No início, há alguns alunos. Os religiosos não podiam receber mais por falta de espaço e de recursos. O número de alunos aumenta quando frei Vilanova obtém subvenções do estado do Pará para o território no qual se acha Conceição do Araguaia. Frei Gallais fala de uns cinquenta alunos presentes em Conceição por ocasião de sua visita em 1901[21]. Os primeiros missionários de Conceição aprendiam a língua caiapó a fim de poder ensinar português às crianças, que serviam depois de intérpretes e ajudavam seus pais a se aperfeiçoarem em sua língua. A evangelização dos adultos parece ser muito mais complicada. Os missionários dizem que é quase impossível ensinar-lhes português e ainda mais dar-lhes aula de catecismo: "Eis porque, ensinando familiarmente os indígenas adultos conhecimentos que sua apatia permite adquirir, os missionários só os batizam em caso de morte"[22]. Batizando-os no momento de sua morte, os missionários, ainda que não tenham podido inculcar-lhes as "verdades do Evangelho", realizam seu desejo de "salvar" esses ameríndios, dando-lhes acesso ao paraíso cristão. Os adultos não estavam, portanto, no centro do projeto dominicano. O essencial das estratégias de evangelização tinha por objetivo as crianças:

---

20. Ver as fotografias em Anexos, p. 490.
21. GALLAIS, *Une catéchèse chez les indiens de l'Araguaya*, 40.
22. Ibid., 47.

O plano dos missionários [escreve frei Gallais em 1902] será, pois, o de afastar as crianças, dos dois sexos, do meio onde nasceram. Impedi-las de adquirir os hábitos da vida selvagem e inculcar-lhes, ao contrário, os da vida cristã. Dar-lhes, com a instrução religiosa, o ensino elementar que é dado nas escolas primárias e depois, quando estiverem na idade de se casar, que formem lares cristãos que se estabeleçam na massa da população já civilizada. Assim, o elemento selvagem se extinguirá por ele mesmo, e, após duas ou três gerações, a tribo se encontrará incorporada à sociedade e à Igreja, ao mesmo tempo[23].

Esse projeto de educação dos pequenos ameríndios só pode se concretizar com a instalação de um convento de dominicanas. Assim, em 1903, as irmãs dominicanas de Nossa Senhora do Rosário chegam a Conceição e abrem uma escola a fim de evangelizar as meninas, completando assim a obra da catequese.

O projeto desenvolvido pelos dominicanos, em Conceição do Araguaia, reproduz numerosas características dos aldeamentos dos capuchinhos. O projeto de evangelização é centrado nas crianças que lhes são confiadas e na sedentarização dos adultos. O que parece diferenciar essa experiência das anteriores é que os missionários não obrigaram os ameríndios a se instalarem em Conceição, mas ganharam sua confiança oferecendo-lhes presentes, e não forçaram as crianças a ficarem no convento. Ao contrário, o projeto é abertamente aculturador, pois sua finalidade é a de formar casais ameríndios cristãos integrados à sociedade brasileira e acabar com a "vida selvagem", logo, com a cultura caiapó. Além disso, assim como nos aldeamentos capuchinhos, cristãos se instalam em Conceição e os dominicanos assumem as funções dos párocos, devendo gerir as relações muitas vezes conflituosas entre ameríndios e brasileiros.

---

23. Ibid., 47-48.

PRIMEIRA PARTE | Uma missão dominicana na tradição

Em 1902, frei Vilanova vai à França, ao Capítulo Provincial, para defender a causa de Conceição do Araguaia e pedir meios humanos e materiais. Em seu relatório[24], que ele lê para os capitulares, apresenta a situação da seguinte maneira: os dominicanos, em Conceição, desenvolvem, paralelamente, dois tipos de obras: uma junto aos Caiapós e outra junto aos cristãos que vieram se instalar em Conceição, cerca de dois mil, nesse momento. Ele insiste, sobretudo, sobre a obra junto aos Caiapós e afirma que esse povo está dividido em muitos grupos, representando cerca de 10 mil pessoas ao todo, das quais, 2 mil pertencem ao mesmo grupo que os quinhentos Caiapós em contato com os missionários e instalados perto de Conceição. Diz, também, em seu relatório, que os religiosos têm frequentes contatos com os ameríndios, porque eles vêm sempre a Conceição[25] ver seus filhos, pedir presentes e comida, e que os missionários fazem, regularmente, visitas em suas aldeias. Ele pede ao capítulo, para o prosseguimento dessa obra, dois ou três missionários suplementares, assim como dois ou três "bons" frades conversos e uma ajuda financeira excepcional. Ele insiste sobre a importância da instalação das dominicanas, que acaba de ser aceita para completar a obra de evangelização, e diz que a abertura de um "externato para as jovens cristãs, de um internato para as jovens selvagens e salas de trabalho para os indígenas adultos, fará avançar rapidamente a conversão dos Caiapós"[26]. As primeiras irmãs designadas para Conceição partem, aliás, com ele quando de sua volta ao Brasil. Frei Vilanova termina dizendo que é preciso estender a obra da catequese não somente aos outros grupos caiapós, mas igualmente aos Carajás da Ilha do Bananal. Ele pede autorização para tentar se aproximar desses grupos. Vê-se, aqui, a importância da obra

---

24. Trechos desse relatório estão transcritos em português na tese de mestrado de Edivaldo Antonio dos Santos, OP, *Os dominicanos em Goiás e Tocantins (1881-1930)*, op. cit., anexo 3, 151.
25. Ver fotografias em Anexos, p. 489.
26. Várias ortografias existem para "caiapós". Nós conservamos aqui a da citação.

evangelizadora para frei Vilanova, que gostaria que os dominicanos pudessem fazer ainda muito mais. Ele afirma, sobretudo, que os conventos de Goiás e Porto Nacional, próximos de alguns desses povos, poderiam facilmente se consagrar a essa evangelização. No entanto, poucos missionários parecem fazer da evangelização dos ameríndios uma prioridade como ela é para frei Vilanova.

Frei Egide Vilanova[27], chamado de frei Gil no Brasil, é um dos missionários dominicanos cuja posteridade é a mais importante, pelo menos na bacia do Araguaia. Ele nasceu em Marselha, em 1851. Após estudar direito e se apresentar como voluntário no exército francês, entra para o convento São Maximino, com 24 anos. Torna-se um estudante brilhante e depois um grande orador. Durante o exílio dos religiosos da província em Salamanca, ele se torna professor de teologia dogmática. É sempre citado como muito inteligente. Uma carreira intelectual no seio da Ordem parece já toda traçada. É, portanto, a vocação missionária que o atrai e parte para o Brasil, em 1887, com vontade de evangelizar os ameríndios. Esse tipo de missão ainda não existia quando ele chega. Percorre a diocese para entrar em contato com as populações ameríndias a fim de encontrar o lugar mais apropriado para estabelecer a catequese. Após três expedições, ele funda Conceição do Araguaia, em 1897. Morre em 1905, com 54 anos, após ter passado dezoito anos de sua vida no Brasil. A fundação de Conceição faz frei Vilanova passar para a posteridade. Ele é citado em todos os livros sobre a cidade e a região. Seu busto se impõe em uma praça de Conceição, onde uma escola pública leva seu nome, e, ainda hoje, uma boa parte da população de Conceição sabe quem foi "frei Gil". Igualmente, em Belém, capital do Pará, uma rua tem seu nome[28]. Encontramos poucas cartas de frei Vilanova, mas todos os autores consultados para este estudo se referem ao seu papel na missão, e frei

---

27. Ver fotografias em Anexos, p. 473.
28. Ver fotografia em Anexos, p. 495.

Gallais redigiu sua biografia²⁹. Frei Vilanova é também citado pelo explorador Henri Coudreau³⁰, que o encontrou na época da fundação de Conceição e com quem trocou informações sobre os ameríndios e sobre a região. Lendo algumas cartas, compreende-se que frei Vilanova não respeitava muito o voto de obediência. Ele insistiu demais para se entregar à exploração da diocese e obter autorização para iniciar a obra de evangelização dos Caiapós. Compreende-se sua impaciência. Muitas vezes, ele ia além, diante da lentidão típica da organização dominicana, para fazer o que ele achava necessário. Do mesmo modo, quando superior em Conceição, raramente ele se dobrava a seus superiores, a seu dever de correspondência regular com o vigário da missão. Frei Lacomme era vigário provincial no Brasil, no momento da fundação de Conceição, e o foi até a morte de frei Vilanova. Enquanto superior direto, houve muitos desacordos com esse último. Em uma carta de 1904³¹, frei Lacomme dá notícias de todos os conventos da missão e diz não saber nada do que se passa em Conceição, porque o superior se subtrai completamente de sua autoridade. Pouco após a morte de frei Vilanova, o vigário provincial fala do sentimento de injustiça sentido pelos outros missionários diante da atenção da qual a obra de Conceição foi objeto, na França, e o fato de que esse frei seja incensado em toda parte, após sua morte. Frei Lacomme explica que nenhum religioso pode escrever uma biografia de frei Vilanova, como frei Gallais lhe pediu, porque:

> [...] a grande mistura de eminentes qualidades e reais defeitos, de atos verdadeiramente edificantes e ações repreensíveis, é, para nós, muito difícil, para não dizer impossível. Acrescento que gostaríamos muito mais de ver o senhor mesmo organizar, meu Reverendíssimo Frei, o que chamaria de uma galeria de nossos missionários falecidos.

---

29. GALLAIS, *O apóstolo do Araguaia, Frei Gil Vilanova...*, op. cit.
30. COUDREAU, *Voyage au Tocantins-Araguaia*, op. cit.
31. Carta de frei Lacomme, datada de 23.05.1904, classificada como K1063, nos arquivos dominicanos do convento Santo Tomás de Aquino, em Tolosa.

[...] Isso seria verdadeiramente edificante para nós e para os estrangeiros, com a soberana impressão, a nossos olhos, de que nossos superiores maiores estimam igualmente todos os trabalhos para os quais a província envia seus filhos à missão no Brasil, uma vez que todos têm por finalidade única a salvação das almas[32].

Compreendemos, graças a essa carta, que a obra de frei Vilanova, que aparece como um dos "heróis" da missão na maior parte dos escritos consultados, foi objeto de numerosas críticas e que os missionários suportariam mal que ele tenha tido tanta importância.

Foi, finalmente, frei Gallais, provincial, que escreveu uma biografia muito elogiosa de frei Vilanova, o que nos permite sublinhar aqui a importância dessas cartas no interior da Ordem para reconstruir a história da missão.

Frei Gallais, ele também grande defensor da obra de Conceição, falece em 1907, dois anos após frei Vilanova. Assim, a missão de evangelização dominicana, perdendo dois desses mais sólidos agentes, entra em uma fase difícil e deverá se transformar.

Em suas correspondências, os dominicanos descrevem o estabelecimento, os sucessos e os fracassos dessa missão de evangelização. Essas cartas permitem-nos analisar a evolução do projeto e do olhar missionário, assim como a adaptação das estratégias de evangelização nas realidades do país, como teremos ocasião de desenvolver na terceira parte deste trabalho.

2. Contribuição científica de testemunhas missionárias

Os missionários sempre seguiram de perto os viajantes geógrafos ou naturalistas [escreve A. de Quatrefages em 1867]; muitas vezes, eles

---

32. Carta de frei Lacomme, datada de 10.11.1905, classificada como K1071, nos arquivos dominicanos do convento Santo Tomás de Aquino, em Tolosa.

os precederam. Por causa de suas habituais preocupações, eles sempre estudavam os homens bem melhor que seus mais eminentes viajantes leigos. A antropologia lhes deve muito. Católicos ou protestantes, ortodoxos ou dissidentes, eles parecem, às vezes, ter lutado com quem mais beneficiará a ciência com seus trabalhos[33].

Como escreveu Jean Louis Armand de Quatrefages, detentor da cátedra de antropologia do Museu de História Natural de Paris, 1856, os missionários participaram muito no conhecimento das Américas. Eles exploraram e cartografaram o continente. Descrevem os climas, os relevos, os rios, a fauna e a flora. Estudaram também os povos ameríndios para compreender sua cultura material, sua língua, sua organização social e sua religião, a fim de evangelizá-los. Desde o início da conquista, os missionários católicos descreveram os povos e as terras da América para seus superiores hierárquicos, espirituais e temporais, na Europa. Essas crônicas ajudaram numerosas reflexões intelectuais durante todo o período moderno. Elas, depois, foram utilizadas pelos cientistas do século XIX e se tornaram, no século XX, uma das fontes inesgotáveis para os historiadores, antropólogos e, mais recentemente, para a etnografia histórica.

Os próprios dominicanos de Tolosa contribuíram para o conhecimento da região de Goiás e suas populações. Os dominicanos são, ao mesmo tempo, exploradores, etnógrafos, pioneiros e evangelizadores. Eles fornecem, em suas correspondências, mapas da região, fotografias, descrições das populações e da natureza. A fim de apresentar aqui as contribuições científicas de seus testemunhos, nós confrontamos os escritos dominicanos com obras mais científicas, contemporâneas da missão ou posteriores a ela. Consultamos a obra[34] do explorador Henri

---

33. QUATREFAGES, Jean Louis Armand de, *Rapport sur les progrès de l'anthropologie*, Paris, Imprimerie impériale, 1867, citado em BLANCKAERT, Claude, *Naissance de l'ethnologie?*, Paris, Les Éd. du Cerf, 1985, 17.
34. COUDREAU, *Voyage au Tocantins-Araguaya*, op. cit.

Coudreau[35], que encontra frei Vilanova e frei Dargaignaratz em 1897, em Barreira, quando ele explora o Araguaia e os dominicanos procuram um local propício para instalar um centro de evangelização. Coudreau indica-lhes uma zona um pouco mais ao norte, onde as terras próximas aos rios são um pouco elevadas, ao abrigo das inundações. Foi nesse lugar que frei Vilanova funda Conceição do Araguaia. O missionário informa o explorador sobre os ameríndios da região, suas localizações e seus costumes. Coudreau cita, aliás, frei Vilanova em seu livro:

> Frei Vilanova [...] é talvez o homem no mundo que melhor conhece o conjunto da região do Norte de Goyaz e territórios limítrofes, a leste do Tocantins e a oeste do Araguaya. Seus superiores, confiando-lhe a direção da missão do Araguaya, fizeram uma escolha da qual a ciência se beneficiará. Comparando tudo o que temos sobre as informações da região situada entre o Araguaya e o Xingu, chegamos [...] a ter uma noção sobre essa grande província sobre a qual o Pará, até essa data, só possuía informações pouco corretas[36].

Utilizamos, igualmente, duas obras antropológicas muito mais recentes: a de Simone Dreyfus[37], dos anos 1960, e a obra brasileira sobre a história dos ameríndios do Brasil, dirigida por Manuela Carneiro

---

35. Henri Coudreau (1859-1899) é um explorador francês. No início, professor de geografia em Cayenne, obtém missões do governo francês entre 1883 e 1893 para explorar a Guiana, cartografá-la e defender os interesses franceses, tentando fixar a fronteira do território contestado entre a França e o Brasil. A partir de 1893, ele é requisitado pelo estado do Pará para explorar e cartografar rios da Amazônia: Tapajós, Xingu, Tocantins, Araguaia e Trombetas, onde morre. Cada uma dessas expedições dá lugar a publicações nas quais ele se interessa não somente pela geografia, mas também pela natureza e pelos homens, sobretudo os ameríndios que ele encontra.
36. COUDREAU, *Voyage au Tocantins-Araguaya*, op. cit.
37. DREYFUS, Simone, *Les Kayapo du Nord, contribution à l'étude des Indiens Gè*, Paris, Mouton & Co, 1963.

da Cunha[38]. Nossas fontes missionárias, além das correspondências, são, essencialmente, as obras dos freis Gallais e Tapie. Gallais leu Coudreau porque ele cita e menciona certos capítulos de seus escritos. Frei Tapie leu Coudreau, mas também frei Gallais, antes de iniciar sua visita canônica no Brasil.

Os missionários dominicanos nos informam primeiro sobre a geografia da Diocese de Goiás e a localização dos povos ameríndios[39]. Quando chegam à região, em 1881, essa parte do Brasil é ainda mal conhecida e o oeste do país é cartografado de maneira muito imprecisa. Numerosos cursos de água e relevos são repertoriados, não se conhece a fonte de certos grandes rios e certas fronteiras são traçadas apenas teoricamente; uma grande parte dos relevos geográficos do país precisa ser feita. Frei Gallais, comparando o conhecimento do interior dos continentes africano e americano, fala da região nestes termos:

> Sem mencionar a bacia do Amazonas, que, em imensas áreas, é a terra do desconhecido, os mapas representando o curso superior do Araguaia e seus afluentes da margem esquerda não aparecem nem menos errados nem mais precisos que aqueles, que, há cinquenta anos, descreviam o curso do Níger ou do Congo[40].

Os dominicanos percorreram e exploraram a região. Alguns desenharam mapas que são as primeiras representações precisas da região[41]. Frei Tournier, chegado ao Brasil em 1902, é o autor do mapa que foi publicado no grande atlas do Barão Homem de Melo[42], o que prova sua qualidade e seu interesse científico.

---

38. CUNHA, Manuela Carneiro da (dir.), *História dos índios no Brasil*, op. cit.
39. Ver mapa em Anexos, p. 459.
40. GALLAIS, *Le Père Gil Vilanova*, 135.
41. Ver mapas em Anexos, p. 457 e 458.
42. Barão Homem de Melo (1837-1918): político, escritor, cartógrafo, membro do Instituto Histórico e Geográfico Brasileiro, publicou vários atlas e mapas do Brasil.

No relatório de 1919 de frei Tapie, percebe-se que o conhecimento geográfico da região pouco avançou desde o início da missão:

> A geografia dessas imensas regiões é muito rudimentar e muito inexata. Podemos dizer inexistente. Os mapas feitos pelos padres missionários, em particular por frei Réginald Tournier, são os mais exatos e os mais apreciados pelos geógrafos brasileiros. Eles não foram traçados por meios científicos dos quais dispõem os engenheiros, mas, tais quais são, apresentam a realidade muito mais próxima que todos os outros editados até hoje. Os Presidentes do Estado de Goyaz e de outros Estados adaptaram, para as escolas primárias, o mapa feito por esse intrépido missionário[43].

Para ir ao encontro dos povos ameríndios, os dominicanos percorreram a região e os localizaram sobre seus mapas. Para analisar os testemunhos missionários sobre a localização, a avaliação demográfica e a origem dos diferentes povos ameríndios, fizemos uma tabela[44] que nos permitiu comparar as informações de frei Gallais (1906) com as de Coudreau (1897), de Simone Dreyfus (1963) e os dados atuais. Esse trabalho permite, em uma primeira etapa, comparar um testemunho missionário com o de um explorador que lhe seja contemporâneo e, em um segundo momento, colocar em evidência o estudo dos conhecimentos do fim do século XIX, confrontando-os com o saber etnológico do século XX e sua evolução.

Para ler essa tabela, é preciso ter em mente vários elementos. Antes de tudo, frei Gallais e Henri Coudreau obtêm uma parte de suas informações de uma mesma fonte, frei Vilanova, sobretudo naquilo que concerne aos Caiapós do norte, o que explica as semelhanças de suas avaliações. Em seguida, Simone Dreyfus e os pesquisadores atuais levam

---

43. Tapie, *Visite canonique et statistique...*, op. cit., 37.
44. Ver tabela em Anexos, p. 469 e 470.

em consideração os povos caiapós situados a oeste do Xingu, cuja existência os dominicanos e Coudreau, aparentemente, não conheciam. As diferenças que aparecem quanto às localizações são devidas, de um lado, a esse aspecto e, de outro, ao fato de que uma parte dos Caiapós, como o de numerosos outros povos, seguiu seu deslocamento para o oeste, ao mesmo tempo do avanço da população brasileira. À luz dessa tabela, vê-se que, globalmente, as indicações dadas pelos dominicanos sobre a localização dos ameríndios são corretas.

As avaliações demográficas são mais aproximativas. Com efeito, somente os Caiapós, em contato com a catequese, puderam ser recenseados precisamente pelos missionários. O mesmo vale para os Carajás e a metade norte do Araguaia que Henri Coudreau encontrou e recenseou. Os outros dados são estimativas elaboradas a partir dos testemunhos recolhidos junto de brasileiros e de ameríndios, e são, pois, fracos. Essas avaliações nos permitem, também, pôr em evidência as evoluções demográficas do século XX. Da chegada dos dominicanos aos anos 1960, as populações ameríndias diminuem fortemente em razão do avanço progressivo da população brasileira, que causa a desorganização e o deslocamento desses povos, mas sobretudo pela difusão das doenças contra as quais os ameríndios não são imunizados. Dos anos 1960 a nossos dias, a tendência se inverte e o crescimento demográfico dos povos ameríndios que sobrevivem é forte.

A respeito das origens dos povos ameríndios encontrados na Diocese de Goiás, as informações são mais vagas e observa-se uma falta de dados, como também numerosos erros. As informações dos missionários e as de Coudreau são, em parte, suposições ou então provêm de testemunhos recolhidos junto aos ameríndios, cuja língua os observadores nem sempre conhecem; portanto, eles dependem de tradutores. Além disso, eles, muitas vezes, têm dificuldade em distinguir entre narrativas lendárias e históricas, o que leva a numerosas confusões. Aliás, estudos contemporâneos também são prudentes nesse domínio, porque as regiões das origens desses povos são difíceis de ser definidas.

Os missionários dominicanos fornecem numerosos detalhes sobre os ameríndios que eles encontram durante suas explorações: sua aparência física, seu modo de vida, suas crenças e suas línguas; mesmo se certos aspectos das culturas ameríndias permanecem misteriosos para os frades, seus relatos contêm numerosas informações etnográficas. Nós nos deteremos aqui às descrições dos povos Carajás e Caiapós do Araguaia, porque são eles que os missionários encontram e tentam evangelizar em primeiro lugar. Os missionários dominicanos contribuem para o conhecimento linguístico dos povos que eles encontraram. Frei Gallais, retomando as teorias que circulam desde os primórdios da conquista, divide os povos ameríndios do Brasil em dois grupos: os Tupis, instalados no litoral no momento da conquista, e os Tapuias, "selvagens entre os selvagens", que viviam no interior do país. Coudreau retoma essa tese explicando que os Tapuias são, daqui em diante, definidos como Gês. Para todos os dois, os povos da Diocese de Goiás são Tapuias ou Gês. Os conhecimentos atuais dividem os ameríndios do Brasil em oito grupos linguísticos. Tupi-guarani e Gê são, efetivamente, dois desses grupos. Os Caiapós e os Carajás fazem parte de um mesmo grupo linguístico: o grupo gê ou macro-gê; macro-jê em português. Essa unidade linguística acompanha-se de um certo número de características culturais comuns a esses povos. Os missionários dominicanos de Conceição do Araguaia contribuíram para o conhecimento das línguas caiapó e carajá, porque eles aprenderam a língua desses povos a fim de evangelizá-los. Os dominicanos anotam as dificuldades encontradas na aprendizagem dessas línguas que não são escritas e que variam de um grupo a outro. Coudreau apresenta, no final de sua obra, um vocabulário carajá e um caiapó, cuja qualidade é difícil de ser avaliada. São listas de palavras bastante comuns à vida cotidiana (animais, plantas, objetos…) e aos laços familiares. Para elaborar o vocabulário caiapó, Coudreau utilizou os conhecimentos de frei Vilanova e interrogou, com ele, os chefes caiapós da região da futura Conceição. Frei Palha, bem mais tarde, escreveu um livro[45] sobre os Carajás, no qual elaborou um vocabulário e uma gramática carajá. Frei Gallais explica que a principal dificuldade encontrada pelos missionários foi a falta de palavras, nessas línguas, para traduzir "ideias abstratas", tais como "virtude", "justiça" ou "religião". Era preciso que eles ensinassem o português aos ameríndios para poder evangelizá-los. Essa dificuldade, anotada por frei Gallais, era já observada pelos jesuítas no século XVI.

A aparência física dos ameríndios é o aspecto que mais fortemente marcou os missionários no momento do encontro, e eles a descreveram longamente. Além disso, as obras dos dominicanos são sempre acompanhadas de fotografias[46], e a de Coudreau é ilustrada com desenhos, retratos e paisagens que ele fez durante sua viagem. A nudez dos ameríndios[47] é o aspecto mais notado e dá espaço a observações, os igualando às criaturas do paraíso terrestre ou aos animais. Frei Tapie nos diz a esse respeito: "Os Carajás verdadeiros não têm nem mesmo uma tanga, por menor que seja. Homens e crianças estão lá plantados diante de nós tais como o Bom Deus os fez"[48]. Frei Galais, quando de um encontro com os Caiapós, escreve: "Todos os nossos guerreiros estão bem uniformizados, quero dizer que eles estão vestidos com a roupa que usava o próprio Chefe da humanidade, quando ele vagava, todo resplandecente de inocência, no meio dos bosques do paraíso terrestre"[49]. Coudreau também observa esse aspecto entre os Carajás: "A anomalia apresentada por essa raça humana, cujas crianças, mesmo

---

45. PALHA, Luiz, OP, *Índios do Araguaia, costumes e lendas, coisas vistas e vividas*, edição e data não mencionadas. Deve ter sido editada pela Diocese de Conceição do Araguaia, porque ele assinou "Dom Luiz Palha, o.p. Bispo missionário", e escrito no tempo em que Dom Luiz Palha exerceu sua função episcopal entre 1947 a 1967.
46. Ver fotografias em Anexos, p. 488 a 492.
47. Ver fotografias em Anexos, p. 488 a 492.
48. TAPIE, *Feuilles de route d'un missionnaire...*, op. cit., 159.
49. GALLAIS, *Une catéchèse chez les indiens...*, op. cit., 40.

civilizadas, se obstinam a andar completamente nuas, despidas da nudez do paraíso terrestre"[50]. Observa-se que os frades utilizam metáforas para não empregar o termo "nu" e que Coudreau, utilizando a palavra "anomalia", faz um julgamento que parece mais negativo que o dos missionários. Além disso, sobre essas gravuras, ele desenha sempre os ameríndios com uma tanga.

Frei Tapie, que na última parte de seu livro compara metodicamente os costumes dos Caiapós e do Carajás, nos serve de base para a continuação deste estudo sobre a aparência física desses últimos:

> Os Caiapós, assim como os Carajás, furam o lábio inferior e aí introduzem um pedaço de madeira de uns três centímetros de largura e de oito a dez de comprimento. Mas os primeiros não têm, abaixo dos olhos, os dois pequenos círculos traçados com ferro e fogo que distinguem os Carajás. Seus cabelos, longos e finos, são cortados com uma franja sobre a testa ou mesmo raspados na frente da cabeça. Os outros recaem sobre o pescoço e os ombros. Todos são imberbes e não têm pelos no corpo. Os rapazes e as moças carregam, em cima do joelho, uma tira de elástico caindo pela perna; é, ao mesmo tempo, um enfeite e indica seu estado celibatário, o mesmo que o anel colocado no dedo, entre nós, significa o casamento[51].

Os missionários descrevem também as pinturas corporais, vermelhas ou pretas, que são práticas comuns aos dois povos. Frei Tapie, descrevendo o Carajá que o acompanha em sua viagem e que ele o rebatizou de Domingos, nos diz:

> Os Carajás se pintam assim de vermelho para os grandes dias de festa pública e também para ir ao combate, pensando assim, sem dúvida,

---

50. COUDREAU, *Voyage au Tocantins-Araguaya*, 184.
51. TAPIE, *Feuilles de route d'un missionnaire...*, op. cit., 277-278.

dar um ar mais marcial e espantar o inimigo. O fato é que, a fisionomia de Domingos assim disfarçada em demônio do inferno, não tem nada de tranquilizante[52].

Aparentemente, os Carajás utilizariam mais vezes as sementes de urucum, que produzem uma cor vermelha, e os Caiapós, o fruto do jenipapo que produz a cor preta, sobretudo para os desenhos que as mulheres caiapós fazem em seus filhos sobre o corpo todo. Nossos observadores não dão uma particular atenção a essas pinturas corporais. Compreende-se, entretanto, que, na maioria dos casos, elas são utilizadas para festas e guerras.

A respeito do costume de furar o lábio e os ornamentos ligados a isso, as descrições de Henri Coudreau e de frei Gallais se concentram em elementos diferentes: frei Gallais utiliza, para descrever essa prática, o termo que designa o próprio buraco, "o furo do beijo", o que significa, literalmente, "o buraco de beijar". Por sua vez, Coudreau utiliza o nome do objeto (um pedaço de madeira ou de osso) que é inserido nesse buraco, chamado de "botoque" ou "botocudo". Esse nome, aliás, foi usado por muito tempo para caracterizar os ameríndios do interior do país que usavam esse tipo de ornamento, bem como aqueles que são presos às orelhas. Nossos observadores acrescentam que essas práticas não são sistemáticas, assim como o hábito caiapó de raspar a parte da frente do crânio. Não nos dão explicações sobre seu significado e seu uso parece ser somente ornamental. Estudos antropológicos mais recentes explicam que o furo do lábio dos jovens meninos, entre oito a dez anos, corresponde a um ritual de passagem comum aos dois povos. Essa cerimônia marca a passagem para a idade adulta e, pois, o momento quando se pode ingressar na casa dos homens. Os testemunhos missionários referem-se à aparência física. São, ao mesmo tempo, numerosos e incompletos. Certos aspectos escapam aos dominicanos e eles

---

52. Ibid., 167.

não procuram o significado de suas práticas. Essas descrições servem, sobretudo, para desenvolver uma imagem "exótica" dos ameríndios.

Os testemunhos missionários nos esclarecem também sobre a cultura material e as práticas dos povos ameríndios encontrados. Eles não fazem um inventário sistemático. Dão-nos informações esparsas ao longo de suas viagens e encontros. O trabalho de Coudreau é mais científico e por isso mais metódico. Ele aponta uma diferença importante que se pode perceber nos escritos missionários, ainda que ela não seja explicitamente formulada: os Carajás são navegadores, enquanto os Caiapós, andantes. Os primeiros são chamados "filhos do rio". Vivem em pequenos grupos às margens das praias do Araguaia. Encontram-se na floresta no tempo da subida das águas, durante a estação das chuvas, ou em caso de perigo. Frei Tapie nos informa sobre a cultura material dos Carajás. Descreve, sobretudo, seu "uba", barco: é um tronco de árvore cavado, muito estreito, que os Carajás dirigem em pé e que, segundo o frei, vira muito facilmente. Ele escreve a esse respeito: "É o que se pode sonhar de mais primitivo e, ao mesmo tempo, de mais leve, de muita rapidez, bem vedado e insubmersível... O 'uba' tem para nós só um defeito... É preciso ter nascido Carajá para usá-lo convenientemente"[53]. Ele nos fala também dos talentos de pescadores Carajás, que matam o peixe com o arco e o mergulham, em seguida, para o apanhar e recuperar sua flecha: "Esses Carajás, filhos do rio, são todos excelentes atiradores e nadam como peixes..."[54]

Os Caiapós quase não navegam. Vivem não longe dos cursos de água, mas nunca diretamente às margens dos rios. Eles não se reagrupam em aldeias e cultivam pequenas superfícies desmatadas, roças, em volta da aldeia, para completar a caça e a colheita. Coudreau nos informa que os Carajás vivem mais nos planaltos do que às margens da água, em paisagens alternando florestas e prados. Todos são nômades

---

53. Ibid., 107.
54. Ibid., 163.

ou seminômades, mas nossos observadores não nos precisam a frequência nem o motivo desses deslocamentos. S. Dreyfus explica que os Caiapós são seminômades. Eles partem em excursões na floresta, muitas vezes ao ano, para as grandes caças ou colheitas, e quando guerras ou epidemias os obrigam a isso.

Os freis Gallais e Tapie chamam igualmente nossa atenção sobre as ligações entre Carajás e Caiapós, que, aparentemente, se detestam e guerreiam entre si. Frei Tapie nos diz que, se um Carajá e um Caiapó se encontram, eles se matam. Frei Gallais explica que é impossível evangelizar, em Conceição, jovens Carajás com os Caiapós já presentes, por causa do ódio mortal que os divide. Não se tem explicação sobre essa situação e os missionários se perguntam, sem encontrar resposta, sobre a causa desse ódio. Os dominicanos tiveram ocasião de descrever as festividades ameríndias. Frei Tapie assiste a uma dança executada em sua honra: os Caiapós fazem uma roda, alternando homens e mulheres e

> [...] a dança começa. A um movimento brusco do cotovelo e dos antebraços ao lado da barriga, sucede um vigoroso pontapé batendo no chão, em cadência. Aqui, nenhum instrumento musical, nem mesmo um simples tantã. Cada dançarino é seu próprio músico e juntos executam um canto que não é harmonioso. São mais gritos estridentes ou urros chorosos do que um verdadeiro canto[55].

S. Dreyfus nos diz que a música caiapó é essencialmente coral e cerimoniosa. Ela marca etapas de passagem ou prepara atividades coletivas (caça, pesca, colheita). Frei Gallais assiste com os Carajás à dança do pirarucu, que é um enorme peixe do Araguaia. Enquanto o filho do chefe está acabando de pescar um deles, uma grande festa se prepara para a chegada do pai, e ele o convida para assisti-la. Ele entra, então "na casa do bicho" (tradução de frei Gallais), que ele descreve

---

55. Ibid., 274.

como uma casa afastada da aldeia, na qual estão arrumadas as roupas para a cerimônia. A grande alameda, diante da casa, serve de pista de dança e só os homens dançam:

> Enfim, nossos dançarinos vestiram suas roupas. É uma espécie de saiona feita com folhas de palmeira, que desce da cintura até os joelhos; depois, é um colete do mesmo jeito que recobre os ombros e o peito até a cintura; finalmente, uma mitra imensa que eles colocam na cabeça e que parece fazê-los crescer desmesuradamente. Impossível descrever essas danças selvagens e a música que as acompanha. Os dançarinos se dão as mãos; seus movimentos bem cadenciados são graciosos e lentos; o canto é bastante monótono e consiste em uma repetição de sons disparatados [...][56].

As descrições dos missionários e as de Coudreau, embora nos ensinem bastante, permanecem parciais. Não há vontade de fornecer um inventário completo e ordenado. Mesmo assim, frei Tapie, no final de seu livro, fez um estudo comparado dos Carajás e dos Caiapós. Henri Coudreau nos dá um pouco mais de detalhes a fim de que seu enunciado pareça mais científico. Eles nos descrevem o que eles veem, mas não procuram verdadeiramente saber o que não veem. Além disso, são sempre elementos disparatados. Não há um estudo sistemático deste ou daquele aspecto. Passa-se das armas às danças, da nudez aos barcos, segundo o que os missionários tiveram ocasião de observar.

Outros aspectos da vida dos ameríndios ficaram obscuros para os missionários, assim como para Coudreau. A organização social, a religião, a sexualidade são pouco abordadas e não parece terem sido objeto de estudos precisos. Os elementos que se encontram nas obras estudadas colocam mais questões para as quais eles não dão resposta e se compreende que numerosos aspectos da vida social permaneceram

---

56. GALLAIS, *Une catèchèse chez les indiens...*, op. cit., 21.

PRIMEIRA PARTE | Uma missão dominicana na tradição

misteriosos para nossos observadores. Frei Tapie nos diz que os Caiapós, em geral, têm uma mulher e observou a monogamia desses ameríndios. Acrescenta que as mulheres Caiapós e Carajás são, apesar de sua nudez, de uma grande moralidade: "No entanto, a moralidade de umas e de outras é perfeita. Jamais percebi um olhar ou um gesto que pudesse ferir a modéstia. A virtude é mais observada no meio dessas tribos que no meio do luxo indecente e provocador de nossas grandes Babilônias"[57]. Seu testemunho nos ensina, igualmente, que a idade das uniões e da procriação se situa ali pelos doze anos: "Entre os peles-vermelhas, há mulheres e crianças, mas não jovens moças. Todas se casam muito jovens, muitas vezes, antes mesmo de seus doze anos. Porém, assim que passam pela maternidade, elas se enchem de rugas e parecem bem mais velhas"[58]. S. Dreyfus nos precisa que, desde a puberdade, elas podem, efetivamente, ser "casadas".

Não compreendendo o funcionamento social, os órgãos de poder e a organização familiar, os missionários dominicanos, assim como Coudreau, muitas vezes concluíram que não havia uma organização social. Eles insistem nisso. As conclusões dos observadores do século XVI falavam de povos "sem lei nem rei". Essa incompreensão mostra as dificuldades encontradas para compreender sociedades afastadas dos modelos europeus. A religião dos ameríndios foi mesmo objeto de estudos aprofundados entre os missionários, contrariamente ao que se poderia pensar. Com efeito, eles concluíram por uma aparente ausência de religião, e algumas crenças percebidas são, para eles, uma superstição. Frei Tapie escreve:

> Qual é a religião dos Caiapós e dos Carajás? Indaguemo-nos antes, se eles têm alguma. A bem dizer, não notei entre eles nenhum sinal de culto... mas este é um argumento negativo sobre o qual não se

---

57. TAPIE, *Feuilles de route d'un missionnaire...*, op. cit., 277.
58. Ibid., 265.

pode construir uma sólida tese, porque, do fato de não se ter notado nada, não se pode concluir que nada exista[59].

Frei Gallais nos fala de um episódio que evidencia o que ele chama de "superstições ameríndias". Ele nos conta uma viagem difícil na qual frei Vilanova e os ameríndios que o acompanhavam viram acabar sua comida por causa de uma caça infrutuosa; quando o missionário quis rezar o ofício dos mortos para favorecer a caça, os ameríndios lhe disseram: "Os defuntos têm horror da morte e, quando se recorre a eles para matar qualquer caça, longe de favorecer o caçador, estes tomam o partido da caça e, por seu misterioso poder, evitam-lhe a morte"[60]. Esse exemplo permite a frei Gallais afirmar que os ameríndios devem crer na sobrevida de qualquer coisa após a morte e na existência de espíritos bons e maus. Henri Coudreau nos diz que os Carajás não têm fé e fala, com relação aos Caiapós, de uma religião dualista, composta de um espírito bom, que não vale a pena ser honrado, e de um espírito mau, que é preciso ser afastado com certos ritos; mas ele fala no condicional e precisa que pesquisas devem ser feitas sobre esse assunto. Sabe-se hoje que esses ameríndios têm religiões animistas complexas. Os Caiapós creem efetivamente em uma vida após a morte. Os defuntos vivem em uma aldeia do mesmo modelo que a dos vivos e seus espíritos percorrem a floresta, sobretudo à noite. Os Caiapós temem esses espíritos e, quando vão à floresta, eles os mantêm afastados fumando cigarro. Encontra-se, nessa visão do ameríndio sem religião, uma teoria sustentada pelos missionários e viajantes do século XVI. Essa visão acompanhava-se da ideia de que a evangelização seria mais fácil entre os povos de tradição religiosa antiga. Frei Tapie avança a mesma teoria:

---

59. Ibid., 284.
60. GALLAIS, *Le Père Gil Vilanova*, 236-237.

O que há de certo é que a evangelização dos selvagens do Brasil é muito fácil; não se é, como em tantos outros países infiéis, obrigado a desobstruir antes de construir. Quando se quer converter um chinês ou um maometano, é preciso mostrar primeiro ao catecúmeno a falsidade dos dogmas nos quais ele acreditou desde sua infância, a fim de extirpá-los de seu espírito, o que não é sempre fácil. Aqui, o trabalho preliminar não precisa ser feito, O missionário pode começar pelo ensinamento da verdade, simplesmente como se faz na França com os alunos do catecismo[61].

Essa passagem lembra a ideia, desenvolvida por Padre Nóbrega no século XVI, segundo a qual o ameríndio é uma "página em branco" que será fácil preencher.

A abordagem etnográfica das culturas ameríndias parece, pois, parcial. Os missionários, assim como Henri Coudreau, parecem se contentar em descrever aquilo que eles viram ou que lhes foi contado. Suas indicações são relativamente precisas, mas muitos elementos lhes escaparam. Com efeito, eles não perceberam o que estava muito afastado de seus modos de pensar, isto é, de seus modelos políticos, suas representações sociais e suas religiões monoteístas do mundo europeu. Além disso, Coudreau, como explorador, tem um objetivo científico preciso e deve trazer resultados. Como a grande parte das expedições científicas do século XIX, financiadas pelos Estados ou grupos de sábios, sua viagem deve servir para mapear a região e recolher informações, a fim de conhecer seu potencial econômico. Os missionários não têm esse objetivo. Uma certa curiosidade científica os motiva, mas a evangelização é seu objetivo principal, e seu primeiro interesse é o de conhecer as populações e a região, o que é indispensável para estabelecer estratégias de evangelização apropriadas.

---

61. TAPIE, *Feuilles de route d'un missionnaire...*, op. cit., 284.

Entretanto, seus testemunhos têm um bom valor etnográfico e não devem ser avaliados de maneira anacrônica: o simples fato de terem servido a Henri Coudreau e a Simone Dreyfus lhes dá um valor etnográfico. Fora isso, os missionários dominicanos foram, aparentemente, os primeiros a encontrar e a descrever tão longamente os diferentes povos caiapós, ainda que haja menção de outros contatos anteriores[62]. Suas narrações podem, pois, permitir aos antropólogos e aos historiadores reconstruir uma parte da história dos povos ameríndios do Araguaia, primeiros contatos, localizações e evoluções demográficas.

Além de seu interesse etnográfico, o olhar dos dominicanos revela modos de pensamento europeus da época, nos quais tal modelo é visto como superior e deve ser imitado pelo resto do mundo, sendo sua civilização considerada como a mais avançada.

3. Olhar e cultura europeia

> [Os ameríndios] se creem, aliás, muito superiores a nós [escreve frei Tapie em 1913], europeus e civilizados, pela simples razão de que, entre eles, na imensidão dessas regiões tão afastadas e tão desertas, jamais precisaram de nós para tirá-los de alguma dificuldade; quanto a nós, a cada instante, somos obrigados a recorrer à sua força ou nos dirigirmos a eles. [...] A esses homens que não têm permanência fixa, que não têm vestimentas, que vivem da caça e da pesca, é difícil fazê-los compreender que eles não são superiores a nós![63]

---

62. Segundo S. Dreyfus, os Caiapós do Norte teriam sido encontrados no século XIX. Eles são mencionados em 1824 pelo explorador brasileiro Cunha Mattos. Em 1844, por Francis Castelnau, e, em 1863, por Couto de Magalhães. O primeiro contato prolongado com a sociedade brasileira dataria de 1859, quando um capuchinho se instalou próximo a eles para tentar evangelizá-los, sem ter conseguido.
63. TAPIE, *Feuilles de route d'un missionaire...*, op. cit., II-III.

PRIMEIRA PARTE | Uma missão dominicana na tradição

Essa citação de frei Tapie permite-nos colocar em evidência as noções que queremos abordar aqui: a civilização europeia e seu sentimento de superioridade. Frei Tapie afirma a superioridade europeia, mas coloca também a questão do olhar: olhar europeu e olhar ameríndio. Cada um tem uma visão do outro, cada um pode se julgar superior ao outro. O olhar que os missionários têm sobre o Brasil e seus habitantes, mais ainda, sobre os ameríndios, é portador desse sentimento de superioridade civilizacional grandemente difundido entre os europeus da época. A superioridade da "raça" branca e da civilização europeia é mantida, no século XIX e durante a primeira metade do século XX[64], por evidências científicas apoiadas pelas teorias evolucionistas e racistas[65], e justificam, em nome do progresso, a colonização e a difusão do modo de vida europeu no mundo.

O olhar dirigido pelos dominicanos à mestiçagem brasileira é negativo e corresponde às ideias desenvolvidas na Europa, onde a "raça" branca era considerada como superior. A mistura com "raças" inferiores é julgada desfavorável. Os missionários fazem, igualmente, uma hierarquia entre as diferentes mestiçagens que viram no Brasil. Os mestiços descendentes de branco e de ameríndios são mais bem considerados

---

64. Foi preciso esperar o choque da Segunda Guerra Mundial e as consequências do nazismo para que essas teorias científicas começassem a ser questionadas.

65. Os termos de etnografia e de antropologia, se hoje são sinônimos, tinham, no século XIX, significados diferentes. A antropologia se consagrava então ao "homem físico". Estava próxima das ciências naturais; a etnografia estava mais orientada para a história e a cultura dos homens. A primeira tentava estabelecer diferentes tipos (ou "raças") de homens, sobretudo a partir do estudo dos crânios, enquanto a segunda procurava mais estabelecer uma unidade da humanidade, hierarquizando cronologicamente as diferentes sociedades em função de seu grau de civilização. O evolucionismo, teoria biológica que se desenvolve a partir da publicação da obra de Darwin, *De l'origine des espèces par voie de sélection naturelle*, em 1859, é retomado pelos etnólogos e aplicado às sociedades humanas, estabelecendo, assim, graus de evolução entre as diferentes civilizações.

que os descendentes de negros e de brancos. Frei Gallais escreve, sobre crianças nascidas de um pai branco e de uma mãe ameríndia, que elas são "maravilhosas, inteligentes [...]", e acrescenta:

> [...] os cruzamentos de duas raças, branca e negra, não são sempre bem-sucedidos; frequentemente, as crianças nascidas dessas uniões herdam vícios e enfermidades do pai e da mãe com agravamentos... Não é assim, parece, nos casamentos entre brancos e peles-vermelhas. Há vantagens físicas e morais provenientes de uma ou de outra raça que se apresentam mais, de sorte que o cruzamento produz uma raça especial, felizmente, bem-dotada. Disseram-me, e eu já havia lido nos livros; e o quanto é fácil constatar, à primeira vista, parece-me ter reconhecido a verdade desse fato[66].

Reconhecemos, aqui, as teorias racistas desenvolvidas, na época, na Europa e no Brasil. O religioso diz, aliás, ter "lido" essas teorias. Em seu relatório sobre a visita canônica de 1888, diz que seria preciso que os ameríndios pudessem ser evangelizados e "civilizados" antes de se "misturarem" com os brancos: "A misturas das duas raças não pode se fazer senão mais tarde, quando o pobre pele-vermelha tiver adquirido as noções de superioridade do branco. Assim ele terá armas para se defender contra a injustiça, a cobiça, as más paixões [...]", e ele se pergunta depois se "a superioridade não acabará por marcar essa raça meio branca, meio negra que forma, no fundo, a população brasileira"[67]. Mais uma vez, a união entre negro e branco é considerada como a pior, sendo os negros definidos como a "raça" mais inferior na hierarquia racista da época. É mais difícil analisar a primeira parte dessa

---

66. GALLAIS, Étienne, OP, Lettres du Brésil, *Les Missions dominicaines*, 1923, 241. Essas cartas são bem anteriores à sua publicação, pois Gallais faleceu em 1907.
67. Relatório de frei Gallais, de 1888, não classificado, nos arquivos dominicanos do convento Santo Tomás de Aquino, em Tolosa.

citação. O dominicano parece querer "proteger" os ameríndios dos "vícios" dos brancos. Seria, pois, preciso que eles recebessem antes uma educação religiosa cristã para poderem depois discernir os "vícios e as virtudes" dos brancos. Encontra-se, aqui, uma das características do olhar dos missionários, que veem os ameríndios como "criaturas inocentes" que precisam ser educadas.

Os missionários empregam sempre palavras elevando os ameríndios ao *status* de crianças inocentes. Frei Tapie diz a respeito de uma Carajá: "De repente, com essa mobilidade de fisionomia própria das crianças e também dos povos infantis, nós a vemos passar da alegria à tristeza"[68]. Esse tipo de observação aparece em todos os testemunhos missionários; eles classificam os povos ameríndios como uma "infância da humanidade" e, de certa maneira, chegam às teorias científicas que situam essas populações no começo da evolução humana, de onde a utilização recorrente do termo "primitivo" para defini-los. Os missionários têm uma atitude paternalista. Perdoam tudo aos ameríndios em virtude do fato de não conhecerem a religião cristã. Além disso, sua inocência, sua nudez, tudo lembra o paraíso terrestre. Aí ainda se encontram imagens veiculadas pelos religiosos europeus desde o século XVI. No século XIX, essa percepção ainda está presente nos escritos missionários, mas outras visões dos ameríndios também circulam à época. Os brasileiros aceitam os ameríndios "dóceis" e rejeitam os "selvagens"[69], que devem ser "pacificados" ou eliminados. Os exploradores oscilam entre o

---

68. TAPIE, *Feuilles de route d'un missionnaire...*, op. cit., 201.
69. No Brasil, fala-se, nessa época, "de indígenas mansos ou bravos": os mansos (dóceis) são aqueles que foram "domesticados", "pacificados" e geralmente sedentarizados nos aldeamentos. Eles representam uma mão de obra barata e considera-se que estão "em vias de assimilação". Os bravos são os "selvagens" dos quais se procura desvencilhar. Expedições militares e grupos de aventureiros fazem regularmente incursões em seus territórios para obrigá-los a partir ou a se integrar e poder ocupar suas terras. A terminologia mansos/bravos não foi usada pelos missionários dominicanos do início do século XX, mas os exploradores a utilizam.

"primitivo", que é preciso estudar antes que desapareça, e o ameríndio, sem interesse, corrompido pela civilização. Eles têm um olhar puramente científico sobre essas populações.

A noção de civilização está no coração dessa problemática da imagem do outro. No século XIX, essa noção é central. Trazida pela Europa colonizadora, ela serve para compreender o mundo que é dividido entre países civilizados e países a serem civilizados. O progresso científico e o desenvolvimento econômico são os critérios dessa civilização europeia que deve se estender no conjunto do planeta.

Os missionários, como os outros observadores da época, diferenciam os povos ameríndios em função de seu "grau de civilização". Os "civilizados" são pouco mencionados; são os ameríndios inteiramente integrados e "diluídos" pela mestiçagem na sociedade brasileira. Os "meio civilizados" estão em contato com a sociedade, mas o termo abrange realidades diversas, segundo seu grau de assimilação. Com efeito, alguns são batizados, andam vestidos, trabalham e são mais ou menos sedentários, enquanto outros só se vestem quando vão à cidade, onde trabalham de tempos em tempos, mas continuam a viver entre eles e conservam certas práticas tradicionais. Os "verdadeiros selvagens" são aqueles que não entraram em contato com a sociedade ou, "pior", recusaram esse contato. Eles têm a reputação de ser "ferozes" e de atacar os brasileiros. São, pois, temidos e mandados embora por esses últimos, mas fascinam os exploradores e, sobretudo, os missionários, que se fixaram com a missão de "salvá-los".

Uma anedota de viagem contada por frei Tapie nos mostra as diferenças de percepção e do "uso" que os missionários e os brasileiros fazem dos ameríndios "meio civilizados" e os "selvagens". Para descer o Araguaia, frei Tapie teve de contratar um Carajá como guia; um dos navegadores brasileiros que o acompanha o aconselha:

> Será preciso um indígena com seu arco e flechas para nos fornecer bons peixes e nos dar informações, mas esses peles-vermelhas da aldeia

de Leopoldina são muito civilizados. É preciso pagá-los mais caro e eles prestam menos serviços. Suas roupas os atrapalham; eles são menos fortes, menos hábeis, menos habituados à luta... Logo encontraremos peles-vermelhas que jamais conheceram a civilização; Carajás de puro-sangue, vereis a diferença! É verdade que estão nus como um verme, mas é uma grande vantagem para a pesca e para a caça [...].

O missionário acrescenta: "Nós estamos de acordo: ao ter por companheiro um indígena, mais vale ter um indígena natural, que possa nos servir em matéria de estudo"[70].

Essa citação mostra um paradoxo que existe entre a vontade de "domesticar" o ameríndio e o fascínio exercido pelo "indígena natural". As críticas dirigidas a esses que estão em contato com a sociedade o ilustram bem: a roupa, que é um dos primeiros sinais de "civilização", é aqui um incômodo, e o pagamento pelo serviço é menos vantajoso. Finalmente, o "selvagem" seria menos hábil e mais interessante em todos os níveis. A reflexão de frei Tapie sobre o interesse de domesticar um ameríndio que possa servir de objeto de estudo, quer dizer, um "selvagem", corresponde totalmente às preocupações científicas da época.

Um outro paradoxo vem do fato de que os missionários subentendem, regularmente, que os ameríndios adotem "maus hábitos" em contato com a civilização. Frei Galais diz sobre os Carajás: "Para contrabalançar a influência de uma civilização da qual se fala de vícios, seria preciso a ação do missionário com os benefícios morais que a acompanham"[71]. Frei Tapie tira as mesmas conclusões: "Tivemos ocasião de observar, muitas vezes, infelizmente, que o contato com os europeus está longe de tornar os peles-vermelhas melhores, quando não se começa por fazer deles verdadeiros cristãos"[72]. Vê-se aqui que

---

70. TAPIE, *Feuilles de route d'un missionnaire...*, op. cit., 115.
71. GALLAIS, *Le Père Gil Vilanova*, 267.
72. TAPIE, *Feuilles de route d'un missionnaire...*, op. cit., 206.

os missionários pensam que o problema vem da falta de educação religiosa e que, se o contato passasse primeiro pela evangelização, o ameríndio não cairia nessa "decadência". Para os dominicanos, são os brasileiros que levam os ameríndios à "corrupção", pois eles próprios são corrompidos: álcool, prostituição e roubo são, para os missionários, muito frequentes nas pequenas cidades das frentes pioneiras; são os brasileiros que dão os "maus" exemplos aos ameríndios. Os missionários não adotam, no entanto, o "mito do bom selvagem". Frei Tapie defende-se quando, contando a história de um "meio civilizado" vestido e armado de um fuzil que teria cometido numerosas violências, termina sua descrição dizendo: "É repugnante crer que esse fato e muitos outros deem razão à famosa teoria de Jean-Jacques Rousseau, de que a civilização só resultou na corrupção do homem"[73].

A evangelização e a educação religiosa são, para os missionários, a solução para "salvar" todos os ameríndios. Os "meio civilizados" sairão assim do pecado e os "selvagens" sairão de sua ignorância sobre a religião, que os mantém em estado de "criatura inocente" e os impede de ter acesso aos "benefícios da civilização". Esses "selvagens" que fascinam os cientistas e os missionários causam geralmente medo às populações e têm uma reputação muito ruim. Frei Gallais, quando nos conta a fundação de Santa Maria (ao sul de Conceição), nos diz: "Fundada por volta de 1860, por um Capuchinho chamado frei Francisco, em um país infestado pelos indígenas, temidos por sua ferocidade, o vilarejo de Santa Maria [...]"[74] Ele conta muitas histórias de ataques feitos pelos ameríndios na cidade de Goiás. Os relatórios dos ataques descrevendo a "ferocidade" dos ameríndios são também muito numerosos nos jornais e nos livros brasileiros. Essa imagem serve para justificar as políticas de "pacificação" e priorizam a necessidade da assimilação dos ameríndios para poderem desenvolver o país. Na Diocese de Goiás, na

---

73. Ibid., 206.
74. GALLAIS, *Le Père Gil Vilanova*, 217.

época da chegada dos padres, os Xavantes do rio das Mortes são considerados como os mais perigosos. Frei Gallais conta que, quando frei Vilanova quis subir o rio para ir ao encontro desses ameríndios, os brasileiros que o acompanhavam se recusaram a navegar no rio das Mortes por medo dos Xavantes. Além disso, histórias circulam contando que os rios eram assombrados por espectros dos procuradores de ouro massacrados. Os Xavantes atacaram, aparentemente, muitas expedições científicas e armadas, enviadas pelos governadores de Goiás e Mato Grosso para explorar e mapear o rio:

> […] era impossível subir o rio para conhecer outras coisas, além da parte inferior. Os indígenas que habitam os rios, os Xavantes, têm a fama de ser ferozes e mesmo antropófagos, e todos aqueles que tentaram subir o rio tiveram que lidar com eles[75].

Um brasileiro diz a mesma coisa a frei Tapie, quando este lhe pergunta por que os navegadores ficam tão nervosos ao se aproximarem da foz do rio das Mortes: "O que tememos nessas paragens são os peles-vermelhas, diferentes dos Carajás. Chamam-nos de Xavantes, mas ninguém sabe ao certo o que eles são. Supõe-se que sejam antropófagos; o que é certo é que eles são terríveis inimigos…"[76]. O maior qualificativo de "ferocidade" e animalidade que se possa atribuir aos ameríndios é o canibalismo. No entanto, essa prática não é absolutamente encontrada entre os Xavantes, e nós não achamos nenhuma menção de antropofagia nos estudos etnológicos sobre os ameríndios gês. Esse tipo de narração deve ser relido à semelhança do "selvagem" perigoso, feroz e canibal, veiculada desde os começos da conquista do Brasil para justificar massacres e políticas de "pacificação". Ele fala, igualmente, de um verdadeiro medo do ameríndio por parte da população do interior

---

75. Ibid., 255.
76. TAPIE, *Feuilles de route d'un missionnaire…*, op. cit., 182.

brasileiro e nos esclarece sobre as relações entre brasileiros e ameríndios de Goiás.

Frei Gallais conta que frei Vilanova não pôde fazer com que os habitantes do rio Bonito admitissem que o "não matarás" da Bíblia se aplicava também aos ameríndios; respondiam-lhes sistematicamente: "O índio é um bicho mau, o índio é um animal nocivo"[77]. Frei Tapie obtém o mesmo tipo de resposta, quando pergunta a um navegador se ele atiraria, sem hesitar, num Xavante: "Ah, sim, padre, eu o mataria de bom grado e, o fazendo, praticarei [sic] uma bela ação, da qual Deus não levaria em conta no dia do julgamento, porque o índio dessas regiões é um bicho mau, bem mais que o jaguar ou a cascavel[78], e eliminá-lo da terra é um ato de virtude"[79]. A expressão "bicho mau" parece, pois, comum e indica a animalidade do "selvagem"; além disso, se o "não matarás" não se aplica a ele, significa que o ameríndio não é um homem. Isso nos leva, uma vez mais, a questionamentos que datam do século XVI sobre a humanidade dos seres que povoam o "novo mundo". Para recuperar suas terras e justificar as múltiplas violências, é preferível que os ameríndios não sejam humanos e todas as histórias salientando sua crueldade confirmam essa ideia. A noção de civilização é uma grande preocupação do Brasil da época. As elites políticas querem que o país atinja o "nível" das civilizações europeias, e o progresso passa pelo desenvolvimento econômico do conjunto do território. O ameríndio "selvagem" que vive no interior do país é um obstáculo. Ele se encontra no nível mais baixo da "escala da civilização". As descrições dão uma imagem mais próxima do animal que do homem. É preciso, pois, "pacificá-lo", "domesticá-lo", "civilizá-lo" para que o conjunto do país possa progredir[80].

---

77. GALLAIS, *Le Père Gil Vilanova*, 123.
78. A cascavel é uma serpente que tem um chocalho e é muito perigosa.
79. TAPIE, *Feuilles de route d'un missionnaire...*, op. cit., 183.
80. Depois da Independência, a identidade nacional se constrói em torno dessa ideia de "civilização": o "branco" é sua imagem, e o "negro", bem como

O estado das relações entre ameríndios e brasileiros é levado em conta pelos missionários para estabelecer sua estratégia de evangelização. Para frei Gallais, é impossível intervir nas zonas de guerras abertas onde os ameríndios já detestam os cristãos; é preciso se aproximar dos "selvagens" lá onde eles vivem em paz, isolados dos brasileiros, nas zonas ainda não ocupadas: "Aí, somente o missionário poderá alcançá-los, como se diz no Brasil, quer dizer, cativá-los, civilizá-los, cristianizando-os"[81]. Aqui, ainda, o vocabulário empregado alude à animalidade, mas o missionário pensa que a evangelização pode tirar o ameríndio de seu estado. Para ele, os ameríndios, uma vez educados, se integrarão à sociedade cristã e não atacarão mais os brasileiros, que não terão mais razão para massacrá-los.

O olhar dominicano se inscreve na tradição dos escritos missionários difundidos desde o século XVI, mas possui igualmente as características do observador europeu dos séculos XIX e XX. Nos dois casos, ele veicula a ideia de uma superioridade da civilização europeia e de um dever de educação cristã realizada pelo missionário. No entanto, frei Tapie explica as diferenças de percepção entre o missionário e o explorador; ele faz, aqui, referência a Henri Coudreau, que fala negativamente dos Carajás "meio civilizados":

tudo o que se refere à cultura africana, é seu entrave. Nesse contexto, a abolição da escravatura, em 1888, é um passo a mais em busca da civilização, porque a escravatura lembra um passado colonial do qual se quer desfazer. Os ameríndios não têm um lugar importante nas políticas da época, mas devem ser incorporados nesse processo. Duas imagens do "indígena" se opõem no Brasil do século XIX: o Tupi, o "bom selvagem", é idealizado e integrado à identidade nacional em construção, especialmente porque não há mais Tupis nessa época no Brasil. Eles são exterminados ou assimilados pelos quatro séculos de colonização. É, pois, fácil fazer dele um herói do passado brasileiro. Ao contrário, o "indígena selvagem" do interior deve ser eliminado porque é um obstáculo à "civilização".

81. GALLAIS, *Le Père Gil Vilanova*, 153.

Mas então, dirão nossos leitores, se o único europeu que visitou essas regiões fala assim dos Carajás, por que o missionário que fez esse relatório fala de outra maneira? Respondemos simplesmente que, em primeiro lugar, o relatório do explorador data de 1897 e, nessa época, os frades dominicanos tinham acabado de se fixar nas margens do Araguaia, então a influência deles não tinha tido tempo de se fazer notar. Além disso, como diziam muito bem os escolásticos: *Qualis est unusquisque talis finis videtur ei*. O que pode ser assim traduzido: "Cada um vê com seus olhos, através de seus óculos". Ora, é evidente que os óculos dos missionários não são os mesmos do explorador. Entre os indígenas, o missionário procura, antes de tudo, ver homens resgatados pelo sangue de Jesus. Ele quer catequizá-los, instruí-los, salvá-los. Ele os ama com todo amor de seu coração virgem de toda afeição terrestre. Os indígenas são seus filhos. Assim, eles são inclinados a encontrar neles todas as qualidades, e podemos dizer como o pássaro da fábula: Meus filhotes são bonitinhos, belos, bem-feitinhos e mais graciosos que todos os seus outros companheiros[82].

Essa citação resume por si mesma o posicionamento dos dominicanos em missão no Brasil: eles "amam" todos os ameríndios. Sua visão é humanista, eles creem na humanidade dos ameríndios e na melhora de sua condição de vida, graças à educação e sobretudo ao cristianismo.

Os escritos missionários contribuíram muito para a transmissão de um saber sobre os ameríndios na Europa. Do século XVI ao século XX, uma grande parte do olhar dirigido pela Europa à América e aos ameríndios era constituído pelos testemunhos missionários. Assim, para os dominicanos franceses do fim do século XIX, herdeiros de quatro séculos de tradição missionária, os ameríndios são ainda criaturas inocentes que é preciso "salvar" pelo batismo e educá-los para que se

---

82. TAPIE, *Feuilles de route d'un missionaire...*, op. cit., 176.

integrem à sociedade brasileira. É preciso levá-los "à" civilização; nisso, eles concordam com os brasileiros e cientistas estrangeiros da época.

O olhar lançado pelos dominicanos sobre os ameríndios não é original para a época. Ao contrário, ele corresponde às teorias difundidas então pelos antropólogos mais renomados: o francês Lucien Lévy-Bruhl (1857-1939) e os ingleses E. B. Tylor e J. G. Frazer, que desenvolvem teorias evolucionistas e classificam os povos em função de seu grau de "civilização". Os ameríndios do Brasil são considerados como povos "primitivos", que esses científicos situam na base da "escala civilizacional". Os dominicanos que chegam ao Brasil no fim do século XIX estão impregnados dessas concepções, que estão igualmente bem enraizadas no Brasil.

Através dos testemunhos missionários surge, pois, uma visão do outro que nos dá um resumo da concepção do mundo que tinham os europeus no fim do século XIX e início do século XX. Época na qual a vontade de lançar ao mundo seu modelo de civilização condicionava seu modo de compreender o outro, sua cultura, seu modo de vida.

SEGUNDA PARTE

Uma missão no processo de romanização

CAPÍTULO I
A romanização no Brasil

1. A romanização e sua realização no Brasil

Em uma carta de 1885, o internúncio apostólico no Brasil dirige-se ao superior da missão nestes termos: "Pregai sempre como o fazeis a boa doutrina, a moral, as práticas religiosas, a obediência e o respeito à palavra do papa: instruí, criai associações piedosas, e assim, aumentando o número dos bons católicos, o dos adversários diminuirá naturalmente"[1]. Esta citação evidencia vários aspectos do processo de romanização que detalharemos neste capítulo: a afirmação da autoridade romana, a prioridade dada à instrução religiosa e o papel importante das congregações religiosas na aplicação dessas diretivas. Este trecho ilustra mais amplamente certos mecanismos do processo de romanização que têm suas origens na recomposição das relações entre a Igreja Católica e o poder político, iniciada no Ocidente no final do século XVIII.

A partir da Revolução Francesa, as relações entre política e religião são colocadas em questão, ao mesmo tempo, pela nova ordem política

---

1. Carta do internúncio apostólico do Brasil, de 1885, classificada como AG3P36D001, nos arquivos dominicanos do convento Nossa Senhora Aparecida, em Belo Horizonte.

e pela difusão das ideias do Iluminismo no mundo. O fim da monarquia francesa marca uma ruptura: a ligação entre o altar e o trono é rompida e, ao longo do século XIX, os diferentes regimes políticos vão adotar posições diferentes em relação à Igreja Católica. Entre 1789 e 1790, os bens do clero são confiscados, as ordens religiosas interditadas e uma constituição civil do clero promulgada. Só em 1801, quando uma concordata é assinada entre Napoleão e o papa, é que as relações entre a Igreja Católica e a França são retomadas; essa concordata coloca a Igreja Católica sob a autoridade do Estado francês. Ela perdura até 1905, data da separação da Igreja e do Estado. Entre estas duas datas, e conforme os regimes políticos, as relações são mais ou menos tensas entre a Igreja Católica e os Estados europeus: anticlericalismo de Estado ou concordata, limitação, interdição ou apoio às congregações e ao ensino religioso. As experiências e adaptações são múltiplas, sem que a situação pareça se estabilizar. Na França, como em outros países da Europa e nos Estados latino-americanos recentemente independentes, a formação dos Estados modernos não cessa de questionar as relações entre religião e política. Esse período corresponde aos inícios da secularização das sociedades, isto é, de uma progressiva separação do religioso e do político em vários países.

A reação da Igreja Católica ante esses sucessivos ataques é a de recorrer a Roma. O ultramontanismo e o aumento da autoridade papal são as consequências das tensões entre religião e política em diversos Estados. O papado inicia, a partir de meados do século XIX, uma política denominada de "romanização" da Igreja Católica, em escala mundial. Essa política visa reafirmar a autoridade do papa sobre a Igreja Católica, desatrelá-la do poder político, favorecendo a autonomia das Igrejas nacionais ante os Estados, e uniformizar as práticas católicas no mundo, segundo os dogmas do Concílio de Trento, formando um clero submisso à hierarquia romana. Roma adota uma posição antiliberal e critica fortemente os Estados chamados modernos e seus sistemas políticos. Sob o pontificado de Pio IX (1846-1878), o *Syllabus*[2] condena as ideias modernas, e depois a infalibilidade do papa é proclamada em 1870, quando do Concílio do Vaticano I (dezembro de 1869-outubro de 1870). As posições antiliberais de Pio IX são reforçadas pela unificação italiana, em 1861. O papado perdeu uma grande parte dos Estados pontifícios em benefício do jovem reino italiano, que adota uma constituição liberal. Em 1870, em pleno Concílio do Vaticano I, Roma é invadida pelas tropas italianas e ligada à Itália. O Concílio termina e o papa se considera prisioneiro no Vaticano. Essa situação perdura até os Acordos de Latrão, em 1928, assinados por Mussolini e o papa Pio XI, que regulam definitivamente os litigiosos territórios entre a Itália e o Vaticano. O papa conserva sua soberania temporal somente na Cidade do Vaticano, mas, em contrapartida, o catolicismo torna-se religião de Estado na Itália. Aqui, ainda, as relações entre religioso e político, espiritual e temporal estão no coração dos debates.

No entanto, nos anos que antecedem esses acordos, a posição do papado ante a modernidade social e política começa a mudar. O papa Leão XIII (1878-1903) compreende a necessidade de uma adaptação às novas realidades políticas. Ele abre, em 1891, o caminho para uma doutrina social da Igreja com a encíclica *Rerum Novarum* e, um ano depois, convida os católicos franceses a aceitarem a República com a encíclica *Au millieu des Sollicitudes*. Seu sucessor, Pio X (1903-1914), não aceita a separação das Igrejas e do Estado e as relações são novamente rompidas entre Roma e a França até 1918. No cenário internacional, as posições de Leão XIII marcam uma reviravolta, abrindo a possibilidade para as Igrejas nacionais e para os católicos aceitarem, e até mesmo participarem, dos novos regimes políticos.

A romanização no Brasil tem como objetivo colocar a Igreja brasileira sob a autoridade de Roma e de lutar contra o catolicismo tradicional,

---

2. Texto de 1864, promulgado por Pio IX, que faz uma crítica sobre o racionalismo e o liberalismo, denunciando "80 erros do mundo moderno".

para torná-lo mais doutrinal e sacramental. Ela pode ser dividida em três fases. Uma primeira fase, de 1840 a 1889, na qual começa a reforma do clero e da religiosidade tradicional do país. Bispos formados em Roma e na Europa são nomeados para o Brasil. Eles chamam religiosos europeus para se ocuparem de seminários, confrarias, lugares de culto e da educação religiosa da população. De 1889 aos anos 1920, a organização eclesiástica do país intensifica-se com a criação de arquidioceses, dioceses e paróquias. As congregações europeias chegam cada vez mais numerosas, promovem novas devoções e insistem sobre a importância da confissão e da comunhão. O catolicismo tradicional é assimilado à superstição, ao fanatismo e à ignorância. As elites urbanas são mais receptivas a esse catolicismo romanizado que o resto da população. A partir de 1922, fala-se de restauração católica. A Igreja e os intelectuais católicos procuram, ao mesmo tempo, aproximar-se do poder, recristianizar as elites e assegurar sua presença na sociedade. Por volta de 1950, a Igreja brasileira subtrai-se da autoridade romana e toma um caminho mais independente, iniciando uma guinada social.

Durante o período colonial, a Igreja brasileira é colocada sob a autoridade do rei de Portugal em virtude do sistema do *padroado*. Esse sistema perdura após a independência em 1822, e a Igreja permanece sob a autoridade do imperador do Brasil até o final do Império, em 1889. A Igreja Católica era então religião de Estado e o soberano exercia o controle de seus negócios: pagamento dos salários dos membros do clero, nomeação dos párocos e dos bispos, ratificação das bulas pontifícias e supervisão dos seminários dependiam dele. O reino português apoiou-se essencialmente nas congregações religiosas para cuidar dos assuntos da religião católica, durante o período colonial, e não favoreceu o desenvolvimento de um clero secular na colônia.

Esse sistema não permitiu que a Igreja brasileira desenvolvesse suas estruturas eclesiásticas e, no século XIX, a organização eclesiástica do território brasileiro ainda estava por ser feita. Havia somente doze dioceses no Brasil para um território que representava dezesseis vezes a

França. Além disso, o número de padres era insuficiente, bem como sua formação. O recenseamento de 1872 contabilizou 2.225 membros do clero secular para uma população de 9,9 milhões de habitantes[3].

A romanização da Igreja brasileira começa com a nomeação de bispos formados na Europa e favoráveis a uma visão ultramontana da Igreja, chamados de "reformadores". Esses bispos operam desde a metade do século XIX para tornar a Igreja brasileira mais independente do poder imperial e para uma melhor formação do clero, com o fito de difundir os dogmas do Concílio de Trento e transformar o catolicismo popular brasileiro.

Para efetivar a romanização, o papa e os bispos reformadores apelam para as congregações europeias, a fim de suprir a falta de padres e de formar um clero brasileiro romanizado. O dinamismo vocacional e missionário europeu encontra, pois, um terreno favorável a seu desenvolvimento no Brasil, onde numerosas congregações se instalam em meados do século XIX à metade do século XX. O desafio da romanização reside essencialmente na organização da Igreja brasileira. É preciso suscitar vocações a fim de multiplicar o número de padres e melhor formá-los para que possam educar as populações e ser capazes de lutar contra o catolicismo tradicional. Os bispos reformadores encarregam os religiosos europeus dessa missão, confiando-lhes a direção dos seminários. Dom Gonçalves Ponce de Leão, bispo de Goiás de 1881 a 1890, e seu sucessor, Dom Duarte e Silva, bispo de Goiás de 1890 a 1907, e, em seguida, bispo de Uberaba de 1907 a 1923, são dois exemplos característicos dos bispos reformadores brasileiros que participaram da romanização da Igreja. Os dois formaram-se na Europa. Dom Gonçalves Ponce de Leão, que trouxe os dominicanos para o Brasil, estudou em Paris nos anos 1860, quando entrou para os Lazaristas. Dom Duarte e Silva partiu para estudar, em 1868, no Pontifício Colégio Latino-Americano dirigido pelos

---

3. *Recenseamento do Brazil em 1872*, IBGE. Disponível em: http://biblioteca.ibge.gov.br,liv 25477_vl_br.pdf. Acesso em: out. 2013.

jesuítas, com quem começara seus estudos no Rio de Janeiro. Após sua ordenação sacerdotal, permaneceu ainda em Roma para continuar seus estudos de filosofia e teologia na Pontifícia Universidade Gregoriana.

De retorno ao Brasil, antes de ser nomeado bispo de Goiás, o futuro Dom Gonçalves é professor no seminário do Ceará, depois, em 1875, é enviado ao seminário do Rio de Janeiro, todos os dois dirigidos por Lazaristas. Em seguida, é nomeado bispo de Porto Alegre (1890-1910), depois, primeiro arcebispo de Porto Alegre (1910-1912). Nas duas dioceses das quais se ocupou, reorganizou os seminários e trouxe congregações estrangeiras. Os dois primeiros bispos com os quais os dominicanos trabalharam no Brasil estavam em consonância com as novas orientações do papado.

A romanização da Igreja brasileira prosseguiu até meados do século XX. Roma mantém sua autoridade sobre a Igreja desse país que, com o conjunto da América Latina, representa a maior concentração de católicos no mundo. Estruturar essa Igreja e favorecer a difusão de um catolicismo romanizado representam, pois, desafios importantes para o papado. Além disso, com a Proclamação da República, o catolicismo perde seu estatuto de religião de Estado e entra em concorrência com o protestantismo das igrejas norte-americanas, que se difunde rapidamente, e, em intensidade menor, com o espiritismo e as religiões afro-brasileiras, que se expandem cada vez mais. A Igreja brasileira deve lutar contra o liberalismo das classes dirigentes, que organizam uma república laica e a excluem do poder. Ela precisa, pois, repensar suas relações com o Estado e as elites, bem como seu lugar na sociedade, o que implica profundas transformações no seu interior.

2. Tensões entre a Igreja e o Estado que favorecem a romanização

Já nos anos que precedem a Proclamação da República, o alinhamento de uma parte dos bispos brasileiros à política romana já provoca dificuldades entre a Igreja e o Estado brasileiro. Com efeito, a romanização passa por uma afirmação da autoridade do papa sobre as Igrejas nacionais, relativamente ao poder político. Os bispos reformadores brasileiros procuram, pois, se desprender da autoridade do imperador e, em diversas ocasiões, asseguram seu alinhamento a Roma, o que cria numerosas tensões.

Um episódio da história brasileira, denominado "questão religiosa", é revelador das dissenções crescentes entre o imperador Pedro II (1831-1889) e os bispos reformadores da Igreja brasileira. O conflito explode em 1872, na sequência de numerosos incidentes que surgiram nos anos precedentes, em razão da oposição de alguns padres e bispos brasileiros à presença de maçons nas confrarias religiosas. Essa oposição vai, aliás, no sentido de numerosas bulas papais dessa época condenando a maçonaria. Dois bispos, Dom Antônio de Macedo Costa, Bispo do Pará, e Dom Vital de Oliveira, Bispo de Olinda, vão mais longe e ordenam a expulsão dos maçons das confrarias religiosas. Com efeito, numerosos maçons brasileiros estavam, ao contrário da maioria de seus homólogos europeus, engajados na vida católica; até padres se declaravam maçons. Os maçons apelam então ao imperador, que tenta fazer os bispos voltarem atrás em suas decisões. Ele ressalta o fato de que essas bulas papais não são válidas no Brasil, onde sua publicação depende do imperador, e que as confrarias dependem do poder civil. Os bispos recusam, são julgados e condenados a quatro anos de trabalhos forçados, que são transformados em prisão. Finalmente, em 1875, são anistiados, mas a questão gerou um grande barulho e sela o divórcio entre os bispos reformadores que defendem, daí para frente, uma ortodoxia ultramontana, e o poder brasileiro não consegue mais manter sua autoridade sobre a Igreja brasileira.

Esse episódio teve uma grande influência sobre a decisão quanto à separação entre Igreja e Estado, rapidamente instituída após a proclamação de uma República liberal, na qual os maçons tiveram um papel importante. De início, inquieta e oposta a essa separação, a Igreja brasileira rapidamente se fortaleceu com essa nova autonomia, que facilita igualmente o desenvolvimento da política de romanização.

Com o fim do Império, a Proclamação da República e a separação entre Igreja e Estado, a posição da Igreja Católica brasileira na sociedade encontra-se profundamente modificada. De 1889 a 1930, transformações complexas produzem-se no seu interior, bem como nas suas relações com o Estado. A posição da Igreja brasileira ante a República é complexa porque, de um lado, se vê libertada do *padroado*, mas, de outro, perde numerosas vantagens políticas. O catolicismo perde, principalmente, sua posição de religião preponderante e se encontra, pela primeira vez, em concorrência com outras confissões religiosas.

O fim do *padroado* permite à Igreja organizar-se livremente, coisa impossível até então, já que ela dependia da coroa portuguesa e depois do imperador, que nomeavam o clero e decidiam sobra a aplicação das diretrizes romanas. A separação da Igreja e do Estado permite, pois, às instituições eclesiásticas se desenvolverem progressivamente no conjunto do território. Em 1889, só havia uma província eclesiástica no Brasil, composta de uma arquidiocese e 11 dioceses. Em 1930, há 16 arquidioceses, 50 dioceses e 20 prelazias apostólicas[4].

A República brasileira é instituída pelas elites liberais, sobretudo pelos proprietários das grandes fazendas produtoras de café, ponta de lança da economia brasileira na época. Essas oligarquias, muito influenciadas pelo racionalismo do século XIX, veem na Igreja Católica um vestígio do passado colonial e um freio ao progresso e à modernização do país. As correntes de pensamento que permeiam o século XIX brasileiro, principalmente o positivismo e o evolucionismo, afastam as elites intelectuais do catolicismo. Se o anticlericalismo não é majoritário, a indiferença religiosa e o agnosticismo estão na ordem do dia.

---

4. MOURA, Sergio Lobo de, OP, A Igreja na Primeira República, in: PINHEIRO, Paulo Sérgio (et al.), *O Brasil republicano, v. 2: sociedade e instituições (1889-1930)*, Rio de Janeiro, Bertrand Brasil, [5]1997, 321-342.

Essas ideias traduzem-se por uma descristianização das elites. A separação da Igreja e do Estado, desde 1890, visa, pois, afastar a Igreja do poder, a fim de criar um Estado moderno. Se o choque dessa separação abala fortemente a Igreja, esta não se opõe frontalmente ao novo regime, mas escolhe a via da conciliação[5]. A Igreja brasileira até se alia à jovem República, quando esta esmaga os movimentos messiânicos do fim do século[6]. A Igreja retoma o papel de aliada do poder que sempre manteve no Brasil. Esses movimentos reúnem, geralmente, pessoas oriundas das camadas mais pobres da população, que veem na religião sua única via de salvação e se congregam em torno de um pregador à espera do juízo final. Frequentemente, eles não se reconhecem na República sem Deus, ora estabelecida, e permanecem fiéis ao Império. São então definidos como antirrepublicanos pelo novo regime, que utiliza esse argumento para reprimi-los violentamente. A Igreja condena, também, vigorosamente esses movimentos, porque escapam totalmente à sua autoridade.

Diante da nova constituição, a Igreja Católica consegue até mesmo fazer-se ouvir pelo governo provisório e pela assembleia constituinte,

---

5. BEOZZO, José Oscar, A Igreja entre a Revolução de 1930, o Estado Novo e a redemocratização, in: PIERUCCI, Antônio Flávio et al., *O Brasil republicano, v. 4: Economia e Cultura (1930-1964)*, Rio de Janeiro, Bertrand Brasil, ³1995, 271-340.
6. O mais célebre desses movimentos, o de Canudos, foi esmagado pelo exército republicano em outubro de 1897, durante a quarta expedição, uma vez que as três primeiras tentativas de tomar a localidade tinham fracassado. Em poucos anos, milhares de pessoas reuniram-se em Canudos, uma fazenda abandonada situada no interior árido do estado da Bahia, sob a liderança de Antônio Maciel, também conhecido como *Antônio Conselheiro*. Esse pregador criticava fortemente a República e a separação da Igreja e do Estado, que ele via como expressão do anticristo e anúncio do fim dos tempos. Os proprietários de terra da região, a Igreja e os jornais, suportando mal a ocupação das terras, bem como o crescimento e a autonomia do movimento de Canudos, apelaram à intervenção do Estado. Insistindo nas opiniões antirrepublicanas de seu líder, eles conseguiram convencer as autoridades do perigo que representava Canudos e da necessidade do recurso ao exército para erradicá-lo.

e obtém algumas modificações entre o primeiro projeto de constituição e o texto final de 1891. O projeto previa, principalmente, a interdição das ordens religiosas, a expulsão dos jesuítas e a ruptura de relações diplomáticas com o Vaticano. A constituição promulgada, todavia, autoriza as ordens e congregações religiosas a instalarem-se no país, não rompe as relações diplomáticas com o papado e deixa, a cada estado da federação, a possibilidade de adaptar a interdição de conceder subvenções a organizações religiosas. Em contrapartida, a Igreja Católica teve de aceitar a liberdade de culto, o casamento e os cemitérios civis, a escola laica e a interdição do direito de voto e de elegibilidade para o clero regular e todo membro de comunidade que pronuncie voto de obediência. Na realidade, no entanto, certo número dessas disposições permanece muito teóricas e colide com as realidades da imensidão do território brasileiro e com a fraca presença dos poderes civis em grande parte do país. A obrigação do casamento civil, por exemplo, permanece pouco efetiva por causa, ao mesmo tempo, da resistência das populações rurais e da ausência de registros civis e de funcionários capacitados em inúmeras regiões. Assim, a Igreja não perde sua posição preponderante e continua a celebrar a grande maioria dos casamentos. O mesmo acontece com a escola pública e laica, pouquissimamente desenvolvida e ausente em numerosos lugares, enquanto as escolas católicas estão bem representadas. E mais, as elites continuam matriculando seus filhos nos colégios privados mantidos pelas congregações religiosas.

A posição do papado é complexa, mas ele parece optar por uma abordagem conciliadora em relação ao novo regime e parece ter influenciado os bispos reformadores nesse sentido. Com efeito, a condenação romana do mundo moderno e dos regimes liberais não impede o reconhecimento da República liberal brasileira pelo Vaticano desde 1890, nem a elevação, em 1901, da representação diplomática romana no Rio de Janeiro à categoria de nunciatura apostólica. Além disso, o papa nomeia, em 1905, o primeiro cardeal da América Latina, na pessoa do arcebispo do Rio de Janeiro, Dom Arcoverde[7]. A Igreja brasileira, como o papado, parece ter preferido evitar a radicalização das posições católicas ante o novo regime, preferindo a conciliação para tentar reconquistar uma posição privilegiada junto às elites dirigentes.

Dom Sebastião Leme[8] estabelece as bases de uma visão do catolicismo que deixará uma marca duradoura na Igreja brasileira, na sua carta pastoral escrita quando de sua nomeação para a arquidiocese de Olinda, em 1916. Nesse texto, ele parte da constatação de que a população católica brasileira, apesar de amplamente majoritária, não tem papel nem na sociedade nem no Estado brasileiro:

> [...] chegamos ao absurdo de formar uma grande força nacional, mas uma força que não age nem exerce nenhuma influência, uma força inerte. Somos, pois, uma maioria ineficiente [...]. A razão dessa ineficiência é a ignorância religiosa, tanto dos intelectuais quanto das pessoas simples, e a falta de ação social católica[9].

Ele procura aqui incitar os católicos a investir na sociedade; dinâmica que ele impulsionará durante toda a sua carreira eclesiástica.

A recristianização das elites torna-se efetiva a partir dos anos 1920 e abre um período qualificado de "restauração católica" na historiografia brasileira. Esse movimento deve-se essencialmente à ação de alguns intelectuais católicos e de membros do clero, cujos escritos e

---

7. Joaquim Arcoverde de Albuquerque Cavalcanti: bispo de São Paulo em 1894 e arcebispo do Rio de Janeiro em 1897, foi nomeado cardeal em 1905, o primeiro da América Latina.
8. Dom Sebastião Leme (1882-1942): arcebispo de Olinda de 1916 a 1921, torna-se arcebispo do Rio de Janeiro, de 1921 a 1930 (auxiliar do Cardeal Arcoverde), e depois cardeal-arcebispo do Rio de Janeiro de 1930 a 1942, tornando-se a cabeça da Igreja brasileira.
9. LEME, Dom Sebastião, *Carta Pastoral de Dom Sebastião Leme, arcebispo metropolitano de Olinda, saudando sua arquidiocese*, Petrópolis, Vozes, 1916, 6 e 15.

engajamentos permitem desencadear o processo da reconquista das elites. A criação, por Jackson de Figueiredo[10], da revista *A Ordem*, em 1921, e do *Centro Dom Vital*, em 1922, serve para promover suas ideias.

Paralelamente a essa ação dos intelectuais católicos, o historiador José Oscar Beozzo[11] vê, na romanização do clero brasileiro e na vinda de numerosos religiosos estrangeiros, outra ponte para a recristianização das elites. Com efeito, a romanização e a chegada de congregações estrangeiras para promovê-la conduziram a uma elevação do nível da formação do clero e a certa europeização dos meios católicos. As elites brasileiras, muito voltadas para a Europa em sua busca de modernização e de progresso, retornam mais facilmente para esse catolicismo europeizado e romanizado. Acrescente-se a isso o fato de que a Primeira Guerra Mundial, os questionamentos aos regimes liberais que se seguiram e, depois, a crise econômica levaram à multiplicação das críticas contra a Primeira República brasileira.

O fim da Primeira República acarreta mudanças nas relações mantidas pela Igreja com o Estado brasileiro. Com efeito, a Revolução de 1930 e a chegada de Getúlio Vargas ao poder marcam o retorno das relações privilegiadas entre o poder político e a Igreja Católica no Brasil. De maneira geral, a Igreja apoia a tomada do poder por Vargas, que põe fim à República que tinha excluído a Igreja Católica das esferas do poder.

Praticamente, as reivindicações católicas – o fim do laicismo republicano e do casamento civil, a rejeição do direito ao divórcio e, sobretudo, o retorno do ensino católico nas escolas – são atendidas pelo novo regime. Desde 1931, a Igreja obtém, por decreto, o retorno do ensino

---

10. Jackson de Figueiredo é uma figura central da recristianização das elites intelectuais. Convertido em 1918, era extremamente antiliberal, nacionalista, próximo do pensamento de Charles Maurras e da Action Française, e estabelece as bases da ação dos católicos na sociedade, dirigindo-se às elites.
11. Beozzo, José Oscar, A Igreja entre a Revolução de 1930, o Estado Novo e a redemocratização, in: Pierucci et al., *O Brasil republicano*, 271-340.

católico nas escolas públicas, embora este permaneça facultativo. Essa medida, confirmada pelas constituições de 1934 e 1937, é essencial para a educação religiosa das populações, elemento central na romanização brasileira, principalmente nas classes primárias. Ela é menos importante nos cursos secundários, pois a maioria dos estabelecimentos existentes são privados e católicos. A Igreja pôde também, durante esse período, desenvolver um setor do ensino do qual estava ausente: o ensino superior. O projeto, conduzido pelo *Centro Dom Vital* desde os anos 1920, concretiza-se em 1932 com a criação, no Rio de Janeiro, do Instituto Católico de Estudos Superiores (ICES), que se torna Universidade Católica em 1942. A Igreja Católica não contesta, pois, o regime Vargas, mesmo quando, em 1937, este assume caráter autoritário com o surgimento do *Estado Novo*. Quando do Concílio Plenário do episcopado brasileiro em 1939, os bispos são convidados pelo governo a um banquete, ocasião em que uma colaboração mútua é reafirmada.

Esse concílio, projetado desde o final do século XIX, só obtém de Roma a autorização para se reunir em 1939. Essa primeira reunião oficial do episcopado brasileiro permanece, pois, firmemente submetida à autoridade do papado. Sublinha-se nele, de novo, a falta de padres que sofre o Brasil e a ignorância religiosa da população, que facilita a progressão do protestantismo e do espiritismo. A necessidade de favorecer a formação e o recrutamento de um clero mais numeroso é reafirmada, bem como a importância que se deve dar à educação religiosa do povo em colaboração com o laicato católico. O concílio permanece, pois, na linha traçada pela política de romanização.

A morte do Cardeal Leme, em 1942, priva o episcopado brasileiro de seu líder. Durante os anos 1940, não há real unidade do episcopado, mas apenas um alinhamento sistemático a Roma, evidenciando a continuidade do processo de romanização. É essencialmente em torno da Ação Católica Brasileira, cujos estatutos são aprovados por Roma em 1946, que os católicos brasileiros se organizam.

No fim dos anos 1940 e início dos anos 1950, multiplicam-se os encontros regionais dos bispos e testemunha-se uma vontade de colaboração e de consideração crescente das realidades socioeconômicas brasileiras. Essa vontade, conduzida pelo bispo auxiliar do Rio de Janeiro, Dom Helder Câmara, e pelo núncio apostólico, resulta, em 1952, na criação da CNBB (Conferência Nacional dos Bispos do Brasil). A Igreja brasileira entra, então, numa nova fase, evidenciando, ao longo dos anos 1950 e sobretudo 1960, suas especificidades, que a conduz a matizar sua submissão sistemática à autoridade romana.

É preciso igualmente sublinhar que a romanização e a formação mais aprofundadas do clero brasileiro, bem como a vinda massiva de religiosos estrangeiros, transformaram profundamente o clero brasileiro, afastando-o do povo e do mundo rural e aproximando-o das elites urbanas. De fato, a grande maioria, especialmente as populações rurais, foi pouco receptiva a esse catolicismo romanizado e europeizado. A religiosidade popular e festiva permaneceu a mesma: a romanização do clero, bem como a separação da Igreja e do Estado não modificaram as práticas religiosas e as evoluções da Igreja e das elites intelectuais brasileiras, permanecendo afastadas (para não dizer estranhas) das realidades vividas por uma grande parcela da população.

3. Papel dos religiosos europeus na romanização brasileira

A presença das ordens religiosas no Brasil data do início da colonização. Os franciscanos estão presentes desde os primeiros anos da conquista, mas são os jesuítas que, de 1549 a 1580, se encarregam da vida religiosa no Brasil, enquanto missionários da coroa portuguesa. De 1580 a 1640, período em que Portugal e Espanha estão unidos, outras ordens religiosas instalam-se na colônia brasileira: franciscanos, beneditinos e carmelitas. O século XVII vê, pois, multiplicarem-se os conventos e as províncias religiosas dessas congregações. Em 1759, a expulsão dos jesuítas pelo Marquês de Pombal abre um período difícil na história católica brasileira. Os jesuítas tinham, com efeito, colégios em todo o país e desempenhavam um papel central na evangelização dos ameríndios. Esse período de dificuldades prossegue até meados do século XIX. As ordens religiosas são enfraquecidas e as instituições da Igreja brasileira estão ainda pouco estruturadas. A partir de 1808, no entanto, a presença da família real na colônia e, portanto, do núncio apostólico, permite ao papado tomar conhecimento das realidades brasileiras.

A partir da Independência do Brasil em 1822, a situação das ordens religiosas com presença mais antiga no Brasil agrava-se depois das medidas tomadas pelo imperador Dom Pedro I, visando a seu desaparecimento. Em 1824, ele proíbe algumas ordens (como a dos agostinianos da Bahia), bem como a admissão de noviços. Sugere-se também aos religiosos cortarem todas as relações com o estrangeiro. Dom Pedro II prossegue nessa política suprimindo, em 1855, as licenças que permitiam receber noviços do estrangeiro. O objetivo parece ser o desaparecimento dessas ordens a fim, principalmente, de recuperar seus bens, como sugere Dilermando Ramos Oliveira[12] na sua obra. Se, de um lado, o Império parece querer se livrar das ordens religiosas presentes há tempos no Brasil, do outro, deixa entrar novas congregações vindas da Europa. O recurso a religiosos estrangeiros intervém, sobretudo, na pacificação dos ameríndios do Centro-Oeste e do Norte do país, a fim de possibilitar a extensão das terras agrícolas e a garantia das fronteiras.

A partir de 1840, a Igreja brasileira entra na fase da romanização. Ela se traduz pelo desejo tanto de Roma quanto dos bispos reformadores preocupados em transformar a Igreja, a fim de colocá-la em conformidade com as diretrizes do Concílio de Trento, permanecidas inaplicadas no Brasil. Para fazê-lo, apelam massivamente para as

---

12. VIEIRA, Dilermando Ramos, *O processo da reforma e reorganização da Igreja no Brasil (1844-1926)*, São Paulo, Santuário, 2007.

SEGUNDA PARTE | Uma missão no processo de romanização

congregações europeias[13] para suprir a falta de padres, dirigir os seminários formando um clero brasileiro romanizado e educar a população a fim de lutar contra o catolicismo popular. Os religiosos estrangeiros suprem igualmente a falta de meios do poder civil, encarregando-se, principalmente, da evangelização dos ameríndios. Na mesma dinâmica, as congregações femininas vêm se instalar no Brasil em número maior que seus homólogos masculinos e se encarregam da educação e da saúde. Esses fenômenos, iniciados em meados do século XIX, reforçam-se ainda mais após a Proclamação da República, em 1889, e os religiosos europeus continuam chegando durante a primeira metade do século XX. Em 1819, os lazaristas portugueses chegam ao Brasil e, no ano seguinte, fundam o Colégio de Caraça (Minas Gerais), que permanece, por muito tempo, como única alternativa para quem não pode ir estudar nem no Rio de Janeiro nem no exterior. Os lazaristas franceses chegam em 1949 e se encarregam de numerosos seminários no país (Mariana, Salvador, Fortaleza, Rio de Janeiro). Os jesuítas reinstalam-se no país a partir de 1842. Os jesuítas espanhóis estabelecem-se nos estados do Rio Grande do Sul e de Santa Catarina, para onde trazem igualmente jesuítas alemães em resposta à imigração alemã na região. Nos anos 1860, os jesuítas italianos fundam o Colégio de Itu, na Província de São Paulo, e instalam-se, depois, no Nordeste e fundam, em 1886, o Colégio Anchieta de Nova Friburgo, na Província do Rio de Janeiro. Os capuchinhos italianos são encarregados da evangelização dos ameríndios no centro e no norte do país, a partir de 1844. Em 1856, o seminário de São Paulo é confiado aos capuchinhos da Savoia. Os dominicanos de Tolosa instalam-se, em 1881, na Diocese de Goiás. Os salesianos italianos chegam, em 1883, ao Rio de Janeiro, e em 1894, ao Mato Grosso. Os redentoristas também são convidados pelos bispos reformadores para se encarregarem dos santuários religiosos e das missões paroquiais. Os primeiros redentoristas chegam da Holanda e

---

13. Ver tabela 2 em Anexos, p. 468.

se instalam na Diocese de Mariana, em Juiz de Fora, em 1893. Em 1894, redentoristas alemães da Baviera assumem o *Santuário Nossa Senhora Aparecida, na Diocese de São Paulo*. Estes últimos instalam-se igualmente na Diocese de Goiás em 1894, a pedido de Dom Duarte e Silva, a fim de se ocuparem do Santuário do Padre Eterno de Barro Preto. Instalam-se em Campinas (atual Goiânia) e se encarregam, ao mesmo tempo, do Santuário e das missões paroquiais, completando assim o trabalho dos dominicanos. Os redentoristas encontram, por vezes, dificuldades para administrar os santuários, quando entram em conflito com as confrarias leigas, que até então estavam encarregadas deles, e recusam o controle religioso de estrangeiros imposto pelo bispo. Os franciscanos da Saxônia repovoam seus conventos do Nordeste a partir de 1893, a fim de restaurar a Província de Santo Antônio quase abandonada, e depois fundam novos conventos na região a partir de 1903. Em 1897, maristas franceses instalam-se em Minas Gerais e, em 1902, assumem o Ginásio Diocesano de Uberaba, a pedido de Dom Eduardo Duarte e Silva.

As congregações femininas europeias também chegam ao Brasil em grande número. Citamos aqui apenas três, francesas, o que está longe de ser representativo do vasto movimento de instalação ocorrido nos séculos XIX e XX. As irmãs de São José de Chambéry chegam em 1859 e assumem, a pedido do Bispo de São Paulo, Dom Antônio Joaquim de Melo, a direção de um colégio em Itu. As irmãs de Nossa Senhora do Santíssimo Rosário, afiliadas à província dominicana de Tolosa, chegam em 1885 a Goiás. Consagram-se, primeiro, à educação, depois desenvolvem obras de assistência (dispensários, asilos, orfanatos...). As Filhas de Maria Auxiliadora, afiliadas aos salesianos, instalam-se, em 1893, em Niterói e, em 1895, em São Paulo, onde abrem colégios, pois são especializadas em educação.

O grande aumento do número de religiosos, de religiosas e de padres é evidente, principalmente nos primeiros trinta anos do século XX, apesar de as cifras divergirem ligeiramente, segundo as fontes. O primeiro recenseamento geral data de 1872 e nos serve de ponto de partida para traçar o quadro dos efetivos do clero no Brasil entre 1872 e 1950[14]. É preciso, no entanto, levar em conta o fortíssimo aumento da população brasileira nesse período: cerca de 10 milhões de habitantes, em 1872, mais de 30 milhões em 1900, mais de 41 milhões em 1940 e quase de 52 milhões em 1950. Além disso, é difícil estabelecer com exatidão as cifras do clero regular, sobretudo porque as chegadas são incessantes, o que as torna aproximativas. Pudemos, por exemplo, notar em Goiás que os dominicanos não foram bem contabilizados. É preciso sublinhar igualmente que certas quantificações só levam em conta as congregações provenientes do estrangeiro, enquanto outras contabilizam igualmente as congregações fundadas no Brasil. Segundo José Oscar Beozzo[15], que cita como fonte o CERIS (Centro de Estatísticas Religiosa e de Investigação Social), 38 congregações masculinas instalam-se no Brasil entre 1880 e 1930, entre elas 12 italianas e 10 francesas. Para as congregações femininas, há 109 fundações, das quais 28 francesas e 24 italianas, enquanto 22 dessas fundações são brasileiras. Paula Leonardi[16] dá-nos cifras relativas a um período mais longo e cita a mesma fonte. Enumera a fundação de 96 congregações masculinas entre 1819 e 1965, das quais apenas 15 entre 1819 e 1898, e de 213 congregações femininas entre 1849 e 1965, das quais 17 entre 1849 e 1897. Estes números mostram que as fundações de congregações religiosas

---

14. Ver tabela 1 em Anexos, p. 468, elaborado a partir dos recenseamentos do IBGE para o período que nos interessa. Disponível em: http:/biblioteca. ibge. gov. br. Acesso em: out. 2013.
15. BEOZZO, José Oscar, Decadência e morte, restauração e multiplicação das ordens e congregações religiosas no Brasil, in: AZZI, *A vida religiosa no Brasil*, op. cit., cap. V, 85-129.
16. LEONARDI, Paula, *Congregações católicas docentes no estado de São Paulo e a educação feminina – segunda metade do século XIX* [online], comunicação apresentada no VI Congresso Luso-Brasileiro de História da Educação (COLUBHE06), na Universidade Federal de Uberlândia (MG-Brasil), em 2006. Disponível em: http:/faced.ufu.br/colubhe06/anais/arquivos/113PaulaLeinardi.pdf. Acesso em: out. 2013.

se tornam cada vez mais numerosas após 1900. Essas congregações instalam-se mais no sul do país, principalmente nos estados de São Paulo e do Rio Grande do Sul. Inscrevem-se no movimento massivo de migrações europeias do início do século nessas regiões (principalmente migrações italianas e alemãs). A chegada de numerosas congregações francesas explica-se, como vimos anteriormente, pelas dificuldades políticas dos religiosos na França nessa época e pelo número elevado de vocações no mesmo período.

No recenseamento[17] de 1872, os membros do clero regular e secular são enumerados de maneira diferenciada: há 2.225 seculares, 107 religiosos e 286 religiosas no Brasil nessa época. Em escala nacional, a relação é a de um padre para 4.258 habitantes. Esse recenseamento ajuda-nos, também, a evidenciar as disparidades regionais. Goiás, com 160.395 habitantes e apenas 17 seculares, é a província menos provida no nível do clero, com um padre para 9.435 habitantes. Minas Gerais, província mais povoada com 2 milhões de habitantes, conta com 241 seculares, 12 religiosos e 4 religiosas, o que representa um padre por 8.062 habitantes. A província mais bem equipada é a de São Paulo, com um padre para 2.948 habitantes, mas, se levarmos em conta apenas a cidade do Rio de Janeiro, percebe-se que a relação nela é mais favorável. Ela conta com 274.972 habitantes, 200 seculares, 14 religiosos 50 religiosas, o que mostra uma relação de um padre para 1.284 habitantes. Seu estatuto de capital e de sede da Igreja nacional torna-a um local mais atrativo do que as regiões rurais e longínquas. De maneira geral, o clero prefere permanecer nas grandes cidades da costa e do Sul, e não é raro bispos e padres recusarem-se a ir para o interior do país, quando para lá são nomeados. Assim, o futuro Cardeal Arcoverde renunciou, em 1890, à posse do bispado de Goiás. Da mesma forma,

---

17. Ver tabela 1 em Anexos, p. 468, elaborado a partir dos recenseamentos do IBGE para o período que nos interessa. Disponível em: http:/biblioteca.ibge.gov.br. Acesso em: out. 2013.

SEGUNDA PARTE | Uma missão no processo de romanização

quando frei Alano du Noday, missionário dominicano, é nomeado bispo de Porto Nacional, em 1936, já fazia três anos que a sede episcopal estava vacante, porque várias pessoas tinham recusado esse cargo. Os poucos efetivos do clero explicam as razões do recurso a religiosos estrangeiros e, em particular, as solicitações de Dom Gonçalves Ponce de Leão, Bispo de Goiás, aos dominicanos. Em 1872, de 2.332 membros do clero, apenas 245 são estrangeiros, bem como apenas 60 das 286 religiosas, mas o número de estrangeiros aumenta rapidamente nas décadas seguintes e em proporções muito mais importantes que a do clero nacional.

O recenseamento[18] de 1920 não faz mais distinção entre regulares e seculares, mas apenas entre brasileiros e estrangeiros, o que é característico do período no qual a ascensão do nacionalismo favorece as críticas contra a presença de estrangeiros no país, principalmente, a dos religiosos, denunciada pelas elites liberais. O clero masculino é composto de 3.218 brasileiros e 2.841 estrangeiros; as religiosas são 1.761 brasileiras e 1.181 estrangeiras; há, pois, um padre para 5.056 habitantes. O número é mais elevado do que em 1872, quando havia 4.258 habitantes para cada padre; o forte aumento dos efetivos do clero não tendo sido tão forte quanto o da população. No estado de Goiás, há 45 brasileiros e 35 estrangeiros para os homens, 2 religiosas brasileiras e 1 estrangeira. Podemos provar que estes números são inexatos, pelo menos no que concerne às religiosas. Sabemos, com efeito, graças ao relatório de frei Tapie, que havia 75 religiosas dominicanas em 1919. Contando as do convento de Uberaba (28 dominicanas), que se encontra no estado de Minas Gerais, e as do convento de Conceição do Araguaia (9 dominicanas) no estado do Pará, podemos afirmar que havia 38 dominicanas no estado de Goiás em 1919, sem distinguir francesas e brasileiras. É difícil explicar tais erros, ainda mais que, em 1920, as dominicanas já estavam estabelecidas há mais de trinta anos em Goiás e

---

18. Ibid.

tinham colégios nas duas cidades mais importantes do estado, Goiás e Porto Nacional, bem como em Formosa. Isso mostra, todavia, que os dados dos recenseamentos dessa época devem ser relativizados, principalmente no concernente às congregações estrangeiras. No relatório de frei Tapie[19], datado de 1919, ele diz a propósito dos dados demográficos da população:

> Da mesma forma que não se mediu as distâncias no sertão, não se contou o número de habitantes. Estas duas operações são tão impossíveis, tanto uma quanto a outra. Na situação atual, são os Missionários que, para a avaliação do número de habitantes, observam a realidade mais de perto e é a eles que os Chefes de estado recorrem para ser informados. Quando estávamos em Formosa e em Porto Nacional, os frades recebiam vários telegramas urgentes de oficiais administrativos do Rio de Janeiro, solicitando-lhes o número de habitantes das localidades por eles visitadas e evangelizadas durante sua desobriga[20].

Este comentário ilustra as inexatidões apresentadas e faz supor que não havia sistematicamente agentes enviados em todo o país para efetuar os primeiros recenseamentos brasileiros.

José Oscar Beozzo[21] apresenta números para 1935 que nos permitem perceber que o aumento do número de religiosos prossegue: há 2.466 seculares e 3.803 religiosos[22], e o número de religiosas triplicou entre 1920 e 1935, passando de 2.944 para 8.826. Esses dados, no entanto, parecem-nos sujeitos a cautela, porque são muito diferentes dos do IBGE. Com efeito, embora não tenha ocorrido recenseamento nacional em 1935, é estranho verificar que o número de religiosas é de 8.826

---

19. TAPIE, *Visite canonique et statistique...*, op. cit.
20. Ibid., 37-38.
21. BEOZZO, Decadência e morte..., op. cit., 385-129.
22. J. O. Beozzo cita como referência para estas cifras: LEHMANN, João Batista, SVD, *O Brasil catholico*, Juiz de Fora, Typ. Lar Catholico, 1936.

nesse ano, enquanto o recenseamento de 1950 aponta um total de 5.975. O número de religiosas teria dobrado entre 1920 e 1950, passando de 2.944 para 5.975, e não triplicado entre 1920 a 1935, como indicam as cifras apresentadas por José Oscar Beozzo. Além disso, parece estranho que seu número tenha diminuído entre 1935 e 1950, e é ainda mais surpreendente que a queda seja tão significativa, principalmente quando excluímos os dados de 1935, pois constatamos um forte aumento ao longo do período que nos interessa[23]. Apesar de tudo, escolhemos mencionar estas cifras porque fazem distinção entre seculares e religiosos, como no recenseamento de 1872, o que não ocorre nos outros recenseamentos nacionais. Eles nos permitem, pois, ter uma ideia da evolução das proporções de seculares e regulares no clero brasileiro, mesmo se os dados são inexatos, e de comparar a situação de 1872 à de 1935. Assim, segundo estas cifras, o número total de seculares parece ter aumentado pouco entre 1872 e 1935, passando de 2.256 a 2.466; enquanto o dos regulares explodiu, passando de 107 a 3.803 para os religiosos e de 286 a 8.826 para as religiosas. Ter-se-ia, pois, passado de um clero majoritariamente secular para um clero majoritariamente regular. Essa inversão das proporções entre regulares e seculares parece-nos plausível, embora pareça estranho o número de seculares ter aumentado tão pouco, uma vez que os seminários se multiplicaram no país na mesma época. De fato, a vinda de numerosas congregações europeias no âmbito da política de romanização fez aumentar, forçosamente, o número de religiosos presentes no Brasil. Além disso, esses últimos, em geral, estabeleceram-se duradouramente e recrutaram no próprio local, o que explicaria o forte aumento do clero regular. Enfim, as ordens religiosas, tendo assumido a direção de muitos seminários, é possível que tenham recrutado neles novos

---

23. Ver tabela 1 em Anexos, p. 468, elaborado a partir dos recenseamentos do IBGE para o período que nos interessa. Disponível em: http:/biblioteca.ibge.gov.br. Acesso em: out. 2013.

membros, aumentando ainda mais a proporção de regulares em relação aos seculares no clero brasileiro.

Não encontramos outras cifras para provar ou invalidar estas hipóteses e, como mostramos acima, os dados do IBGE são igualmente aproximativos. É possível, pois, que os recenseamentos nacionais subestimem o número de religiosos e que os dados apresentados por José Oscar Beozzo estejam mais próximos da realidade. Em todo caso, o fato do fortíssimo aumento dos religiosos e das religiosas presentes no território brasileiro, na primeira metade do século XX, é inegável, já que são muito numerosas as congregações religiosas que se instalam no país.

No recenseamento de 1950[24], os resultados estão menos detalhados: não há mais distinção entre brasileiros e estrangeiros, nem entre seculares e regulares, mas somente entre homens e mulheres. Nota-se que o número de habitantes por padre é mais elevado ainda em 1950 do que em 1872 e 1920, sendo a média nacional de 6.030 habitantes para um padre, com 8.615 clérigos e 5.975 religiosas (era de 4.258 em 1872 e de 5.056 em 1920). O forte aumento dos efetivos do clero não foi suficiente para compensar o da população, que passou de mais de 30 milhões em 1920 a quase 52 milhões em 1950. O número de clérigos multiplicou-se por quatro entre 1872 e 1950, o das religiosas por vinte, mas, o da população brasileira, por cinco. No estado de Goiás, o número de habitantes por padre diminuiu pouco, passando de 9.435 a 8.999, sendo que, em Minas Gerais, ele diminuiu de maneira significativa, passando de 8.062, em 1872, para 5.914, em 1950. Nas outras regiões, onde se desenvolveu a missão dominicana, o número de habitantes por padre aumentou muito, passando de 3.238, em 1872, para 5.298, em 1950, no Pará, de 2.948 a 4.858 no estado de São Paulo e de 1.284 a 3.059 na capital. Assim, apesar de significativos esforços para recrutamento, a

---

24. *Recenseamento geral do Brazil, 1950*, IBGE. Disponível em: http:/biblioteca.ibge.gov.br, CD_1950_I_Brasil.pdf. Acesso em: out. 2013.

Igreja brasileira não conseguiu compensar o aumento rápido da população do país, e o número de padres permanece insuficiente no conjunto do período estudado.

As congregações religiosas estrangeiras desempenham um papel central na romanização da Igreja e no catolicismo brasileiro. Estão encarregadas, pelos bispos reformadores, de várias missões: devem assumir o controle dos seminários existentes e abrir novos, a fim de formar um clero brasileiro mais numeroso e obediente aos dogmas do Concílio de Trento. Precisam, também, ensinar às populações a importância dos sacramentos. Nas zonas rurais, onde os padres fazem mais falta do que nas zonas urbanas, cada ano, os religiosos partem em missão durante longos meses (*desobriga*), para batizar, casar e confessar em todas as paróquias. Os religiosos estrangeiros também devem assumir os lugares de culto e as confrarias de leigos (*irmandades*). Difundem as devoções próprias de suas ordens e as encorajadas pelo papado, como o culto da Imaculada Conceição. As congregações são, pois, agentes exemplares de Roma e da hierarquia eclesiástica brasileira e transmitem uma cultura religiosa europeia e romanizada.

No entanto, essa romanização do catolicismo brasileiro não se difunde da mesma maneira no conjunto do território. Os meios urbanos estão mais bem enquadrados pelo clero e mais receptivos a esse catolicismo europeizado. Os estados do Sul, onde o número de migrantes europeus é mais significativo e onde se instalam a maioria das congregações religiosas, são muito mais permeáveis a essas práticas. Ao contrário, nas zonas rurais, sobretudo no Norte e no Oeste do país, o catolicismo tradicional continua predominante. A instalação da missão dominicana em Goiás, região rural onde a religiosidade popular permanece muito marcada pelo catolicismo tradicional luso-brasileiro, constitui uma das particularidades importantes dessa missão.

CAPÍTULO II
As formas concretas da romanização na missão dominicana

1. Missões populares e catecismo

O objetivo visado desde o começo [escreve frei Gallais em 1892], a finalidade para a qual, até então, fizestes convergir vossos esforços, vós o conheceis: é a evangelização da imensa Diocese de Goiás por meio de missões paroquiais, realizadas de maneira metódica e renovada em cada localidade, a cada quatro anos. É importante não perder de vista esta finalidade [...] os motivos que levaram ao empreendimento da evangelização destes lugares abandonados são mais urgentes do que tudo. O número de padres seculares que podem exercer o ministério paroquial diminui cada dia [...]. Para conhecer a verdade e participar ao menos uma vez ou outra na vida dessa gente graças aos sacramentos, estas populações não têm outro recurso senão vós [...]. Desejamos que façais essas campanhas de missões, não isoladamente, mas dois a dois ou mesmo, quando for possível e que a quantidade de trabalho a realizar requer, três juntos[1].

---

1. GALLAIS, *Une mission dominicaine au Brésil...*, op. cit., 56-58.

SEGUNDA PARTE | Uma missão no processo de romanização

Frei Gallais, em seu relatório de visita canônica em 1892, descreve assim a importância das *desobrigas*, palavra empregada no Brasil para designar as missões populares. Essas missões, durante as quais os missionários viajavam através da diocese para administrar os sacramentos, são a atividade principal dos dominicanos em Goiás.

As missões populares estão no coração do processo de romanização. Visam remediar a falta de padres e difundir um catolicismo romanizado. Consistem essencialmente em inculcar a importância dos sacramentos e regularizar os casamentos e os batismos. Os bispos reformadores encarregam as ordens religiosas de percorrer as paróquias para batizar, casar, confessar e administrar a confirmação e a comunhão. Colocar os sacramentos no coração das práticas religiosas possibilita insistir sobre a importância do clero, sobretudo do padre, como intermediário entre os homens e Deus, e garantir a autoridade eclesiástica, em oposição às práticas do catolicismo popular, nas quais a pessoa se dirige diretamente aos santos e a Deus. Assim, aconselha-se aos missionários pregar, insistindo sobre os temas do pecado e do julgamento divino, o que possibilita sublinhar a importância da confissão para obter a absolvição dos pecados e reforçar a necessidade de recorrer ao padre.

Riolando Azzi insiste num artigo[2] sobre a importância do papel desempenhado pelos capuchinhos italianos, pelos lazaristas franceses, pelos jesuítas e pelos dominicanos franceses de Goiás, na realização dessas missões populares no século XIX. Os bispos reformadores também participam desse movimento multiplicando as visitas pastorais, durante as quais executam as mesmas tarefas que os religiosos em *desobriga*. Não é raro, no início da missão, que o bispo, Dom Gonçalves Ponce de Leão, se faça acompanhar por um religioso dominicano nessas visitas.

---

2. AZZI, Riolando, Catolicismo popular e autoridade eclesiástica na evolução histórica do Brasil, *Religião e Sociedade*, Rio de Janeiro, ISER, n. 1 (maio 1977), 143.

No início da missão, as *desobrigas* foram planejadas, por contrato, com o bispo e os missionários dominicanos, que devem pregar em todas as paróquias sem padre que lhes foram confiadas. Como essas paróquias eram muito numerosas e bastante extensas, decidiu-se que os frades tentariam passar em cada uma delas, no mínimo, uma vez a cada quatro anos. Os dominicanos partiam, pois, em dois ou três, cada ano, durante diversos meses, para administrar os sacramentos às populações da Diocese de Goiás.

A questão do número mínimo de dominicanos que partiam em missão e daqueles que permaneciam no convento é frequentemente evocada nas correspondências. De fato, para preservar a vida religiosa, é regularmente lembrado que nenhum religioso deveria permanecer ou partir sozinho. Frei Madré, num de seus primeiros relatórios, explica o que representa, a seus olhos, os maiores perigos para os missionários:

> Sob um clima entorpecente, os costumes puros e castos dificilmente se conservam. As pessoas do sexo [...] são de fácil acesso, desde que se saiba ganhar sua confiança. Essa extrema facilidade de um lado, a natureza do clima e a influência do mau exemplo do outro fazem perder, pouco a pouco, o horror do mal [...]. Só conhecemos um meio para prevenir essas misérias. É a lei do *socius*. Os lazaristas estão há muito tempo no Brasil. Seus missionários chegam jovens e se põem, imediatamente, ao trabalho, mas estão sempre três ou quatro juntos, o que torna o trabalho mais leve e a guarda da santa virtude mais fácil. Desse modo, não têm ainda nenhuma deserção a deplorar. O mesmo não ocorre com os freis capuchinhos. Eles vão um a um e no fim de alguns anos há os que se recusam a voltar ao convento [...]. Seria preciso poder proceder como os lazaristas para as missões a serem realizadas[3].

---

3. Relatório de frei Madré, datado de 12.03.1882, não classificado, nos arquivos dominicanos do convento Santo Tomás de Aquino, em Tolosa.

Frei Madré faz o inventário dos riscos "morais" a que foram expostos os missionários no Brasil e explica a "leviandade" dos costumes em decorrência do clima. Busca, igualmente, propor soluções para evitar a "perda" dos missionários dominicanos, apoiando-se nas experiências das outras congregações religiosas para mostrar que os religiosos deveriam sempre se deslocar em três ou quatro.

Do mesmo modo, frei Artigue expõe, em 1883, depois de sua primeira *desobriga*, o modo pelo qual as missões populares deveriam se organizar. Ele pensa que ao menos três missionários são necessários para visitar as paróquias mais extensas, onde os habitantes mais pobres, mais idosos e doentes não podem se deslocar até a localidade onde se desenvolve a missão. Assim, dois religiosos permaneceriam no local da missão uma quinzena de dias, enquanto o terceiro se deslocaria até as regiões mais isoladas[4].

Frei Tapie esboça um quadro preciso sobre a obra de *desobriga em seu relatório*, relativamente às duas visitas apostólicas que efetuou no Brasil em 1911 e 1919[5]. Ele se dirige, nessa parte de seu relatório, a seus leitores franceses, a fim de que tenham uma ideia precisa do desenrolar e das dificuldades desse trabalho. E o faz com a preocupação de edificar, para exaltar e sublinhar a dureza e a riqueza apostólica da obra missionária.

> No início da *seca*, época em que não chove, exceto com raras exceções, isto é, de abril ou maio a outubro ou novembro, os frades partem para a *Desobriga*. Dá-se esse nome à viagem apostólica anual que os Missionários fazem, percorrendo as diversas regiões que lhes foram confiadas, a fim de administrar os sacramentos do batismo e do matrimônio, como também permitir aos numerosos cristãos

---

4. Carta de frei Artigue, datada de 1883, não classificada, nos arquivos dominicanos do convento Santo Tomás de Aquino, em Tolosa.
5. TAPIE, *Visite canonique et statistique...*, op. cit., 33.

As formas concretas da romanização na missão dominicana

espalhados no *Sertão* assistir à santa missa, confessar-se e comungar uma vez ao ano.

A descrição de frei Tapie não para por aí e detalha, em seguida, o desenrolar "habitual" de uma *desobriga*. Ele explica que o baixo número de missionários não lhes permite partir a dois. Compreende-se, pois, que nos anos 1910, os efetivos da missão não permitem mais que saiam em grupos. O missionário parte frequentemente "sozinho", contrariamente às diretivas do início da missão. O missionário ou os missionários estão sempre acompanhado(s) por um *camarada*. O camarada é, de algum modo, um *factótum* (uma espécie de faz-tudo); é um brasileiro que conhece bem a região. Ele serve de guia, ocupa-se das mulas ou da canoa, das refeições e de todos os aspectos materiais da viagem. A maioria das viagens através do *sertão* é feita nas costas de mulas. As bagagens do missionário compõem-se de um altar portátil, de algumas vestimentas, de carne seca, de arroz, de café, de açúcar, de uma marmita e de uma cafeteira.

Os missionários são, geralmente, bem acolhidos em toda parte onde passam. Há uma grande afluência e, frequentemente, uma escolta os espera fora da cidade. A escolta é composta de notáveis da localidade, do pároco, quando há um, e de numerosos paroquianos, que soltam fogos e foguetes para anunciar a chegada dos missionários:

> Missão!... Palavra mágica para nossas populações brasileiras [...]. Ao ouvir pronunciar a palavra missão, o povo todo põe-se em movimento: acorre dos pontos mais recuados da paróquia [...]. A missão faz sucesso numa paróquia porque é rara, e os brasileiros não se confessam senão de uma missão a outra[6].

---

6. Relatório redigido, em outubro de 1884, por dois missionários do convento de Uberaba (pensamos, baseando-nos na escritura, que um deles é

SEGUNDA PARTE | Uma missão no processo de romanização

Essa citação, extraída de um dos primeiros relatórios da missão enviados a Tolosa, testemunha o entusiasmo das populações pelas *desobrigas*. As populações das zonas mais isoladas da paróquia, prevenidas com antecedência, viajam a pé durante vários dias para se dirigir à localidade onde os missionários passam e para participar da missão. De fato, a falta de padres é tal que eles não podem cumprir seus deveres religiosos senão por ocasião da passagem dos missionários. Vêm de longe, pois, para se casar ou batizar uma criança.

Os dominicanos são, às vezes, obrigados a pregar ao ar livre, quando a igreja não pode conter todo mundo, e nem sempre têm tempo de confessar todos os participantes antes de partir. Os missionários permanecem entre uma semana e quinze dias nas localidades mais povoadas. Em missão, os dias, geralmente, assim se organizam: às cinco horas da manhã, uma missa de comunhão é celebrada, depois um missionário faz um curso de instrução religiosa para os adultos, antes da segunda missa, que acontece pela manhã. Perto do meio-dia, dão cursos de catecismo para preparar as crianças para a comunhão. As mulheres confessam-se pela manhã, os homens depois da missa da tarde. Missas de casamentos, de batismos e de comunhões são organizadas, em função das necessidades, durante a missão. No final da missão, coloca-se uma cruz de missão em certas localidades. Corta-se, na ocasião, uma grande árvore, na qual se talha a cruz, que é, em seguida, levantada na vila antes da partida dos religiosos. Essa prática era mencionada pelos dominicanos no início da missão, quando a passagem de um missionário era um acontecimento raro. É provável que, com a realização de *desobrigas* regulares, não tenha ocorrido mais, sistematicamente, a colocação de uma cruz de missão.

Os missionários, durante a viagem, param igualmente nas fazendas isoladas; algumas vezes são grandes fazendas, mas a maior parte delas

---

frei Lucas), não classificado, nos arquivos dominicanos do convento Santo Tomás de Aquino, em Tolosa.

é bastante pobre. Pregam a missão nessas ocasiões: quando chegam, frequentemente ao cair da tarde, numerosas pessoas já lá estão, porque foram prevenidas da chegada dos religiosos. Os missionários instalam um altar na casa, colocando, geralmente, o altar portátil sobre duas caixas empilhadas, ou o fixando sobre um tecido, e na parede algumas imagens de santos e um crucifixo. Tocam, a seguir, o sino e celebram a missa. Depois, colhem informações relativas aos batismos e aos casamentos que deverão celebrar no dia seguinte. Devem, especialmente, interrogar os futuros esposos para se assegurar de que não tenham grau de parentesco que torne impossível o matrimônio. Ministram o catecismo às crianças e ensinam, com frequência, também aos adultos as bases da doutrina católica, pois a falta de educação religiosa é geral nessas populações isoladas. Frequentemente, é mais de "meia-noite" quando se deitam, "inteiramente vestidos", nas suas redes, depois de ter ouvido as confissões. Levantam-se em torno das quatro horas da manhã para ouvir as confissões daqueles que chegaram enquanto dormiam. Em seguida, celebram a missa, depois os batismos, os casamentos e, às vezes, as primeiras comunhões e as confirmações. Os missionários permanecem um dia ou mais na fazenda, segundo a afluência da população, depois partem para a próxima etapa, na qual recomeçam o mesmo ritual, e isso durante vários meses. Frei Tapie insiste sobre a imensidão dos territórios evangelizados e o aspecto rudimentar dos meios de comunicação, que tornam mais longas e difíceis as viagens[7]. Descreve a falta de estradas, frequentemente invadidas pela vegetação, a ausência de ponte para atravessar os numerosos rios que, portanto, devem ser cruzados a nado ou sobre um tronco de árvore, bem como a necessidade de fazer mulas e caixas passarem de uma margem a outra. Ele diz, para ilustrar a duração dos trajetos: "Um frade partindo de Bordéus teria tempo de ir pregar um retiro no Rio de Janeiro ou São Paulo e de retornar a Bordéus, antes que o Missionário, tendo

---

7. Ver fotografias em Anexos, p. 477 a 479.

SEGUNDA PARTE | Uma missão no processo de romanização

partido ao mesmo tempo do convento de Uberaba, tivesse chegado ao convento de Porto Nacional"[8]. Acrescenta, enfim, que as dificuldades da *desobriga* são reforçadas pelo grande número de pessoas e paróquias das quais o missionário tem o encargo nessas regiões; observação recorrente dos missionários desde os inícios da missão e ainda em 1919. Ele descreve assim o abandono religioso da parte norte da missão que representa:

> Um mundo mais extenso do que vários países da Europa [...] de Santa Luzia [estado de Goiás] a Marabá [estado do Pará], passando por Formosa, Porto Nacional, Conceição do Araguaia, São Vicente e Boa Vista – apenas são encontrados os frades dominicanos de Formosa, Porto Nacional e Conceição do Araguaia, e um velho inválido de 75 anos[9].

Em razão do pequeno número de missionários, das distâncias a serem percorridas e da importância das populações, o trabalho da missão é muito pesado e ocupa, pelo menos, seis meses por ano. Por ocasião da missão de 1884, três missionários partiram de Uberaba, de 29 de abril ao mês de outubro, e visitaram treze paróquias da região. Os autores dão-nos o número de comunhões e de confissões administradas. Assim, nas paróquias mais populosas, entre quatro e cinco mil "almas", e nas mais religiosas, ouviam por volta de 1.500 confissões e o mesmo número de confirmações, em quinze dias. Ao todo, administraram, de maio a outubro, 9.500 comunhões e 11 mil confirmações[10]. Estas cifras correspondem ao início da missão; não temos outras cifras

---

8. TAPIE, *Visite canonique et statistique...*, op. cit., 36.
9. Ibid., 39.
10. Relatório redigido, em outubro de 1884, por dois missionários do convento de Uberaba (pensamos, baseando-nos na caligrafia, que um dos dois é frei Lucas), não classificado, nos arquivos dominicanos do convento Santo Tomás de Aquino, em Tolosa.

para épocas posteriores e é difícil saber como evoluíram. Os missionários, progressivamente mais numerosos e indo sozinhos, conseguiam, aparentemente, passar nas paróquias todos os anos, e não de quatro em quatro anos. Ademais, pode-se supor que precisaram "regularizar" numerosos batismos e casamentos, quando de sua chegada, mas, uma vez que todos os "transgressores" de longa data foram regularizados, puderam administrar batismos, casamentos e comunhões, à medida dos nascimentos e das uniões; o trabalho da missão pôde, assim, tornar-se mais leve. Contudo, os dados sobre o número dos membros do clero, citados acima, mostram que, embora o clero aumente no conjunto do período, ele cresce menos rápido que a população. O trabalho de *desobriga* deve, portanto, ter permanecido muito importante. Em 1932, frei Bonhomme inquieta-se por não ter missionários suficientes para realizar corretamente a *desobriga*:

> O ministério propriamente dito, para o qual fomos chamados pelos Bispos e pelas populações do Brasil, isto é, a pregação, a administração dos sacramentos e a assistência espiritual dos cristãos das paróquias sem párocos e regiões rurais sem padres [*sic*], este ministério, a *desobriga*, está reduzido a proporções insuficientes, devido à insuficiência de pessoal. Temos compromissos para com a Santa Sé. Podemos dizer que os mantemos, fazendo tão pouco pelas almas das quais temos o encargo[11]?

Essa citação permite destacar diversos elementos: vê-se primeiramente que, cinquenta anos após o início da missão, as *desobrigas* permanecem, aos olhos dos dominicanos, a atividade principal de seu ministério. Ademais, a falta de missionários para realizar essa tarefa é

---

11. Relatório de frei Bonhomme, datado de 30.03.1932, classificado como K1325, nos arquivos dominicanos do convento Santo Tomás de Aquino, em Tolosa.

SEGUNDA PARTE | Uma missão no processo de romanização

ainda a preocupação principal do vigário provincial. Enfim, a noção de compromisso com relação aos bispos e à Santa Sé mostra a relação de subordinação entre a missão dominicana e as autoridades eclesiásticas, e a recoloca nas dinâmicas da política de romanização. Os dominicanos são ainda agentes dessa política em 1932.

Para os missionários, a situação religiosa e moral da Diocese de Goiás é deplorável e se explica pela falta de educação religiosa das populações:

> Qualquer que seja a extensão do mal [escrevem os missionários em 1884], cremos, contudo, que se pode fazer aqui muitos bens. Deus ama este povo porque não é ímpio e não conhece a blasfêmia, porque é talvez mais ignorante que culpável. Trata-o com indulgência, em razão de seu próprio abandono[12].

Parece-lhes indispensável remediar prioritariamente essa situação e o fazem aliando-a à política de romanização. Nessa ótica, o catecismo torna-se um elemento central da reforma do catolicismo brasileiro: atividade pouco desenvolvida pelos padres portugueses e brasileiros, desde o período colonial, tanto por falta de efetivo quanto de formação, o catecismo torna-se o instrumento de difusão de um catolicismo romanizado e deve possibilitar recolocar os sacramentos no coração das práticas religiosas. Os livros de catecismo difundidos através do Brasil imperial, em geral, são traduções de manuais europeus, mas os bispos reformadores também elaboram os seus.

Num relatório de 1884, os dominicanos sublinham a falta de instrução religiosa das populações cristãs. Apreciam o entusiasmo das

---

12. Relatório redigido, em outubro de 1884, por dois missionários do convento de Uberaba (pensamos, baseando-nos na caligrafia, que um dos dois é frei Lucas), não classificado, nos arquivos dominicanos do convento Santo Tomás de Aquino, em Tolosa.

pessoas pelos exercícios religiosos, mas lamentam, frequentemente, sua "ignorância":

> Se grande é o consolo do padre, em presença dessa solicitude do povo em se aproximar do tribunal da penitência, apressemo-nos em dizer que esse consolo não existe sem mistura. Quantos vimos aproximarem-se dos sacramentos sem compreender a grandeza do ato que vão realizar, que olham como algo de boa qualidade e louvável habilidade em conseguir enganar o missionário, que vão aproximar-se da mesa eucarística e receber com grande fervor o pão da vida sem ter confessado seus pecados, que enfim, para dar-se o estranho prazer de mudar de padrinho ou de madrinha, recebem duas vezes o sacramento da confirmação! [...] Não é um trabalho curto e fácil o de dar a instrução moral a todo um povo. [...] a ignorância das coisas da religião é muito profunda [no Brasil], as superstições, as menos confessáveis, misturam-se às práticas mais santas, e a religiosidade substitui frequentemente o verdadeiro espírito cristão[13].

No mesmo relatório, um dos autores acrescenta que, apesar desse desconhecimento das regras cristãs, os brasileiros são muito religiosos:

> A educação moral deste povo está por fazer e é o que torna as confissões tão laboriosas. É preciso fazer penetrar nessas famílias o verdadeiro espírito cristão, aproveitando o espírito de religiosidade que as anima. O brasileiro tem a alma naturalmente cristã, mas esta virtude, que chamarei natural, tem necessidade de ser bem esclarecida, purificada de toda mistura e transformada em virtude sobrenatural para produzir frutos de vida.

---

13. Relatório redigido, em outubro de 1884, por dois missionários do convento de Uberaba (pensamos, baseando-nos na caligrafia, que um dos dois é frei Lucas), não classificado, nos arquivos dominicanos do convento Santo Tomás de Aquino, em Tolosa.

Para os dominicanos, essa falta de educação religiosa pode ser atribuída ao pouco número de párocos, mas também à ausência de transmissão das bases da religião católica no seio das famílias.

Assim, uma das primeiras atividades realizadas pelos dominicanos é o catecismo nas escolas de Uberaba, desde março de 1882.

Uma carta de 1888, emanada da presidência da Província de Goiás[14] e dirigida a frei Madré, autoriza os dominicanos a darem cursos de ensino religioso no liceu de Goiás. Compreende-se, pela carta, que frei Madré propôs gratuitamente seus serviços ao presidente. Este último agradece-lhe e se compromete a propor oficialmente um curso de religião no liceu provincial. De modo geral, os dominicanos começaram, rapidamente depois de sua chegada, a ministrar cursos de catecismo nas escolas públicas existentes ou nas suas igrejas. O catecismo faz parte do ministério local que eles exercem em todas as cidades em que se instalam, igualmente como as pregações (pelo menos uma missa no domingo), as confissões e a assistência aos doentes e moribundos. Ensinam também o catecismo nas escolas mantidas pelas irmãs dominicanas. Frei Tapie, no relatório da visita de 1919, os encoraja:

> Quase em toda parte, vocês ministram o catecismo durante a semana nas escolas públicas e, aos domingos, nas suas igrejas. Só podemos felicitá-los, encorajá-los a continuar e também a se engajarem em organizar esta obra de maneira a atingir não somente as crianças, mas os adultos[15].

Faz igualmente alusão a outra obra que gostaria de ver desenvolver em todas as cidades onde os dominicanos estão presentes: a obra dos

---

14. Carta da presidência da Província de Goiás (o nome do autor é ilegível), datada de 07.01.1888, classificada como AG3P36D003, nos arquivos dominicanos do convento Nossa Senhora Aparecida, em Belo Horizonte.
15. TAPIE, *Visite canonique et statistique...*, op. cit., 13.

catecismos voluntários que, em 1919, não existe senão em Uberaba. Essa obra compõe-se de membros da Confraria do Rosário de Uberaba, das Associações do Santo Rosário, que, sob a direção dos frades, formam um grupo de catequistas voluntários. Eles ministram cursos de catecismo nos bairros pobres e nas zonas rurais das imediações. Frei Tapie acrescenta:

> Quão preciosos auxiliares vocês têm nesses *Catequistas voluntários*! [...] Sua ação será, com frequência, tão poderosa e bem mais extensa que a de vocês. Não seria demais engajar, exortar no Senhor, os superiores e religiosos de nossos diversos conventos para que organizem essa obra em toda a missão.

Em 1932, no relatório de frei Bonhomme, constata-se que frei Tapie foi ouvido: essa obra se estendeu. Frequentemente os dominicanos ministram o catecismo somente no colégio das dominicanas e são os catequistas voluntários que se encarregam de todos os outros cursos da localidade. Em Goiás, onde um grupo de oito voluntários ensina o catecismo a trezentas crianças, os dominicanos dão cursos de religião na escola normal das irmãs e no liceu do estado. Em Formosa, o catecismo para os meninos ocorre todos os domingos depois da missa, e é feito por sete voluntários para cerca de cento e vinte alunos. Nessa época, em Uberaba, os frades e as irmãs ministram o catecismo nas escolas e um grupo de catequistas voluntários ensina, aos domingos na igreja dos dominicanos. O grupo ocupa-se igualmente de três ou quatro centros na cidade, que agrupam cerca de "150 alunos das classes pobres"[16]. Essa obra não existe em Conceição do Araguaia, onde os missionários ensinam o catecismo nas escolas todos os dias; nem em Porto Nacional, onde é dado aos domingos, depois da missa, e duas

---

16. Relatório de frei Bonhomme, datado de 30.04.1932, classificado como K1325, nos arquivos dos dominicanos Santo Tomás de Aquino, em Tolosa.

vezes por semana no colégio das irmãs e nas escolas públicas e privadas da cidade. Essa obra não se realizou no Rio de Janeiro, onde os dominicanos fundaram um convento em 1927. Contudo, na capital, os membros do clero são muito mais numerosos. A educação religiosa está, pois, assegurada, e os dominicanos não tiveram que realizar esse mesmo tipo de obra senão em Goiás.

2. Seminários e criação de dioceses

Em Goiás, os padres seculares são muito pouco numerosos e são objeto de numerosas críticas por parte dos dominicanos. Frequentemente são postos em questão pelos missionários, para explicar a falta de educação religiosa da população. Para esses últimos, eles não fazem seu trabalho e frequentemente dão um exemplo "deplorável". Frei Berthet sublinha ainda sua "ignorância" religiosa, bem como suas práticas interesseiras e seus costumes desordenados. Chega mesmo a dizer que sua raridade seja talvez um benefício:

> Muitas paróquias não têm párocos e pode-se perguntar se não seria melhor que todas fossem privadas deles, porque nenhum deles é casto. Enquanto uns buscam dissimular suas desordens, outros as manifestam publicamente. Têm mulheres e filhos, e o povo designa seus filhos pelo seu verdadeiro nome. O filho ou filha do pároco. Perderam todo pudor e pode-se perguntar se não perderam a fé[17].

Para os dominicanos, a formação do clero brasileiro é primordial, a fim de retomar os costumes e a religiosidade brasileira:

---

17. Narrativa de frei Michel Berthet, de 1884, classificado como K1027, nos arquivos dominicanos do convento Santo Tomás de Aquino, em Tolosa.

A salvação de um grande número de almas é o fruto comum de toda missão no Brasil, e tal será, gostamos de crer, a recompensa por nossos trabalhos neste ano de 1884. Mas a regeneração de uma diocese, tal como a de Goiás, é uma obra muito mais difícil; supõe uma regeneração parcial do clero, e exige grandes sacrifícios e esforços perseverantes[18].

No contexto da romanização, as ordens religiosas europeias são regularmente encarregadas da formação do clero, a fim de aumentar os efetivos, mas sobretudo de lhe inculcar um catolicismo romanizado. É imperativo recuperar os padres brasileiros, formá-los na ortodoxia romana segundo os dogmas do Concílio de Trento, a fim de que eles também participem na educação das populações, que deem exemplo e sejam auxiliares obedientes dos bispos reformadores. Com essa finalidade, a hierarquia eclesiástica brasileira confia os seminários às congregações europeias e o número de seminários passa de uma dezena, em 1872, em todo o país, para 28 seminários maiores e 34 menores em 1935[19].

Na Diocese de Goiás, Dom Gonçalves insiste, a partir de 1883, para que os dominicanos se encarreguem do seminário. Depois de longas negociações, os dominicanos o recusam, em 1885, argumentando falta de missionários. O bispo fica muito decepcionado e lhes faz saber:

A pena experimentada por sua decisão de não enviar frades para o seminário impediu-me de lhes escrever, perturbou todos os meus afazeres. [...] Parece-me que vocês não querem se encarregar do seminário de Goiás, e que encontraram essa desculpa para se livrar. [...]

---

18. Relatório redigido, em outubro de 1884, por dois missionários do convento de Uberaba (pensamos, baseando-nos na caligrafia, que um dos dois é frei Lucas), não classificado, nos arquivos dominicanos do convento Santo Tomás de Aquino, em Tolosa.
19. BEOZZO, Decadência e morte..., op. cit., 85-129.

SEGUNDA PARTE | Uma missão no processo de romanização

Contudo, o fruto das missões não pode ser conservado e desenvolvido senão por bons padres bem piedosos e bem instruídos[20].

Aparentemente, os dominicanos não quiseram se encarregar dos seminários de Goiás ou de Uberaba, oficialmente, em razão de seu baixo número e porque preferiam se consagrar a outras obras. Por outro lado, deram cursos nesses seminários e há menções regulares nas correspondências de um missionário destinado a essa tarefa. Em 1885, frei Wolstyniak ensina no seminário de Goiás. Ele diz ministrar seus cursos em latim e depois dá explicações em português a fim de ensinar o latim aos futuros padres brasileiros, o que é também um meio de difundir a ortodoxia romana. Frei Devoisins ensina no seminário de Uberaba em 1897. No ano precedente, Dom Duarte Silva havia deslocado a sede do bispado e do seminário para Uberaba, em razão de problemas políticos; o exército havia requisitado o seminário de Goiás. Em 1907, a sede episcopal volta a Goiás porque Uberaba se torna o bispado de uma nova diocese, oriunda de uma divisão daquela de Goiás. No relatório de frei Tapie, tem-se a informação de que, em 1919, um religioso tem uma cadeira no seminário de Goiás. A presença dominicana prossegue, portanto, no seio dessa instituição secular.

Pode-se pensar que os dominicanos tenham recusado encarregar-se desses seminários para manter certa autonomia com relação ao bispo, do qual já dependiam por numerosos aspectos. Tomar a responsabilidade do seminário teria ainda ampliado essa dependência. Ademais, percebe-se nas correspondências que, ainda que as relações fossem muito boas com Dom Gonçalves, eles gostariam de permanecer prudentes caso o mesmo entendimento não fosse possível com seus sucessores. Eles insistem, por exemplo, em obter a propriedade plena e total dos bens mobiliários que o bispo coloca à sua disposição (casas, igrejas, terrenos).

---

20. Carta de Dom Gonçalves, datada de 24.09.1885, não classificada, nos arquivos dominicanos do convento Santo Tomás de Aquino, em Tolosa.

As formas concretas da romanização na missão dominicana

Uma outra razão pode ser adiantada sem que possamos realmente impedi-la. As congregações europeias tinham, aparentemente, reticências em aceitar os candidatos negros ou mestiços nos seminários e nas escolas apostólicas. Estes últimos eram mesmo, muitas vezes, totalmente proibidos, o que numa população mestiça como a do Brasil devia causar importantes problemas de recrutamento. A população de Goiás, como visto, muito mestiça, não devia apresentar muitos candidatos brancos ao sacerdócio. Os dominicanos, como desenvolveremos na terceira parte, durante muito tempo recusaram-se a recrutar religiosos em Goiás, especialmente porque os negros e os mestiços não podiam entrar na Ordem[21]. Ao fraco nível de instrução da população de Goiás, acrescida do preconceito de cor, pode-se pensar que os dominicanos não quiseram se encarregar de um seminário, pensando, talvez, não haver em Goiás candidato à altura das funções de padre.

No entanto, em Porto Nacional, os dominicanos encarregaram-se do seminário diocesano, fundado em 1926 por um dos seus. De fato, seu relacionamento devia ser diferente com o bispo: Dom Carrérot era um missionário dominicano nomeado à frente da diocese, por ocasião da sua criação em 1920. Os religiosos deviam ter achado natural aceitar esse encargo. Talvez também fosse complicado recusar em razão dessa proximidade. Ademais, a região de Porto Nacional sofria com a falta de padres, ainda mais "dramática" do que em outras partes, e era pouco atrativa para outras congregações, em razão de seu isolamento e de sua pobreza. Em 1926, é frei Audrin quem ajuda Dom Carrérot a organizar o seminário menor, do qual se torna o primeiro reitor. Aparentemente, havia seis alunos em 1926 e uma dezena dez anos mais tarde[22]. Bastava um missionário para fazer funcionar o seminário. Em 1936,

---

21. Este aspecto é tratado em detalhe no cap. II da terceira parte, sobre o recrutamento.
22. Fascículos não datados, mas certamente dos anos 1990: FREI ALANO, OP, *Memória dominicana*, Juiz de Fora, fascículo n. 15: Crônicas da missão dominicana em Porto Nacional (1877-1936).

quando Dom Alano du Noday, igualmente missionário dominicano, torna-se bispo de Porto Nacional, frei Gil Gomes é encarregado do seminário. Dom Alano du Noday trabalhou muito para o recrutamento e a formação de um clero local, investindo para desenvolver o seminário São José e despertar vocações na diocese. Ordenou vinte e seis padres em quarenta anos de exercício e trouxe outros seis, o que eleva a trinta e dois o número de padres que ele instituiu em sua diocese, quando só havia dois ao assumir o bispado[23].

Ainda que os dominicanos recusem aceitar o encargo do seminário de Goiás, Dom Gonçalves faz-lhes apelo em 1887, quando convoca um sínodo diocesano para promover a reforma do clero na diocese. Esse sínodo permite introduzir as reformas tridentinas no clero local, que não estava habituado a praticar retiros espirituais. Os missionários dominicanos participam desses retiros e pregam uma parte deles. O bispo aproveita igualmente para insistir sobre a importância da observância do celibato eclesiástico[24]. Na sequência, são geralmente os dominicanos que pregam os retiros e ouvem as confissões nos seminários de Goiás, Uberaba e Porto Nacional. Eles exercem, pois, um papel na romanização do clero goiano. Representam a ortodoxia romana e são levados a dar o exemplo ao clero brasileiro "corrompido". As relações são, às vezes, difíceis com certos padres brasileiros que aceitam mal a incursão dos dominicanos em sua paróquia e o controle moral que querem aí exercer. Os missionários criticam os padres porque eles não respeitam o voto de celibato, pedem grandes somas de dinheiro para administrar sacramentos e não ensinam o catecismo. Desacreditam, pois, esses padres junto à população e retiram-lhes uma parte de seus recursos ao administrarem os sacramentos quando chegam para a missão. Em resumo, a chegada

---

23. SANTOS, Edilvado Antonio dos, OP, Mgr Alain-Marie du Noday, Évêque de Porto Nacional (Brésil), *Mémoires Dominicaines*, Paris, Cerf, n. 6 (1995) 163 e 165.
24. BEOZZO; AZZI, *Os religiosos no Brasil...*, op. cit.

dos dominicanos transtorna a vida dos raros padres em atividade na diocese, e a implicação dos missionários, mesmo leve, nos seminários influencia uma nova geração de padres romanizados.

A autoridade moral exercida pelos dominicanos sobre o clero local é reforçada quando dois dentre eles são nomeados bispos por ocasião da criação de nova diocese brasileira. Roma concede-lhes, assim, uma autoridade efetiva sobre a formação e o recrutamento dos padres da região:

> Em Roma, sabia-se tudo o que se realizava de heroico na longínqua pequena missão de Nossa Senhora da Conceição [...]. É por isso que um decreto do Santo Padre erigiu em prelazia a missão de Conceição do Araguaia e nomeou seu superior bispo titular de Uranópolis. Conceição, a cidade episcopal, conta com 2 mil habitantes apenas. A igreja – doravante catedral – é uma miserável construção provisória. A nova diocese, vasta como toda a França, conta – inclusive com o bispo – com quatro padres, todos religiosos da Ordem de São Domingos[25].

É nestes termos que um artigo das *Missions Catholiques* anuncia a nomeação de frei Carrérot, missionário dominicano no Brasil, à frente da prelazia apostólica de Conceição do Araguaia, descrevendo, nessa ocasião, o estado de abandono eclesiástico do interior do país. Essa nomeação inscreve-se no movimento de estruturação da Igreja brasileira, que se traduz, no século XX, pela multiplicação de circunscrições eclesiásticas: 17 dioceses no Brasil em 1900, 30 em 1910, 58 em 1920 e 66 em 1930[26]. Na imensa Diocese de Goiás, erigida em 1745, é preciso

---

25. Cópia de um artigo das *Missions Catholiques*, 1911, 555-556, classificada como AGIPI2D/001, nos arquivos dominicanos do convento Nossa Senhora Aparecida, em Belo Horizonte.
26. ROLLAND, Denis; FERREIRA, Marie-Jo Brésil, Une séparation "à l'amiable" entre l'Église et l'État, *Matériaux pour l'histoire de notre temps*, n. 78 (2005) 36-40. (Sérgio Lobo de Moura, citado acima, acrescenta vinte prelazias apostólicas em 1930).

esperar 1907 para que uma primeira divisão seja feita com a criação da Diocese de Uberaba, sob o impulso de Dom Duarte e Silva, Bispo de Goiás, que se torna, nessa ocasião, Bispo de Uberaba.

A organização eclesiástica do Brasil prosseguiu e, em 1911, Conceição do Araguaia torna-se uma prelazia apostólica na qual frei Domingos Carrérot é nomeado prelado. A Prelazia de Conceição depende da Arquidiocese do Pará. De fato, os dominicanos fundaram a cidade na margem esquerda do Araguaia, o que a colocou no território da Diocese e do estado do Pará. Isso causou problemas, porque a missão tinha contrato com a Diocese de Goiás e o bispo havia solicitado, desde o início, aos dominicanos que desenvolvessem uma obra de evangelização dos ameríndios em sua diocese. Frei Vilanova, fundador de Conceição do Araguaia, precisou voltar-se para Belém a fim de solicitar ajudas financeiras ao bispo e o governador. Em 1919, frei Tapie descreve assim a prelazia:

> No imenso território desta nova prelazia, não há, no momento, nenhuma paróquia canonicamente erigida, mas apenas localidades mais ou menos populosas, que os Missionários dominicanos de Conceição do Araguaia visitam e servem com um zelo infatigável[27].

Esta citação mostra que a região é ainda uma frente pioneira, povoada por alguns núcleos de populações dos quais a prelazia representa um embrião de organização eclesiástica.

A Diocese de Goiás é dividida, em 1915, por ocasião da criação da Diocese de Porto Nacional, à frente da qual é nomeado Dom Carrérot, em 1920, após a sede ficar vacante durante cinco anos. É outro missionário dominicano, frei Sebastião Thomas, que o substitui à frente da Prelazia Apostólica de Conceição do Araguaia, que se torna diocese em 1925[28].

---

27. TAPIE, *Visite canonique et statistique...*, op. cit., 51.
28. Ver fotografias em Anexos, p. 475.

As formas concretas da romanização na missão dominicana

A nomeação de dois missionários a cargos episcopais representa, ao mesmo tempo, uma integração dos dominicanos franceses no episcopado brasileiro e um reconhecimento, por Roma, do trabalho realizado pela missão dominicana. A nomeação de religiosos europeus, assegurando a continuidade das políticas vigentes, reforça igualmente o processo de romanização.

Ademais, os bispos brasileiros recusavam regularmente as dioceses no interior do país, preferindo permanecer nas grandes cidades do Sul e da costa. Pode-se igualmente pensar que o clero brasileiro não havia aderido completamente ao desejo de romanização do papado e que podia ser difícil encontrar suficientes bispos reformadores para responder ao ritmo das criações de diocese. Com a morte de Dom Carrérot, em 1933, foi preciso esperar três anos para encontrar um prelado que aceitasse a Diocese de Porto Nacional. Finalmente, foi nomeado um missionário dominicano em 1936, frei Alano du Noday. Ele permanece à frente da diocese até 1976.

Em Conceição do Araguaia, Dom Sebastião Thomas é substituído, em 1947, por um outro dominicano, Dom Luiz Palha, primeiro dominicano brasileiro oriundo da missão, que acede a esse cargo. Será substituído em 1967 por Dom Tomás Balduíno, também dominicano brasileiro, formado durante a missão.

Os Frades Domingos Carrérot e Sebastião Thomas foram os primeiros dominicanos nomeados bispos no Brasil. Apresentamos rapidamente suas biografias, porque seu acesso ao episcopado os leva a uma implicação completa na romanização brasileira, especialmente, pela criação de seminários.

Frei Domingos Carrérot nasceu em 1863, em Pamiers, e estudou na escola dominicana de Mazères desde seus 14 anos. Toma o hábito dominicano em 1879 e faz sua formação nos conventos de São Maximino, depois em Salamanca, por ocasião do exílio dos religiosos franceses na Espanha. Testemunho das primeiras partidas para o Brasil, é atraído pela vocação missionária e parte em 1887. Passa, primeiramente, três anos

SEGUNDA PARTE | Uma missão no processo de romanização

no convento de Uberaba, antes de ser enviado, em 1891, a Porto Nacional. Em 1900, é designado para acompanhar frei Gallais durante sua visita através da diocese, em virtude de seu excelente conhecimento da região. Depois dessa visita, é enviado a Conceição do Araguaia, onde substitui frei Vilanova à frente do convento, depois da morte deste em 1905. Enquanto administrador apostólico, inicia a construção da catedral de Conceição em 1917, que só será terminada em 1934[29]. Igualmente, tinha supervisionado a construção da catedral de Porto Nacional nos anos 1890[30]. Essas catedrais representam, nessa época, projetos de grande envergadura nas pequenas cidades do interior do Brasil e marcam suas características. Dom Carrérot morre em 1933 em Porto Nacional, depois de ter passado quarenta e seis anos de sua vida no Brasil. Sua carreira episcopal brasileira faz dele um ator importante da missão. Primeiro missionário dominicano nomeado bispo, ele simboliza os inícios da integração dos dominicanos franceses na Igreja Católica brasileira.

Frei Sebastião Tomas nasceu em 1876. Entra na escola apostólica dominicana de Mazères, depois no noviciado em 1893. Em 1894, faz sua profissão e parte para estudar na Escola Bíblica de Jerusalém. Em 1898, é enviado ao Brasil. Passa os vinte e dois primeiros anos de sua vida missionária em Uberaba, onde dirige o jornal *Correio Católico* até 1911. Em 1909, é nomeado superior do convento de Uberaba e vigário provincial da missão em 1912 e 1916. A partir do momento em que está à frente da Prelazia Apostólica de Conceição, consagra uma grande parte de seus trabalhos aos ameríndios da região. Igualmente favoreceu o desenvolvimento das escolas em sua diocese. Mantinha boas relações com a hierarquia eclesiástica brasileira, especialmente com o cardeal do Rio de Janeiro, Dom Leme, bem como com o arcebispo de São Paulo, Dom Eduardo dos Santos, primeiro arcebispo de São Paulo

---

29. Ver fotografias em Anexos, p. 484.
30. Ver fotografia em Anexos, p. 482.

(1908-1938). Recorre, de fato, regularmente às elites católicas dos grandes centros urbanos, a fim de encontrar financiamentos para a evangelização dos ameríndios de sua diocese. Sua presença nas bodas de ouro sacerdotais do Cardeal Arcoverde, em 1924, no Rio de Janeiro, possibilitou-lhe encontrar o Presidente da República (Artur Bernardes, 1922-1926) e apresentar a obra de Conceição do Araguaia, obtendo assim uma ajuda financeira do Estado brasileiro[31]. Morre em 1945 em Conceição do Araguaia, onde está enterrado.

A criação de dioceses e a nomeação de bispos europeus, ou formados na Europa, estão no coração da política romana no Brasil. Os dominicanos inserem-se nessas dinâmicas e tomam naturalmente a frente das novas dioceses erigidas em sua zona de missão. Será preciso esperar os anos 1950 para que as dioceses onde se desenvolve a missão dominicana sejam novamente fragmentadas. Atualmente há 14 dioceses onde era a Província de Goiás, quando os dominicanos ali se instalaram: 7 dependem da Arquidiocese de Goiânia (1956) e 3 da Arquidiocese de Brasília (1966), nos limites do estado de Goiás e do Distrito Federal; quatro outras dependem da Arquidiocese de Palmas (1989), no estado de Tocantins. A Diocese de Conceição faz parte da Arquidiocese de Belém do Pará (1906). Seu território diminuiu depois da criação de novas circunscrições eclesiásticas na região, especialmente a Prelazia Apostólica do Xingu (1934) e a Diocese de Marabá (1979). A Diocese de Uberaba foi erigida em arquidiocese em 1962 e conta com três dioceses. Enumera-se, pois, hoje 17 dioceses e quatro arquidioceses, sem contar Conceição do Araguaia, no território que era o da única Diocese de Goiás por ocasião da instalação dos dominicanos em 1881. Isso testemunha o dinamismo da organização eclesiástica do Brasil, tornada possível, a partir da segunda metade do século XIX, pela

---

31. Carta de frei Bigorre, datada de 16.05.1924, dirigida ao frei Tapie, classificada como K1158, nos arquivos dominicanos do convento Santo Tomás de Aquino, em Tolosa.

política de romanização e pela separação da Igreja e do Estado em 1891. Se, em 1889, não havia senão uma circunscrição eclesiástica composta de uma arquidiocese e 11 dioceses, em 2011 há 44 arquidioceses, 213 dioceses e 11 prelazias apostólicas[32]. O número de bispos brasileiros foi então multiplicado por vinte em pouco mais de um século. A Igreja brasileira transformou-se, com sua autonomia com relação ao Estado permitindo-lhe estruturar-se na escala desse imenso território.

Para os bispos da Diocese de Goiás, as perspectivas da formação de um clero local, da educação religiosa das populações, bem como das missões populares, vão além das políticas de romanização. De fato, é preciso simultaneamente fazer face à falta de padres e à difusão do protestantismo. No final do século XIX, havia 94 paróquias na diocese, das quais 54 sem padre. Esta cifra, encontrada no *site* da Arquidiocese de Mariana numa rubrica biográfica sobre o primeiro bispo de Uberaba[33], Dom Eduardo Duarte Silva, parece-nos subestimar o abandono religioso da diocese. De fato, lendo as correspondências dominicanas, tem-se a impressão de que o número de padres é ainda menos elevado, mas não temos dados precisos a lhe opor. Sabemos que o recenseamento de 1872, este também impreciso, enumera 17 (padres) seculares na Província de Goiás e esquece de mencionar os capuchinhos presentes na região naquele momento, pois não faz menção a nenhum (clero) regular. Seria-nos preciso, além disso, conhecer o número de padres presentes no Triângulo Mineiro, que faz parte da Diocese de Goiás, mas se encontra na Província de Minas Gerais, para poder comparar estas cifras de maneira eficiente. Parece-nos, contudo, difícil que o número de padres tenha atingido quarenta na diocese, no final do século. Em todo caso, as paróquias sem padre são numerosas e as que

---

32. Disponível em: http://www.ceris.org.br/pdfs/analise_censo_igreja_2011.pdf. Acesso em: 12 ago. 2013.
33. Disponível em: http://www.arquidiocesedeuberaba.org.br/clero/bispos/eduardo-duarte-silva. Acesso em: 12 ago. 2013.

os possuem são tão extensas que é difícil ao pároco responder à necessidade de todos. A maior parte da população católica não tem acesso senão raramente a um padre. Quanto ao protestantismo, sua implantação na América Latina começa no século XIX, com as independências e imigração alemã, holandesa e inglesa. Ela se intensifica no final do século e se torna realmente importante na metade do século XX. Nas regiões como Goiás, os pastores aproveitam as paróquias abandonadas para se estabelecer mais facilmente. As populações não fazem necessariamente a diferença, ou realmente não têm preferência entre pastor ou missionário, desde que encontrem nele um intercessor com Deus. Os católicos devem ocupar o terreno a fim resguardar as populações contra o que eles chamam de "falsa" religião. Os diferentes bispos e os dominicanos entram, pois, em concorrência com os protestantes que chegam à região.

Frei Madré conta que, em 1884[34], por ocasião de uma das primeiras viagens dos dominicanos na diocese, um pastor protestante da Igreja presbiteriana dos Estados Unidos chegou a Formosa, quando os missionários aí se encontravam, acompanhado de umas vinte pessoas que o chamavam "frei missionário". Ele começou a pregar numa praça e enviou uma palavra aos dominicanos para convidá-los a seu sermão e propor-lhes uma discussão pública. Frei Madré não respondeu ao convite e disse à população, em seu sermão do dia seguinte, para não irem escutar "um herético e excomungado". O pastor se foi dois dias mais tarde por não haver mais que uma dúzia de pessoas em seus sermões. Alguns habitantes agradeceram a frei Madré, dizendo-lhe que, sem sua vinda, o pastor protestante os teria facilmente "enganado". Esse relato mostra a presença de protestantes na região no final do século XIX e a concorrência que passa a ocorrer com os católicos. Ademais, a ausência de padres leva as populações a buscar assistência

---

34. Carta de frei Madré, datada de 22.08.1884, não classificada, nos arquivos dominicanos do convento Santo Tomás de Aquino, em Tolosa.

religiosa junto do primeiro que se apresenta, sem forçosamente fazer a diferença entre protestantes e católicos. Aliás, os habitantes de Formosa chamam o pastor "frei missionário". Dom Gonçalves escreve, em 1886, ao provincial de Tolosa: "A impiedade ainda não pôde penetrar nestas regiões, porém agora começa a fazer suas tentativas. Os ministros protestantes já ousam chegar até Goiás, sem nenhum resultado, mas, se não cuidamos bem, eles voltam à carga, e farão grande mal a este povo ignorante"[35]. Solicita que sejam enviados mais religiosos, sublinhando os riscos de implantação do protestantismo, se os católicos não mantiverem suas posições. Na região, a concorrência com os protestantes desenvolve-se também nas obras de evangelização dos ameríndios e há, nos arquivos dominicanos, menção frequente de missões protestantes instaladas no Araguaia. Essas missões são geralmente formadas por um casal, o pastor e sua mulher, que, como os missionários católicos, fixam-se nas zonas próximas dos territórios ameríndios e tentam convertê-los. Frei Sala conta, em 1925 na revista *Cayapós e Carajás*, que encontrou dois "protestantes evangélicos" no norte da Ilha do Bananal:

> Naturalmente, não vi com bons olhos esses intrujões que pretendiam colher frutos na seara preparada por Frei Gil e pelos dominicanos. Mostrei a esses homens que encarnavam lobos em peles de ovelhas, como os descritos por Nosso Senhor. Tratei-os como semeadores de cizânia, pois se apressavam em lançar o joio no campo trabalhado pelo Pai de família. Vinham destruir os trabalhos alheios e roubar o redil dos outros[36].

Vê-se aqui que o dominicano rejeita totalmente a implantação dos protestantes, que, segundo ele, vêm se aproveitar do trabalho já

---

35. Carta de Dom Gonçalves, datada de 07.01.1886, não classificada, nos arquivos dominicanos do convento Santo Tomás de Aquino, em Tolosa.
36. FREI SALA, Intrusos e mentirosos, Revista *Cayapós e Carajás*, n. 13 (jul. 1925), 2-3.

realizado pelos missionários católicos. Ele faz aqui referência ao fundador de Conceição do Araguaia, frei Gil Vilanova, e à antecedente presença dominicana na região. Do mesmo modo, em 1932, Dom Carrérot pede o envio de um médico para o posto de evangelização, do qual tem o encargo na Ilha do Bananal, a fim de concorrer com os protestantes:

> [Seria preciso] obter, pelo menos temporariamente, uma doutora, porque não podemos ficar numa situação inferior à dos protestantes, e estes têm uma doutora à qual recorrem os doentes de muito longe e de todo lado, não sem prejuízo da verdadeira fé. O meio de nos livrar desses inimigos da religião católica é ter, a serviço da catequese, um médico titular[37].

O que está em jogo na educação da população e na formação de um clero local ultrapassa a política de romanização e inscreve-se igualmente nas estratégias de concorrência entre católicos e protestantes. A Igreja Católica brasileira deve espalhar-se no conjunto do território nacional para fazer face a essa nova concorrência; daí a necessidade de multiplicar as dioceses e de formar os padres.

3. Ordens terceiras, confrarias e organização de leigos

> As Obras são numerosas e prósperas em nossa missão. Não podemos mencionar todas, mas devemos um encorajamento especial às Obras de juventude e às que se ocupam dos homens: Conferências de São Vicente de Paulo, Milícia Angélica, Grupos do Frei Gil e do Frei Ângelo. Conforme as instruções do Soberano Pontífice, cuidem para

---

37. Carta de Dom Carrérot, datada de 29.08.1932, classificada como K1326, nos arquivos dominicanos do convento Santo Tomás de Aquino, em Tolosa.

não se ocuparem com o lado financeiro dessas Obras e de não terem, mesmo aparentemente, qualquer responsabilidade[38].

Esta citação de frei Tapie, em 1919, menciona vários grupos de leigos formados pelos missionários e relembra a autoridade romana sobre esse tipo de obras. A menção às instruções romanas, visando evitar que o clero invista nos aspectos financeiros para não poder ser acusado de se beneficiar com as obras religiosas, remete a uma romanização vinda "do alto", à qual os missionários participam sob a autoridade do bispo. O episcopado brasileiro busca, no contexto da romanização, assumir o controle das confrarias religiosas e dos centros de devoção. Algumas confrarias são dissolvidas, outras postas sob a autoridade de religiosos. Tenta-se, igualmente, fazer desaparecer todo caráter político no seio das confrarias, para que elas conservem um caráter puramente religioso. Assim, as manobras para excluir os elementos ligados à maçonaria, da qual a "questão religiosa" é a expressão mais célebre.

Os centros de devoção e de peregrinação eram também geridos por grupos de leigos; os bispos reformadores os confiam às ordens religiosas europeias. A finalidade era, simultaneamente, utilizar esses lugares, muito populares, para difundir um catolicismo romanizado e melhor controlar os fluxos importantes de dinheiro proveniente dos dons dos peregrinos. Além do mais, os lugares de culto não eram apenas reservados às práticas religiosas e serviam de lugares de sociabilidade, podendo ser utilizados também para festas, reuniões ou eleições. O episcopado restringe sua utilização e coloca sua instituição sob a autoridade do clero. Proíbe as formas de devoção julgadas inadequadas e instaura a separação dos homens e das mulheres nas igrejas. Busca suprimir as manifestações de caráter profano por ocasião das festes religiosas – jogos, danças, cavalgadas, comércio, refeições –, a fim de

---

38. TAPIE, *Visite canonique et statistique...*, op. cit., 22.

favorecer as expressões religiosas mais interiores e circunscritas aos lugares de culto sob a autoridade do clero.

No Brasil, as confrarias administram, desde o período colonial, os lugares de cultos. Mantêm capelas, igrejas e cemitérios e organizam as festas, procissões e peregrinações em torno do culto do santo ao qual estão ligadas. Dão ritmo de vida às populações, especialmente, nas regiões do interior, onde o essencial das relações sociais articula-se em torno da igreja e da confraria. O papel religioso e social das confrarias é, portanto, central na sociedade colonial, e ainda no século XIX, até que as políticas de romanização as coloquem sob o controle do clero.

A importância das confrarias e dos leigos é uma das características do catolicismo tradicional luso-brasileiro, desde os inícios do período colonial, uma vez que os leigos exerceram, desde cedo, papel preponderante na organização das práticas religiosas de uma sociedade católica carente de padres.

Desde o início da missão, os dominicanos organizam numerosas obras, reagrupando leigos (ordem terceira, confrarias, grupos de oração etc.), o que é igualmente uma característica própria da Ordem Dominicana. Vê-se aqui reunir tradições brasileiras e dominicanas, o que deve ter facilitado a integração dos missionários. Eles puderam se apoiar em uma característica da religiosidade popular brasileira, a fim de serem mais bem aceitos e poderem difundir um catolicismo romanizado. De maneira mais pragmática, é preciso igualmente sublinhar que o pequeno número de dominicanos presentes nessa imensa diocese não lhes deixa realmente escolha; se quiserem reformar as práticas, devem se apoiar nos leigos para desenvolver suas obras e ampliar sua influência.

A Ordem Terceira Dominicana, ou Fraternidades leigas dominicanas, existe desde a Idade Média, e pode ser masculina ou feminina. É constituída por associações de leigos que, próximos dos religiosos e da Ordem Dominicana, engajam-se em respeitar um certo número de regras e desenvolvem obras em conformidade com o ideal dominicano. Presente na América Latina, e, portanto, no Brasil, desde o período colonial, a chegada dos dominicanos de Tolosa permitiu desenvolver essa Ordem Terceira. Em seu relatório, frei Tapie descreve sua evolução entre 1911 e 1919:

> Em nossa primeira visita, lamentamos a constatação de que a Ordem Terceira era pouco florescente na Missão. Acabamos de ter a consolação ao constatar que os religiosos se esforçaram em propagá-la. Mas resta muito a ser feito, e recomendamos, em particular, aos superiores de se ocuparem da Ordem Terceira com zelo, amor e perseverança. As Terceiras, mais ainda que as Associadas do Santo Rosário, serão para nós preciosos auxiliares para os catecismos voluntários e outras obras da missão[39].

A Ordem Terceira dominicana está presente em Salvador da Bahia a partir do século XVIII, depois se difunde em outras grandes cidades. Numa carta de 1923, dirigida ao provincial de Tolosa, dois membros da Ordem Terceira do Rio de Janeiro exprimem sua decepção ante a decisão de adiar ainda a fundação de um convento dominicano na capital[40]. Alice Bahiana da Fonseca[41] e sua mãe, pertencendo à alta sociedade carioca e mencionadas como benfeitoras da missão, em diversas ocasiões, pelos dominicanos, explicam nessa carta que essa decisão pode prejudicar o desenvolvimento da Ordem Terceira Dominicana no Brasil. De fato, a Ordem Terceira reúne, geralmente,

---

39. Tapie, *Visite canonique et statistique...*, op. cit., 27.
40. Carta de Alice Bahiana da Fonseca, datada de 18.10.1923, classificada como K1159, nos arquivos dominicanos do convento Santo Tomás de Aquino, em Tolosa.
41. A família Da Fonseca está presente no Brasil desde a colonização. Ela é original de Portugal ou da Galícia. No Brasil do século XIX, é uma família de militares que produziu dois presidentes durante a Primeira República, sendo o primeiro presidente o Marechal Deodoro da Fonseca. Alice Bahiana da Fonseca, ou seu marido, faz, pois, certamente, parte dessa família altamente situada e importante no Brasil da época.

membros mais instruídos e afortunados do que os das confrarias; frequentemente inclui até mesmo personalidades política e socialmente importantes. Assim, o desenvolvimento da Ordem Terceira representa um fator capital para a missão, porque constitui um poderoso apoio financeiro e político para a implantação da Ordem Dominicana no Brasil.

Quando os dominicanos se instalam na Diocese de Goiás, eles retomam certas confrarias já existentes e criam novas. Frei Gallais cita, no relatório de sua visita canônica de 1892, as "pias confrarias" que os missionários estabeleceram, das quais a mais ativa é a Confraria do Rosário. Retomaremos, com detalhe, as confrarias e devoções ao rosário na parte que segue, tal sua importância no Brasil e nas obras dominicanas, pois são a expressão mais forte do laicato dominicano; porém, examinaremos primeiramente aqui as outras obras desenvolvidas pelos missionários. Se, em 1892, frei Gallais menciona as confrarias estabelecidas pelos missionários, parece que as outras obras só vieram mais tarde, o que mostra que os inícios da missão não foram muito ativos nesse campo.

A partir de 1910, os dominicanos organizam numerosos grupos de leigos, especialmente destinados às crianças e aos jovens: grupos de música e coral, grupos de leitura etc. Frei Audrin organiza, por volta de 1914-1915, um grupo de jovens em Conceição do Araguaia, com seus antigos alunos do catecismo, a fim de desenvolver obras cristãs na cidade e manter a juventude sob a influência da Igreja. O *Grupo Católico Frei Gil* reúne rapazes no modelo das juventudes católicas; a associação foi, aliás, rapidamente afiliada aos *Moços Católicos* do Rio de Janeiro e de São Paulo. O grupo organiza uma biblioteca popular, cursos à noite de alfabetização para os adultos e publica um boletim trimestral. Os jovens desse grupo constituem igualmente uma fanfarra, a *Banda Frei Ângelo*. Eles animavam as festas religiosas e cívicas de Conceição do Araguaia, e permanecem, por muito tempo, nas memórias. Para os livros, como para os instrumentos de música, frei Audrin fez apelo a doadores na França e nas grandes cidades brasileiras, certamente bem mobilizados graças às redes constituídas pela Ordem Terceira. Em Porto Nacional, frei Audrin cria, em 1921, um grupo de música, a *Lira Santa Teresa do Menino Jesus*, e um grupo de jovens, *União dos Moços Católicos*, afiliado ao de Belo Horizonte. Reorganiza e dá um novo impulso à Ordem Terceira, à Confraria do Rosário e à Fraternidade do Rosário Perpétuo.

Comparando os relatórios de visita canônica dos freis Tapie[42] e Bonhomme[43], em 1919 e 1932, pode-se pôr em evidência os diferentes tipos de obras organizadas pelos dominicanos nas localidades da missão. Dentre elas, a maioria nasceu em Uberaba, onde se encontra o primeiro convento fundado pelos dominicanos e que é igualmente a cidade mais importante da missão, quer por sua população, quer por seu desenvolvimento econômico.

Em 1919, a Ordem Terceira Dominicana estabelecia-se em Uberaba, Goiás, Porto Nacional e Conceição do Araguaia. A Confraria do Rosário existia em Uberaba, Goiás e Formosa, onde era completada pela Associação do Rosário Perpétuo, grupo de oração organizado de forma a haver "perpetuamente" membros que rezam o rosário. Em Uberaba e Goiás, existe também a Milícia Angélica, confraria de virtude e de orações ligada à Ordem Dominicana. Os membros trazem na cintura o cordão de Santo Tomás de Aquino – cordão que lhe foi oferecido pelos anjos por ter resistido à tentação – e fazem voto de permanecer castos. A Conferência de São Vicente é uma sociedade de caridade, fundada em 1833 na França, que ajuda os pobres e os doentes. Está presente em Uberaba, Goiás e Formosa. Em Uberaba, destaca-se a presença, além das obras já citadas, da União Popular Católica e das Filhas de Maria, ou rosaristas, grupo de oração que reúne moças. Como visto acima, há, em Conceição do Araguaia, um grupo de rapazes,

---

42. TAPIE, *Visite canonique et statistique...*, op. cit.
43. Relatório de frei Bonhomme, datado de 30.04.1931, classificado como K1325, nos arquivos dominicanos do convento Santo Tomás de Aquino, em Tolosa.

As formas concretas da romanização na missão dominicana

Grupo Católico Frei Gil, mas igualmente um grupo de moças, as Filhas de Maria. Em Goiás, Formosa e Conceição, essas diferentes associações católicas abriram bibliotecas populares.

Em 1932, a Ordem Terceira Dominicana conta com 70 membros em Uberaba, 67 em Goiás e 50 em Conceição do Araguaia, mas não é mais mencionada em Porto Nacional. As obras citadas em 1919, na maioria, permanecem sempre existentes e novas nasceram. Em Uberaba, numerosas obras de juventude foram acrescentadas à Milícia Angélica: os pequenos rosaristas (40 membros), os escoteiros católicos (24 membros) e as Crianças de Maria (300 membros). Essa última associação, composta de meninas, tem o encargo da obra dos tabernáculos (que confecciona peças litúrgicas para as igrejas pobres), de um Jardim da Infância, contando cem inscritos, e de uma caixa de esmola para o orfanato. Três coros de cantos, coro do rosário, de São Domingos e das Crianças de Maria, foram também formados. Em Goiás, as Filhas de Maria foram igualmente instituídas e dirigem a obra dos tabernáculos. Em Formosa, a Confraria do Rosário encarrega-se de um asilo para pobres; as Crianças de Maria (31 jovens) e um grupo de oração, o Apostolado da Oração (174 membros), foram criados. Em Conceição do Araguaia, a Confraria do Rosário e a Associação do Rosário Perpétuo nasceram assim como a Conferência São Vicente de Paulo (64 confrades) e as Filhas de Maria (80 jovens).

No Rio de Janeiro, onde os dominicanos só fundaram um convento em 1927, há, em 1932, a Associação do Rosário Perpétuo, uma Ordem Terceira feminina composta de 40 membros "escolhidas" e a Ordem Terceira masculina em formação. A Guarda de Honra do Sagrado Coração[44] está igualmente sob a direção dos dominicanos, devoção

---

44. A Guarda de Honra do Sagrado Coração é fundada em 1863 por irmã Maria do Sagrado Coração Barnaud, na Abadia da Visitação de Bour-em-Bresse, e reconhecida, em 1864, pelo papa Pio IX. Em 1872, esse mesmo papa pede para fazer parte da guarda, que conhece, em seguida, uma forte expansão.

que consiste em consagrar uma hora por dia ao Coração de Jesus e conta, então, com uma dezena de zeladoras.

Esta enumeração revela o sucesso das obras impulsionadas pelos dominicanos na primeira metade do século XX. Elas podem ser divididas em três categorias: obras para orientar a juventude, obras de caridade e grupos de oração. Todas essas obras foram instituídas canonicamente e supervisionadas pelos dominicanos. Elas criam uma rede que permite difundir um catolicismo mais ortodoxo, mais próximo daquele dos dominicanos e das diretrizes romanas. Além disso, essas obras possibilitam aos dominicanos atingir um maior número de pessoas. Os dominicanos orientam e formam as categorias médias e abastadas por intermédio de suas escolas, confrarias e outros grupos, e orientam as atividades dessas obras rumo à formação e à orientação das categorias mais pobres, especialmente com a obra dos catequistas voluntários. O pequeno número de missionários presentes em Goiás é, pois, em parte, compensado pelas organizações de leigos. Todas essas organizações, encabeçadas pelos dominicanos, participam da educação religiosa das populações da região e se inscrevem no processo de romanização.

4. O culto do rosário e dos santos da Ordem Dominicana no Brasil

> [Frei Gallais sublinha, em 1892, que] piedosas confrarias foram estabelecidas e, entre elas, figura, em primeiro lugar, como é normal, a do Santo Rosário. Cada primeiro domingo do mês faz-se a procissão com muita solenidade. [...] A estátua de Nossa Senhora do Rosário e o estandarte da confraria são levados pelas moças da cidade. Essa procissão do primeiro domingo do mês tornou-se muito popular em Uberaba [...][45].

---

45. GALLAIS, *Une mission dominicaine au Brésil...*, op. cit., 21.

As formas concretas da romanização na missão dominicana

No início da missão, os dominicanos instituem procissões mensais do rosário em todas as cidades onde fundam conventos. Os missionários apoiam-se, assim, em uma devoção já bem implantada no Brasil, para realizar as práticas tradicionais dominicanas em torno do rosário: confrarias, associações do rosário perpétuo e boletins do rosário. Além disso, utilizando o gosto brasileiro pelas procissões, embora ele não se quadre forçosamente com a ortodoxia dominicana, elas asseguram a adesão da população, o que deve ter facilitado a apropriação das confrarias do rosário brasileiras tradicionalmente dirigidas por leigos.

O rosário é o terço católico que São Domingos teria recebido das mãos da Virgem Maria. A devoção ao rosário é difundida pela Ordem dos Frades Pregadores na Europa, a partir do século XIII. A prática do rosário consiste em recitar as orações mais comuns (o *creio*, o *pai-nosso* e a *ave-maria*), seguindo as contas do terço. Essa prática tornou-se rapidamente muito popular. A festa de Nossa Senhora do Rosário foi instaurada em 7 de outubro pelo papa dominicano São Pio V, em 1571. Leão XIII consagra, em 1886, o mês de outubro inteiro ao rosário. As confrarias do rosário são grupos de leigos que se reúnem para rezar e promover o rosário através de diferentes tipos de obras.

A devoção a Nossa Senhora do Rosário é uma das mais populares e mais antigas do Brasil. Está presente desde o período colonial, quando é introduzida pelos irmãos portugueses da Ordem Terceira Dominicana. A prática da oração do rosário é muito expandida desde essa época e faz parte da religiosidade tradicional brasileira. As confrarias do rosário aparecem, desde o século XVI, no Brasil e reúnem geralmente os negros e os escravos chegados da África, onde essas confrarias existiam igualmente desde a colonização portuguesa. Padre Serafim Leite, em sua *História da Companhia de Jesus no Brasil*[46], menciona confrarias do rosário formadas a partir de 1586 pelos jesuítas, para os escravos dos

---

46. LEITE, Serafim, *História da Companhia de Jesus no Brasil*, Lisboa/Rio de Janeiro, 1938-1950, 10v.

engenhos[47], depois em 1639, no Rio de Janeiro. Há, também, confrarias do rosário de homens brancos, mas essas são menos comuns. As confrarias do rosário dos homens pretos são um dos raros espaços em que os negros e os escravos podem se reunir. Primeiramente, pensadas como lugares de difusão do catolicismo para as populações africanas, elas se tornam, frequentemente, espaços em que se mantêm as práticas religiosas africanas misturadas às devoções católicas, especialmente quando são administradas pelos próprios leigos. No século XIX, no contexto da romanização, os bispos reformadores confiam o encargo aos religiosos europeus, a fim de controlá-las. Em Goiás, os missionários tomam a direção mais naturalmente, uma vez que o rosário é uma devoção dominicana. As obras ligadas ao rosário, às quais eles se consagram desde o início da missão, têm maior desenvolvimento.

Em sua chegada a Goiás em 1883, os dominicanos são alojados num prédio ao lado da Igreja do Rosário, e o bispo a coloca à disposição deles. Essa igreja foi construída no século XVIII pelos escravos da cidade, reunidos no seio da Confraria do Rosário, que sempre teve o encargo do prédio quando os missionários se instalam. Segundo frei Gallais[48], a confraria está em decadência quando os missionários chegam a Goiás. Estes últimos partilham, durante alguns anos, o uso da igreja com a confraria, mesmo após Dom Gonçalves Ponce de Leão ter dado a posse aos dominicanos. Seu sucessor, Dom Duarte e Silva, dissolve, pouco depois de sua nomeação, a antiga confraria dos pretos. Os dominicanos instituem, então, uma nova confraria do rosário, da qual têm o controle. Os dominicanos inscrevem-se aqui completamente nas dinâmicas da romanização, retomando o controle dos lugares de culto e das confrarias até então geridas pelos leigos.

---

47. *Engenho*: no Brasil, propriedade onde é cultivada e transformada a cana-de-açúcar.
48. GALLAIS, *O apóstolo do Araguaia, Frei Gil Vilanova...*, op. cit., 71-72, citado em BEOZZO; AZZI, *Os religiosos no Brasil*, op. cit., 16.

As formas concretas da romanização na missão dominicana

Segundo frei Tapie, em 1919, as Confrarias do Rosário e a Associação do Rosário Perpétuo são as obras mais prósperas da missão e não estão circunscritas apenas à Diocese de Goiás: "[...] A Associação do Rosário Perpétuo tem mais de 250 centros com 5 mil chefes de seção e 200 mil associados espalhados em 40 dioceses e recebendo, da Direção Central de Uberaba, conselhos e instruções para o funcionamento das obras"[49]. De fato, os dominicanos muito cedo, e com sucesso, difundiram a Associação do Rosário Perpétuo através do Brasil. Nos estados de São Paulo e de Minas Gerais, supervisionavam igualmente numerosas confrarias do rosário, o que favoreceu sua instalação em São Paulo e Belo Horizonte na segunda parte da missão.

Frei Bonhomme, em seu relatório de 1932[50], dá os efetivos da Associação do Rosário Perpétuo nas cidades da missão: Uberaba 150 seções, 3.600 associados; Goiás 36 seções, mil associados; Conceição do Araguaia 12 seções. Além disso, no Rio de Janeiro, uma seção do rosário perpétuo está em vias de se organizar. Em Formosa, ele não menciona o rosário perpétuo, mas precisa que a confraria do rosário tem 352 membros.

Constata-se, pois, que as obras ligadas ao rosário tiveram um sucesso considerável na missão. Completavam-se com uma publicação que conheceu uma difusão importante para a época. A revista *O Mensageiro do Santo Rosário* é apresentada por frei Tapie como "o órgão de propaganda para a Confraria do Santo Rosário". Ela conta com 8 mil assinantes, mas deve haver, segundo ele, mais de 100 mil leitores, tal sua circulação de mão em mão[51]. O *Mensageiro do Santo Rosário* promove a devoção do rosário. É uma revista mensal publicada pelos dominicanos de Uberaba a partir de 1898, depois pelos do Rio de Janeiro, de 1937

---

49. TAPIE, *Visite canonique et statistique...*, op. cit., 40.
50. Relatório de frei Bonhomme, datado de 30.04.1932, classificado como K1325, nos arquivos dominicanos de Santo Tomás de Aquino, em Tolosa.
51. TAPIE, *Visite canonique et statistique...*, op. cit., 40.

a 1962. A tiragem era de 3 mil exemplares em 1899 e de 12 mil em 1938[52], o que mostra os progressos de sua difusão no período, com o número de leitores aumentando à medida que a missão se desenvolve em novas regiões, especialmente, depois das fundações dos conventos do Rio de Janeiro (1927) e São Paulo (1938). Essa revista tem, essencialmente, a função de fazer conhecer o rosário e sua devoção, relatando sua história e explicando sua importância na educação religiosa, as práticas e as festas que lhe são consagradas. Relata, igualmente, as atividades das confrarias e serve para coletar fundos. Todos os membros das confrarias são seus assinantes e a difundem. Ela possibilita, igualmente, fazer a promoção das outras devoções mariais.

O culto do rosário exprime-se, igualmente, através da festa do rosário que frei Berthet nos descreve, em 1883, como a segunda devoção mais importante no Brasil, depois da devoção ao Espírito Santo[53]. Ele escreve que os brasileiros carregam, muito frequentemente, um rosário em torno do pescoço e que há uma capela do rosário em quase todas as paróquias. A devoção a Nossa Senhora do Rosário é também tão antiga no Brasil quanto as primeiras confrarias e é, aparentemente, muito popular em Goiás. Frei Berthet, cuja narrativa detalhamos aqui, apresenta os elementos relativos à gestão das igrejas dedicadas ao rosário e o desenvolvimento da festa: os negros têm o encargo dessas capelas, denominadas "capelas do Rosário dos Pretos". Por outro lado, eles não têm o direito de gerir sozinhos as oferendas, e as finanças são controladas por um procurador negro colocado sob o controle de um tesoureiro branco. Frei Berthet subentende que a administração das oferendas deve funcionar mal, uma vez que essas capelas são geralmente pobres e mal administradas, enquanto as oferendas são muito abundantes durante as festas. É preciso lembrar que frei Berthet escreve em 1884 e que a escravidão só

---

52. *O Mensageiro do Santo Rosário*, Rio de Janeiro, Pugil, n. 589, maio 1948.
53. Narrativa de frei Michel Berthet, de 1884, classificada como K1027, nos arquivos dominicanos do convento Santo Tomás de Aquino, em Tolosa.

é abolida no Brasil em 1888. Numerosos negros são, pois, escravos e seus direitos mais que limitados. Antes da festa, designa-se um rei e uma rainha do rosário, que em alguns lugares são sempre negros, mas em outros podem ser brancos ou "crioulos". Há novenas antes da festa, bem como leilões para recolher o dinheiro a fim de pagar as despesas provenientes da festa. Durante as celebrações, um mastro é plantado para nele pendurar o estandarte de Nossa Senhora do Rosário. Às vezes são colocados dois mastros, um para este último e outro para São Benedito, quando esses dois santos são celebrados. Frei Berthet especifica que São Benedito, companheiro de São Francisco, foi escolhido como patrono e protetor pelos negros em razão de sua tez morena. Frei Berthet conta, com ironia, que os negros se encarregam de "realçar a festa com danças e mascaradas" e que, "depois da fixação dos mastros, negros e negras se reúnem e executam uma dança pouco decente, ao som de um tambor". Em Goiás, na véspera da festa, uma procissão segue o rei e a rainha, que vão a cavalo até a igreja para recitar as orações ou "fingir" recitá-las, diz frei Berthet, suspeitoso e intrigado com as práticas brasileiras. Em seguida, são reconduzidos, por toda "a corte", a seu "palácio", isto é, sua casa. No dia da festa, os escravos são livres:

> As damas de companhia da rainha não passam de pobres negras escravas que, neste dia, têm plena liberdade e vestem-se com vestimentas mais bonitas e mais radiosas que as de suas senhoras. Em certos lugares, os negros e os escravos são encarregados de polícia da cidade. Bem de manhãzinha, podem ser vistos percorrendo as ruas cantando com acompanhamento de violão e de tambor.

Essas práticas remetem à inversão carnavalesca, processo de reversão da ordem estabelecida durante o carnaval, mas também durante a festa religiosa do rosário, tal como frei Berthet nos descreveu: os escravos negros tomam, durante um dia, o lugar dos senhores brancos, invertendo assim a ordem social que prevalece o resto do ano.

SEGUNDA PARTE | Uma missão no processo de romanização

Vão buscar o rei e a rainha e os acompanham até a igreja, em procissão, para que assistam à missa, instalados num trono. Em seguida, são reacompanhados e uma peça de teatro é representada na frente da igreja.

O frei descreve-nos a peça, precisando que não compreendeu tudo dos diálogos e das origens dela. Ela é representada, parece, "desde sempre", porque é atribuída aos jesuítas dos inícios da colonização. O assunto da peça seria a conquista do Congo: põe em cena o rei do Congo, trazendo um "boné com plumas" e uma vestimenta semelhante à dos "reis magos". Esse rei recebe "embaixadas" que desejam colocar seu país sob sua proteção. Ele recusa e a guerra é declarada. Os inimigos do rei estão seguros de sua vitória graças à ajuda que recebem de Nossa Senhora do Rosário, cuja devoção querem implantar nas "nações infiéis". Essa peça parece remeter à colonização portuguesa da África. Talvez seja um vestígio das encenações teatrais utilizadas pelos jesuítas do período colonial para evangelizar os escravos africanos e os ameríndios, ou então a expressão de um sincretismo entre tradição africana e religião católica. De fato, não é raro que a história e as tradições religiosas africanas ressurjam nas práticas brasileiras. Ora, em 1491, o *Manicongo*, ou rei do Congo, fez-se batizar e tomou o nome de João Primeiro sob a pressão de Portugal, que procurava tomar posição nas costas africanas e começava o comércio dos escravos. O *Manicongo* renunciou, alguns anos mais tarde, ao cristianismo, mas, depois de sua morte, uma guerra civil se desencadeou entre os partidários da colonização portuguesa e os que a ela se opunham. A peça de teatro, encenada por ocasião das festas do rosário, parece retomar os elementos dessa história, apresentando a devoção católica como forçosamente vitoriosa.

A manifestação descrita por frei Berthet tem igualmente numerosos pontos em comum com a festa do rei do Congo, ou *congado*, que está igualmente ligada à festa de Nossa Senhora do Rosário. As origens dessa festa devem ser procuradas na legenda de *Chico-rei*: rei de uma tribo do Congo, capturado na África, teria chegado como escravo no

As formas concretas da romanização na missão dominicana

Brasil com um de seus filhos e toda sua corte; o resto de sua família morrera durante a travessia. Eles teriam sido comprados por um proprietário de minas em Vila Rica (futura Ouro Preto), em Minas Gerais. Escondendo ouro em pó nos cabelos, *Chico-rei* teria conseguido comprar sua liberdade e a de seu filho, e depois, progressivamente, a de toda sua corte. Esse grupo teria formado a primeira confraria de negros livres do Brasil, em honra de Santa Ifigênia (santa negra que participou na difusão do cristianismo na Etiópia), e construído uma igreja dedicada a Nossa Senhora do Rosário, em Vila Rica. Desde então, no dia da festa de Nossa Senhora do Rosário, *Chico-rei* é coroado rei e parte em procissão com sua corte ricamente adornado, acompanhado de música, de danças, de cavalgadas, e a festa termina pela elevação de um mastro. Essa festa sincrética, muito popular em Minas Gerais, pode se realizar em diversos momentos do ano, mas corresponde geralmente à festa de Nossa Senhora do Rosário, em outubro.

É possível que frei Berthet tenha assistido a essa festa sem perceber que havia diversas manifestações no mesmo dia. É preciso lembrar que ele escreve, em 1884, no início da missão, e que ele ainda não está familiarizado com a cultura brasileira.

Na sequência de sua narração, ele explica que, no dia da festa do rosário, todos os habitantes de Goiás vêm cumprir promessas feitas a Nossa Senhora do Rosário, que é essencialmente invocada para a saúde e a vida das crianças. Numerosos ex-votos são depositados, para pedir uma graça ou agradecer um voto alcançado. Como Nossa Senhora do Rosário é invocada pelas crianças, os ex-votos representam bebês, bonecas, Virgens com o Menino Jesus e meninos Jesus, bem como membros ou órgãos, quando se pede a cura de uma doença específica. Frei Berthet assinala que os habitantes de Uberaba são muito mais ricos que os de Goiás, havendo, pois, mais oferendas. Em Uberaba, os brancos só podem vir no dia seguinte da festa para cumprir suas promessas. Lá, ainda, o processo de inversão carnavalesca opera, e os brancos vêm depois dos negros.

Em Goiás, Nossa Senhora do Rosário não é celebrada num dia preciso por causa da falta de padres. A festa pode se realizar no dia seguinte a Pentecostes, na segunda-feira de Páscoa ou no dia seguinte da festa patronal da paróquia; isso depende das localidades e das disponibilidades do pároco ou missionário de passagem. Os dominicanos contribuem para instituir o mês de outubro como mês do rosário, celebrando nas cidades onde existem conventos. Além disso, outubro corresponde ao fim do período seco e, portanto, das missões paroquiais. Eles podem assim celebrar as festas do rosário nas últimas localidades missionárias ou voltando ao convento para encerrar a estação de *desobriga*.

Os dominicanos apoiaram-se, com sucesso, na forte ancoragem da devoção ao rosário entre os brasileiros a fim de desenvolver obras de tradição dominicana. A realização de procissões mensais do rosário possibilitou, certamente, aos missionários serem mais rapidamente aceitos e atrair os habitantes de Goiás em suas igrejas, graças à popularidade dessa devoção. Embora certos aspectos festivos das devoções brasileiras os incomodem, eles se adaptaram às práticas existentes a fim de difundir mais facilmente um catolicismo romanizado.

Além da devoção a Nossa Senhora do Santo Rosário, para a qual puderam utilizar o entusiasmo já existente no Brasil, os dominicanos reforçam ou estabelecem outras devoções própria à sua Ordem na Diocese de Goiás. A introdução de novas devoções, encorajada por Roma e pelos bispos reformadores, permite também melhor enquadrar as práticas religiosas. Assim, as devoções, já bem implantadas na Europa, são difundidas no Brasil, especialmente as ligadas à prática dos sacramentos. A devoção ao Sagrado Coração de Jesus, muito ligada à eucaristia, ou a devoção ao Santíssimo Sacramento, cuja importância é propalada pela administração da primeira comunhão às crianças, beneficiam-se de uma forte promoção das congregações europeias. Ademais, cada congregação religiosa leva consigo as devoções dos santos que lhe são próprios.

Os dominicanos favorecem o culto marial através das devoções a Nossa Senhora do Santo Rosário e da Imaculada Conceição, o que se inscreve nas políticas romanas da época. A importância do culto marial foi reafirmada pela proclamação do dogma da Imaculada Conceição em 8 de dezembro de 1854, pelo papa Pio IX, na bula *Ineffabilis Deus*, embora o culto exista desde a Idade Média. O dogma afirma que Maria não cometeu o pecado original ao gerar Jesus. A aparição da virgem a Bernadette Soubirous, em Lourdes, em 1858, reforça ainda o dogma e a devoção. A Virgem teria dito a Bernadette: "Eu sou a Imaculada Conceição". A devoção a Nossa Senhora da Imaculada Conceição conhece, a partir dessa data, uma nova admiração. Os dominicanos participaram amplamente de sua difusão em Goiás. A maioria dos missionários é originária do sudoeste da França, berço da Ordem Dominicana, e se sente, pois, particularmente ligada à aparição de Lourdes. Eles, aliás, construíram, ao lado das igrejas de Uberaba e de Conceição do Araguaia, réplicas da gruta de Lourdes, a fim de venerar a Imaculada Conceição e Santa Bernadette Soubirous. Além disso, a fundação, o convento e a igreja de Conceição a têm como padroeira.

Os dominicanos instituem o mês de Maria nas cidades de Goiás onde se instalam. Difundem assim a tradição europeia que faz, do mês de maio, o mês de Maria e o mês da predileção para celebrar as primeiras comunhões. A festa de Nossa Senhora do Rosário, realizando-se no dia 7 de outubro, consagra ao rosário o mês de outubro inteiro, e os dominicanos o implantam em Goiás. A devoção a Nossa Senhora do Rosário é reforçada, em 1917, quando a Virgem do Rosário aparece às três crianças de Fátima, em Portugal. Ela teria dito: "Eu sou Nossa Senhora do Rosário" e repetia em cada uma das suas seis aparições: "Recitai o rosário todos os dias!"; o que, sem nenhuma dúvida, favoreceu a devoção dominicana e a obra do rosário perpétuo.

Para difundir o culto dos santos dominicanos em Goiás, os missionários celebram as festas dos santos da Ordem. Dão a conhecer, igualmente, as grandes figuras dominicanas às populações de Goiás, colocando seus conventos, suas igrejas e seus colégios sob o patrocínio desses santos. Essas festas e patrocínios permitem-lhes celebrar missas, nas quais invocam esses santos, ensinar aos brasileiros as orações que lhes são especificamente dedicadas, contar-lhes sua história e torná-los objetos de devoções em Goiás. Podem, assim, desviar a população dos santos tradicionais da religiosidade popular e ensinar-lhes novos cultos mais conformes à ortodoxia romana.

Certos santos dominicanos já eram conhecidos no Brasil antes da chegada dos missionários. Frei Berthet, num relatório[54] de 1884, faz uma lista dos santos da Ordem celebrados na Diocese de Goiás. Ele encontrou representações de São Domingos em algumas igrejas. Uma paróquia da diocese, cujo nome ele não precisa, está colocada sob seu patrocínio, porque foi fundada por um homem da Bahia que levava o nome de Domingos. Esse último mandou construir a igreja e levou para lá uma estátua do santo. No entanto, o padre fica chocado, porque o hábito da estátua não tem mais seu escapulário preto sobre o hábito branco: tudo foi repintado de azul. Essa anedota mostra que, embora o santo seja o patrono da cidade, os habitantes da localidade não têm conhecimentos reais de sua vida e de seu papel na história da Igreja.

Em Jaraguá, frei Berthet viu um estandarte em madeira ornado com Nossa Senhora do Rosário de um lado e São Domingos do outro. Foi-lhe dito que esse estandarte era levado por ocasião da procissão do rosário. Em numerosas capelas do rosário, São Domingos é representado recebendo o rosário das mãos de Nossa Senhora, especialmente num quadro da capela de Goiás. Apesar dessas poucas menções à presença de São Domingos, pode-se concluir que ele é pouco conhecido em Goiás, parecendo ser sua ligação com Nossa Senhora do Rosário o vetor principal de sua presença no Brasil. São Domingos (1171-1221),

---

54. Narrativa de frei Michel Berthet, de 1884, classificada como K1027, nos arquivos dominicanos do convento Santo Tomás de Aquino, em Tolosa.

fundador da Ordem, canonizado em 1234, é evidentemente um dos santos dominicanos mais importantes. No Brasil, os missionários difundem seu culto colocando suas fundações sob seu patrocínio. Em Uberaba, a igreja e o convento construídos pelos missionários são colocados sob seu patrocínio, assim como o convento de São Paulo. Eles podem, assim, evocar sua vida, celebrar sua festa no início de agosto e ensinar a história da Ordem no Brasil.

Frei Berthet nos diz igualmente que a cidade de São Vicente do Araguaia foi fundada por uma pessoa chamada Vicente, que a colocou sob o patrocínio de São Vicente Ferrer e trouxe, de Belém, uma estátua do santo. São Vicente Ferrer (1350-1419) é um padre dominicano canonizado em 1455. Viajou e pregou em toda a Europa ocidental, onde se tornou célebre por suas qualidades de pregador. É difícil saber se os habitantes da localidade conhecem realmente esse santo, o que parece pouco provável. É possível que o fundador da cidade tenha querido fazer referência a São Vicente de Paulo, muito mais conhecido, e que somente o missionário tenha reconhecido aqui o santo dominicano. De fato, São Vicente de Paulo (1580-1660) é um padre que fundou diversas congregações, entre elas, os Lazaristas em 1625. Os Lazaristas estão presentes no Brasil desde 1849 e o culto a seu fundador deve ter sido difundido no país. Da mesma forma, em Goiás, o asilo São Vicente, mantido pelas irmãs dominicanas, foi colocado sob a proteção de São Vicente de Paulo, que consagrou o essencial de suas obras aos pobres e aos doentes. Assim, os dominicanos parecem não ter, particularmente, insistido sobre o culto de São Vicente Ferrer durante a missão.

Frei Berthet menciona, nos limites das províncias de Goiás e da Bahia, uma paróquia que leva o nome de Santa Rosa de Lima. Há, na igreja, uma representação da santa e um estandarte em mau estado. Santa Rosa de Lima (1586-1617) é a terceira dominicana peruana, canonizada em 1671. Embora não houvesse convento de dominicanas na cidade de Lima, ela escolheu a Ordem Dominicana e tomou por modelo

Catarina de Sena[55]. Consagrou sua vida ao serviço dos ameríndios, das crianças abandonadas, dos velhos e dos doentes. Foi a primeira mulher canonizada das Américas. Os dominicanos colocaram o convento de Porto Nacional sob o patrocínio de Santa Rosa de Lima e as irmãs dominicanas do Rio de Janeiro, seu colégio. Desse modo, não só colocam na dianteira uma santa dominicana e americana, mas também uma pioneira da evangelização dos ameríndios, sublinhando assim uma obra à qual querem se consagrar.

Frei Berthet ficou surpreso ao encontrar, em numerosas igrejas do norte da diocese, estátuas de São Gonçalo de Amarante, um beato da Ordem. De fato, ele jamais foi canonizado, apesar de ser chamado de "santo". São Gonçalo de Amarante (1187-1262) é um dominicano português, *São Gonçalo de Amarante,* beatificado em 1561. Ele é objeto de uma grande devoção popular em Portugal, onde se lhe atribuem numerosos milagres. Seu culto foi difundido no Brasil pelos colonos portugueses. Os brasileiros fazem uma dança em sua honra no dia de sua festa, o *Baile de São Gonçalo,* e ele é invocado como alcoviteiro e casamenteiro. Frei Berthet conta, aliás, que uma velha goiana lhe disse um dia: "[...] eu o conheço, dancei com ele. Você dançou com ele! Certamente, no dia da festa do Santo, toma-se a estátua na mão e se dança enquanto se canta. São Gonçalo, faça com que as jovens se casem, mas dignai-vos lembrar-se das velhas"[56]. Esse santo é, de fato, invocado no Brasil pelas "moças velhas" para encontrar um marido. Elas

---

55. Santa Catarina de Sena (1347-1380) é uma das mais importantes figuras da Ordem Dominicana. Essa terceira dominicana exerceu grande influência sobre o papado durante o grande cisma do Ocidente. Foi canonizada em 1461 e declarada doutora da Igreja em 1970. Somente três santos dominicanos levam o título de doutor da Igreja: Santo Alberto Magno, Santo Tomás de Aquino e Santa Catarina de Sena. Frequentemente ela é representada, com São Domingos, recebendo o rosário das mãos da Virgem.
56. Narrativa de frei Michel Berthet, de 1884, classificada como K1027, nos arquivos dominicanos do convento Santo Tomás de Aquino, em Tolosa.

intercedem primeiramente em favor das jovens – que invocam, geralmente, Santo Antônio de Pádua –, depois lhe pedem para não esquecer as velhas. Essa devoção brasileira não foi encorajada pelos dominicanos, que não colocaram nenhuma de suas fundações sob sua proteção, apesar de sua popularidade. Primeiramente, esse beato parece muito mais conhecido e celebrado em Portugal e no Brasil do que na França. Além do mais, seu papel de casamenteiro, na tradição brasileira, não se enquadra bem com a ortodoxia dominicana, e os missionários preferiram evitar promover seu culto.

O convento de Formosa é colocado sob a proteção de São Jacinto (1185-1257), dominicano contemporâneo de São Domingos, canonizado em 1594. Ele evangelizou o Norte da Europa, especialmente a Polônia e a Escandinávia. Foi, pois, um pregador da primeira hora, que simboliza perfeitamente o engajamento missionário dominicano.

O convento do Rio de Janeiro é colocado sob o patrocínio de Santo Tomás de Aquino (1224/1225-1274). Esse santo, aparentemente, não era conhecido em Goiás, e os dominicanos parecem não julgarem útil difundir seu culto. É um dos pensadores dominicanos dos mais importantes: teólogo e filósofo, elaborou o pensamento tomista. Foi canonizado em 1323 e declarado doutor da Igreja em 1567. É o patrono das universidades e das escolas. Parece coerente que os dominicanos não tenham encorajado sua devoção no Goiás rural, ao certamente pensarem que as populações, que julgavam pouco instruídas, até mesmo "ignorantes", não teriam se apegado a esse santo muito intelectual. Por outro lado, fizeram dele patrono do convento do Rio de Janeiro, onde se consagram ao apostolado intelectual, a partir de 1927. Santo Tomás de Aquino integra-se melhor às obras dominicanas desenvolvidas nas grandes cidades e corresponde perfeitamente ao projeto da Igreja brasileira de recristianizar as elites. Projeto ao qual os dominicanos da segunda parte da missão participam, difundindo a filosofia tomista nos círculos intelectuais católicos e nas universidades das grandes cidades do sul do país, como veremos na terceira parte deste trabalho.

SEGUNDA PARTE | Uma missão no processo de romanização

As diferenças do apostolado dominicano de uma região para outra permitem evidenciar a diversidade das formas e dos efeitos da romanização no Brasil e de relativizar sua difusão nas regiões rurais. Se a reforma do clero e a estruturação das instituições eclesiásticas brasileiras se tornam progressivamente efetivas, a religiosidade popular permanece predominante no interior do país e nas categorias mais pobres da população. A reforma do catolicismo tradicional luso-brasileiro nas zonas rurais e entre as populações menos instruídas é apenas superficial. O culto dos santos, bem como o aspecto festivo e exteriorizado das práticas religiosas por ocasião das grandes devoções, subsiste. As procissões, promessas e peregrinações permanecem no coração das práticas brasileiras. Sem dúvida, os sacramentos adquiriram mais importância, mas a falta de padres permanece muito forte em relação ao aumento da população. Não é possível se confessar nem atualizar os batismos, comunhões e matrimônios, como exige a ortodoxia romana. Os dominicanos conseguiram, em Goiás, assumir as organizações leigas e difundir maior afeição pelos sacramentos, mas seu baixo número não lhes permitiu fazer mais. Não se deve negligenciar a força e a raiz da religiosidade popular nas populações que, embora adotando certas características do catolicismo romanizado, conservam suas práticas religiosas tradicionais. Na relação que as populações brasileiras mantêm com o religioso, não é absolutamente incompatível aproveitar a presença do pároco ou do missionário, quando ele está presente, curvando-se voluntariamente às práticas que ele impõe, e depois fazer pedidos e promessas, as mais originais, aos santos que sempre foram celebrados, uma vez que o padre foi embora.

CAPÍTULO III
Adaptação do olhar, educação, civilização

1. Olhares brasileiros e impressões dominicanas

Com relação ao hábito, não hesito em responder negativamente [escreve frei Madré em 1883]. Apesar da autorização do governo, o hábito religioso não pode ser usado no Rio de Janeiro sem causar graves inconvenientes. No Rio, mais que em Paris, são os jornais que formam a opinião. Eles não perdiam a ocasião para gritar contra a invasão de monges, sem contar que, no próximo carnaval, o hábito dominicano seria ignobilmente parodiado nas ruas, em companhia dos lazaristas e das irmãs de caridade. Esse seria o aviso do Bispo Internúncio em 1882, bem como o de seu sucessor em 1883[1].

Frei Madré aconselha os novos missionários a não usarem o hábito religioso assim que desembarquem no Rio de Janeiro, em razão das críticas frequentes da imprensa contra os religiosos estrangeiros que chegam ao Brasil.

---

1. Carta de frei Madré, datada de 13.03.1883, não classificada, nos arquivos dominicanos do convento Santo Tomás de Aquino, em Tolosa.

SEGUNDA PARTE | Uma missão no processo de romanização

No final do Império e no início da República, as elites liberais brasileiras são muito hostis ao movimento dos bispos reformadores, especialmente na capital e nas grandes cidades do país. Ainda que majoritariamente católicas, essas elites criticam as posições ultramontanas do episcopado e a instalação de religiosos estrangeiros no Brasil. As posições antiliberais de Roma e as tradicionais relações da Igreja Católica com os meios conservadores reforçam a hostilidade dos liberais a seu respeito.

Os missionários preferem, pois, chegar discretamente à capital brasileira para não serem alvos das críticas. Isso mostra, de um lado, a hostilidade de certos meios brasileiros a seu respeito, mas também uma prudência da parte dos religiosos que vêm da França, onde uma onda de expulsões de congregações acabara de acontecer. Expulsões que se dão após um século de leis anticlericais na França formaram religiosos para a discrição, e até mesmo para a clandestinidade.

No Brasil, o fato de as congregações religiosas terem sido expulsas da França republicana representa um argumento a mais para questionar sua instalação no país, insistindo em sua inutilidade ou periculosidade. Assim, no início da República, a vinda desses religiosos estrangeiros é fortemente criticada em nome da independência e da integridade da jovem República brasileira.

No início da missão, os dominicanos fazem, muitas vezes, alusão às críticas feitas contra eles nos jornais. Frei Madré fala de um artigo, publicado na *Folha Nova do Rio de Janeiro*, em 1883, no qual os missionários são atacados e também Dom Gonçalves, que os trouxe ao Brasil:

> Durante a estada do Bispo no Rio, um jornal criticou-lhe o fato de ter chamado estrangeiros para as missões dos indígenas, em detrimento do clero nacional. A essa primeira gafe, acrescentou uma segunda, quando o governo colocou dez contos nas mãos do Bispo, para a catequese. Os dominicanos, disse a *Folha Nova*, farão como seus comparsas, os jesuítas. Irão para junto dos indígenas graças à autorização e aos

Adaptação do olhar, educação, civilização

auxílios concedidos pelo governo. Formarão os selvagens nos trabalhos agrícolas e, com braços que não lhes custarão nada, farão grandes benefícios e enviarão milhões a seu mestre-geral, em Roma. O Bispo não se dignou responder a essas insanidades[2].

A referência aos jesuítas remete ao período colonial, quando as acusações de enriquecimento e exploração dos ameríndios feitas contra as reduções dos jesuítas conduziriam à sua expulsão em 1759. Os jornais liberais retomam a mesma argumentação, no fim do século XIX, para se opor à instalação de numerosas congregações religiosas que chegam ao país.

Os dominicanos são igualmente objeto de numerosas críticas na imprensa regional, quando se estabelecem na Diocese de Goiás. Frei Anfossi reproduz, em 1884, as palavras de um jornal de Uberaba: "Na véspera da festa de São Sebastião, a gazeta [...] fez uma edição dizendo ao bispo que ele devia deixar as intrigas do convento e enviar essa juventude ociosa para converter os selvagens, que aqui eles eram muito cristãos e muito civilizados [sic], que seria preciso, por consequência [sic] procurar os indígenas"[3]. A "juventude ociosa" designa os dominicanos, cuja presença é muito criticada por uma parte da população de Uberaba, que pensa que eles não são necessários na cidade porque os *uberabenses* são bons católicos. Afirmam que os missionários não têm nada para fazer na cidade e fariam melhor se partissem para evangelizar os ameríndios.

No início da missão, os missionários usam regularmente de seu direito de resposta nos jornais de Goiás e de Uberaba, favoráveis à sua implantação. Investem até mesmo na publicação de alguns artigos,

---

2. Carta de frei Madré, datada de 13.03.1883, não classificada, nos arquivos dominicanos do convento Santo Tomás de Aquino, em Tolosa.
3. Carta de frei Anfossi, datada de 24.01.1884, não classificada, nos arquivos dominicanos do convento Santo Tomás de Aquino, em Tolosa.

SEGUNDA PARTE | Uma missão no processo de romanização

como já salientamos, para o *Correio Católico* de Uberaba. No entanto, as ligações da imprensa regional com os partidos políticos locais forçam os dominicanos a se desligarem, pouco a pouco, dos jornais para os quais, às vezes, escreviam. Em 1919, frei Tapie proíbe aos missionários toda participação nos jornais brasileiros, para não parecer que tinham relações morais ou financeiras com alguns:

> No Brasil, mais que em outros lugares, com a violência das paixões políticas e das lutas locais, devemos evitar qualquer participação nas publicações dos jornais. Devemos mesmo evitar, cuidadosamente, parecer ter, aos olhos do público e do clero, uma parte de responsabilidade financeira ou moral na publicação dos jornais. O bem superior das almas e da Missão nos impõem, com relação a isso, a mais absoluta reserva e abstenção[4].

Assim, para não entrar no jogo político e virar as costas a uma parte da população, os dominicanos escolhem se consagrar unicamente a publicações dedicadas às suas obras, como o *Mensageiro do Santo Rosário* ou a revista *Cayapós e Carajás*, que dirigem sozinhos. Essa decisão mostra uma adaptação dos dominicanos às realidades sociopolíticas brasileiras; preferem não se manifestar na imprensa a fim de serem aceitos pelo conjunto da população.

Apesar das críticas da imprensa local e nacional, a hierarquia eclesiástica brasileira e a imprensa católica apoiam os missionários, porque o recurso às congregações religiosas estrangeiras é indispensável para amenizar a falta de padres e realizar a romanização no Brasil. A chegada dos dominicanos é, geralmente, bem aceita em Goiás, onde a grande maioria da população católica lhe demonstra grande admiração. Eles são, aliás, calorosamente acolhidos, como testemunha um relatório de 1884, no qual os missionários descrevem uma de suas

---

4. TAPIE, *Visite canonique et statistique...*, op. cit., 22-23.

Adaptação do olhar, educação, civilização

primeiras missões populares na diocese: "O povo que mostra, em geral, pouca estima por seus padres, tem, pelo missionário, um verdadeiro culto. É dócil à sua voz e lhe obedece como a uma criança. Gosta de beijar sua mão e, voluntariamente, lhe cortaria um pedacinho de seu hábito para fazer uma relíquia"[5]. O missionário é quase comparado a um santo. Querem tocá-lo, ter sua bênção; a população lhe dá mais importância que ao pároco. Os primeiros missionários parecem, às vezes, incomodados com essas reações, que julgam excessivas. Assim, frei Madré parece desconfortável ante o zelo das mulheres, quando anuncia sua partida para Araxá:

> Algumas mulheres se dirigiram para o lugar por onde devíamos passar para nos pedir uma última bênção [...] e [elas] vieram nos beijar as mãos, chorando, derramando lágrimas. Como essa situação poderia se prolongar, libertei-me, insensivelmente, dirigindo-lhes algumas boas palavras e após ter dito que, no céu, nunca nos separaríamos. Eu me salvei [...][6].

Frei Berthet é, ele também, marcado pelo apego que a população de Goiás testemunha para com o missionário, e parece se divertir com certas confusões que fazem a seu respeito. Ele descreve assim o que viveu quando de sua visita diocesana com o bispo de Goiás, em 1883:

> Para essas boas pessoas, o missionário está acima do bispo, sobretudo se ele usa barba, porque muitos não compreendem que se possa ser missionário sem ela [...]. Também surgia, no Norte, grandes discussões

---

5. Relatório redigido, em outubro de 1884, por dois missionários do convento de Uberaba (pensamos, baseando-nos na redação que um dos dois é frei Lucas), não classificado, nos arquivos dominicanos do convento Santo Tomás de Aquino, em Tolosa.
6. Carta de frei Madré, datada de 15.08.1883, não classificada, nos arquivos dominicanos do convento Santo Tomás de Aquino, em Tolosa.

SEGUNDA PARTE | Uma missão no processo de romanização

a meu respeito. Ele é missionário, diziam uns, o bispo o chama assim, mas ele não está vestido como os religiosos da Ordem de São Pedro [os padres seculares], ele tem um hábito branco e um grande Rosário. Ele não é missionário, diziam outros, não usa barba. Onde já se viu um missionário sem barba? O argumento parecia forte e conclusivo e muitas pessoas vinham se acusar dessas dúvidas como se fossem um grande pecado[7].

Assim, todos vinham saudar o missionário e muitos lhe ofereciam presentes (galinhas, farinha de mandioca, laranjas...), mesmo que não estivessem convencidos de se tratar de um verdadeiro missionário. Essa observação sobre o uso da barba deve vir do fato de capuchinhos, missionários mais presentes em Goiás, no século XIX, usarem barba. Esses testemunhos mostram que os dominicanos foram muito bem acolhidos no interior do país, porque a população católica se alegrava ao poder cumprir seus deveres religiosos, o que era difícil por causa da falta de padres. Por outro lado, é difícil compreender por que o missionário gozava de uma tal aura, que os coloca, muitas vezes, acima do bispo, no espírito da população. Certamente, a história católica do Brasil explica isso, em parte: os brasileiros estavam mais habituados a se relacionarem com religiosos que com padres ou bispos, sobretudo no interior do país, onde esses últimos eram sempre raros. A passagem do missionário nessas regiões, onde o abandono religioso é a norma, é, desde sempre, sinônimo de grandes aglomerações populares, tanto religiosas como festivas, e dá a possibilidade de cumprir os deveres religiosos e de sair do pecado.

No início da missão, as opiniões são partilhadas sobre suas possibilidades e futuro. Frei Madré, primeiro vigário da missão, parece confiante, enquanto frei Lacoste é muito pessimista. Além disso, frei

---

7. Relato de frei Michel Berthet, de 1884, classificado como K1027, nos arquivos dominicanos do convento Santo Tomás de Aquino, em Tolosa.

Lacoste crítica, por várias vezes, as decisões de frei Madré. Ele considera que a fundação do convento de Goiás, em 1883, é precipitada, porque eles não estão ainda bem implantados em Uberaba e, sobretudo, não suficientemente numerosos para se permitirem ter dois conventos tão afastados. Além disso, a escolha de Uberaba como sede do primeiro convento no Brasil foi, em sua opinião, um erro. Ele acha que a população não é suficientemente nem educada nem religiosa. Ele escreve sobre Uberaba, em 1883:

> Sua fundação, de data muito recente, faz com que os aventureiros aí se multipliquem. Sei o que pensaram e o que pensam os homens, os mais sérios e os melhores: sorriem, quando lhes falo em converter essa população. São polidos, para conosco, mas sempre desconfiados. Há, aqui, dois partidos, os liberais e os conservadores. Esses últimos não nos visitam nem frequentam a capela – somos os homens do grupo liberal. Os dois partidos se equivalem. É sobretudo questão de negócio e de interesse. Mas, no Brasil, como na Europa, o liberalismo em todos os graus irá fatalmente à impiedade. Nossa situação é falsa. O que fazer para estabelecer a verdade? Não o vejo ainda, e isso é, para mim, uma fonte de inquietude. Detesto o liberalismo e nossa capela ficará deserta se eu o combater[8].

Vê-se, aqui, a comparação com a situação europeia. Seu olhar sobre o Brasil está condicionado pela história política e religiosa francesa, e pelos movimentos de pensamento que se opuseram ao catolicismo durante o século XIX. Segundo sua experiência francesa, ele associa o liberalismo ao anticlericalismo, e até mesmo ao ateísmo, e não percebe que os liberais brasileiros, diferentemente dos franceses, são, em sua maioria, católicos. Ele se inquieta, igualmente, com a presença dos

---

8. Carta de frei Lacoste, datada de 27.06.1883, não classificada, nos arquivos dominicanos do convento Santo Tomás de Aquino, em Tolosa.

SEGUNDA PARTE | Uma missão no processo de romanização

positivistas e maçons entre os notáveis de Uberaba: "Auguste Comte é o grande pontífice dos *genti*[9] instruídos [...] a maçonaria é aqui toda poderosa [...]". Elementos que testemunham, segundo ele, o pouco espírito religioso dos habitantes dessa cidade. Em outra carta, ele afirma ainda:

> Creio que nossa missão terá imensas dificuldades; conquistaremos para Nosso Senhor não almas selvagens, mas populações de completa decadência, que se acham os primeiros do mundo. Gosto de acreditar que Uberaba, esta rainha do sertão brasileiro, é única em seu gênero, porque, para se fazer algum bem, é preciso contar com um enorme milagre [...][10].

Para se ter uma ideia mais precisa da situação, o provincial de Tolosa pede a opinião de outros missionários. Em 1883, frei Artigue lhe escreve sobre a situação dos missionários de Uberaba. Menciona as críticas que recebem e as tensões que os opõem ao pároco e a seus partidários:

> Crescemos, e os partidários do pároco, de desconfiados que eram, tornaram-se agressores. À aparição, ainda longínqua das irmãs, deu lugar a um primeiro ataque. Um primeiro artigo do jornal apareceu contra nós. Nele, gastaram toda ironia que se usa contra os monges e o envolveram com pérfidas insinuações. Não são calúnias que possamos temer da parte de homens que concederam ao conselho municipal um atestado de boa conduta, a um monge que suja o hábito de São Francisco, ao pároco que, embora casado, é o homem mais virtuoso do mundo, porque defende sua política. Mas a obra de Deus será feita. Se temos inimigos, temos também amigos. Alguns nos defendem por

---

9. "Gens", em latim.
10. Carta de frei Lacoste, datada de 31.01.1884, não classificada, nos arquivos dominicanos do convento Santo Tomás de Aquino, em Tolosa.

convicção, outros, por interesse político. Os funcionários do governo estão a nosso favor pelo simples fato de que os partidários do pároco são seus inimigos políticos. Quem é religioso vem à nossa capela e o pároco não tem mais que 20 pessoas em sua missa, para uma cidade de 4 mil habitantes. Mas, em Uberaba, é difícil fazer o bem, e o importante é que o trabalho das irmãs seja bem desencadeado[11].

Frei Artigue, bem menos crítico que frei Lacoste, descreve, em primeiro lugar, as dificuldades da implantação da Ordem em Uberaba. Compreende-se, aqui, que as divisões políticas da cidade, entre liberais e conservadores, têm implicações religiosas. O pároco aceita mal a instalação dos dominicanos, que certamente criticaram o fato de ele ser "casado" e de se colocar como guardião da ortodoxia religiosa. Esse pároco parece contar com o apoio dos conservadores, enquanto os dominicanos são apoiados pelos liberais, se se leva em conta as reflexões de frei Lacomme citadas acima. Os dois partidos se atacam através dos jornais interpostos, e seus ataques recaem, aparentemente, sobre a missão. Assim, os dominicanos, recentemente instalados, encontram-se no coração das provocações políticas bem locais e compreende-se melhor que eles desejem se liberar dos jornais, a fim de não serem colocados à parte e se centralizarem em sua ação religiosa. É, aliás, o que pensa frei Artigue, que se felicita por sua igreja ter mais fiéis que a igreja paroquial.

Outros missionários parecem ser mais confiantes e se questionam sobre o pessimismo de frei Lacoste. Frei Anfossi critica, sem nomear, a posição de frei Lacoste:

Sem dúvida, é perigoso iludir-se, mas no final das contas [*sic*] pensar somente nas dificuldades, repetir sem cessar que as pessoas daqui não

---

11. Carta de frei Artigue, datada de 1883, não classificada, nos arquivos dominicanos do convento Santo Tomás de Aquino, em Tolosa.

SEGUNDA PARTE | Uma missão no processo de romanização

têm fé, que nada se pode esperar dessas populações intertropicais, enfim, ter um só sino que soa sempre ao desespero, [usei uma palavra exagerada e corrijo substituindo por uma palavra nossa (sic)] que soa sempre de uma maneira que leva ao desencorajamento, isso me parece pior que a ilusão. É difícil, tanto melhor; nossa vitória será mais gloriosa[12].

Igualmente, frei Mole escreve:

Se o Reverendo frei Lacoste imaginou que, uma missão no estrangeiro [sic] e no meio de uma população como esta onde estamos, pudesse ter as mesmas características que aquelas que há na França, ele teve uma falsa ideia. Nessas condições, penso que ele tem razão de se queixar, mas, se ele não tivesse tido ilusão [sic] pensando o que pode ser uma missão no meio de um povo que, de civilização só tem defeitos, sem [sic] ter qualidades, ele acharia que estamos ainda melhor aquinhoados, o que não espero [sic]; sobretudo se ele tivesse visto os preconceitos que havia contra nós, quando chegada a Uberaba, e as poucas pessoas que entendiam o valor da missa dominical [...]. Atualmente, o bem que existe não é nada comparado ao mal, isso é verdade; mas, comparando o tempo atual com aquele de nossa chegada, encontro motivo de grande alegria e uma maior esperança para o futuro no pouco bem existente[13].

Esses dois missionários encaram, pois, o futuro da missão de maneira positiva, embora reconheçam que a situação dos dominicanos em Uberaba seja, às vezes, difícil. São os primeiros anos da missão e

---

12. Carta de frei Anfossi, datada de 24.01.1884, não classificada, nos arquivos dominicanos do convento Santo Tomás de Aquino, em Tolosa.
13. Carta de frei Mole, datada de 15.08.1883, não classificada, nos arquivos dominicanos do convento Santo Tomás de Aquino, em Tolosa.

alguns religiosos têm dificuldade de adaptação. Desestabilizados pela religiosidade brasileira, os missionários têm diferentes maneiras de apreender as práticas locais, tão afastadas daquelas dos católicos europeus e da ortodoxia preconizada pelos dominicanos no contexto da romanização. Alguns pensam que os brasileiros não têm fé; outros, ao contrário, pensam que eles são tão crentes e atribuem a originalidade dessas práticas à falta de educação religiosa.

Frei Lacoste continua muito crítico e pessimista, mesmo após vários anos de implantação da missão. Em 1886, afirma ainda:

> Somente com o tempo, essa situação poderá ser modificada, e ainda estou persuadido de que ela continuará mais ou menos como é, enquanto não se encontrar um meio de dar um clero a este pobre país. [...] É preciso contentar-nos em colocar algumas almas no bom caminho, apanhar as outras na hora da morte e confesso que isso já é alguma coisa. Na cidade, as coisas se complicam ante a presença de uma ou duas dúzias de ateus, de materialistas e de tantos maçons imbecis que exercem uma funesta influência sobre toda a juventude. [...] O protestantismo e a maçonaria têm também sua influência sobre aqueles que se dizem católicos. Não é raro ouvir-lhes dizer: quero continuar ligado à nossa santa religião, mas, para isso, não é necessário se confessar, fazer isso, fazer aquilo, e, no fundo, eles não fazem nada [...] minha convicção bem formada e, creio, bem fundamentada é a de que esse povo, como todos aqueles das repúblicas do sul, é inferior a todos os outros. É preciso pedir-lhe o que ele pode dar, e não se pode pedir senão muito pouco a um povo indiferente, ignorante e preguiçoso[14].

Cinco anos após o início da missão, e apesar de uma implantação cada vez mais duradoura e da chegada regular de novos missionários,

---

14. Carta de frei Lacoste, datada de 19.09.1886, não classificada, nos arquivos dominicanos do convento Santo Tomás de Aquino, em Tolosa.

frei Lacoste continua cético sobre as possibilidades da missão, mas também sobre as dos brasileiros. Ele propala prejulgamentos sobre "a inferioridade" dos brasileiros e sobre a impossibilidade de "educá-los". Sua posição é marginal dada sua intransigência, pois, se em grande parte dos testemunhos os missionários acentuam "a ignorância" das populações, a maioria dentre eles descreve os brasileiros como muito religiosos. Eles pensam que suas práticas heterodoxas serão facilmente combatidas graças à educação religiosa que propõem oferecer-lhes. Frei Lacoste fica em Uberaba durante toda sua carreira missionária. Em suas cartas, focaliza a atenção sobre os notáveis liberais e os maçons da cidade, bem como a seus ataques contra os dominicanos. Ele parece não perceber a fé que emana da religiosidade popular dos brasileiros. Esse religioso é representativo de uma postura eurocentrista que, segundo ele, não evolui com o tempo, nem com um melhor conhecimento do país. É preciso, igualmente, ressaltar que é o missionário mais idoso enviado ao Brasil, o que pode explicar, em parte, essa postura: ele participou da restauração da Ordem Dominicana na Bélgica e na França e fez, pois, experiência de lutas político-religiosas que marcaram o século. Ele parece ter grandes ressentimentos contra as correntes de pensamento do século XIX, sobretudo o liberalismo, que ele viu resultar em legislações anticlericais na França. Ele adota, portanto, uma postura de luta mais que de adaptação às realidades do país. Essa posição permanece marginal entre os missionários que, uma vez passado o choque da chegada, souberam progressivamente se adaptar e compreender a religiosidade brasileira.

2. Os dominicanos ante a religiosidade brasileira

Esses cultos são tão numerosos e tão variados [relata frei Audrin em 1963], praticados em numerosas circunstâncias, sem a intermediação do pároco, que não é estranho que eles se tornem, facilmente, ocasião

Adaptação do olhar, educação, civilização

de gestos e de práticas um tanto contrários ao bom senso cristão. [...] Lembremos que, para nosso bom povo do interior, as principais e quase únicas alegrias vêm das festas de seus santos[15].

Os dominicanos ficaram decepcionados, ao chegarem a Goiás, ante as práticas religiosas dos brasileiros, que, como disse frei Audrin, estão muitas vezes longe da ortodoxia católica preconizada pelos papas e defendida pelos missionários europeus. Alguns interpretaram isso como falta e, até mesmo, ausência de fé. Essa impressão, muitas vezes, é aumentada pelo caráter festivo da maior parte dessas manifestações religiosas. Comparando aqui dois testemunhos missionários, escritos um no início e outro no fim da missão, colocaremos em evidência a evolução de suas percepções sobre a religiosidade popular de Goiás.

O primeiro testemunho é de frei Berthet, que, acompanhando o bispo de Goiás em sua visita pastoral de 1883, descreve com um tom bastante crítico o desenrolar da festa do Espírito Santo ou *Festa do Divino*. Seu relato situa-se logo no início da missão, quando os dominicanos entram em contato com Goiás e ficam muitas vezes admirados, até mesmo chocados, com as práticas dos católicos.

Para essa celebração, que ele define como "a grande devoção do brasileiro"[16], um grande "dignitário" é sorteado entre os habitantes da paróquia. A pessoa designada é nomeada *Imperador do Divino* e deverá arcar com todas as despesas da festa. Não se pode recusar esse cargo, porque isso seria visto como uma injúria feita ao Espírito Santo, que poderia "castigar" o demissionário. Uma das críticas do frade refere-se, justamente, aos gastos muito grandes ocasionados por essa celebração. Esses gastos podem ficar a cargo tanto de um rico como de um pobre, que, então, deve fazer despesas bem acima de seus meios. O imperador

---

15. AUDRIN, *Os sertanejos que eu conheci*, op. cit., 126.
16. Relato de frei Michel Berthet, de 1884, classificado como K1027, nos arquivos dominicanos do convento Santo Tomás de Aquino, em Tolosa.

SEGUNDA PARTE | Uma missão no processo de romanização

deve, com efeito, pagar centenas de foguetes, músicos, padres, "banquetes". É ajudado, para essas despesas, pela "folia", um "grupo que esmola" e passa de casa em casa, em toda a paróquia, para angariar dinheiro ou gêneros alimentícios. A folia é composta de um soltador de fogos, que os solta na frente do cortejo, de um porta-bandeira, do imperador, de músicos e de numerosos "devotos". Andam, às vezes, dezenas de quilômetros pelas roças para percorrer as imensas paróquias do interior brasileiro. É então tempo de parar nas fazendas para beber, comer e fazer a festa; práticas que foram objeto das críticas por parte de frei Berthet:

> Vê-se, então, chegarem a uma fazenda pobre umas trinta pessoas que, sob pretexto de esmolar para o Espírito Santo, vêm esgotar as provisões do pobre cultivador. Ele fica tão feliz ao receber em sua casa a bandeira do Divino, e as pessoas da Folia estão tão cansadas! Depressa mata-se um boi, a pinga corre solta, a festa se prolonga. Às vezes, não sobra mais nada para o Espírito Santo. Que importa! A Folia foi bem tratada. Viva o Espírito Santo!

O dia da festa do Espírito Santo é precedido de uma novena "temperada com barulho de foguete e forte música". Cada noite, após a novena, há leilões, também para ajudar a cobrir as despesas, acompanhados de música e festividades. Frei Berthet emite também críticas sobre as festividades que acompanham as festas religiosas: "Essas festas religiosas são, muitas vezes, acompanhadas de alegrias profanas, como calvadas, representações teatrais, onde a piedade, já bem superficial do brasileiro, não tem nada a ganhar".

À véspera da festa, dá-se a implantação de um mastro, que também tem seu "dignitário", o capitão do mastro. Frei Berthet precisa, não sem ironia, que todo mundo vem assistir à implantação do mastro, mesmo aqueles que não virão à missa no dia seguinte. Em seguida, vai-se procurar a bandeira, em procissão, para levá-la até o mastro, ao qual é fixada antes de ser alçada. Esse momento é de grande agitação, acompanhada de música e de foguetes. "Vai-se procurar a bandeira em procissão; apenas ela sai da igreja, o povo se precipita sobre ela para beijá-la, chorando e gritando: Ó meu Espírito Santo!". No mesmo dia da festa do Espírito Santo, antes da missa, há a procissão do Santíssimo Sacramento. Vai-se procurar o imperador, que ostenta coroa e cetro; depois a procissão vai até à igreja para a celebração da missa, durante a qual o imperador, instalado sobre um trono, recebe as honrarias. Seu reinado termina após a missa, sorteia-se o próximo imperador e a festa recomeça.

Frei Berthet tem um olhar crítico sobre a religiosidade dos habitantes de Goiás. Ele ficou marcado pelo aspecto festivo dessas manifestações religiosas e atribui essas práticas, que desaprova fortemente, a uma fé "superficial". Seu testemunho dá um bom exemplo às reações dos primeiros missionários que condenavam os comportamentos que julgavam excessivos: música, foguetes, consumo do álcool, choros e gritos que acompanham os movimentos da multidão; em resumo, tudo que contrastava com sua concepção da necessária interioridade, sobriedade e disciplina de uma expressão religiosa correspondendo às normas europeias e tridentinas. Mesmo os dominicanos que chegam mais tarde, quando a missão está bem implantada, passam, geralmente, por um tempo de adaptação, período em que são bem críticos com relação à religiosidade brasileira.

Frei Audrin, em *Os sertanejos que conheci*, descreve o Goiás geográfico e humano que conheceu entre 1904 e 1938, quando vivia nos conventos de Conceição do Araguaia e de Porto Nacional. Os *sertanejos* são os habitantes do interior brasileiro, o *sertão*. Ele escreveu esse livro no final dos anos 1940 e não tem mais o mesmo estado de espírito que frei Berthet. Fala com mais indulgência que este último sobre a religiosidade dos habitantes de Goiás, na segunda parte de seu livro, consagrada às mentalidades e aos costumes. Descreve a expressividade religiosa e as numerosas manifestações festivas dos *sertanejos*, sobretudo as festas do Espírito Santo e de Nossa Senhora do Rosário, que ele define, assim como frei Berthet em seu tempo, como as mais importantes para os católicos da região. Insiste sobre a necessidade do povo brasileiro de exteriorizar sua fé, explicando assim seu gosto pelas procissões, música, danças e cantos:

> O simples sentimento religioso, por mais enraizado que seja, não basta para contentar a alma sertaneja. Nosso povo sente a necessidade de exteriorizar sua crença, manifestando-a por meio de demonstrações sensíveis, pelo culto das imagens, por gestos individuais e coletivos [...]. Essa observação ajuda-nos a explicar por que os Protestantes de diversas seitas pouco ou nada conseguem no sertão, com seu culto pouco expressivo para o sertanejo e com suas proibições das imagens, procissões, festas e romarias, das quais nossa gente tanto gosta[17].

Essa observação sobre os protestantes é interessante. Ela salienta sua presença em Goiás e mostra a concorrência com os missionários católicos. Frei Audrin destaca, primeiramente, a falta de adaptação dos protestantes com relação à religiosidade *sertaneja* e, segundo ele, as interdições que eles impõem freiam sua implantação. Sem comentar, ele subentende que o catolicismo tem maior capacidade de adaptação e de compreensão dessas populações.

Entre as manifestações religiosas dos *sertanejos*, ele acentua a importância das peregrinações:

> Entre as diversas manifestações religiosas que se observam no sertão, as romarias ocupam lugar de destaque. Se algumas são simples atos de devoção, a maior parte é consequência de votos feitos na hora de algum sofrimento físico ou moral. E, como sua exata realização exige esforços e, às vezes, duros sacrifícios, significam ato de grande fé[18].

---

17. AUDRIN, *Os sertanejos que eu conheci*, op. cit., 120.
18. Ibid., 128.

Adaptação do olhar, educação, civilização

Os romeiros vão, muitas vezes, a santuários muito distantes para cumprir uma promessa. Frei Audrin cita especialmente a capela do Senhor do Bonfim, Muquém ou Barro Preto, em Goiás, Água Suja, em Minas Gerais, Bom Jesus da Lapa, na Bahia, e Juazeiro, no Ceará, quando Padre Cícero ainda estava vivo.

As promessas são compromissos assumidos quando uma pessoa pede a Deus ou a um santo que intervenha em seu momento difícil ou para solucionar um problema: curar uma doença, salvar uma criança, encontrar um marido, salvar uma colheita ou um gado enfermo... Frei Audrin se estende sobre a variedade dessas promessas, às vezes muito originais, e sobre a obstinação das pessoas para cumpri-las. Alguns pedem, em seu leito de morte, a seus filhos ou amigos cumpri-las por eles, para não morrerem sendo devedores a Deus ou a um santo. A maior parte dessas promessas fica no registro católico clássico: orações, missas, jejuns, peregrinações, doações em dinheiro ou em objetos, depósito de ex-votos representando membros ou órgãos curados... Numerosos santuários estão assim repletos das mais diversas ofertas. Uma parte dessas promessas parece-lhe "estranhas", até mesmo difíceis ou perigosas de serem cumpridas; alguns prometem deixar crescer os cabelos de uma criança para oferecê-los ao santo, mulheres ricas varrem a igreja e juntam o lixo em seus vestidos luxuosos; outros prometem fazer uma peregrinação longe, descalços ou fazendo voto de silêncio; outros ainda se obrigam a ficar de joelhos, carregar uma pedra na cabeça ou uma coroa de velas, que derretem sobre o rosto durante uma missa ou festa religiosa de vários dias.

> São muito originais as promessas que fazem por ocasião das romarias populares. Algumas dessas ingênuas manifestações de fé ultrapassam os limites do bom senso. [...] No lugar da romaria, enquanto se realizam os festejos, observam-se cenas pitorescas dentro e fora do recinto sagrado. [...] Aqui, devotas permanecem ajoelhadas, pés e mãos atados, sob um sol abrasador; acolá, outros, com uma corda presa ao

pescoço, fazem-se puxar por um caridoso companheiro em torno do recinto sagrado[19].

Apesar da heterodoxia de certas manifestações religiosas, frei Audrin afirma, por várias vezes, sua convicção em uma profunda fé católica dos *sertanejos*. Ele explica suas práticas pela falta de educação religiosa dessas populações e pelas dificuldades às quais são confrontados nessas regiões isoladas:

> Por estranhas que sejam essas manifestações religiosas, guardemo-nos de ridicularizá-las. Elas nos revelam a mentalidade sertaneja, feita de simplicidade e de lealdade a serviço de uma fé inabalável na bondade e no poder de Deus e de seus Santos. Aliás, seria difícil, se não impossível, querer opor-se a tal religiosidade: o povo sertanejo nem aceitaria argumentos que contrariassem sua fé e seus costumes ancestrais[20].

Ele se mostra mais indulgente que frei Berthet e observa-se, aqui, as transformações do olhar missionário entre o início e o fim da missão. Ele não somente compreende a religiosidade dos *sertanejos* como também a justifica e a aceita, o que mostra a adaptação do missionário às realidades brasileiras. Vai mesmo até mais longe, no final dessa citação, quando diz que seria vão se opor a essas práticas, e até mesmo contraproducente, porque os brasileiros não admitiriam questionar sua religiosidade tradicional. Assim, o missionário deve evitar todo julgamento, se ele quiser ser ouvido e aceito pela população. Pode-se mesmo detectar nessas palavras a constatação de fracasso do projeto missionário inicial, procurando romanizar e europeizar os católicos de Goiás. De forma mais ampla, esse testemunho evidencia o fracasso parcial da romanização no Brasil. Com efeito, se o clero foi bem

---

19. Ibid., 131-132.
20. Ibid., 133.

reorganizado, o catolicismo brasileiro conservou suas características populares e suas práticas.

Frei Audrin é muito mais crítico quando descreve as numerosas superstições e crendices pagãs ancoradas no cotidiano e nas práticas dos habitantes de Goiás. No entanto, o capítulo começa com precaução, fazendo observações que procuram nuances e justificativas para a credulidade *sertaneja*:

> Todas essas crendices, superstições e práticas esquisitas resultam de uma ignorância aliada a uma simplicidade mais que ingênua, [...] não se deve atribuir aos sertanejos em geral, a todos sem exceção, esse triste conjunto de crendices e superstições. A grande maioria, com efeito, goza de muito bom senso [...]. Devemos precisar, também, que muitos fatos a serem aqui relatados não pertencem exclusivamente ao sertão, chamado injustamente, por certos escritores, o país da ignorância e da tolice. Verificam-se idênticas asneiras nos centros mais adiantados. [...] Além do atavismo indígena que lhes transmitiu exagerada propensão para tudo que é mistério e lenda, há, entre os sertanejos, enorme falta de instrução. [...] Não nos esqueçamos, também, de que, na falta habitual de médicos e remédios, eles se viam, em seus sofrimentos físicos, obrigados a recorrer a tudo o que poderia trazer-lhes ao menos uma esperança de alívio[21].

Observa-se aqui que ele explica a ignorância pela falta de instrução e justifica certas práticas pela ingenuidade dos habitantes e pelo abandono material da região. Ele também precisa que certas crenças não se limitam só a Goiás. Existem também nas grandes cidades. Acrescenta que essas superstições diminuem com o progresso da instrução e questiona os autores que descrevem essa região como atrasada. Essa tendência revela um traço característico do Brasil, onde, como em outros

---

21. Ibid., 135-136.

países, os intelectuais da capital e das cidades ricas têm um olhar de desprezo para com as zonas rurais do interior. Sobretudo, ele evita olhar do mesmo jeito que eles e tenta se colocar no lugar dos *sertanejos*; faz prova, ao mesmo tempo, de um apego paternalista a essas populações e de uma assimilação das realidades de Goiás.

Em seu relato, frei Audrin descreve igualmente as superstições mais correntes no interior brasileiro. Os *sertanejos* creem, às vezes, que as pessoas carregam um mau-olhado (*quebranto ou olhos ruins*): estas trazem desgraça, mesmo sem querer; um simples olhar pode transformar um ferimento benigno em uma chaga mortal, ou o contato com uma planta ou um fruto pode arruinar uma colheita. As más sortes ou maldições (*amarrações*), lançadas por um inimigo ou um vizinho invejoso, são as causas mais correntes invocadas pelos *sertanejos* para explicar perdas no domínio dos negócios: colheitas arrasadas, rebanhos doentes, incêndios... Certos insultos trazem desgraça, por exemplo, *mandar para o diabo* uma pessoa ou um animal pode provocar sua morte. Os barulhos noturnos, desaparecimentos ou aparições inexplicáveis são atribuídos aos defuntos ou ao demônio. Para se desfazer das *amarrações* ou se livrar das sortes, os habitantes de Goiás fazem regularmente apelo aos feiticeiros ou *benzedores*, mais ou menos benevolentes, que rezam e fazem encantações para curar e desfazer as maldições, ou ainda a curandeiros. Frei Audrin julga mais severamente esses intercessores que as próprias crendices: descreve os feiticeiros como "charlatões", interessados unicamente no dinheiro, e que abusam da ingenuidade das populações. Reconhece nos curandeiros, por outro lado, conhecimentos medicinais úteis, especialmente das plantas, mas lamenta seus cuidados serem acompanhados por orações pagãs. Questiona igualmente a herança ameríndia para explicar essas crenças e essas práticas, e faz o paralelo entre esses intercessores e os pajés ameríndios (sacerdotes ou feiticeiros segundo as interpretações):

> Poderíamos, talvez, comparar os feiticeiros aos pajés que se encontram em todo vilarejo indígena [...]. Baseando-nos em informações seguras,

os tememos como verdadeiros agentes de forças ocultas, dotados de informações misteriosas e de recursos sobre-humanos[22].

Neste trecho, frei Audrin apresenta-se como pessoa realmente abrasilianada. Assimilou os medos e as crenças *sertanejas*, pois ele diz temer os *pajés* ameríndios e acredita em seus poderes, como a maioria dos habitantes da região.

Igualmente, no início do capítulo, ainda que rejeite a maioria dos fenômenos descritos na esfera das superstições, diz ter ele próprio assistido a acontecimentos inexplicáveis:

> Por outro lado, se muitos dos fatos estranhos que vamos relatar não exigem explicações complexas, por serem puras ilusões, descreveremos, entre eles, casos que seremos obrigados a denominar fenômenos misteriosos, casos que somente podem ser atribuídos a forças sobre-humanas e a intervenções sobrenaturais. Com semelhante afirmação, não pensamos diminuir-nos porque, se acreditamos em Deus, não podemos negar-lhe o poder de intervir no mundo. Nem tão pouco é possível desmentir o Evangelho, quando fala do inimigo de Deus agindo tantas vezes entre os homens para iludi-los, e, assim, contrariar os planos divinos[23].

Vê-se aqui que, aludindo a uma interpretação bíblica, frei Audrin admite ter assistido a fenômenos inexplicáveis. Ele diz, por exemplo, ter conhecido uma pessoa cuja presença causava consequências estranhas: um jovem, "sem maldade", fazia murchar pés de pimenta ou de mandioca na horta do convento, simplesmente colhendo os frutos ou arrancando algumas folhas[24]. Ele faz, aqui, testemunho de fenômenos

---

22. Ibid., 139.
23. Ibid., 136.
24. Ibid., 137.

misteriosos comumente descritos pelos habitantes de Goiás e justifica, assim, suas crenças. Esse testemunho evidencia uma brasilianização do pensamento missionário; frei Audrin, de maneira inconsciente, integrou certas crendices *sertanejas* que ele descreveu.

Encontram-se outros indícios de crenças pouco ortodoxas entre os missionários dominicanos no Brasil. Em uma carta de 1913[25], frei Sebastião Thomas descreve duas curas atribuídas aos restos mortais de frei Vilanova, cujo corpo foi conduzido a Conceição do Araguaia em 1912, por frei Audrin: uma irmã conversa, moribunda, teria sido curada após terem colocado um osso de frei Vilanova sobre seu peito e começado uma novena em memória do fundador de Conceição. Igualmente, uma criança teria sido salva de uma doença depois que seu pai a deitou sobre o caixão do frei. Frei Sebastião Thomas relata também outras curas que se deram após o retorno do corpo de frei Vilanova, e as acha normal, levando em conta a "heroicidade" do missionário. Essas crenças que remetem aos poderes milagrosos de um defunto estão, antes de tudo, mais ligadas ao catolicismo tradicional de origem medieval do que ao catolicismo romanizado que os dominicanos estão encarregados de difundir.

Esses testemunhos, tomados em momentos diferentes da missão, mostram a evolução do olhar dos dominicanos sobre a religiosidade dos habitantes de Goiás. Progressivamente, aceitaram práticas religiosas que queriam modificar no momento de sua chegada, porque as julgavam contrárias à moral católica. Aprenderam a conhecer e a compreender o fervor religioso brasileiro, a maneira de expressar sua fé, tão diferente da que conheciam na França, e não mais duvidaram da fé dos *sertanejos*. Adaptaram-se às realidades brasileiras a ponto de integrarem certas práticas locais que criticavam, como as procissões. Assiste-se mesmo, por certos aspectos do testemunho de frei Audrin,

---

25. Carta de frei Thomas, datada de 23.06.1913, classificada como AG3P40D019, nos arquivos dominicanos do convento Nossa Senhora Aparecida, em Belo Horizonte.

Adaptação do olhar, educação, civilização

a uma reviravolta da transferência cultural: com efeito, ele assimilou certas crenças contra as quais teria lutado.

3. Obra das dominicanas de Nossa Senhora do Santo Rosário no Brasil

Frei Artigue escreve, em 1883, sobre as dominicanas: "[...] elas nos são necessárias para fazer o bem às mulheres, porque é o único meio de atingi-las [...]"[26]. Ele exprime aqui a necessidade da implantação de colégios de irmãs para assumirem a educação feminina. Assim, todas as fundações das missionárias dominicanas na Diocese de Goiás serão seguidas, com alguns anos de intervalo, pela instalação das irmãs dominicanas[27]. Solicitadas pelo bispo, Dom Gonçalves Ponce de Leão, e pelos dominicanos, as irmãs da Congregação de Nossa Senhora do Santo Rosário de Monteils (Aveyron) chegam à Diocese de Goiás a partir de 1885.

A Congregação de Nossa Senhora do Santo Rosário foi fundada em 1851, em Bor (Aveyron), por Alexandrine Conduché (1833-1878), que recebeu, entrando para o convento, o nome de Madre Marie Anastasie. A vocação da Congregação é a evangelização da juventude da região através da educação, sobretudo a juventude rural do sudoeste da França, muito pouco alfabetizada. A Congregação é afiliada à província dominicana de Tolosa, em 1875, por frei Cormier, então provincial. O bispo de Goiás e os religiosos as fazem vir ao Brasil a fim de completar a obra missionária e desenvolver o ensino religioso na diocese, bem como a educação de maneira geral, porque há muitas poucas escolas na região. Fundaram, em cada cidade onde os dominicanos já estavam instalados, conventos e escolas[28]. Elas, igualmente, investiram,

---

26. Carta de frei Artigue, datada de 1883, não classificada, nos arquivos dominicanos do convento Santo Tomás de Aquino, em Tolosa.
27. Ver mapa em Anexos, p. 455.
28. Ver fotografias em Anexos, p. 476 e 478.

no domínio da saúde e da assistência social, abrindo hospitais, asilos e orfanatos. Como numerosas congregações femininas europeias e brasileiras em todo o país, as dominicanas suprem a ausência de estrutura de educação e de saúde em Goiás, ocupando assim um vazio deixado pelos poderes públicos nesse final do século XIX. Têm igualmente um papel importante na educação religiosa e na romanização das populações de Goiás, completando o trabalho dos dominicanos ao ministrar o ensino religioso nas escolas, suprindo assim a escassez do clero secular. Seu papel foi essencial na educação e alfabetização das populações, sobretudo a educação feminina, porque não havia escolas para moças na Diocese de Goiás antes de sua chegada. Vieram em maior número que os frades e rapidamente suscitaram vocações entre as jovens brasileiras formadas em suas escolas. Em 1919, elas são 75 na missão de Goiás, quando há somente 36 religiosos dominicanos[29]. Em 1932, elas são 150 e os dominicanos, 35[30].

Vários elementos podem explicar essas diferenças. Primeiramente, as irmãs eram mais numerosas na França que os frades; podiam, pois, enviar mais missionárias ao Brasil. O sucesso de seus colégios permitiu também às religiosas despertar numerosas vocações dominicanas entre suas alunas. Além disso, as dominicanas abriram, desde 1903, um noviciado em Uberaba, a fim de formar aqui mesmo as brasileiras que queriam entrar para a congregação e que, até esse momento, deviam continuar sua formação na França. No entanto, algumas noviças partiam ainda para terminar sua formação, aperfeiçoar seu francês e conseguir alguns diplomas, especialmente o de enfermagem. Parece, também, que as irmãs tinham menos preconceitos que os dominicanos com relação à cor da pele e ao nível de instrução das populações de Goiás, o que lhes permitiu um maior recrutamento. Finalmente, devia haver aí,

---

29. TAPIE, *Visite canonique et statistique...*, op. cit.
30. Relatório de frei Bonhomme, datada de 30.04.1932, classificado como K1325, nos arquivos dominicanos do convento Santo Tomás de Aquino, em Tolosa.

como na Europa, mais vocações entre as mulheres que entre os homens, porque, contrariamente a esses últimos, elas não tinham outras alternativas senão a vida religiosa para escapar da família e do casamento no *sertão* da época. Além disso, a vocação dominicana podia dar-lhes acesso a uma profissão, de professora ou enfermeira, e fazê-las sair de sua condição.

A implantação da Congregação de Nossa Senhora do Santo Rosário no Brasil inscreve-se no movimento mais amplo da difusão do ensino católico no mundo. No século XIX, tanto na América Latina como na Europa, havia poucas políticas públicas de educação e, mesmo quando os princípios já estavam estabelecidos, poucos meios estiveram disponíveis para construir as infraestruturas necessárias e formar professoras. Paralelamente, as congregações religiosas femininas multiplicam-se e a maioria se consagra a atividades sociais, como o ensino e o cuidado dos doentes, rompendo assim com a tradição dos mosteiros fechados, nos quais as irmãs consagravam suas vidas à oração. As congregações religiosas ligadas ao ensino participaram, portanto, do desenvolvimento da educação escolar numa época em que havia poucos projetos estruturados de instrução pública. No século XIX, em que o ensino era, em sua grande maioria, privado, confessional (católico ou protestante), masculino e reservado às categorias de populações mais ricas, essas congregações desempenharam um papel especial no desenvolvimento do ensino feminino e da formação profissional das mulheres, em uma época em que os Estados não se preocupavam com isso. Elas participaram, assim, nas transformações do lugar da mulher na sociedade e nas premissas de sua emancipação.

No Brasil, a expulsão dos jesuítas, em 1759, fez desaparecer seus colégios, que representavam as principais estruturas escolares da colônia. O ensino, essencialmente católico, encontra-se então reduzido à sua porção ínfima. A partir da Independência, em 1822, as políticas visando desenvolver o ensino público são estabelecidas, mas o número de estabelecimentos fica, por muito tempo, bem limitado. Somente as grandes cidades dispõem de estruturas escolares e de ensino superior. Em 1834, um ato adicional à constituição estabelece a liberdade de ensino e abre caminho para a multiplicação de escolas privadas, geralmente por iniciativa de congregações religiosas brasileiras e europeias. Em 1838, o primeiro colégio público de ensino secundário abre suas portas no Rio de Janeiro, o colégio Dom Pedro II. O ensino público continua muito fraco até o fim do século XIX. A maior parte dos estabelecimentos é privada, católica e, além disso, reservada aos rapazes. O ensino feminino é introduzido no Brasil por uma lei de 1827, mas o ensino secundário continua reservado aos homens. Somente as escolas normais (criadas em 1835) permitem às mulheres continuar seus estudos, a fim de se tornarem professoras do curso primário.

A multiplicação das congregações religiosas femininas docentes provoca o desenvolvimento da escolarização feminina na Europa, mas também no resto do mundo. Seu número, assim como o impulso missionário do século XIX, fortemente ligado à colonização europeia, permite a essas congregações implantarem-se no mundo inteiro e aí desenvolverem o ensino feminino. A colonização da África, por exemplo, favoreceu a implantação de congregações religiosas católicas e protestantes, masculinas e femininas, em todo o continente. Os Estados europeus favoreciam, geralmente, a presença dessas congregações nas colônias porque elas participavam muito na difusão da língua e da cultura do país colonizador, mesmo quando emitiam, na metrópole, leis hostis às congregações religiosas e ao ensino confessional. Com efeito, o papel dos religiosos e das religiosas era essencial para a europeização das sociedades colonizadas, com sua presença favorecendo uma colonização cultural com menos despesa.

No entanto, entre 1850 e 1890, as congregações religiosas francesas estão mais presentes na América que nas colônias asiáticas e africanas da França[31]. Do Canadá à Argentina, centenas de congregações

---

31. DUFOURCQ, *Les aventurières de Dieu*, op. cit., 306.

europeias instalam-se na América nos séculos XIX e XX, acompanhando as grandes ondas de migrações europeias, que esperavam fazer fortuna e começar uma nova vida. Após as independências, a maioria dos jovens estados americanos tenta fazer funcionar sistemas de educação públicos e leigos, mas, geralmente, não têm os meios para financiá-los e deixam que as congregações religiosas se encarreguem da educação até a metade do século XX. Em Quebec, por exemplo, as congregações francesas implantaram-se em grande número, e seu papel foi preponderantemente no ensino, sobretudo, feminino. Com efeito, até os anos 1920, o Estado não estava em condições de implantar as estruturas necessárias à difusão da instrução pública no conjunto do território e precisou, como em numerosos países, apoiar-se nas congregações religiosas.

Na América Latina, essa constatação é ainda mais verdadeira, pois o ensino era mantido pelos colégios católicos desde o início da colonização. As independências não modificaram essa situação, embora o fim do padroado tenha rompido o laço tradicional que submetia a Igreja Católica aos reis da Espanha e de Portugal. As congregações religiosas chegam em massa ao continente entre 1850 e 1950, sobretudo no Cone Sul: Argentina, Chile, Brasil. Até a metade do século XX, as congregações religiosas europeias, e aquelas fundadas aqui, estão na origem das principais estruturas de ensino e de cuidados de saúde na América Latina. Suprem as carências do Estado nesses setores, com ou sem o seu apoio. Mesmo no México, onde as políticas anticlericais e o processo de laicização foram mais fortes que no restante da América Latina, e provocaram conflitos importantes entre o Estado, a Igreja Católica e as congregações estrangeiras, a presença destas e seu empenho no ensino foram importantes.

No Brasil, o papel das congregações educativas é preponderante no desenvolvimento da escolarização e no acesso à saúde, no conjunto desse imenso território. Com efeito, a maior parte dos estabelecimentos escolares encontra-se nas grandes cidades. Não há quase escolas nas

SEGUNDA PARTE | Uma missão no processo de romanização

regiões rurais, como Goiás, no final do século XIX. A taxa de alfabetização é de 15% no país, 14% em Goiás e 36% no Distrito Federal, em 1872[32], o que revela, ao mesmo tempo, o fraco nível de educação no país e as desigualdades de acesso a ela. Durante toda a Primeira República (1889-1930), as escolas primárias públicas são postas sob a responsabilidade das cidades e dos estados. Não há sistema de educação gerido nacionalmente, as desigualdades perduram e o ensino privado continua a progredir. Os numerosos imigrantes europeus abrem seus próprios estabelecimentos escolares, sobretudo no Sul do país, e as congregações religiosas educativas multiplicam-se no conjunto do território. A revolução de 1930, abrindo o período Vargas (1930-1945), começa com a criação do primeiro-ministro da Educação e da Cultura no Brasil. O Estado apoia-se claramente na Igreja Católica para reorganizar o setor educativo. Desenvolve o ensino superior, enquanto o ensino primário e secundário continua sob a responsabilidade das cidades e dos estados, e reforma a Escola Normal, inspirando-se no modelo francês. Após 1945, o sistema educacional brasileiro se desenvolve: as escolas privadas e públicas se multiplicam, mas continuam, a maior parte das vezes, inacessíveis às populações mais pobres.

As irmãs da Congregação de Nossa Senhora do Santo Rosário embarcam para o Brasil em 1885. Antes de partir, ficaram alguns meses em Portugal, para aprender português, e fizeram uma visita a Lourdes, para pedir uma bênção para a viagem. Esta, feita por mar, durou vinte e três dias. Tomam, em seguida, um trem do Rio de Janeiro para São Paulo e, depois, para Ribeirão Preto, e terminam seu périplo com oito dias viajando em carro de boi para chegar a Uberaba. Partindo em maio, as seis primeiras dominicanas chegam a Uberaba em julho de 1885, para aí se instalarem. Começam, rapidamente, a dar aulas em

---

32. Ver tabela em Anexos, p. 467, elaborada a partir dos recenseamentos do IBGE para o período que nos interessa. Os cálculos porcentuais foram estabelecidos a partir dos dados dessas tabelas, que arredondamos.

uma residência que lhes foi emprestada até o término dos trabalhos do hospital, a *Santa Casa de Misericórdia*, onde uma parte do prédio lhes será cedida.

Em 1889, Dom Gonçalves Ponce de Leão solicita, novamente, irmãs de Nossa Senhora do Santo Rosário para fundar um colégio para meninas em Goiás, e oito dominicanas são enviadas ao Brasil com essa finalidade. Após terem passado alguns meses em Uberaba para aprender português e se aclimatar ao país, as irmãs empreendem uma viagem de vinte e quatro dias, a cavalo, para chegarem a Goiás. Durante esse périplo, param em fazendas para passar a noite. São muito bem acolhidas, mas, às vezes, pessoas encontram religiosas pela primeira vez, e isso dá lugar a situações surpreendentes:

> [...] todos os membros da família e os vizinhos, se há, vêm beijar-lhes as mãos, cumprimentá-las, pedir notícias da viagem e convidá-las a tirarem a roupa da viagem. Como se o véu das irmãs fosse uma espécie de chapéu, em todas as casas, pedem-lhes para tirá-lo para melhor refrescar a cabeça. Nossas irmãs explicam que o véu faz parte do hábito, assim como a murça e todo o resto. É impossível descrever o espanto dessa boa gente. Muitas vezes já viram frades, mas irmãs, nunca! [...] Algumas pessoas chegam a levantar-lhes o véu para verem o que há debaixo; tocam no rosário, beijam a cruz, examinam seus calçados e toda a vestimenta. Outras imaginam que são irmãs de pai e mãe ou que uma delas é a mãe das outras, ou ainda que todas são filhas do frade que as acompanha. Fazem muitas perguntas bizarras[33].

Vê-se, aqui, que as populações de Goiás não estão habituadas com religiosas e que o choque de encontro deve ter sido nos dois sentidos, todos estando obrigados a fazer esforços de adaptação. O bispo de Goiás cede-lhes sua residência, onde se instalam e começam rapidamente a

---

33. Lopes; Bichuette (org.), *Dominicanas...*, op. cit., 48.

SEGUNDA PARTE | Uma missão no processo de romanização

dar aulas. Ele lhes paga, igualmente, uma pequena pensão individual e mensal. As dominicanas mandam construir, em 1892, duas salas para aumentar o *Colégio Santana*[34], já bem exíguo. Compram, em 1895, uma fazendinha ou chácara, fora da cidade, a fim de para aí se retirarem nos fins de semana e nas férias, e assim escaparem do calor às vezes sufocante da cidade de Goiás, à qual as dominicanas tiveram dificuldade para se adaptar.

As irmãs começam, pois, a abrir escolas nas cidades onde os dominicanos já estavam presentes e recebem, para isso, ajuda material e financeira do bispo. Em Uberaba e em Goiás, só dão aula para meninas, enquanto em outras cidades da diocese acolhem igualmente meninos, pelo menos no início da missão. Respondem assim à falta de estruturas educativas da maior parte das cidades. Seus colégios contavam com um internato (unicamente para meninas) e um externato. No início, os estabelecimentos das irmãs só oferecem o nível elementar, mas, na maior parte dos casos, o nível secundário é rapidamente instalado. Em sua chegada ao Brasil, o sistema escolar estava assim organizado: o primário, teoricamente obrigatório, durava quatro anos, dos 7 aos 11 anos; o secundário, chamado ginásio, quatro anos igualmente; o colegial durava dois ou três anos e preparava para a entrada no ensino superior. Paralelamente, podia-se, no nível do ginásio, orientar-se para o Curso Normal, que durava quatro anos e formava professoras. As dominicanas instalaram o Curso Normal em todas as suas escolas e formaram, assim, gerações de professoras da região. O nível colegial só existia em Uberaba e foi aberto no final de nosso período de estudo.

Seus estabelecimentos tiveram sucesso rapidamente, porque foram, por muito tempo, os únicos a dar acesso à educação das moças da região. Em certas localidades, foram as primeiras escolas que apareceram. Com efeito, no início da missão, as estruturas escolares públicas quase não existiam na diocese, exceto em Uberaba e Goiás. Nas classes

---

34. Ver fotografia em Anexos, p. 482.

mais favorecidas, recorria-se, geralmente, a professores particulares, depois se enviavam os rapazes para continuar seus estudos na capital. O restante da população não tinha acesso à educação. Em Uberaba, a primeira escola primária abriu suas portas em 1815. Nos anos 1830, o ensino elementar público foi instalado na cidade e, ao longo do século, outras escolas privadas foram abertas. Ao contrário, os diferentes estabelecimentos secundários privados ou públicos, que foram criados entre 1854 e 1877, pouco duraram, e foram fechados alguns anos após sua fundação. O colégio das dominicanas é o primeiro estabelecimento de ensino secundário que teve sucesso e se manteve por muito tempo. Em 1889, o *Colégio Uberabense* abre suas portas, permitindo aos rapazes seguir o curso secundário em Uberaba. Em 1896, quando a sede da diocese é transferida de Goiás para Uberaba, esse colégio acolhe, em seu interior, o seminário diocesano. Em 1903, os irmãos maristas assumem o *Ginásio Diocesano* a pedido de Dom Eduardo Duarte Silva. Essa escola torna-se, de certo modo, o equivalente masculino do colégio das dominicanas.

Em Uberaba, no primeiro ano, as irmãs têm apenas uma dezena de alunas no internato, mas o número de alunas no externato aumenta rapidamente e há necessidade da vinda de cinco, depois sete, outras missionárias nos anos seguintes da fundação. Em 1888, havia 59 alunas matriculadas no colégio e 254, em 1898, internas e externas no total[35]. Frei Galais escreve em 1892:

> Nesse momento, a comunidade se compõe de dez religiosas, das quais seis se ocupam mais particularmente do ensino. Suas salas de aula são frequentadas por cerca de cento e cinquenta crianças, das quais quarenta a cinquenta são internas. As externas se dividem em duas categorias. Há as meninas pertencendo a famílias ricas da cidade, que pagam uma mensalidade escolar, e as pobres que são recebidas

---

35. LOPES; BICHUETTE (org.), *Dominicanas...*, op. cit., 79.

gratuitamente e que, divididas em dois grupos, conforme sua idade e escolaridade, recebem, de duas professoras, a instrução que convém à sua condição[36].

O externato recebe, pois, gratuitamente, uma parte de alunas, quando as famílias não podem pagar a mensalidade escolar. Certas aulas diferem, em função de sua condição social: as jovens de famílias mais favorecidas recebem, por exemplo, aulas de piano e de francês, enquanto aquelas de famílias mais modestas seguem aulas de cozinha e de costura. A construção do *Colégio Nossa Senhora das Dores* começa em 1893 e termina dois anos depois. Para financiar os trabalhos, as dominicanas apelaram, além de seus recursos e aos dos dominicanos, a doações de famílias de Uberaba. Primeiro estabelecimento de ensino feminino da região, esse colégio teve um papel importante na transformação da sociedade da época. Uma antiga aluna escreve: "No ano [seguinte ao de sua construção], o colégio já funcionava neste prédio e as irmãs iriam dar início à mais importante e fecunda obra da educação feminina e cristã que, por longos anos, não teve rival no interior do país"[37]. Ela salienta, aqui, o sucesso do colégio e sua importância para a educação feminina na região. As dominicanas dão aulas para os cursos primário, secundário e ensino religioso. Em 1894, as alunas têm entre 7 e 27 anos, a média se situando entre 10 e 18 anos. Em 1905, o colégio instala o Curso Normal, reconhecido pelo Estado no ano seguinte, e pode formar professoras. Em 1910, a escola normal conta com 26 alunas. Entre 1915 e 1925, 73 normalistas saem diplomadas do colégio.

No *Colégio Santana* de Goiás, o número de alunas, uma centena desde o início, aumenta rapidamente no externato, e, aos domingos, as irmãs dão também aulas para os adultos. Há, igualmente, um internato. Em 1892, há sete dominicanas em Goiás e uma centena de alunas em

---

36. GALLAIS, *Une mission dominicaine au Brésil...*, op. cit., 24.
37. LOPES; BICHUETTE (org.), *Dominicanas...*, op. cit., 41.

Adaptação do olhar, educação, civilização

seu colégio, aberto em 1889[38]. Durante muito tempo, as irmãs mantêm só o ensino elementar, acompanhado do ensino religioso obrigatório; depois, em 1907, o secundário e a Escola Normal são instalados e reconhecidos pelo Estado. As matérias ensinadas seguiam o programa oficial da Escola Normal: português e cosmografia eram ensinados por uma professora leiga e as irmãs se incumbiam de todo o restante (história do Brasil, história sagrada, geografia, história natural, física, química, matemática, geometria, pedagogia, didática, psicologia, educação física, música, francês e trabalhos manuais). Em 1919, há, no *Colégio Santana*, 30 alunas internas, 75 externas gratuitas e 220 externas pagantes, e 38 rapazes[39].

Solicitadas por frei Vilanova para completar o trabalho dos frades na evangelização dos ameríndios, quatro dominicanas partem, em 1902, para Conceição do Araguaia e abrem o *Colégio Santa Rosa*, no início de 1903. O colégio é composto de um internato para as ameríndias e de um externato para as jovens da cidade[40]. Em 1907, o estabelecimento torna-se misto. Por mais que isso possa parecer espantoso para a época e para colégio de irmãs, as dominicanas abriram, nos primeiros dez anos da missão, escolas mistas no Brasil. Nos lugares onde não havia escolas, elas assumiram a educação elementar das moças e dos rapazes. Em geral, logo que um estabelecimento escolar para rapazes abria suas portas em uma determinada localidade, as irmãs reservavam seu colégio para as moças. A educação das populações de Goiás era uma das prioridades estabelecidas pelos dominicanos, mas o pequeno número de religiosos não lhes permitia abrir escolas para rapazes. As dominicanas desempenharam esse papel em todos os lugares onde isso era necessário. Em Conceição, encarregaram-se dos meninos cristãos até a abertura de uma escola primária. Os frades assumiam os rapazes

---

38. GALLAIS, *Une mission dominicaine au Brésil...*, op. cit., 35.
39. TAPIE, *Visite canonique et statistique...*, op. cit., 55.
40. Ver fotografias em Anexos, p. 484 e 490.

ameríndios. Em 1919, frei Tapie descreve assim o trabalho das irmãs em Conceição:

> As irmãs de Conceição têm um trabalho tão variado quanto cansativo, sendo, pois, difícil fazer uma estatística exata. Elas se ocupam da instrução de crianças dos dois sexos, recolhem os pequenos peles-vermelhas que os frades lhes confiam, recebem ou alimentam os peles-vermelhas que vêm a Conceição para visitar os frades[41].

Constata-se, aqui, a particularidade da obra das dominicanas em Conceição, com relação às atividades desenvolvidas nas outras localidades da missão. Elas participam, com efeito, do projeto de evangelização dos ameríndios, que detalharemos na terceira parte deste trabalho. São elas que os acolhem em seu internato e assumem a maior parte de sua educação. Elas são igualmente solicitadas para manter boas relações com os ameríndios em visita a Conceição, pois são encarregadas de alimentá-los.

Em 1904, as dominicanas instalam-se igualmente em Porto Nacional e fundam o *Colégio Sagrado Coração de Jesus*. É um colégio misto, com internato e externato. Ele começa a funcionar desde a chegada delas na residência oferecida às irmãs por famílias da cidade. A construção do estabelecimento definitivo terminou dois anos mais tarde. Em 1919, as dominicanas recebem 20 alunas internas, 30 externas e 12 órfãos em seu colégio. Lecionam igualmente na escola pública, onde elas têm 95 alunos[42].

Em 1910, é em Formosa que as dominicanas fundam o *Colégio São José*. Recebem, primeiro, as moças, depois, a pedido das famílias da cidade, abrem uma escola para meninos de 5 a 11 anos. O colégio recebe moças de toda a região, graças ao internato, e abrem, rapidamente,

---

41. TAPIE, *Visite canonique et statistique…*, op. cit., 56.
42. Ibid.

Adaptação do olhar, educação, civilização

o Curso Normal. Em 1919, o colégio de Formosa conta com 32 alunas internas, 105 externas gratuitas, 15 rapazes e 6 órfãos[43]. As dominicanas saem de Formosa em 1942, deixando o colégio ao bispo de Goiás.

As dominicanas dão aula de educação religiosa e catecismo a seus alunos, mas também, na maioria das cidades onde se instalam, aos adultos. Em certas localidades, dão também cursos de alfabetização. As moças recebem, ainda, cursos de costura, culinária e de cuidados da casa, a fim de se tornarem boas mães de família, sabendo manter um lar. As regras de higiene, largamente difundidas no século XIX, e as boas maneiras "à moda francesa", muito apreciadas pelas famílias ricas da época, fazem parte dos ensinamentos pelos quais os colégios das dominicanas são apreciados. Certos ensinamentos das irmãs testemunham a difusão de práticas especificamente francesas ou dominicanas. Uma antiga aluna as descreve assim[44]:

> Nas grandes ocasiões, cantávamos a Marselhesa, em bom francês e com entusiasmo de emocionar, "lá do outro lado", o próprio autor, Rouget de Lisle [...]. Como esquecer a tão bela voz de Irmã Marcelina, essa religiosa que nos dava a impressão de rezar continuamente seu imenso rosário? Como esquecer a reza diária do terço, meditado em cada um desses mistérios, segundo o dia da semana? Ser aluna dominicana era, principalmente, amar esse rosário, recomendado pela própria Mãe de Deus em suas aparições em Fátima e em Lourdes, riquíssimo legado do pai São Domingos à sua Ordem querida[45].

Vê-se, neste testemunho, a difusão de uma cultura francesa através do aprendizado do hino nacional, bem como da cultura dominicana pela importância dada à devoção ao rosário.

---

43. Ibid.
44. Júlia de Souza Borges, aluna do colégio de Uberaba nos anos 1940, in: Lopes; Bichuette (org.), *Dominicanas...*, op. cit., 147.
45. Tapie, *Visite canonique et statistique...*, op. cit., 55.

SEGUNDA PARTE | Uma missão no processo de romanização

Seus colégios são pagos e recebem, pois, crianças das famílias ricas da região, mas, para educar igualmente as camadas mais pobres da população, como era a missão das irmãs de Nossa Senhora do Santo Rosário, elas acolhem também algumas alunas com mensalidade reduzida ou gratuitamente. Em Conceição do Araguaia, as ameríndias, que eram forçosamente internas, participam dos trabalhos de funcionamento do colégio (cozinha, limpeza, jardinagem). Em Uberaba, as irmãs abriram, igualmente, outras escolas primárias na cidade para educar as crianças das famílias pobres e, sobretudo, dar-lhes um ensino religioso. Em 1905, as irmãs abrem uma escola gratuita, *Externato Imaculada Conceição* e, em 1945, iniciam a construção do *Externato São José*. Alunas e ex-alunas do colégio fazem uma campanha para arrecadar fundos para a construção.

As dominicanas organizam, igualmente, obras de assistência. Em 1909, as irmãs de Goiás assumem, a pedido do bispo, o *Asilo São Vicente*, que recebe pessoas idosas e com deficiências físicas e mentais. Em 1936, o asilo abriga 75 pessoas e 6 órfãos e funciona graças às subvenções do Estado Federal, do estado de Goiás e das doações das famílias da região. Por esses fundos não serem suficientes, as irmãs fazem sabão, refinam açúcar e vendem vinho fabricado com frutos das parreiras plantadas no quintal do asilo. Em Uberaba, abrem um orfanato, em 1920, *Santo Eduardo*, graças às doações coletadas entre as famílias de Uberaba e à ajuda dos membros da Confraria do Rosário, que apadrinham os órfãos.

As dominicanas desenvolvem também obras de cuidado dos doentes, particularmente as visitas aos enfermos, em domicílio. Com efeito, elas não eram todas professoras e algumas dentre elas eram enfermeiras. Desde sua chegada a Uberaba, as dominicanas se ocupam dos doentes da *Santa Casa*, hospital onde foram alojadas, e fazem igualmente visitas a domicílio. Mas o hospital é confiado a um grupo de médicos no início de 1890 e as dominicanas não trabalham mais nele. Por ocasião da epidemia da gripe espanhola de 1918, elas propõem, voluntariamente sua ajuda ao hospital e, após a epidemia, o diretor confia-lhes a direção interna do hospital, bem como a enfermaria militar anexa. Em 1948, abrem a *Escola da Enfermagem Frei Eugênio*, com o apoio do bispo, Dom Alexandre Gonçalves do Amaral. Frei Tapie menciona, em seu relatório de 1919, que quatro irmãs se ocupam do hospital São Pedro de Alcântara, em Goiás[46]. Em Conceição do Araguaia elas abrem, pouco após sua chegada, um posto médico, o *Ambulatório São Lucas*, que se torna, mais tarde, hospital. Nessa região pioneira, esse ambulatório permanece, por longo tempo, o único socorro médico do qual dispõe a população, e os doentes caminham, às vezes, centenas de quilômetros para nele chegarem. A partir do final dos anos 1940, as irmãs investem, cada vez mais, em obras médicas, trabalham em hospitais de Porto Nacional (GO) e Torres (RS) e dirigem o hospital *São Marcos*, de Belo Horizonte.

É em Uberaba que suas obras educacionais conheceram o desenvolvimento mais importante. No *Colégio Nossa Senhora das Dores*, o número de alunas está em constante aumento no período estudado; os cursos oferecidos diversificam-se, e o noviciado forma numerosas dominicanas brasileiras. Em 1919, no colégio, há 120 alunas internas, 140 externas pagantes e 60 semi-internas. Os dois externatos gratuitos recebem 350 alunas e 15 órfãs são acolhidas no orfanato[47]. Em 1935, há 602 alunas[48] no colégio. A partir dessa data, Uberaba entra em uma fase de modernização (reforma urbana, extensão das redes de eletricidade e de esgoto...), graças, sobretudo, à expansão da criação e do comércio do gado zebu, do qual a cidade se torna um centro importante. O colégio das irmãs moderniza-se e, também, trabalhos para ampliação do prédio são realizados no início dos anos 1940. É igualmente um período em que o número de alunas é muito elevado, atingindo 1500, das quais 250 são internas, em 1945[49].

---

46. Ibid., 55.
47. Ibid.
48. LOPES; BICHUETTE (org.), *Dominicanas* ..., op. cit., 120.
49. Ibid., 136.

Enfim, em 1948, as dominicanas completam a carreira educativa de Uberaba, fundando uma Faculdade de Ensino Superior. Colaboram, para esse projeto, com os irmãos maristas e com o bispo de Uberaba, Dom Alexandre Gonçalves do Amaral. Obtêm aprovação do presidente da República, general Dutra, e abrem a *Faculdade de Filosofia Ciências e Letras Santo Tomás de Aquino*[50]. Até 1954, a Faculdade não tem prédio próprio. A seção feminina funciona no colégio *Nossa Senhora das Dores*, das dominicanas, e a seção masculina, no Colégio Diocesano dos Maristas. Essa Faculdade, a primeira nessa região do interior do país, permitiu aos jovens *sertanejos* acederem aos estudos superiores. Até então, poucos dentre eles continuavam seus estudos, menos ainda as moças, porque era preciso ir para as grandes cidades do Sul ou para a Europa. As dominicanas participaram, assim, da criação do primeiro estabelecimento de ensino superior da região; iniciativa excepcional na época, para uma pequena cidade do interior brasileiro.

Os trinta últimos anos da missão são marcados pela fundação de novos colégios e pela extensão das obras das irmãs dominicanas em numerosas regiões do Brasil. Elas se instalam, como missionárias dominicanas, nas grandes cidades do Sul do país, mas, diferentemente dos dominicanos, conservam a maior parte das obras do interior do país e desenvolvem outras numerosas.

Em 1926, a superiora-geral da Congregação de Nossa Senhora do Santo Rosário, em visita ao Brasil, passa um tempo no Rio de Janeiro, mediante solicitações de Dom Leme, visando instalar as dominicanas nessa cidade. Encontra-se com senhoras da alta sociedade do Rio de Janeiro, terceiras dominicanas e franciscanas, que confiam às irmãs a obra de caridade da *Pequena Cruzada Santa Teresinha do Menino Jesus*. Esse

---

50. GATTI JR., Décio; OLIVEIRA, Sebastião José de, A criação e a consolidação da Faculdade de Filosofia, Ciências e Letras Santo Tomás de Aquino em Uberaba, Minas Gerais, uma experiência singular da congregação dominicana no Brasil (1948-1961), *Educação e Filosofia*, v. 18 (maio 2004) 131-150, número especial.

estabelecimento tem por vocação alimentar as crianças pobres do bairro do Catete, dar aulas de catecismo, costura e bordado. As dominicanas encarregam-se dessa obra de 1926 a 1935. Em 1935, após terem comprado uma casa no bairro do Botafogo, as religiosas abrem um jardim de infância, ao qual acrescentam, em 1936, o curso elementar, dando origem ao *Colégio Santa Rosa de Lima*. Nesse ano, há 33 inscritos no jardim de infância e 28 moças seguem o curso elementar ou o curso de profissionalização em costura e bordado. As irmãs dão igualmente aulas de catecismo e de preparação aos sacramentos a adultos, especialmente a operários.

As dominicanas instalam-se, em 1941, em São Paulo, onde o bispo, Dom José Gaspar, lhes confia, em um primeiro momento, um orfanato fora da cidade. Dois anos mais tarde, fundam um colégio na cidade, o *Colégio Nossa Senhora do Rosário*. O número de alunas aumenta rapidamente, passando de 49, em 1943, a 350 em 1947[51], bem como os níveis ensinados. Um noviciado é igualmente instalado no colégio, para permitir o recrutamento de dominicanas. Em 1957, abrem um curso, à noite, para empregados domésticos, que se tornará, mais tarde, um curso de alfabetização para adultos. Em 1949, fundam igualmente o *Colégio Santa Teresinha*, em Marabá, onde os dominicanos têm uma casa filial, ligada ao convento de Conceição do Araguaia, desde 1941.

As dominicanas, além disso, abriram escolas em cidades onde seus homólogos masculinos não estavam implantados. Abrem o colégio *São Domingos*, em Araxá (MG), em 1928, a pedido do bispo de Uberaba, Dom Antônio Lustosa, e fundam o *Externato São José*, em 1948, em Goiânia. Criam a comunidade *Santa Maria de Belém*, em 1952, em Belém, depois a *Escola Imaculada Conceição*, em Cambará do Sul, no Rio Grande do Sul, em 1954. A pedido dos dominicanos da Lombardia, abrem também um colégio em Curitiba, em 1957, o *Colégio Nossa Senhora do Rosário*. Sua implantação no Brasil foi, pois, mais vasta e mais rápida que a dos dominicanos[52].

---

51. LOPES; BICHUETTE (org.), *Dominicanas...*, op. cit., 139.
52. Ver mapa em Anexos, p. 456.

Para finalizar, devemos mencionar que duas dominicanas brasileiras, atraídas pela vocação contemplativa, estão na iniciativa da abertura de um mosteiro em São Paulo, em 1930, o *Mosteiro Cristo Rei*. Essas duas irmãs foram se formar no Mosteiro de Prouilhe, em Aude – mosteiro de origem das dominicanas contemplativas, fundado por São Domingos, em 1206 –, e retornam com quatro francesas para fundar o mosteiro paulista, que existe até hoje.

O conjunto das obras desenvolvidas pelas dominicanas e seu sucesso demostram uma rápida integração da Congregação do Santo Rosário no Brasil. Sua inserção no sistema educativo e médico coloca-as em contato direto com a população de Goiás, e elas tiveram um papel importante nas transformações da sociedade, participando no desenvolvimento da escolarização e na educação feminina. O recrutamento de numerosas brasileiras acarretou a brasilianização interna da Congregação. Como ressalta a obra celebrando os cem anos da presença das irmãs em Uberaba, as dominicanas formaram mulheres da região em três tipos de orientação: "[...] tríplice missão (das irmãs): social – formando mães de família; cultural – formando professoras para a cidade e a região; religiosa – formando novas missionárias para o apostolado"[53]. As dominicanas formaram, pois, professoras, religiosas e mães de família. É preciso acrescentar a essa citação a formação de enfermeiras. Elas iniciaram a alfabetização das mulheres do interior do Brasil. Antes de sua chegada, somente as filhas das famílias mais ricas aprendiam a ler e a escrever com professoras particulares. Abriram o caminho à profissionalização das mulheres da região em uma época em que não havia outras saídas senão ser donas de casa, domésticas ou trabalhadoras agrícolas, contribuindo, assim, para as transformações das sociedades rurais do interior do país.

Em 1952, quando a província dominicana brasileira é fundada, as irmãs de Nossa Senhora do Santo Rosário não foram a ela afiliadas,

---

53. LOPES; BICHUETTE (org.), *Dominicanas...*, op. cit., 137.

permanecendo ligadas à Congregação de Monteils. As dominicanas continuaram com a expansão de suas obras em todo o Brasil, e numerosos estabelecimentos funcionam até hoje. Os colégios de Uberaba, Goiás e Goiânia são sempre dirigidos pelas irmãs da Congregação, ainda que a maior parte dos professores seja, daqui em diante, leiga. O asilo de Goiás é, também, sempre dirigido pelas dominicanas, e o único estabelecimento de acolhida para os deficientes físicos e mentais da cidade e de seus arredores. Hoje, a Congregação de Nossa Senhora do Santo Rosário é composta de cinco províncias, duas na França e três no Brasil, onde se encontra mais da metade dos efetivos. Essa superioridade numérica das irmãs brasileiras mostra, uma vez mais, a força da integração das dominicanas no Brasil. A Congregação de Nossa Senhora do Santo Rosário conheceu uma expansão mais importante no Brasil que na França, onde nasceu. Está, atualmente, presente em vários países da Europa, América Latina e Ásia.

4. Missionários a serviço do poder temporal e da "civilização"

> Engenheiros e homens do Estado sonham com barcos a vapor cortando as águas do Araguaia e com estradas de ferro costeando suas margens [escreve frei Gallais em 1902], transpondo a cadeia onde nasce e põe em comunicação direta as grandes cidades de Belém e Buenos Ayres [*sic*], a embocadura do Amazonas e do rio da Prata[54]. [...] Mas, se no Araguaia, em uma grande parte de seu curso, rolam

---

54. Ele faz alusão aqui ao rio da Prata, porque os maciços montanhosos do sul de Goiás marcam a linha de divisão das águas do continente sul-americano. O Amazonas tem suas fontes nos afluentes da vertente norte, e na vertente sul são os afluentes do rio da Prata. Assim, o "sonho" consiste em organizar a navegação sobre esses afluentes e atravessar as montanhas para permitir ligar Belém a Buenos Aires pelo interior do continente, drenando, assim, as riquezas para os portos atlânticos.

SEGUNDA PARTE | Uma missão no processo de romanização

ouro e diamantes em suas areias, se as maravilhosas florestas que sombreiam seus vales possuem, em abundância, madeiras, as mais preciosas, se as terras que ele rega são próprias à cultura do café, do cacau, bem como da cana-de-açúcar etc. [...], bem como a criação de rebanhos, em uma palavra, se o homem, ávido para exercer sua atividade sob todas essas formas, aí encontra inesgotáveis riquezas para explorar, o missionário aí encontra, ele também, tesouros a ajuntar e um vasto campo a cultivar, numerosas tribos selvagens a evangelizar e legiões de almas a salvar[55].

Quando os dominicanos se instalam em Goiás, o valor da bacia do Araguaia continua teórico, mas seus recursos são muito promissores, como mostra esta citação. Entretanto, a região é muito pouco habitada e as infraestruturas são quase inexistentes. No século XIX, os homens políticos brasileiros querem ocupar o conjunto do território nacional, principalmente as regiões do Oeste e do Norte do país, que se imagina ricas de recursos, mas que ainda se conhece muito mal. Um homem como o General Couto de Magalhães é representativo dessas aspirações brasileiras. Através de sua ação política e de suas obras[56], ele promove o valor de Goiás e de Mato Grosso. Para ele, é necessário povoar a região, ocupar os espaços "vazios", principalmente as margens dos rios, a fim de desenvolver a economia e as comunicações. A empresa de navegação que ele instala sobre o Araguaia deve permitir ligar o centro do país a Belém e favorecer o comércio. O principal obstáculo a esse desenvolvimento vem da presença dos ameríndios, daí a importância de sua "pacificação" e de sua educação, para as quais ele funda o Colégio Isabel. Segundo ele, sua "pacificação" condiciona o povoamento

---

55. GALLAIS, *Une catéchèse chez les indiens...*, op. cit., 4.
56. MAGALHÃES, José Vieira de, *Viagem ao Araguaia*, São Paulo, Brasiliana, 1934 (¹1863), XXVIII, e *Os selvagens*, Rio de Janeiro, Typografia da Reforma, 1876. Ver sua biografia na primeira parte, cap. II.

da região, porque colocará fim ao clima de guerra entre brasileiros e ameríndios e permitirá igualmente incorporá-los à mão de obra e à economia dessa região que conhecem melhor que ninguém. Ressalta, pois, a importância da catequese dos ameríndios para levar a "civilização" ao interior do Brasil.

O recurso às missões religiosas, a fim de se encarregarem dos ameríndios, remonta, como visto, ao período colonial e prossegue no Império, com a implantação dos capuchinhos italianos. A finalidade é poder intensificar a ocupação do interior do país e permitir a expansão das terras agrícolas. É preciso, igualmente, consolidar o território nacional e valorizar sua ocupação nos litígios, opondo o Brasil aos países vizinhos. O fato de haver missionários e ameríndios falando português em uma região contestada, permite legitimar a ocupação brasileira e justificar sua pertença ao território nacional. Durante a República, essa política continua, apesar da separação entre a Igreja e o Estado, e de o governo não ter meios suficientes para pagar os agentes do Estado em toda a extensão do território. Os objetivos são os mesmos do período precedente. O papel dos missionários é de "pacificar" os ameríndios, a fim de permitir a instalação dos brasileiros, evitando os afrontamentos sanguinários. Assim, frei Tapie, em seu relatório de 1919, escreve sobre os Gaviões da região de Marabá:

> Os peles-vermelhas dessa tribo são excessivamente selvagens [...]. São temidos pelos cristãos. Os chefes políticos dessas regiões suplicaram ao padre visitador enviar missionários para evangelizá-los regularmente, porque esse é o único meio de torná-los menos ferozes. Mas, infelizmente, onde buscar esses missionários?[57]

Ele ressalta, aqui, que os homens políticos da região solicitam missionários para assumirem a "pacificação" desses ameríndios. Os

---

57. TAPIE, *Visite canonique et statistique...*, op. cit., 53-54.

dominicanos gostariam de atender a esses pedidos, mas não o podem devido ao pequeno número de seus efetivos.

A presença dos dominicanos favorece a ocupação de Goiás por vários motivos: eles contribuem para o povoamento das localidades onde se instalam; os cristãos procuram sua presença em razão da falta de padres; eles participam do desenvolvimento das estruturas educativas, como vimos, através da obra das dominicanas e de seu papel preponderante na educação da região; participam também do povoamento, trabalhando pela "pacificação" dos ameríndios.

Ao fundar Conceição do Araguaia em 1897, em terras "livres" no sudeste da Amazônia, os dominicanos inscrevem-se, pois, no processo político brasileiro, visando integrar os ameríndios à sociedade. Os religiosos instalam-se, com efeito, em uma zona ainda muito pouco ocupada pelos brasileiros, onde vivem povos ameríndios que não têm contato com a sociedade e atacam, às vezes, os cristãos que entram em seus territórios. Aliás, e contrariamente ao projeto de evangelização dos frades, numerosos católicos vêm se instalar em Conceição, em virtude do direito do primeiro ocupante. Frei Gallais escreve em 1902:

> Em Conceição há dois grupos de populações bem distintos: há o *arraial* ou vilarejo cristão e a *aldeia* ou vilarejo indígena; todos os dois devem sua existência aos missionários, sofrem sua influência e, tanto na ordem moral e religiosa quanto na ordem temporal, gravitam em torno deles como em torno de seu centro[58].

Esses brasileiros são atraídos pela região por causa das terras "livres" e pela presença da seringueira[59], quando começa, nesse final do século XIX, o ciclo da borracha. Apreciam a presença dos frades, que podem administrar-lhes os sacramentos, educar seus filhos e, sobretudo, porque

---

58. GALLAIS, *Une catéchèse chez les indiens...*, op. cit., 32.
59. Árvore da qual se extrai o látex com o qual se faz a borracha.

Adaptação do olhar, educação, civilização

começaram o trabalho de "pacificação" dos ameríndios. Os dominicanos não haviam previsto uma tal chegada de migrantes brasileiros e deverão fazer coabitar cristãos e ameríndios. No entanto, eles se acomodam rapidamente com a presença dos cristãos, que os ajudam na construção de seus conventos, escolas e igrejas. São na maioria agricultores, o que permite aos missionários comprar deles uma parte dos produtos de que necessitam ou ainda empregá-los nos trabalhos agrícolas.

Assim, a localidade de Conceição atinge, rapidamente, 1.200 habitantes[60], e torna-se necessário organizar o poder civil. Frei Gallais descreve assim esse processo:

> Em Conceição, quando se trata de organizar um governo, não foi questão de pacto social. Havia lá, na pessoa dos missionários, uma autoridade vinda de Deus para governar as almas na ordem espiritual. Não se encontrou nada melhor do que ampliar-lhes as atribuições e colocar tudo em suas mãos. Isso se fez, naturalmente, sem discussão nem debates, como quando se trata de uma coisa que vai de si mesma. Eis como os missionários se encontraram, tendo em mãos, o governo do bem comum, tanto temporal como espiritual. Excelente meio para evitar os conflitos entre os dois poderes, mas isso não ocorre mais hoje e não corre o risco de ser adotado por aqueles que estão à frente dos povos do velho mundo[61].

Os missionários detêm, pois, o poder espiritual e temporal em Conceição. Instituem um juiz de paz e um subprefeito de polícia, e, para as "causas maiores", é o "tribunal dos missionários" que decide em última instância. Abrem também uma escola e recrutam, para ela, professores leigos que são escolhidos por suas "qualidades morais" e pagos pelos frades, o que permite a frei Gallais acrescentar: "Em

---
60. GALLAIS, *Une catéchèse chez les indiens...*, op. cit., 33.
61. Ibid., 33-34.

Conceição, a instrução é gratuita, quero dizer, que está a cargo dos missionários, e não custa nada aos contribuintes; mas não é nem leiga nem obrigatória, e ninguém se queixa"[62]. Ele faz aqui uma alusão irônica às leis da Terceira República francesa, que instituíram a escola pública, leiga e obrigatória, em 1881, e foram acompanhadas de leis contra as congregações e o ensino religioso. Igualmente, quando fala de "conflitos entre os dois poderes", ele se refere à separação entre a Igreja e o Estado, que se deu em 1891 no Brasil, e que é debatida na França no momento em que redige seu relatório. Ele se posiciona, aqui, contra essa separação, colocando em destaque o exemplo, segundo ele bem-sucedido, de Conceição do Araguaia.

Em seu relatório[63] de 1902, frei Vilanova descreve os habitantes de Conceição como muito católicos. Ele os enumera em cerca de 2 mil. Esse número, mais elevado que o de frei Gallais, na mesma data, explica-se, por um lado, pela aproximação de suas estimativas e pelo fato de que a visita de frei Gallais data de 1900, embora seu relatório seja publicado em 1902, e, por outro, pelo fato de que a população de Conceição aumenta muito rapidamente[64]. Frei Vilanova fala da escola para rapazes, até então gerida pelos dominicanos, mas para a qual o estado do Pará acaba de enviar um professor. Espera, igualmente, que a escola para moças seja logo assumida pelas dominicanas e acrescenta que uma ou duas dessas religiosas poderiam ser pagas pelo estado, por seu trabalho. Vê-se bem, aqui, a estreita ligação entre o civil e o religioso, com irmãs podendo ser pagas pelo estado, pelas aulas dadas em sua escola.

Conceição do Araguaia permanece sob a responsabilidade dos dominicanos até 1908, quando é dotada de poderes civis pelo

---

62. Ibid., 34.
63. Trechos desse relatório são transcritos em português, na tese de mestrado de Edivaldo Antônio dos Santos, *Os dominicanos em Goiás e Tocantins (1881-1930)*, op. cit., anexo 3, 151.
64. Em 1939, há mais de 18 mil habitantes em Conceição, segundo RODRIGUES, Hildebrando (org.), *Álbum do Pará*, Typographia "Novidades", Belém, 1939.

Adaptação do olhar, educação, civilização

governador do Estado, obtendo o título de município. Assim, durante dez anos, os missionários dirigem, sozinhos, a cidade e decidem sobre tudo o que aí acontece. Mesmo quando o governador nomeia funcionários, os religiosos continuam uma autoridade incontornável na cidade. Além disso, não é raro que os funcionários nomeados de tão longe da capital não permaneçam muito tempo em Conceição ou abandonem seu posto. É preciso esperar meses para que um substituto seja nomeado e assuma suas funções.

Os dominicanos exercem um grande controle moral sobre a população, como mostra o exemplo citado por frei Gallais, quanto à proibição do consumo da *cachaça*:

> [...] os missionários, tendo em mãos toda autoridade, estão em uma situação para melhor salvaguardar os bons costumes, a ordem, a justiça e tudo aquilo que é uma garantia para uma população. Não é sem sofrimento, entretanto, que eles chegam a fazer triunfar os princípios da moral e da temperança, e será lembrado, por muito tempo, em Conceição, a luta obstinada de Frei Vilanova [...] contra os que bebiam *cachaça*[65].

Frei Vilanova proíbe, com efeito, o consumo do álcool no *arraial*; depois, sabendo que os contraventores se encontram clandestinamente, rebatiza a rua onde eles se encontram de "rua da pinga", que, frei Gallais traduz por "rue des ivrognes", esperando que a vergonha os leve a respeitar a lei. Frei Gallais acrescenta: mesmo que essas medidas não possam impedir totalmente o consumo do álcool, ele é menor em Conceição do que em outros lugares da região, e ele se felicita disso.

Entretanto, a partir de 1904, a descoberta de numerosas florestas de seringueiras entre Conceição e o Xingu e o entusiasmo pela borracha

---

65. GALLAIS, *Une catéchèse chez les indiens...*, op. cit., 36.

SEGUNDA PARTE | Uma missão no processo de romanização

no mercado mundial atraem para a região numerosos *seringueiros*[66]. Conceição ganha importância e se torna um lugar de passagem obrigatória e o principal porto da região, por onde chegam os *seringueiros* e a partida da borracha em direção a Belém[67]. A população aumenta muito, o ambiente da pequena localidade muda e os frades têm dificuldade para conservar sua autoridade moral. Frei Audrin conta em suas memórias escritas nos anos 1970:

> Os veículos de transporte se multiplicavam em direção a Conceição e ela se tornou, em pouco tempo, o lugar principal e quase único da travessia do rio. Nossa cidade tornou-se assim a passagem obrigatória para aqueles que preparavam sua entrada na floresta e para aqueles que, voltando, vinham vender ou expedir sua colheita. Adivinha-se a desordem sem nome à qual se entregava a maior parte dos homens, sob pretexto de compensar seu cansaço e privações, após ter escapado dos perigos e dos horrores do "inferno verde", a floresta. Bailes, orgias, bagunças, tiros de dia e de noite, e mil outros abusos desconhecidos até então vieram surpreender, amedrontar, desencorajar nossa população tão calma, tranquila e honesta[68].

Pode-se notar aqui que ele escreve "nossa cidade", o que revela que os dominicanos devem ter tido, por um tempo, o sentimento de que essa cidade que haviam fundado e que dirigiam lhes pertencia. Essa implicação explica também que mal puderam suportar a situação lhes escapar, quando a cidade se transformou. Frei Audrin retorna ainda sobre a posição particular dos dominicanos em Conceição:

---

66. Nome dado aos homens que se consagram à extração e ao comércio da borracha.
67. Ver fotografias de Conceição do Araguaia em Anexos, p. 483.
68. AUDRIN, *Souvenirs d'un missionnaire...*, op. cit., 59.

Além do ministério pastoral, continuando os trâmites de Frei Vilanova, os frades tinham que gerenciar a administração da pequena cidade e seu território, como delegados do governo "paraense". Nomeavam e acompanhavam os professores da escola, designavam os funcionários do serviço público. Tudo dependia deles: urbanismo, higiene, abastecimento, polícia etc. Conceição lembrava um pouco, em seu início, as "reduções" do Paraguai, sob o governo dos jesuítas, no início do século XVIII[69].

Ele define, aqui, os dominicanos como "delegados" do Estado, o que confirma seu papel de agentes do poder temporal. Sua referência às reduções dos jesuítas teria sido muito equivocada na primeira metade do século XX, quando todas as congregações religiosas procuravam se desligar das experiências antigas e, sobretudo, as do período colonial, a fim de corresponder às novas aspirações de um Brasil republicano que se queria independente e "moderno". Escrita nos anos 1970, essa referência evidencia, ao mesmo tempo, o papel dos agentes de Estado desempenhado pelos dominicanos – os jesuítas estavam sob a autoridade da coroa portuguesa – e a autonomia da qual gozavam os religiosos que, como os jesuítas em reduções, concentravam todos os poderes durante os primeiros anos de existência de Conceição.

Recebem apoio do estado do Pará, não somente para a obra de evangelização dos ameríndios, mas também para dirigir a cidade e, portanto, acompanhar o povoamento e a ocupação da região. Esse vínculo subordina, de certa maneira, os dominicanos ao Estado brasileiro, pois devem prestar contas ao governador do Pará, que lhes concedeu esses poderes, como nos diz frei Gallais, em 1902:

Conceição, vê-se, é governada de uma maneira toda patriarcal e o sistema de separação da Igreja e do Estado ainda não está na ordem

---

69. Ibid., 55.

do dia. Entretanto, como essa concentração de poderes não dispensa os missionários do dever de dependência com relação às autoridades legítimas, o Reverendo Frei Vilanova, diretor da missão e ditador de fato, cuidou, em uma de suas viagens ao Pará, de submeter à sanção do governo os atos de sua administração, como magistrado supremo de Conceição. Tudo foi aprovado e ele continua, ao menos até nova ordem, a gerir os assuntos de seu povo como bom pai de família[70].

Essa situação mostra que a presença missionária nessas regiões pioneiras supre a fraqueza da presença do Estado. Os poderes públicos, não tendo os meios para atingir o conjunto do território, concede-lhes os poderes civis, mesmo quando a separação da Igreja e do Estado é instituída. Vê-se aqui que essa separação permanece em grande parte teórica, principalmente no interior do Brasil, onde é materialmente impossível aplicá-la.

No entanto, as ajudas do Estado não são sistemáticas e dependem dos diferentes governadores eleitos e das políticas que estabelecem. Os dominicanos devem, regularmente, ir a Belém para negociar as subvenções. Além disso, essas ajudas não são suficientes para fazer face às necessidades da obra de Conceição, e os frades devem desenvolver atividades econômicas para financiar a missão. É assim que eles se lançam às atividades agrícolas, criando duas *fazendas*. A primeira, São Luís, bem perto de Conceição, é valorizada desde o início da fundação para possibilitar aos religiosos alimentar-se e alimentar também seus pensionistas ameríndios[71]. Nessa região, quase inabitada, não têm outro meio senão o de cultivar, eles mesmos, aquilo que lhes é necessário. Mais tarde, exploram uma outra fazenda, *Santa Rosa*, maior e mais afastada de Conceição, onde fazem criação e empregam trabalhadores agrícolas. Participam, assim, do desmatamento da floresta e da

---

70. GALLAIS, *Une catéchèse chez les indiens...*, op. cit., 37.
71. Ver fotografia em Anexos, p. 485.

valorização das terras e se inscrevem, pois, nas políticas de ocupação do território.

As dificuldades econômicas levam até mesmo frei Vilanova a se lançar no transporte da borracha para subvencionar as necessidades da catequese. Ele manda construir um grande barco e propõe seus serviços para levar a borracha até Belém. Esse empreendimento suscita críticas e debates no seio da missão e da província dominicana, estando as atividades comerciais teoricamente proibidas pela Ordem. Em 1905, frei Lacomme critica frei Vilanova, relatando o mal-estar de alguns missionários com relação a essas práticas:

> [...] um dia, um dos freis missionários de Conceição pôde escrever essa reflexão, cheio de uma santa tristeza: "Nós nos ocupamos em fazer construir barcas para o transporte da borracha e, durante esse tempo, nossos pobres selvagens morrem sem batismo". Como religiosos, devendo prestar contas a quem de direito, do emprego de somas consideráveis que lhe passaram pelas mãos, pergunta-se se nosso falecido [frei Vilanova] cumpriu verdadeiramente o essencial de sua obrigação? [...] Nesses últimos tempos, enfim, ele não comprometeu ou não se expôs a comprometer gravemente a reputação de seus irmãos e de nossa Ordem, pelos meios empregados, para conseguir recursos?[72]

Com efeito, não somente o comércio era proibido pela Ordem, mas também os artigos criticando os religiosos estrangeiros eram frequentes na imprensa brasileira, que os acusava regularmente de se instalarem no país com o único objetivo de enriquecer. Imagina-se, pois, o tipo de acusações que podiam fazer os detratores dos dominicanos, constatando que eles se entregavam ao transporte da borracha no pleno

---

72. Carta de frei Lacomme, datada de 10.11.1905, classificada como K1071, nos arquivos dominicanos do convento Santo Tomás de Aquino, em Tolosa.

período da explosão de seu valor comercial. Essas críticas permitem, igualmente, pôr em evidência diferentes graus de adaptação ou de brasilianização dos missionários dominicanos. Os que vivem nas regiões isoladas do Norte, lideradas por frei Vilanova, confrontados mais concretamente às realidades brasileiras, parecem adotar mais rapidamente algumas características do modo de vida *sertaneja*, enquanto aqueles que estão nas grandes cidades do sul da diocese parecem ficar mais próximos das concepções de seus homólogos franceses.

Além das críticas, pode-se ver, na participação dos dominicanos de Conceição na navegação fluvial, uma implicação no desenvolvimento econômico da região e das políticas de "civilização" da região, desejadas pelos poderes públicos.

Os dominicanos têm, aliás, participado no desenvolvimento das comunicações em Goiás, por várias vezes. Como diz frei Tapie, em 1919:

> Não se encontram nessas regiões nem estradas de ferro, nem rodovias, nem automóveis, nem carros. As mulas do *sertão* são, sem dúvida, excelentes animais, e elas não têm iguais no mundo, mas a ausência total de verdadeiras estradas aumenta consideravelmente o tempo e as dificuldades das viagens[73].

Com efeito, fora as vias de comunicação norte-sul oferecidas pelos rios Araguaia e Tocantins, há muitos poucos caminhos ligando o leste e o oeste de Goiás. Além disso, há raramente pontes para atravessar os numerosos cursos de água da região. Os caminhos mais bem cuidados encontram-se no Sul, ligando, por exemplo, Goiás a Uberaba, mas são quase inexistentes no norte da diocese, quando da chegada dos dominicanos.

Frei Carrérot, acompanhado de um irmão converso e de quatro brasileiros, abriu um caminho entre Conceição do Araguaia e Porto

---

73. TAPIE, *Visite canonique et statistique...*, op. cit., 35.

Nacional, por volta de 1900. Traçaram um caminho estreito por mais de quinhentos km através da floresta, a fim de ligar duas localidades e de circular mais facilmente entre os dois conventos dominicanos isolados no norte de Goiás. Os dominicanos reforçam, com esse caminho, seu papel de "civilizador" da região, ligando a localidade que fundaram a uma outra cidade brasileira.

Encontra-se, igualmente, em uma obra retratando a história do *Correio Aéreo Nacional*[74] brasileiro, agradecimentos dirigidos aos dominicanos por sua participação ativa na construção das pistas de aterrissagem de Conceição do Araguaia e Porto Nacional, no início dos anos 1940. O *Correio Aéreo Nacional* começa a funcionar a partir de 1931 e se estende, progressivamente, para o Norte do país. Liga, pela primeira vez, as grandes cidades por via aérea, fazendo igualmente paradas em numerosas cidades de menor importância em seu percurso. Revolucionou o transporte da correspondência no país, diminuindo, de maneira significativa, os prazos de correspondências. Fazia também o transporte de algumas mercadorias raras, bem como de pessoas influentes, como governadores, militares graduados e, às vezes, prelados e superiores dominicanos. Dom Sebastião Thomas e Dom Alano du Noday apoiaram e ajudaram no estabelecimento desse serviço em suas cidades episcopais, e os frades contribuíram com as populações na elaboração concreta desse projeto, concebendo e construindo as necessárias infraestruturas. O *Correio Aéreo Nacional* é considerado uma obra eminentemente civilizadora e patriótica, permitindo levar o progresso e ligar os lugares os mais isolados do território nacional. A participação dos dominicanos nesse projeto mostra sua implicação na "civilização" do país e sua colaboração com as autoridades civis nesse sentido.

---

74. SOUZA, José Garcia de, *A epopeia do Correio Aéreo*, Rio de Janeiro, Empresa Gráfica Ouvidor, 1946.

SEGUNDA PARTE | Uma missão no processo de romanização

Mais amplamente, os elementos aqui expostos permitem-nos mostrar que os missionários dominicanos não desempenharam unicamente um papel espiritual no interior brasileiro. Suas atividades inscrevem-se nas políticas de ocupação do território, desenvolvidas no Brasil nos séculos XIX e XX. Tiveram nisso um papel de agentes do poder temporal, mesmo que isso não tenha feito parte de seu projeto inicial. Seu objetivo de evangelização dos ameríndios os leva a participar das políticas brasileiras. E isso, da mesma forma que o abandono religioso e escolar da região, os levou a investir nesses domínios de maneira mais importante do que, talvez, tivessem considerado no início. É difícil medir a parte consciente de sua implicação nas políticas temporais. É provável que ela tenha sido inconsciente, em grande parte, no início da missão, por desconhecimento das realidades brasileiras, e que progressivamente as tenham dominado para utilizá-las a serviço da missão.

A obra desenvolvida em Conceição do Araguaia pelos dominicanos parece-nos clarear a história da missão em vários níveis. É, antes de tudo, o lugar onde desenvolveram seu projeto de evangelização dos ameríndios, como veremos na parte seguinte deste trabalho. Ela nos parece igualmente essencial pela importância que os dominicanos lhe deram, pelo reconhecimento que receberam e por sua perenização. O reconhecimento de Roma pela obra missionária dominicana no Brasil começou em Conceição, em 1911, com a criação da prelazia apostólica e a nomeação do primeiro bispo dominicano, oriundo da missão francesa. Os dominicanos ali assumiram, durante numerosos anos, o poder temporal com o apoio do governo do Pará, o que testemunha também o reconhecimento do Estado brasileiro. É sobretudo o único convento do interior que os dominicanos não abandonam nos anos 1930, quando se instalam nas grandes cidades ao Sul do país. Eles só partirão em 1979, por motivos políticos devidos a seu posicionamento contra a ditadura e por conflitos ligados à posse da terra. Seu apego a essa fundação é palpável durante toda a duração da missão, nos documentos que consultamos. Enfim, o fato de deles terem fundado essa localidade e de ela ter se perenizado testemunha a integração dos dominicanos à sociedade brasileira. Encaramos a obra de Conceição como a primeira brasilianização da missão dominicana; com efeito, pode-se pensar que teriam aí desenvolvido seu projeto de maneira autônoma, talvez tipicamente dominicana ou francesa; no entanto, é o lugar onde foram confrontados mais violentamente às realidades do interior brasileiro, o que os obrigou a uma adaptação rápida e completa ao modo de vida *sertaneja*.

TERCEIRA PARTE

Brasilianização da missão

CAPÍTULO I
Da evangelização à pacificação

1. Arquivos do SPI: considerações brasileiras sobre a catequese dominicana

Em 1934, um relatório do Serviço de Proteção aos Índios descreve os religiosos estrangeiros nestes termos:

> [...] esses padres, tanto protestantes como católicos, geralmente são estrangeiros, portanto, não estão em condição de cooperar para a nacionalização brasileira de nossos índios. [...] Quem conhece bem os colégios e estabelecimentos das congregações que dizem se ocupar da catequese do índio, fundados inteiramente com subvenções, esmolas e donativos obtidos no Brasil, sabe que o índio foi apenas um pretexto que lhes permitiu adquirir as riquezas de que desfrutam hoje. [...] Deixar a educação do índio, elemento precioso que será conquistado em benefício do Brasil, com os estrangeiros será um dos maiores erros entre os grandes erros que tanto contribuem para a dissolução da nossa pátria[1].

---

1. Relatório de 1934, nos arquivos do SPI, microfilme 334, fotos 430-462, Museu do Índio, Rio de Janeiro.

Esta citação resume bem as críticas geralmente feitas pelos membros do SPI e seus partidários contra as congregações religiosas estrangeiras dedicadas à evangelização de populações ameríndias.

O Serviço de Proteção aos Índios foi criado em 1910, por iniciativa de Cândido Rondon[2], militar e explorador brasileiro, que foi seu primeiro diretor. É o primeiro serviço de Estado criado para enquadramento das populações ameríndias no Brasil. Ele depende, inicialmente, do Ministério da Agricultura. Sua ação consiste em estabelecer postos próximos dos ameríndios e em incentivá-los a aí se estabelecer, ao mesmo tempo em que demarcam seus territórios para evitar confrontos com os brasileiros que ampliam suas terras agrícolas. O principal objetivo perseguido pelo SPI é a "pacificação" das populações ameríndias para integrá-las à sociedade brasileira e favorecer o desenvolvimento do território. O projeto do SPI, dirigido por militares e pensadores positivistas, é sustentado por uma concepção unívoca de progresso, que desejava que todas as sociedades ditas primitivas "evoluíssem" para se transformar em sociedades baseadas na razão e na ciência. A pacificação dos ameríndios serve a esse processo e deve possibilitar que

---

2. Cândido Mariano da Silva Rondon, mais conhecido pelo nome de Marechal Rondon (1865-1958), militar e explorador brasileiro, desempenhou papel importante na política indigenista brasileira da primeira metade do século XX. Dirigiu o estabelecimento das linhas telegráficas do Mato Grosso e suas conexões com as de Goiás e da Amazônia. A instalação dessas linhas exigiu abrir estradas na floresta e pacificar os povos ameríndios que se encontravam na rota. Rondon, portanto, encontrou muitos povos do Oeste do Brasil que ainda não tinham tido contato com a sociedade brasileira e, muitas vezes, iniciou sua pacificação. De origem ameríndia por parte da mãe, esse militar, republicano e positivista, foi sensibilizado por sua carreira ante a necessidade de implementar uma política indigenista em escala nacional. Foi em decorrência dessa situação que se deu a criação do SPI (Serviço de Proteção aos Índios), que ele dirigiu por diversas vezes. Em 1955, recebeu o título de Marechal, a mais alta distinção militar brasileira.

todos os brasileiros atinjam esse estado "positivo"[3]. A criação do SPI é o ponto de partida de uma política indigenista nacional. A República brasileira, assim, se dota de um serviço que deve possibilitar consolidar e controlar todo o território nacional. A pacificação dos ameríndios é necessária para ocupar o interior do país, mas também possibilita assegurar a presença do Estado nas fronteiras oeste do país. Essas fronteiras ainda são frágeis no início do século XX, como evidenciado pela Guerra do Acre (1899-1903), que opõe Brasil e Bolívia no controle dessa região localizada no noroeste do Brasil. O Acre finalmente é anexado ao Brasil, que o compra da Bolívia. Os postos do SPI espalhados pelo país, portanto, também servem para afirmar a presença militar brasileira nessas regiões onde o Estado ainda é pouco presente.

Desde sua criação, o SPI entra em concorrência com os missionários católicos que, até então, eram quase os únicos a se dedicar aos ameríndios, mesmo que, após o final do século XIX, missionários protestantes norte-americanos tenham chegado ao Brasil para evangelizá-los, como teremos a oportunidade de ver mais adiante. Rapidamente, as tensões se multiplicam entre partidários e oponentes das missões religiosas junto aos ameríndios. A concorrência entre "catequese laica" e "catequese religiosa" cristaliza-se, principalmente quanto à obtenção de subsídios do Estado, com as missões tentando manter sua ajuda, enquanto os defensores do SPI argumentam que só os agentes do Estado deveriam deles se beneficiar. Nessa época, a presença de religiosos

---

3. Na filosofia positivista desenvolvida por Auguste Comte (1798-1857), a evolução dos homens e das sociedades humanas passa por três estados sucessivos: estado teológico, estado metafísico e estado positivo. O estado teológico ou fictício corresponde à fase em que o homem explica o mundo pelo sobrenatural, o divino. O estado metafísico ou abstrato substitui o sobrenatural por abstrações, como a liberdade, o ser, a alma, o absoluto... O estado positivo ou científico é a última fase; o homem não busca mais responder o "porquê" das coisas, mas sim o "como", usando o método científico e a razão para estabelecer as leis da natureza. A política deve, portanto, estar a serviço de uma organização racional da sociedade.

estrangeiros é regularmente criticada por membros das elites liberais, muitas vezes anticlericais, que promovem a política de catequese laica contra a catequese religiosa de congregações estrangeiras.

Essas tensões dão origem a inúmeras publicações na imprensa nacional e regional. Na imprensa nacional, os partidários dos dois tipos de "pacificação" assim se dividem: *O Jornal do Comércio* e *O Jornal do Brasil* defendem as missões religiosas, enquanto o jornal de influência positivista, *O Paiz*, defende o SPI. A imprensa local e regional conhece o mesmo tipo de divisão entre jornais que defendem a antiguidade e a eficácia das obras católicas e jornais que criticam a presença e os métodos dos religiosos estrangeiros. Nos arquivos que pudemos consultar, as críticas cristalizam-se principalmente em torno dos salesianos italianos instalados no Mato Grosso, desde 1883, para evangelizar os Bororos[4]. Diferentes diretores e inspetores do SPI censuraram os salesianos por escravizarem os índios, apropriarem-se de suas terras, explorá-los e educá-los à força, obrigando-os a irem à missa e à catequese. Também destacam o fato de que esses religiosos são, em sua maioria, estrangeiros, o que é, segundo eles, um perigo para a integridade das fronteiras, quando suas missões se encontram em regiões fronteiriças. São descritos como agentes de potências estrangeiras que não trabalham para a nação brasileira, mas querem se apropriar das terras e se enriquecer em benefício de seu país de origem. É interessante constatar que os detratores dos salesianos retomam, em grande parte, os argumentos que levaram à expulsão dos jesuítas pelo Marquês de Pombal, em 1759. A comparação entre os jesuítas do período colonial e os religiosos estrangeiros dos séculos XIX e XX volta, aliás, regularmente nos artigos contra a catequese religiosa. Os salesianos respondem que seu trabalho é patriótico, que muitos deles são brasileiros e que participam do desenvolvimento da

---

4. Relatório de 1934, nos arquivos SPI, microfilme 334, fotos 430-462, Museu do Índio, Rio de Janeiro.

"civilização" do país. Também destacam a dificuldade de seu trabalho ante a "selvageria" dos ameríndios.

Em geral, as críticas são muito fortes contra os religiosos estrangeiros, que são acusados de querer apenas lucrar, explorando os ameríndios e espoliando suas terras. O trabalho do SPI é apresentado como patriótico, pois protege e integra os ameríndios à nação, enquanto os religiosos europeus são vistos como agentes estrangeiros que trabalham em prol de sua nação de origem ou de sua ordem.

Artigos de lei definem as relações entre o SPI e as organizações religiosas[5]. Um artigo de 1928 especifica que as iniciativas de catequese religiosa são livres, desde que não sejam contrárias aos interesses dos ameríndios, definidos pelos estatutos e pelos inspetores do SPI. O regulamento de 1936 aponta que o SPI está proibido de estabelecer ou de subsidiar cultos religiosos. Por outro lado, os religiosos de todas as religiões podem exercer livremente seu culto, assim como os ameríndios. Por outro lado, os religiosos não podem intervir em outras áreas, a não ser a da religião.

O SPI se organiza em torno de diferentes tipos de postos, visando integrar progressivamente os ameríndios à sociedade brasileira. Primeiramente, postos de "pacificação ou de atração" são instalados em áreas onde vivem pessoas que não estão em contato com a sociedade. Para "atrair" os ameríndios, inicia-se uma atividade agrícola e coloca-se "presentes" nas imediações do posto. Uma vez que eles vão regularmente ali, começa-se por solicitar-lhes serviços em troca dos itens doados; depois, tenta-se persuadi-los a se vestir e, por fim, procura-se mantê-los no posto. Se essa fase de "atração" funciona, os postos transformam-se em pontos de "assistência, de educação e de nacionalização", onde os ameríndios aprendem português e o trabalho agrícola. Geralmente, nessas estruturas, há uma escola para as crianças e um

---

5. Relatório de 30.12.1939, nos arquivos do SPI, microfilme 286, fotos 10-11, Museu do Índio, Rio de Janeiro.

posto de primeiros socorros. Na fase seguinte, o posto se torna *fazenda de criação* (*ferme d'élevage*), o que consiste em transformá-la em verdadeira fazenda de exploração agrícola, onde ameríndios e brasileiros se misturam, e o trabalho é remunerado. A essa altura, o SPI considera que os índios estão "civilizados" e integrados à sociedade brasileira. Em última instância, os ameríndios são instados a se converter em agricultores e devem poder fazê-lo em seus territórios delimitados e garantidos pelo Estado. Há também postos de fronteira para a "vigilância e proteção" dos ameríndios nas zonas fronteiriças. A presença desses postos permite, sobretudo, afirmar a pertença de uma região ao território nacional, em caso de litígio com países vizinhos. A existência de um posto e de ameríndios falando português serve para provar a pertença brasileira da região.

Um relatório do SPI especifica que o serviço contava com 67 postos, em 1930, no Brasil, sendo 19 postos de "pacificação", 43 postos de assistência e de educação e 7 postos de fronteiras[6]. Goiás tinha, então, apenas um posto de pacificação, o posto Redenção de Santa Izabel, na Ilha do Bananal, criado em 1927[7]. Os estados do Amazonas e do Mato Grosso eram os que mais tinham postos, 19 cada um. Não há, portanto, nenhuma *fazenda de criação* e parece não ter havido nenhuma no período estudado. O SPI, de fato, mudou gradativamente seus objetivos e métodos. O projeto aculturador aqui descrito se transformou, com a proteção dos territórios e das culturas ameríndias tornando-se prioridade a partir dos anos 1950. Com efeito, a evolução da antropologia acarretou reflexões sobre o necessário respeito aos povos e suas culturas, o que modificou as políticas indigenistas.

A concorrência entre "catequese laica" e "catequese religiosa" é muito forte nos anos 1910 e 1920, mas diminuiu, a partir de 1930, com

---

6. Relatório de 12.02.1930, nos arquivos do SPI, microfilme 334, fotos 327-338, Museu do Índio, Rio de Janeiro.
7. Carta ao SPI, datada de 27.07.1927, nos arquivos do SPI, microfilme 380, fotos 6-9, Museu do Índio, Rio de Janeiro.

a chegada de Getúlio Vargas ao poder. O SPI perde grande parte de seu orçamento e depende, a partir de 1934, do Ministério da Guerra. Além disso, a constituição de 1934, mais favorável à Igreja Católica do que à república liberal, permite às obras católicas receber subsídios do Estado. Os membros do SPI falam do "colapso de 1930", para ilustrar a desorganização do serviço após a revolução. O SPI entra em crise e muitos postos são abandonados. Seu orçamento diminui para 63%, sua direção deixa de ser autônoma e ele passa a ser um simples serviço do Departamento Nacional do Povoamento.

A situação do SPI permanece difícil, até o estabelecimento do Estado Novo, em 1937, e o lançamento da política da "marcha para o Oeste". A ocupação e o desenvolvimento do interior do país passam a ser prioritários e devem ser acompanhados da pacificação dos ameríndios. "O índio" torna-se uma figura patriótica incensada pelo governo. O desenvolvimento econômico do Oeste deve permitir integrá-lo à nação e melhorar sua situação, bem como a dos trabalhadores pobres do interior. Em 1940, Vargas visita simbolicamente um posto do SPI, localizado na Ilha do Bananal, e declara prioritária a pacificação dos Xavantes do rio das Mortes, que aterrorizam os Carajás, os Javaés e os brasileiros da região. Após dez anos de dificuldades, o SPI recupera, gradativamente, suas prerrogativas e um consequente orçamento, na década de 1940.

Um relatório de 1939 possibilita perceber os prejuízos sofridos pelo SPI desde 1930[8]. Em primeiro lugar, o número de postos passou de 67 para 50, e, na enumeração feita para solicitar financiamentos, o autor diferencia postos "a reconstruir" dos "a criar"; para os postos de "pacificação", 12 precisam ser reconstruídos e 6, criados; para os postos de "educação", 31 devem ser reconstruídos e 4, criados; 7 postos de fronteira devem ser reconstruídos, 2 criados, e 5 *fazendas de criação* devem

---

8. Relatório de 30.12.1939, nos arquivos do SPI, microfilme 286, fotos 01-165, Museu do Índio, Rio de Janeiro.

TERCEIRA PARTE | Brasilianização da missão

ser criadas. Haveria, portanto, 50 postos "a reconstruir" e 17 "a criar" para voltar ao número de postos em funcionamento antes de 1930. Esse relatório dá a impressão de que já não há postos em condições de funcionar, o que é preciso, sem dúvida, relativizar: se o objetivo do relatório é o aumento do orçamento do SPI, pode-se pensar que as necessidades estão superestimadas para se obter o máximo de subvenções possíveis. No entanto, o impacto da mudança de regime para o SPI não deve ser subestimado. Uma carta de frei Audrin, na qual deplora o abandono do posto Redenção de Santa Izabel, na Ilha do Bananal, ilustra a realidade do "colapso de 1930". Ele descreve o posto antes e depois da revolução:

> Em agosto e setembro de 1930, fiquei impressionado com a prosperidade do posto – um grupo numeroso de índios Carajás, bem-vestidos, bem alimentados, já engajados em trabalho produtivo, sob a direção de dignos funcionários dignos do serviço – uma escola para jovens índios funcionando regularmente –, uma aula noturna para índios adultos e os civilizados empregados – disciplina correta – edifícios já em bom estado. [...] Passando por lá novamente em 10 de setembro [1931], vi uma cena bem diferente. [...] Dos antigos funcionários em S. Izabel, encontrei apenas um completamente desmotivado e pronto para partir. [...] As casas e os escritórios ameaçam cair em ruína, as culturas de cana-de-açúcar, de mandioca, aniquiladas, as hortas abandonadas [...] os índios esfarrapados [...] peço-lhe, distinto Senhor, ajudar-me fazer chegar meu sincero protesto aos diretores da Proteção aos Índios. Acrescento que, através de mim, falam os índios do Bananal, ontem objeto de tanta atenção, hoje de tal abandono[9].

---

9. Carta de frei Audrin, datada de 29.09.1931, nos arquivos do SPI, microfilme 1, fotos 858-859, Museu do Índio, Rio de Janeiro.

Da evangelização à pacificação

Um documento oficial do SPI, datado de 1932[10], confia provisoriamente o posto de Ilha do Bananal aos dominicanos de Conceição do Araguaia. As instruções que acompanham o documento especificam que o posto e todo o material nele contido pertencem ao Estado, que pode, a qualquer momento, retomar o controle do posto. Os religiosos devem garantir a integridade dos territórios ameríndios, zelar para que não sejam espoliados nas relações com os cristãos e respeitar as práticas e a cultura dos ameríndios. Por exemplo, as crianças só assistirão às aulas se os pais concordarem. Em uma carta de 1934[11], um membro do SPI escreve ao ministro para denunciar o fato de o posto ter sido confiado aos dominicanos. Ele insiste especialmente no fato de que lhe parece totalmente impróprio ter confiado propriedades do Estado a religiosos estrangeiros, ainda mais que os estatutos do SPI especificam que este último não deve encorajar nenhum culto. No entanto, na revista *Cayapós e Carajás*, os dominicanos, em 1930, afirmam manter boas relações com o SPI e trabalhar em colaboração com os postos do Araguaia. Além disso, Rondon visitou Conceição do Araguaia e parabenizou os missionários pelo trabalho de catequese[12]. É provável que os missionários tenham procurado tranquilizar seus leitores e benfeitores quanto ao trabalho de evangelização, pois eles deviam ler regularmente na imprensa numerosos ataques contra as missões religiosas, em particular, os conflitos opondo o SPI aos salesianos do Mato Grosso.

Durante os anos seguintes a 1930, membros do SPI se dirigem regularmente ao Estado na tentativa de recuperar suas prerrogativas e subvenções. Explicam que não têm mais recursos para fazer seu

---

10. Documento datado de 23.09.1932, nos arquivos do SPI, microfilme 1, fotos 3782-3787, Museu do Índio, Rio de Janeiro.
11. Relatório de 1934, nos arquivos do SPI, microfilme 334, fotos 430-462, Museu do Índio, Rio de Janeiro.
12. RELAÇÕES com o Serviço de Proteção aos Índios, *Caiapós e Carajás*, n. 32 (abr. 1930), 5-6. Veja a fotografia de Rondon em Anexos, p. 491.

trabalho, mas o governo parece permanecer hostil ao SPI, até os anos 1940. Ao mesmo tempo, numerosas campanhas de difamação contra o SPI acusam seus funcionários de obter lucros pessoais e de não cumprir seu papel de proteção aos ameríndios.

O SPI não tem mais recursos para fazer face ao avanço das frentes pioneiras e garantir a integridade dos territórios ameríndios, nem para concorrer com o crescente número de congregações católicas no território. Inclusive, ele tende a colaborar com estes últimos em algumas regiões, como mostra o caso do posto da Ilha do Bananal, provisoriamente confiado a missionários dominicanos. A presença de um número crescente de missões protestantes norte-americanas também incentiva os católicos a colaborar com o SPI para concorrer com estes últimos. No entanto, as tensões entre o SPI e as missões religiosas persistem, e o SPI denuncia, com insistência, o fato de elas receberem subsídios do Estado.

Encontramos, de fato, nos arquivos do SPI uma série de cartas e de relatórios, datados de 1942 e 1943[13], nos quais Dom Sebastião Thomas se opõe aos inspetores do SPI, que criticaram fortemente a missão dominicana de Conceição do Araguaia. A origem das tensões parece ser uma série de ataques de ameríndios contra cristãos. Um inspetor do SPI[14] critica fortemente os missionários que são apresentados como protetores dos cristãos em detrimento dos ameríndios. Ele suspeita que eles estejam explorando esses últimos em sua fazenda, que fica nas proximidades de Conceição; fazenda que, como a cidade de Conceição, teria sido instalada nas terras dos Caiapós. Também deixa subentendido que as crianças ameríndias evangelizadas no

---

13. Arquivos do SPI, de 1942-1943, microfilme 338, fotos 805-814, 826-833, 844-845; microfilme 337, fotos 1125-1128; microfilme 091, fotos 2248-2249, Museu do Índio, Rio de Janeiro.
14. Relatório de Pedro Silva, datado de 28.05.1942, nos arquivos do SPI, microfilme 337, fotos 1125-1128, Museu do Índio, Rio de Janeiro.

colégio das irmãs dominicanas teriam sido tiradas à força de seus pais e ficariam presas no colégio. Na sequência desse relatório, o SPI pede contas a Dom Sebastião Thomas, que se justifica nas suas respostas[15]: ele afirma que nenhum índio é mantido à força na missão, que quem trabalha é pago como os cristãos, que sua cultura é respeitada e que as crianças que estão em seu internato são órfãs e, portanto, não foram tiradas à força de seus pais. Também especifica que os religiosos de Conceição estão em ordem com o estado do Pará e que os cristãos devem ser protegidos de ataques. É, em particular, para isso que ele solicita a criação de um posto do SPI perto de Conceição. Nesse ato, ele se junta ao inspetor do SPI, que também pede a criação desse posto, para proteger os ameríndios da região dos abusos perpetrados pelos cristãos e pelos dominicanos.

O superior hierárquico do primeiro inspetor responde com veemência e em tom muito irônico a Dom Sebastião Thomas[16]. Primeiramente, cita o livro *Gorotires*[17], que descreve uma visita dos missionários a esse povo e volta à história da missão, apresentando frei Vilanova como o grande "pacificador" da região. Questiona violentamente seu conteúdo e o qualifica como "propaganda religiosa". Em seguida, pergunta a Dom Sebastião Thomas porque ele solicita a instalação de um posto do SPI para evitar ataques dos ameríndios, sendo que ele já recebe subvenções para a sua "pacificação". Acusa, então, os missionários de receberem dinheiro do Estado e não fazerem seu trabalho de "pacificação", educando apenas algumas crianças em seu colégio. Com efeito, Dom Sebastião Thomas declarou ter apenas cinco Caiapós e quatro

---

15. Cartas de Dom Sebastião Thomas, nos arquivos do SPI: carta de 14.04.1942, microfilme 338, fotos 844-845; carta de 04.09.1942, microfilme 338, fotos 826-833; carta de 25.06.1943, microfilme 091, fotos 2248-2249, Museu do Índio, Rio de Janeiro.
16. Carta de J. Malcher, datada de 02.06.1942, nos arquivos do SPI, microfilme 338, fotos 805-814, Museu do Índio, Rio de Janeiro.
17. THOMAS, *Gorotires*, op. cit.

Carajás[18] no internato dominicano. Por fim, o oficial do SPI assume um tom muito irônico e desafiador para com o bispo, relativamente a crianças caiapós que foram confiadas aos missionários por seus pais e fugiram:

> Permita-me, Vossa Reverendíssima, que lhe diga: índio caiapó não entrega seus filhos. O que costumam fazer, geralmente, é aceitar os presentes que lhes são dados, prometendo os filhos, solicitados com insistência pela missão, e, assim que podem, fogem com eles para suas habitações. – É preciso acabar com essa ideia falsa que considera o índio como se fosse irracional – e mesmo os irracionais não dão seus filhos tão facilmente[19].

Ele subentende claramente que os missionários devem ser muito ingênuos por acreditar que realmente as crianças lhes foram confiadas; portanto, afirma implicitamente que as que estão presentes em seu colégio não lhes foram confiadas voluntariamente.

Percebe-se, na veemência dessas trocas, que a competição entre leigos e religiosos continuou na década de 1940. No entanto, pode-se constatar, nos arquivos do SPI, a virada antropológica operada por esse último nas décadas de 1940 e 1950. Ele se situa, cada vez mais, em um processo de proteção aos ameríndios e de suas culturas, sem buscar sua integração a todo custo. Essas transformações fazem evoluir as relações entre os religiosos e o SPI.

Nos anos 1950, Darcy Ribeiro, antropólogo brasileiro, trabalha no SPI e faz contato com Dom Helder Câmara para estabelecer as bases de uma colaboração formal entre o serviço do Estado e a Igreja Católica

---

18. Carta de Dom Sebastião Thomas, datada de 25.06.1943, nos arquivos do SPI, microfilme 091, fotos 2248-2249, Museu do Índio, Rio de Janeiro.
19. Carta de J. Malcher, datada de 02.06.1942, nos arquivos do SPI, microfilme 338, fotos 805-814, Museu do Índio, Rio de Janeiro.

brasileira. Dom Helder Câmara é arcebispo do Rio de Janeiro e secretário-geral da CNBB, de 1952 a 1964. Participou da criação da CNBB em 1952. Certamente, é sua posição nessa instituição que levou Darcy Ribeiro a enviar-lhe uma longa carta[20], na qual propõe à Igreja Católica colaborar com o SPI para proteger os ameríndios. Em particular, ele desenvolve muitas reflexões sobre a extinção dos ameríndios e os prejuízos morais que sofreram no contato com leigos e com religiosos. Ele se situa no âmbito das reflexões antropológicas da época, que repensam as relações entre brancos e ameríndios e que vão no sentido de preservação das diferentes culturas.

Essas mudanças nas relações e na visão de diferentes povos distanciados da cultura europeia dominante também perpassam as práticas missionárias, que aprendem com seus fracassos e se adaptam às novas concepções do tempo.

Os arquivos do SPI são os documentos mais críticos que consultamos sobre o trabalho dos dominicanos. Eles nos permitem conhecer a posição de parte da população brasileira sobre as congregações religiosas estrangeiras que se instalam no país na primeira metade do século XX. As elites políticas, em geral – militares, liberais e republicanos –, entre os quais o positivismo e a franco-maçonaria, são muito difundidos e costumam, com frequência, se posicionar contra os religiosos estrangeiros. Vários motivos são apresentados contra a instalação dessas congregações. A rejeição desses estrangeiros, às vezes, é invocada em nome do patriotismo, até mesmo do nacionalismo. A presença de missionários europeus remete ao passado colonial e à tutela da Europa sobre a América; tutela rejeitada por uma parte das elites, desde as independências latino-americanas. Assim, esses brasileiros argumentam serem bons católicos e não terem necessidade de missionários estrangeiros

---

20. Carta de Darcy Ribeiro, sem data, mas posterior a 1952, visto que Dom Helder Câmara está no posto; nos arquivos do SPI, microfilme 380, fotos 2225-2229, Museu do Índio, Rio de Janeiro.

impondo um catolicismo europeu. Da mesma forma, a evangelização dos ameríndios não pode ser deixada a religiosos estrangeiros, que não podem integrá-los na sociedade nacional e que são suspeitos de querer se enriquecer ou de se apropriar do território nacional em benefício de sua Ordem ou de seu país de origem. A obra missionária junto aos ameríndios também é criticada pelos defensores do laicismo e da separação entre Igreja e Estado, em virtude da recusa de envolvimento dos religiosos na sociedade, seja na política, seja na educação.

Esses arquivos, portanto, dão-nos um ponto de vista diferente dos da maioria dos documentos que coletamos. Com efeito, a maioria de nossas fontes, emanadas dos dominicanos ou de seus partidários, difunde uma visão positiva da missão, enquanto os arquivos do SPI, além de fornecer elementos sobre a recepção da missão nas elites brasileiras, permitem-nos questionar diretamente o trabalho dominicano junto aos ameríndios: a fundação de Conceição em terras indígenas, a quantidade de crianças ameríndias evangelizadas, os resultados obtidos, a forma como os dominicanos assumem a responsabilidade por essas crianças, ou ainda a posição dos frades em relação aos conflitos entre cristãos e ameríndios. Nos documentos dos dominicanos, sua ação parece vasta e sempre refletida, enquanto a leitura dos arquivos muito críticos do SPI permite relativizar seus propósitos.

As tensões com o SPI não são as únicas dificuldades que os dominicanos encontraram em seu projeto de evangelizar os ameríndios. Ao longo da missão, eles tiveram que adaptar suas estratégias e objetivos às realidades brasileiras, como veremos na sequência deste capítulo.

2. Fracasso do projeto de aculturação desenvolvido em Conceição do Araguaia

Os *aldeamentos* de Caiapós, que aceitaram a catequese em 1897, data da fundação de Conceição, compunham-se de 400 a 500 aborígenes [escreveu Dom Sebastião Thomas em 1943]. Foram rapidamente extintos, dizimados por várias doenças, sarampo, gripe etc. Restam quatro indivíduos, apenas um homem e três mulheres, três casadas com cristãos e a quarta é viúva[21].

Esta constatação de Dom Sebastião Thomas resume, por si só, o fracasso da obra de evangelização iniciada pelos dominicanos no início da missão. De fato, em poucos anos, não há mais Caiapós nas proximidades de Conceição do Araguaia. Morreram de doenças, foram massacrados ou partiram mais para o oeste, como os demais povos da região, recuando diante do avanço do povoamento brasileiro e do desmatamento da floresta.

O projeto missionário inicial foi, como visto na primeira parte, muito aculturador. Visava evangelizar os filhos dos caiapós de ambos os sexos, no colégio dominicano de Conceição, para formar casais cristãos e, a seguir, integrá-los à sociedade brasileira. Os missionários convenceram os adultos, pela força de presentes, confiar-lhes as crianças e a se instalarem nas proximidades de Conceição. O objetivo era, portanto, aculturar[22] plenamente os filhos, cristianizando-os e ensinando-lhes todos os códigos da sociedade brasileira, para que, uma vez adultos, vivessem, se casassem e trabalhassem com os cristãos da região. Os missionários, não podendo aplicar os mesmos métodos aos adultos, procuravam apenas fazer com que perdessem alguns de seus hábitos, como o de viver nus, e inculcar neles alguns elementos do catolicismo, para que concordassem em ser batizados. Os missionários também esperavam poder estender essas estratégias a outras pessoas da região.

---

21. Carta de Dom Sebastião Thomas, datada de 25.06.1943, nos arquivos do SPI, microfilme 091, fotos 2248-2249, Museu do Índio, Rio de Janeiro.
22. Definição antropológica do verbo aculturar: através do fenômeno da aculturação, assimilar uma etnia, os indivíduos de um grupo cultural, a outro grupo cultural.

No entanto, nota-se em seus relatos que rapidamente tiveram que lidar com a resistência de seus catecúmenos. Assim, em 1902, cinco anos após a fundação de Conceição, frei Gallais escreveu:

> O número de pequenos internos que recebem os missionários varia de acordo com os caprichos dos pais ou dos próprios filhos e, principalmente, de acordo com os recursos de que os frades dispõem. O índio tem um caráter extremamente mutável e inconstante, suscetível, orgulhoso e vingativo. Às vezes, um nada basta para contrariá-lo. [...] Quando uma criança fica insatisfeita, e imediatamente sabendo que isso magoa os frades, ela joga, como se diz, a roupa às urtigas; quero dizer, desce suas pequenas calças, joga-as num canto e foge para a floresta; e não se pode contar com os pais para obrigá-la a voltar[23].

Ele prossegue dizendo que os frades não podem acolher tantas crianças quanto gostariam, devido à falta de recursos. Frei Gallais passa vários meses em Conceição do Araguaia, quando de sua visita canônica, e constata que, no final de sua permanência, há muito menos internos do que no início, devido, disse ele, à suspensão das subvenções que o estado do Pará lhes concedia. Havia cerca de cinquenta crianças quando de sua chegada, mas os missionários perderam muitos alunos ao perderem as subvenções. Frei Gallais explica que os dominicanos não tinham mais meios para atender às necessidades de seus alunos, principalmente, quanto à alimentação. Também pode-se pensar que, com menos recursos, os dominicanos não podiam mais atender aos frequentes pedidos dos pais de seus internos, que vinham regularmente solicitar presentes e alimentos, e que esses partiam levando seus filhos.

Num livro sobre o centenário da presença dos dominicanos, uma irmã conta o mesmo tipo de anedota que frei Gallais. Nele, tem-se conhecimento de que, o que mais fazia as irmãs "sofrerem", ao se

---

23. GALLAIS, *Une catéchèse chez les Indiens...*, op. cit., 49-50.

estabelecerem em Conceição, era o fato de que muitas Caiapós não se adaptavam à vida no convento e fugiam do colégio:

> O que [...] fez [as irmãs] sofrerem muito foi que muitas pensionistas Caiapós não se adaptaram às normas do colégio e quiseram voltar para a *aldeia*. Tudo o que recebiam, nada era comparado à liberdade que sempre tiveram. Nada as alegrava. A nostalgia da floresta nascia nelas. Perderam o apetite e um dia armaram um complô para fugir e, à palavra "Vamos", lançaram-se como foguetes no caminho para a *aldeia*[24].

Ela acrescenta que a maioria das internas ia e voltava, e muito poucas permaneciam no internato tempo suficiente para adquirir os conhecimentos necessários e receber o batismo.

Por uns dez anos, os dominicanos continuaram desenvolvendo seu projeto de aculturação, apesar dos resultados moderados. Numa carta de 1906[25], frei Audrin, que chegou um ano antes a Conceição do Araguaia, relata que os Caiapós da Aldeia d'Arraias, *aldeia* mais próxima da vila, vinham regularmente a Conceição para ver seus filhos, internos no colégio das irmãs. Menciona também a passagem regular de Xerentes que pretendiam instalar-se em frente a Conceição durante o verão. Especifica que há, então, três filhos Xerentes no internato, além dos Caiapós. Os frades esperam poder batizar o mais velho, ante a solicitação desse. Frei Audrin espera que isso incentive as crianças Caiapós a também pedirem o batismo. Parece, portanto, que as crianças ameríndias evangelizadas em Conceição deviam formular o desejo de ser batizadas e ter recebido educação suficiente, antes de recebem o batismo.

---

24. Testemunho de irmã Elza de Moura Coimbra, in: Lopes; Bichuette (org.), *Dominicanas...*, op. cit., 89.
25. Carta de frei Audrin, datada de 16.04.1906, classificada como K1101, nos arquivos dominicanos do convento Santo Tomás de Aquino, em Tolosa.

TERCEIRA PARTE | Brasilianização da missão

O projeto inicial de evangelizar os ameríndios em Conceição parece ser aos poucos abandonado após a morte de frei Vilanova, em 1905. Esse frei foi, de fato, o fundador e o impulsionador dessa obra. Foi ele quem tomou a iniciativa e fez muitas representações junto ao Estado e ao bispado do Pará para obter os recursos necessários à sobrevivência desse projeto, que defendia ferozmente junto às autoridades provinciais dominicanas. Após sua morte, o desaparecimento progressivo dos Caiapós da região e as dificuldades materiais e humanas do trabalho levam a um certo desânimo entre os dominicanos, ante os poucos resultados obtidos. Além disso, cada vez mais cristãos se estabelecem na região e o número de habitantes de Conceição do Araguaia aumenta rapidamente. Os dominicanos de Conceição, únicos representantes eclesiásticos da região, então ficam cada vez mais ocupados com o ministério paroquial e as *desobrigas*. O assentamento de cristãos e a ocupação de terras também levam os povos ameríndios a se afastarem e se mudarem para o oeste.

Frei Sebastião Thomas, numa carta de 1914, apresenta, como provincial da missão, sua percepção sobre a obra de evangelização:

> A catequese propriamente dita dos Caiapós não existe mais. A aldeia ou vila de Conceição já não pode servir de centro catequético por vários motivos: distância das aldeias, convivência com pessoas civilizadas, falta de instalações adequadas, falta de espaço, dificuldade em alojar pais e filhos indígenas da melhor forma possível, quando vêm à Conceição etc. [...] O bispo sofre ao ouvir dizer, às vezes, que a catequese terminou. Eu também sofro, de minha humilde parte, e não sei o que dizer, nem que atitude tomar ante nossos amigos e benfeitores dos índios[26].

---

26. Carta de frei Sebastião Thomas, datada de 14.06.1914, classificada como AG3P40D020, nos arquivos dominicanos do convento Nossa Senhora Aparecida, em Belo Horizonte.

Ele se refere aqui a Dom Carrérot, nomeado em 1911 para a Prelazia de Conceição do Araguaia. Ambos pensam que deveria ser criado um novo centro catequético, mais a oeste, no interior da prelazia, em local onde não haveria cristãos. É, aliás, frei Sebastião Thomas quem relança a obra de evangelização, ao tornar-se bispo de Conceição, em 1920.

Progressivamente, os dominicanos tentam, de fato, adaptar seus métodos às realidades com as quais são enfrentados. Segundo seus testemunhos, há, ao longo da missão, algumas crianças ameríndias no colégio das irmãs, mas, aparentemente, nunca mais de uma dezena, e muito poucas completam os estudos e se integram à sociedade. Na maioria dos casos, os frades devem se contentar em batizá-las antes que voltem a viver em suas *aldeias*. Essas crianças são oriundas de povos diferentes; muitas vezes são, segundo os dominicanos, órfãs ou sobreviventes de massacres ou de grupos de populações extintas. Os dominicanos também encontram regularmente grupos ameríndios durante suas viagens, particularmente os Carajás, que vivem nas praias do Araguaia. Os frades os conhecem, levam-lhes presentes, celebram missas na praia e alguns desses nativos ameríndios aceitam ser batizados. Da mesma forma, os que vivem perto de Conceição vêm regularmente ao convento para pedir objetos, comida, cuidados médicos, ou mesmo queixar-se de agressões ou abusos perpetrados por brasileiros. Os dominicanos estão, portanto, em contato com a maioria dos povos ameríndios da região. O projeto missionário consiste, essencialmente, em estabelecer relações pacíficas com eles, para que possam ser batizados, mesmo que apenas na hora de sua morte.

Os dominicanos fazem, cada vez mais, expedições para irem ao encontro de diferentes povos da região, principalmente, daqueles que ainda não têm nenhuma relação com a sociedade brasileira e que, às vezes, atacam os cristãos. Para os missionários, trata-se de entrar em contato com os índios, dando-lhes vários objetos, para assim estabelecer uma relação de confiança, a fim de poderem retornar regularmente ao lugar onde vivem. A cada encontro, os religiosos celebram uma missa e procuram fazer com que os índios lhes confiem os filhos e se batizem.

TERCEIRA PARTE | Brasilianização da missão

Segundo nossas fontes, os dominicanos receberam ajuda financeira para essas expedições da *Propaganda fidei* (Propagação da fé), de 1920 a 1932[27], embora se possa supor que essa instituição tenha subsidiado a missão dominicana por um período mais longo. Também recebem, dependendo dos períodos, auxílios dos estados e dioceses do Pará e de Goiás, ou, ainda, da Federação. De 1922 a 1933, os missionários publicam uma revista sobre os Carajás e Caiapós, *Cayapós e Carajás*, a fim de informar sobre suas atividades com esses povos e arrecadar fundos para suas obras. Também apelam regularmente para doadores no Brasil e na França, em particular, aos membros da Ordem Terceira Dominicana de grandes cidades brasileiras. Sabe-se, por exemplo, que frei Lacomme, no início do século, fez uma série de conferências no Brasil com esse propósito[28]. Da mesma forma, Dom Sebastião Thomas encontrou-se com pelo menos dois presidentes brasileiros, Artur[29] Bernardes e Getúlio Vargas[30], para solicitar subvenções do Estado.

Vinte anos depois da fundação de Conceição, o projeto de evangelização pouco tem a ver com o inicial, como testemunha frei Tapie no relato de sua visita de 1919:

---

27. Carta de frei Sebastião Thomas, datada de 31.12.1920, classificada como K1146 (assim como as cartas de 1920 a 1924, classificadas como K1116 e K1171 a 1179), e o relatório de frei Bonhomme, de 30.04.1932, classificado como K1325, nos arquivos dominicanos do convento Santo Tomás de Aquino, em Tolosa.
28. Palestra de frei Lacomme, proferida em Goiás, Uberaba, Rio de Janeiro, Belo Horizonte, em 1905, classificada como K1108, no arquivo dominicano do convento Santo Tomás de Aquino, em Tolosa.
    Carlos de Laët, "Catequese", artigo em jornal do Rio de Janeiro, referindo-se à conferência do frei Lacomme no Rio de Janeiro; documento sem data nem título do jornal, no arquivo dominicano do convento Santo Tomás de Aquino, em Tolosa.
29. Carta de frei Bigorre, datada de 16.05.1924, dirigida a frei Tapie, classificada como K1158, nos arquivos dominicanos do convento Santo Tomás de Aquino, em Tolosa.
30. AUDRIN, *Souvenirs d'um missionnaire...*, op. cit., 162.

Da evangelização à pacificação

Sem dúvida, esse trabalho não deu os resultados inicialmente esperados, mas produziu outros, de natureza mais geral, que são nosso consolo e prestam grande honra à Igreja e à Ordem de São Domingos. Não é um resultado desprezível e que só conta para poder entrar livremente, e a qualquer momento, nas suas *aldeias* para ministrar o batismo às crianças e mesmo aos adultos em perigo de morte. Quantas almas vocês salvaram e enviaram para o céu, que, sem vocês, teriam permanecido nas trevas da morte! E, quando se pensa no preço de uma alma resgatada pelo divino Sangue de Nosso Senhor Jesus Cristo, só se pode abençoar, louvar e agradecer ao Senhor, que trouxe tantos resultados à obra de vocês. Quando se salva almas dessa forma, pela graça de Deus, permanece-se calmo e feliz e fica-se indiferente às críticas, pouco importando de onde vêm. Não é pouca coisa ter conquistado a estima e o carinho de todas essas tribos de peles-vermelhas do Araguaia e do Tocantins, a tal ponto que, só ante o nome de *Papai Grande*[31], esses índios acorrem de longe – sem dúvida para receber presentes, isso é incontestável, mas também por afeto e veneração para com vocês. [...] Portanto, continuem, tanto quanto possível, seu trabalho de evangelização e de civilização com esses pobres e queridos peles-vermelhas: Caiapós, Carajás, Xerentes e outros. Não se deixem levar pelo desânimo[32].

Constata-se aqui que a obra de evangelização dominicana se resume a visitas às *aldeias*, bom entendimento com as populações ameríndias que as compõem e à administração do batismo na hora da morte, quando o missionário pode estar presente. Fica-se longe do projeto de

---

31. Nome dado pelos ameríndios aos missionários, que pode ser traduzido literalmente como "vovô". Também se encontram nos documentos consultados o uso de *Papai grande do céu* para designar Deus. Utilizam, portanto, "papai" em vez de "pai", o pai de família ou "padre", termo que geralmente designa o sacerdote na igreja, ou seja, o pároco ou o religioso, em português.
32. TAPIE, *Visite canonique et statistique...*, op. cit., 19-20.

TERCEIRA PARTE | Brasilianização da missão

educar os filhos em vista de formar casais cristãos integrados à sociedade brasileira. Pode-se até se perguntar se esse batismo na hora da morte – "consolação" para os frades que assim alcançam seu objetivo primeiro de "salvar" os índios do inferno – é um pedido desses últimos ou se é administrado por iniciativa dos frades: há aqui uma aparência de cristianização desses ameríndios que, no momento da morte, preferem garantir a entrada no paraíso, caso o missionário tenha dito a verdade? Pensam que as orações dos frades podem curá-los, sabendo que os ameríndios, às vezes, recorrem aos missionários apenas quando estão doentes? Ou apenas deixam os religiosos fazerem o que lhes parece bom no momento em que não há mais nada a fazer? Em outras palavras, esses batismos são a prova de uma conversão mínima dos ameríndios ao cristianismo ou são, ao contrário, o último meio para os missionários atingirem seus fins, ante o fracasso das estratégias de evangelização? Não temos respostas para essas questões, que resultam mais de um estudo antropológico do que histórico. Essas constatações permitem-nos, apenas, afirmar que, pouco mais de vinte anos após o início do trabalho de evangelização, os dominicanos estão longe de ter alcançado seus objetivos iniciais.

Frei Tapie também se refere às críticas formuladas contra os missionários. Pensa-se nas do SPI e de alguns jornais mencionados na seção anterior, mas a obra de evangelização também foi criticada internamente por alguns missionários dominicanos. Como se vê na biografia de frei Vilanova, alguns religiosos achavam anormal, já no início do século, que a catequese dos ameríndios recebesse tanta atenção e recursos da Província de Tolosa. Essas críticas continuam durante o restante da missão, especialmente quando as dificuldades financeiras e a falta de pessoal se tornam mais graves. Diante do fracasso do projeto inicial e da falta de recursos, muitos missionários acreditam que devem abandonar o trabalho de evangelização e dedicar-se apenas aos cristãos, especialmente nos conventos do sul da diocese. Frei Bonhomme, visitador canônico da missão em 1931 e provincial de Tolosa na mesma data, queixa-se de que a *Propaganda fidei* apenas subsidia os conventos de Conceição do Araguaia e de Porto Nacional[33]. Frei Audrin, superior do convento de Conceição, de 1928 a 1938, critica o fato de Dom Sebastião Thomas multiplicar as iniciativas voltadas para os ameríndios, quando os missionários mal podem atender às necessidades dos cristãos da Diocese de Conceição[34]. O trabalho de evangelização foi, portanto, alvo de críticas dentro e fora da missão.

Em seu relatório[35] de 1919, frei Tapie passa em revista os diferentes povos ameríndios da região e detalha a natureza de suas relações com os dominicanos, o que permite ter uma ideia quanto à possibilidade de expansão do projeto missionário. Ele menciona um grupo de 300 Caiapós, a 110 km de Conceição do Araguaia, que levam para batizar seus filhos moribundos. Portanto, não há mais Caiapós morando nas proximidades de Conceição em 1919. Há cerca de 1.500 Carajás nas margens do Araguaia, visitados regularmente pelos dominicanos, e acrescenta: "Eles recebem muito bem o missionário, e muitos concordam em batizar as crianças em perigo de morte". Igualmente, relacionam-se bem com os 400 Xambioás que vivem às margens do rio, ao norte de Conceição. São cerca de 300 Xerentes na região, uns em contato com os frades de Conceição, outros com os de Porto Nacional: "Os Xerentes vestem-se como os cristãos, aceitam trabalhar mediante pagamento e são batizados". Esses ameríndios, portanto, parecem "civilizados", segundo os critérios comuns aos dominicanos e ao SPI. Segundo nossas fontes, quando os frades chegaram, os Xerentes já estavam em contato, e bastante bem, com os brasileiros, especialmente na região de Porto Nacional, onde os capuchinhos italianos iniciaram sua evangelização. Geralmente, nos documentos consultados, são descritos como "simpáticos" e "pacíficos".

---

33. Relatório de frei Bonhomme, datado de 30.04.1932, classificado como K1325, arquivo dominicano do convento Santo Tomás de Aquino, em Tolosa.
34. Carta de frei Audrin, datada de 14.02.1933, classificada como K1337, nos arquivos dominicanos do convento Santo Tomás de Aquino, em Tolosa.
35. TAPIE, *Visite canonique et statistique...*, op. cit.

TERCEIRA PARTE | Brasilianização da missão

Frei Tapie também descreve os Gaviões da região de Marabá como particularmente "selvagens" e lamenta não contar com missionários em número suficiente para evangelizá-los. Também menciona os Gorotires da região do rio Fresco e do Xingu, especificando que eles não pertencem ao território da Prelazia de Conceição, mas ao da Diocese do Pará. Além disso, é difícil para o missionário entrar em contato com eles, porque estão em conflito com os extratores de borracha da região. Os 500 Tapirapés que vivem às margens do rio de mesmo nome, afluente do Araguaia, mantêm muito boas relações com os dominicanos. Dom Carrérot, frei Sebastião Thomas e frei Bigorre foram os primeiros a entrar em contato com eles em 1914. Os Javaés da Ilha do Bananal, cerca de 500, também mantêm boas relações com os frades. Por fim, os Apinagés, que vivem no território eclesial de Porto Nacional, são assim descritos: "Dóceis e muito próximos da civilização. São facilmente catequizados e batizados". No entanto, o pequeno número de missionários torna difícil visitá-los com frequência ou se estabelecer perto de suas *aldeias*. Essa enumeração mostra que os ameríndios são numerosos na área de missão dos dominicanos, que, se fossem mais numerosos, poderiam ampliar o trabalho de evangelização.

Como se pode ver, os dominicanos do convento de Porto Nacional também participam do trabalho de evangelização. Frei Tapie escreve que há quatro crianças Xerentes no colégio das irmãs, em 1919, e que os frades visitam regularmente alguns povos da região. Todavia, os religiosos de Porto Nacional contam com muito mais cristãos sob sua responsabilidade, num território maior do que o da Prelazia de Conceição. Mas não dispõem dos meios humanos nem financeiros para se dedicarem à evangelização, como os de Conceição.

Um documento de 1937[36] nos fornece o número de ameríndios em contato com a Prelazia de Conceição. O autor, certamente Dom

---

36. Documento datado de 1937, classificado como K1359, nos arquivos dominicanos do convento Santo Tomás de Aquino, em Tolosa.

Da evangelização à pacificação

Sebastião Thomas, faz uma distinção entre quem se encontra no território da prelazia e quem está "nos limites e perto" da missão. No território, ele enumera: 300 a 400 Carajás, 120 a 150 Tapirapés e cerca de 15 Caiapós da *aldeia* das Arraias, últimos representantes do grupo de 500 que aí se instalaram, quando da fundação de Conceição. Acrescenta os Xikrins e os Djorés, que ele diz serem "Caiapós selvagens". Ao redor da prelazia, cita: 400 a 500 Carajás, cerca de 800 Javaés, 500 a 800 Gorotires e cerca de mil Gaviões. Acrescenta, para esses dois últimos povos, a menção "Caiapós selvagens". Também cita os "Xerentes do Tocantins", dizendo que eles vêm regularmente a Conceição para se batizar ou se casar e confiar os filhos aos religiosos. Também dá o número aproximado de ameríndios batizados na prelazia: o que corresponde a quase todos os Carajás, metade dos Tapirapés, bem como "o resto da aldeia dos Caiapós das Arraias, que foi catequizada, sobretudo, por frei Vilanova e por seus companheiros". Fora da prelazia, são batizados uma centena de Carajás e outros tantos Javaés, principalmente crianças e adolescentes. Dependendo do momento, há de 5 a 12 crianças ameríndias no colégio das irmãs e de 8 a 12 no externato. O autor acrescenta: "Nós os educamos, nossos índios, em Conceição e em suas casas nas aldeias, mas muito fracamente, muito sumariamente, desanimados ante suas exigências, sua inconstância. Gasto anualmente, para os índios, de 20 a 30 contos em ferramentas, roupas, comida, viagens etc.".

Pode-se, portanto, ver que, entre 1919 e 1937, a situação pouco evoluiu. No entanto, é difícil comparar as informações, porque os índios da região desaparecem ou se mudam ante o avanço do povoamento brasileiro. Além disso, os dominicanos partem ao encontro de povos que antes não conheciam, explorando o oeste do Araguaia. Mesmo assim, pode-se notar um aumento do número de batismos entre os Carajás e os Tapirapés e uma diminuição acentuada de sua população. Os Carajás da região teriam passado de 1.500 em 1919 para cerca de 900 em 1937, e os Tapirapés, de 500 para 120, ou 150, no mesmo período. Esses números devem, entretanto, ser vistos com cautela, pois são aproximativos e é impossível saber se levam em consideração as mesmas áreas geográficas. Nota-se ainda que parte considerável dos Carajás da região parece ter se convertido ao catolicismo entre essas duas datas. Eles reúnem, assim, os Xerentes entre os povos de Goiás, que parecem ter aceitado a cristianização. Pode-se notar também que os efetivos de ameríndios do colégio das irmãs permanecem muito limitados. Dom Sebastião Thomas cita também novos povos Caiapós, os Djorés, os Xikrins e os Gorotires, que vivem a oeste da Conceição, que talvez não tinham sido conhecidos pelos dominicanos em 1919. Os Gaviões ainda são definidos como "selvagens"; por outro lado, os Xambioás e os Apinagés deixam de ser mencionados em 1937, sem que se possa saber se foram dizimados, se se mudaram, ou mesmo se os frades já não têm mais relações com eles.

Ao longo da missão, alguns casamentos – entre ameríndios ou entre ameríndios e cristãos, geralmente, um homem cristão com uma mulher ameríndia – foram celebrados pelos dominicanos. No entanto, seu número parece ser muito pequeno. De fato, adicionando aos quatro casais mistos, mencionados por frei Sebastião Thomas em 1943[37], os cinco casais ameríndios apresentados em fotos no livro *Gorotires*[38], chega-se a um total de nove casais para os povos Caiapós e Carajás[39]. Além disso, no documento de 1937, Dom Sebastião Thomas escreve que os Xerentes vêm à Conceição para serem casados pelos missionários. No total, esses casamentos não deveriam ter sido numerosos, porque se pode legitimamente pensar que os frades os teriam mencionado com muito mais frequência em suas cartas e em seus trabalhos, ao passo que essas menções são raras.

Podemos dividir o empreendimento de evangelização realizado pelos dominicanos em alguns períodos.

---

37. Carta de Dom Sebastião Thomas, datada de 25.06.1943, nos arquivos do SPI, microfilme 091, fotos 2248-2249, Museu do Índio, Rio de Janeiro.
38. THOMAS, *Gorotires*, op. cit.
39. Ver fotografia em Anexos, p. 491.

Da evangelização à pacificação

Os primórdios do trabalho de catequese correspondem aos anos 1897 a 1910, com a fundação de Conceição do Araguaia e com a evangelização dos Caiapós e dos Carajás que viviam às margens do Araguaia. Pode-se notar que os primeiros contatos com os ameríndios da região ocorreram antes de 1897, quando das primeiras expedições empreendidas pelos missionários na diocese. Além disso, os frades do Convento de Porto Nacional, fundado em 1886, estão em contato com os povos da região desde então, e também acolhem, em curtas ocasiões, crianças ameríndias no convento ou no colégio das irmãs. As primeiras experiências de contato e de evangelização, embora tenham permanecido anedóticas, ocorreram, portanto, na década anterior à fundação de Conceição.

O segundo período vai de 1910 a 1930. Em 1910 há a criação do SPI, quando os dominicanos perdem as subvenções do Estado brasileiro. O bispo de Goiás não é mais responsável pelos índios de sua diocese e, por isso, não recebe mais subvenções. Da mesma forma, o estado do Pará não financia mais a catequese de Conceição. É um período difícil para a obra de evangelização dominicana, especialmente porque o projeto inicial com os Caiapós de Conceição fracassou e os religiosos estão em concorrência com o SPI. Quase não há mais Caiapós nos arredores de Conceição, e muito poucas crianças que moravam com os missionários permaneceram no colégio tempo suficiente para ser batizadas. Mesmo assim, os missionários continuam seu trabalho e vão ao encontro de povos ameríndios ainda isolados, mas desistem de sedentarizá-los ou de se instalar perto deles. Eles obtêm subvenções, principalmente, da *Propaganda fidei* para continuar esse trabalho. A partir de 1930, puderam novamente se beneficiar de subvenções do Estado e orientam suas ações mais para os povos que ainda não estão em contato com a sociedade. Os religiosos fazem expedições regulares para ir a seu encontro, estabelecer contato e "pacificá-los". Ao mesmo tempo, mantêm relações com os povos da região, que eles conhecem bem, e se contentam, na maioria das vezes, em batizar os ameríndios no momento de sua morte.

Cada vez mais, reivindicam seu papel na "pacificação" e "civilização" dos povos ainda considerados "selvagens". A evangelização é apresentada como a melhor maneira de atingir esse objetivo, mas não parece mais ser o objetivo principal dos missionários. Ao analisar mais precisamente as relações estabelecidas pelos dominicanos com os Gorotires, na próxima parte, queremos destacar a evolução de suas estratégias de evangelização e de suas posições com relação à sociedade brasileira.

3. Novas estratégias

É inútil pensar em reunir os índios em um único lugar [escreveu frei Lacomme em 1926] [...]. É preciso tomá-los como são, levar, lá onde estão, os benefícios da fé e da civilização cristã [...]. Muitos de seus costumes atuais são perfeitamente compatíveis com os costumes cristãos; é preciso deixá-los, e isso facilitará ainda mais a abolição daqueles que são contrários à vida do cristão. Em suma, deve-se deixar os índios [...] nos lugares onde habitam e, do espaço de seu deserto, mostrar-lhes o espaço do céu, onde um Pai bem-amado os espera para torná-los eternamente felizes[40].

Esta citação de frei Lacomme descreve a transformação das estratégias missionárias e parece indicar uma mudança nos métodos de inculturação[41], substituindo o projeto aculturador dos primórdios da missão. Ao detalhar o conteúdo do livro *Gorotires*[42], propomos analisar

---

40. Texto de frei Lacomme, destinado a uma conferência de, aproximadamente, 1926, classificado como K1109, nos arquivos dominicanos do convento Santo Tomás de Aquino, em Tolosa.
41. Utilizamos o termo aqui de acordo com sua definição antropológica: inculturação é a inserção da mensagem cristã em uma dada cultura.
42. THOMAS, *Gorotires*, op. cit.

essas evoluções a fim de destacar os ajustes que os dominicanos tiveram de fazer para continuar seu projeto de evangelização.

O livro *Gorotires*, redigido por Dom Sebastião Thomas, é o relato de uma expedição realizada para visitar os Gorotires. Esse povo vive a mais de 500 km a oeste de Conceição, entre o *rio Fresco* e o rio Xingu[43], e pertence ao grupo caiapó. O autor especifica que o primeiro encontro dos dominicanos com esse povo data de 1931 e que, entre eles, empreendem sua quarta expedição. A publicação data de 1936 e a expedição deve ter ocorrido em 1934 ou 1935. Esse relato nos informa sobre a evolução das estratégias de evangelização postas em prática pelos missionários a partir dos anos 1910 ou 1920, quando não tentavam mais sedentarizar os ameríndios, mas ir a seu encontro. Procuram, a seguir, estabelecer laços de confiança, distribuindo presentes[44], e tentam fazer com que, aos poucos, aceitem o contato com a "civilização". Dom Sebastião Thomas parte pela quarta vez para os Gorotires, acompanhado de um missionário de Conceição, de um Caiapó cristianizado, Jacintho Krain, que lhe serve de intérprete, e dos habituais *camaradas*, brasileiros contratados pelos frades como navegadores, guias e protetores. Levam muitos presentes para os Gorotires: facões, facas, anzóis, linha de pesca, colares, pulseiras, espelhos, tecidos, fumo, fósforos etc. A primeira parte da viagem é feita por terra, na direção do Oeste, até o *rio Fresco*, onde embarcam em barco a motor. Vão primeiro até a nascente desse rio para explorá-lo e ver se encontram outros ameríndios. Depois de alguns dias, encontram os restos de um acampamento ameríndio. Deixam, então, alguns presentes e muitos vestígios de sua passagem e partem novamente pelo rio, em direção oposta. Entende-se ser assim que eles fazem contato com povos que ainda não conhecem, esperando, após vários depósitos de presentes, que os ameríndios venham a seu encontro para conseguir mais. Foi assim que

---

43. Ver mapa em Anexos, p. 461.
44. Ver fotografia em Anexos, p. 492.

TERCEIRA PARTE | Brasilianização da missão

procederam com os Gorotires e, antes, com os Tapirapés. Esse parece ser o método comumente empregado na época por outros religiosos, bem como pelos agentes do SPI e pelos antropólogos.

Os dominicanos, a seguir, descem o *rio Fresco* até Nova Olinda, último centro de povoamento cristão, antes de subir num de seus afluentes, o *riozinho*, para chegar aos Gorotires. São avistados pelos ameríndios, antes de sua chegada, e o capitão dos Gorotires, que já os conhece, vem a seu encontro. Rapidamente confia neles e explica-lhes que sofreu grandes derrotas contra os Djorés no ano passado: tendo ido atacar esse povo inimigo em suas terras, esses revidaram com armas de fogo e derrotaram os Gorotires; depois os perseguiram até seu território. O capitão acrescenta que precisaria de rifles como os dos frades para se vingar dos Djorés, mas os missionários responderam ser impossível fazê-lo. Os dominicanos pedem-lhe que avise a seu povo quanto à sua chegada e à próxima distribuição de presentes. Lembram-lhes também da possibilidade de lhes confiar as crianças para que venham estudar em Conceição do Araguaia. Durante os dois dias passados com os Gorotires, os dominicanos distribuem tudo o que trouxeram e pedem, várias vezes, que lhes sejam confiadas as crianças. O capitão retorna à sua necessidade de ter armas de fogo para defender seu povo. Os missionários celebram missas e colocam uma cruz na beira do rio, onde estão acostumados a se encontrar com os Gorotires, desde 1931.

No momento da partida, os religiosos fazem nova distribuição de presentes e ainda insistem para que lhes confiem as crianças. Acrescentam que isso seria um símbolo de amizade mútua e que as trariam de volta, uma vez educadas. Por fim, um adolescente de 12 a 13 anos e um jovem de 20 a 22 anos decidem, espontaneamente, ir com eles. Em seguida, um homem lhes traz uma garotinha. O relato dos frades não é muito claro a esse respeito, porque também escrevem que é o pai quem lhes confia sua filha e que ela é órfã... Finalmente, uma mulher traz-lhes sua sobrinha de 5 anos, ela também órfã. É difícil saber se são os ameríndios que prefeririam entregar-lhes os órfãos ou se

Da evangelização à pacificação

os missionários assim se justificam em não tirar os filhos dos pais. Funcionários do SPI, de fato, denunciam essa prática das congregações religiosas, que consideravam contrária ao respeito pelas culturas ameríndias, defendidas pelo serviço na época. Para incentivar os Gorotires, os dominicanos dão mais presentes para aqueles que concordam em entregar-lhes as crianças. Dom Sebastião Thomas insiste para que também lhe sejam confiados um ou dois meninos mais novos do que os já embarcados. Depois de um tempo, o capitão gorotire cede, manda buscar seu filho e obtém, em troca, a cobiçada carabina. Os missionários estão prontos para partir, quando percebem que o filho do capitão não está mais no barco. Perguntam onde ele está, insistem para que seja trazido de volta, e, finalmente, outra criança lhes é confiada por um homem que também recebe presentes adicionais.

Dessa vez, os dominicanos partem rapidamente. O autor explica que a primeira etapa será longa para chegar, o mais longe possível, antes de escurecer. Na verdade, eles temem que os jovens Gorotires fujam, o que já lhes aconteceu em muitas ocasiões, e farão de tudo para evitá-lo. Eles vestem as crianças e oferecem-lhes colares e muita comida. O tradutor Caiapó, que acompanha os frades, exalta todos os benefícios da vida em Conceição. As crianças perguntam se os cristãos não vão matá-las; ele as tranquiliza dizendo que todos os habitantes de Conceição são amigos, e assim se passa o primeiro dia de viagem. À noite, acampam às margens do rio. O autor escreve que um acampamento em uma ilha teria sido mais propício para evitar a fuga das crianças, ainda mais ante a impressão dos frades de que os Gorotires os seguiram ao longo da costa, o dia todo. De fato, pouco depois de terem se deitado, percebem que os jovens Gorotires fugiram para a floresta e sabem que não voltarão.

O autor escreve que é assim com os índios: o processo é longo, mas os missionários tiveram a mesma experiência com os Tapirapés e, finalmente, metade deles, doravante, é batizada. Ele também destaca que os dominicanos se recusam a usar outros métodos, como amarrar as crianças, pois desejam que elas aceitem voluntariamente a evangelização. Apesar da fuga das crianças Gorotires, o autor acredita que tudo isso não é em vão, que a cada expedição ganham um pouco mais a confiança dos ameríndios e despertam sua curiosidade e seu desejo de conhecer Conceição. Assim, chegará o dia em que alguns os acompanharão até o final da viagem.

É interessante constatar que esse relato corresponde perfeitamente ao conteúdo de uma carta do inspetor do SPI[45], explicando a Dom Sebastião Thomas que os ameríndios não confiam seus filhos a estranhos, apenas fingem confiar, para obter tantos presentes quanto possível; o que parece evidente neste relato. No entanto, os dominicanos continuam a empregar os mesmos métodos, não se desencorajam e permanecem animados ante o desejo de "salvar" os ameríndios. Chegam a relatar essa aventura em uma publicação, o que mostra que não se preocupam com as reações dos inspetores do SPI e que se responsabilizam pelas estratégias empregadas. Como dissemos acima, o comportamento dos dominicanos não é excepcional; eles aplicam os mesmos métodos de todos aqueles que buscam encontrar os povos ameríndios que ainda não tiveram contato com os brasileiros, ou recusam esse contato. Repetem as técnicas utilizadas pelos europeus, desde o início da conquista americana, para ganhar a confiança dos ameríndios.

No entanto, e ao longo da missão, os dominicanos afirmam seu desejo de não querer forçar os ameríndios à conversão, como escrevem na revista *Cayapós e Carajás*, em 1928:

> O sistema de catequese adotado é, de fato, cristianizar e civilizar o íncola[46] que o queira, sem violência, sem constrangimento, atraindo-o

---

45. Carta de J. Malcher, datada de 02.06.1942, nos arquivos do SPI, microfilme 338, fotos 805-814, Museu do Índio, Rio de Janeiro.
46. Íncola significa nativo no Occitano antigo.

pela amizade, pelo bom trato, pela beleza da vida cristã, pelo interesse de sua própria raça, protegida, defendida, favorecida e dignificada pela religião, pela educação e pelo trabalho, a um nível superior, igual ao dos outros brasileiros[47].

Procuram atraí-los à vida cristã, mostrando-lhes o que acreditam ser os benefícios da "civilização", mas também para "protegê-los". Segundo os dominicanos, a proteção virá de sua evangelização e de sua educação, que permitirá aos ameríndios integrarem-se na sociedade. Essa noção de proteção permite-lhes, igualmente, colocar-se no mesmo nível do SPI, ao afirmar que eles também protegem os ameríndios. Assim, respondem aos que os acusam de forçar as crianças ameríndias a segui-los contra sua vontade. Fazem o mesmo com relação aos *Gorotires*, relatando que deixam as crianças fugirem. Os missionários afirmam deixar a escolha aos índios e, assim, se defendem das acusações geralmente feitas contra as congregações religiosas.

As estratégias implementadas pelos dominicanos com os Gorotires são aparentemente as mesmas utilizadas para entrar em contato com os Tapirapés, anos antes. O primeiro contato com esse povo data de 1914, quando frei Sebastião Thomas, então vigário provincial da missão, e Dom Carrérot, então prelado de Conceição, partem a seu encontro, subindo o rio Tapirapé, afluente da margem esquerda do Araguaia. Levavam consigo um carajá cristianizado, o Capitão Valladares, para lhes servir de guia e de intérprete.

Para encontrar os Tapirapés, bem como os Gorotires, os dominicanos vão até os limites da Diocese de Goiás e da Prelazia de Conceição do Araguaia, ou até mesmo os ultrapassam. A região onde vivem os Tapirapés fica, na verdade, na divisa com os estados de Goiás, Mato Grosso e Pará, zona em que os missionários concorriam com os salesianos italianos. Frei Sebastião Thomas menciona, em uma carta escrita

---

47. NOTÍCIAS da catequese, revista *Caiapós e Carajás*, n. 26 (out. 1928) 7.

TERCEIRA PARTE | Brasilianização da missão

ao provincial antes da expedição[48], que Padre Malan, superior dos Salesianos do Mato Grosso, também planeja fazer uma expedição aos Tapirapés, em 1915. Acrescenta que Padre Malan, certamente, tentará fazer valer que o rio está no território de Mato Grosso, portanto, que esses ameríndios vivem na região confiada aos salesianos. Para frei Sebastião Thomas, o rio Tapirapé é a divisa entre os estados do Pará e do Mato Grosso. A Prelazia de Conceição, localizada no Pará, estende-se, portanto, até o rio, e os ameríndios, vivendo na margem norte, encontram-se em seu território[49]. Isso mostra uma competição entre dominicanos e salesianos pela catequese dos ameríndios da região, desde 1910.

O local onde vivem os Gorotires encontra-se, em 1931, nos limites da Diocese do Pará e, em 1934, torna-se Prelazia do Xingu. Logo em seguida, ela é confiada aos Missionários do Precioso Sangue de Jesus, embora o primeiro prelado nomeado fosse franciscano. Esses ameríndios, portanto, não vivem no território da Prelazia de Conceição, de responsabilidade de Dom Sebastião Thomas, quando ele empreende suas expedições. Em 1936, Dom Sebastião Thomas lamenta que, desde a criação da prelazia do Xingu, em 1934, o trabalho com os "indígenas" restrinja-se à Diocese de Conceição do Araguaia[50]. Portanto, parece que ele teve que renunciar à evangelização dos Gorotires. Além disso, pode-se perguntar se a publicação de *Gorotires*, em 1936, não é uma forma de reivindicar, publicamente, o primeiro contato com esse povo. Além disso, a obra faz o histórico da atuação dos dominicanos na região e remonta a 1897, data da fundação de Conceição, por frei Vilanova,

---

48. Carta de frei Sebastião Thomas, datada de 14.06.1914, classificada como AG3P40D020, nos arquivos dominicanos do convento Nossa Senhora Aparecida, em Belo Horizonte.
49. Ver mapa em Anexos, p. 460.
50. Carta de Dom Sebastião Thomas, datada de 03.04.1936, classificada como K1351, nos arquivos dominicanos do convento Santo Tomás de Aquino, em Tolosa.

à presença de cristãos na região e ao início da evangelização e "pacificação" dos ameríndios. Ele afirma, assim, às autoridades brasileiras, públicas e eclesiásticas, e às outras congregações religiosas, a primazia da ação dominicana na região.

A concorrência entre ordens religiosas é, sem dúvida, uma das razões que levam os dominicanos a fazer expedições fora dos territórios que lhes foram confiados, a fim de alcançar, os primeiros, os povos ameríndios não cristianizados. A isso, deve ser adicionado o aumento da concorrência com os protestantes; pastores norte-americanos chegando à América Latina, sempre numerosos nesse período. Como prova o investimento particular de Dom Sebastião Thomas na colônia de Santa Teresinha, que fica em frente ao extremo norte da Ilha do Bananal, onde um missionário protestante se instala no final da década de 1920.

Essa colônia foi criada pelo Estado em 1927, na margem esquerda do Araguaia, não longe da foz do Tapirapé. Reúne cristãos e Carajás e está localizada no território da Prelazia de Conceição do Araguaia. A existência de um posto protestante nessa região, onde os Carajás são numerosos, representa um perigo para os dominicanos que, há anos, tentam evangelizá-los. Os missionários também destacam que os protestantes dispõem de recursos financeiros significativos, provenientes de suas igrejas nos Estados Unidos. A criação do posto protestante leva os dominicanos a intensificar sua presença. Constroem uma igreja em Santa Teresinha, abrem uma escola e aumentam as visitas. Dom Sebastião Thomas pede, em 1933[51], a vinda de duas ou três religiosas para a escola de Santa Teresinha, que funciona desde 1928, com dois professores leigos. Também deseja a vinda de uma enfermeira, pois há um posto protestante que atrai cristãos e ameríndios. Santa Teresinha

---

51. Carta de Dom Sebastião Thomas, datada de 04.02.1933, classificada como K1341, nos arquivos dominicanos do convento Santo Tomás de Aquino, em Tolosa.

também é um ponto estratégico, dada a proximidade com a foz do Tapirapé, estando os dominicanos em contato com os ameríndios do mesmo nome e que vivem em suas margens. Sem esquecer que, nesse local, eles competem também com os salesianos do Mato Grosso, cujo rio Tapirapé marca a fronteira com o Pará.

Pode-se pensar também que seu desejo de evangelizar os ameríndios "selvagens" os empurrou mais para o oeste, sabendo que entre o início e o fim da missão os ameríndios de Goiás desaparecem, fogem ou são assimilados pela sociedade. Tanto mais que persiste, entre todas as ordens religiosas, a ideia de que é mais fácil, mas também de maior prestígio, trazer para a religião os ameríndios "selvagens" do que os "semicivilizados", já pervertidos pela sociedade.

A concorrência com o SPI para alcançar e "pacificar" os povos "selvagens" também é uma realidade da época, como vimos nos arquivos do SPI, destacando as tensões entre os partidários da catequese laica e os da catequese religiosa. Também há concorrência para obter subvenções do Brasil e da *Propaganda fidei*, subvenções para as quais é possível justificar mediante a "pacificação" e a evangelização dos ameríndios. O fato de os dominicanos plantarem cruzes nos locais onde entram em contato com os ameríndios é uma forma de indicar a antecedência de sua presença em uma região com esse ou aquele povo. É também uma forma de marcar um ponto de encontro preciso e recorrente com os ameríndios, uma vez que tenham conseguido estabelecer uma relação de confiança.

Portanto, parece claro que a concorrência com as outras ordens religiosas, com o SPI e com os protestantes pela evangelização dos ameríndios seja uma das forças motrizes das expedições missionárias. De que outra forma explicar que os dominicanos, que sempre se queixam da falta de recursos humanos e materiais, ultrapassem os limites das regiões que lhes foram confiadas e estendam sua área de missão?

Através do relato dessa expedição aos Gorotires, constata-se que, mesmo não se tratando realmente de questão de aculturação, os dominicanos estão longe de implementar estratégias inculturadoras. Seus métodos visam sempre aculturar os ameríndios, mas não se concentram mais em um grupo populacional inteiro, apenas nas crianças. Essas últimas continuam, de fato, sendo o alvo preferido, e procuram retirá-las do grupo para as educar em Conceição. Ao entrarem em contato com um povo, seu objetivo primeiro deixa de ser o de sedentarizá-lo ou de convertê-lo, e, nesse sentido, pode-se dizer que respeitam sua cultura. Garantem contatos pacíficos e tentam atraí-los à "civilização" por meio dos objetos que lhes dão. Parece que esses presentes servem para evitar que sejam atacados e para gerar nos ameríndios o desejo de ver onde e como essas coisas podem ser obtidas.

Lembre-se de que sempre há o medo do ameríndio "selvagem" e que os presentes são, principalmente, um meio de evitar ser morto. Os missionários querem marcar uma clara diferença entre eles e os aventureiros. Os ameríndios desconfiam, de fato, de numerosos aventureiros que percorrem a região em busca de borracha, ouro, peles de animais, castanha do Pará e de muitos outros recursos naturais que abundam na bacia amazônica. Os ameríndios são, muitas vezes, lesados em suas trocas com os aventureiros, que, às vezes, vão tão longe a ponto de reduzi-los a escravos, apropriar-se de suas terras ou exterminá-los. Alguns povos da região recusam qualquer contato com os cristãos e, sistematicamente, matam qualquer um que entre em seu território. Assim, em 1933, dois salesianos foram, aparentemente, mortos pelos Xavantes do rio das Mortes, quando tentavam contatá-los para evangelizá-los. Segundo frei Audrin, eles foram mortos porque não usavam os hábitos religiosos. Na verdade, os ameríndios raramente atacam os missionários, que reconhecem por sua veste, pois sabem que não são agressivos e que lhes darão presentes. A esse título, os religiosos reivindicam o papel de "pacificadores", destacando que conseguem, melhor que ninguém, estabelecer relações pacíficas com os ameríndios, os mais "selvagens". Afirmam que seus métodos são melhores que os do SPI, cujos postos, comandados por militares, assustam tanto os índios quanto os aventureiros.

Na entrevista concedida ao *Jornal de São Paulo*[52], em 1945, Dom Sebastião Thomas menciona um tratado de paz estabelecido em 1931 com os povos do *rio Fresco*, região onde viviam os Gorotires e outros povos Caiapós. Por esse tratado, os ameríndios teriam se comprometido a não mais atacar os cristãos, graças às negociações conduzidas por Dom Sebastião Thomas. Ele conta que o tratado funcionou durante dez anos e foi rompido por causa de abusos cometidos por aventureiros brancos, que os ameríndios massacraram em represálias. Por outro lado, na revista *Gorotires*, ele explica que, em 1931, assumiu com os Gorotires o compromisso de que nenhum cristão subiria o curso do *riozinho* até seu território. É difícil ver como os dominicanos poderiam cumprir tais compromissos; primeiro, porque não estavam em contato com todos os ameríndios da região; segundo, e principalmente, porque não tinham como garantir que nenhum branco ou cristão entrasse no território dos Gorotires. Dom Sebastião Thomas parece, portanto, atribuir-se um papel de "pacificador" que não se baseia em nada de concreto, exceto na esperança de que os Gorotires, aguardando sua próxima visita e, especialmente, seus presentes, não atacariam os cristãos e, inversamente, que nenhum cristão se envolveria no *riozinho*.

Mais adiante no artigo, Dom Tomás acrescenta:

> Os índios são bons amigos, muito dedicados, sinceros e amantes da liberdade e da sua independência. Há algum tempo, tentou-se fixar os indígenas nas vilas especialmente construídas para eles, mas isso não deu resultado algum, pois sua expectativa de vida baixou consideravelmente. Vários fatores devem ter contribuído para isso. Eles

---

52. Artigo publicado no *Jornal de São Paulo*, datado de 10.11.1945, nos arquivos do SPI, microfilme 380, fotos 708, Museu do Índio, Rio de Janeiro.

foram afastados do seu "habitat" natural, privados de sua liberdade, recebendo uma alimentação diferente, contraindo doenças, até então, desconhecidas para eles. À vista disso, as missões dominicanas vão até os locais onde as tribos se encontram e os resultados são melhores. Nas zonas evangelizadas e pacificadas pelas missões dominicanas, nunca houve um levante geral dos índios contra os cristãos, e, assim, esses puderam ocupar largas extensões de matas e campos destinados à lavoura e criação de gado. Estamos, assim, satisfeitos, porque temos atingido nossos objetivos[53].

Dom Sebastião Thomas enfatiza claramente o papel "pacificador" da missão dominicana. Critica, a meias palavras, mas de maneira suficientemente explícita, os postos do SPI, construídos especialmente para reagrupar os ameríndios. Não faz referência aos primórdios da catequese dominicana, pois não construíram um espaço especialmente para os ameríndios. Fundaram Conceição do Araguaia próximo às *aldeias* caiapós existentes, na esperança de persuadir seus habitantes a renunciarem à sua vida nômade e se fixarem nessas *aldeias* que, para eles, eram apenas pontos de passagem temporária. Ao contrário, o SPI criava postos onde seus agentes construíam todas as infraestruturas destinadas a acolher os ameríndios atraídos, nesses postos, por presentes. Dom Sebastião Thomas faz uma apresentação positiva do trabalho dominicano, não sem antes usar a linguagem clichê, especialmente quando afirma que nunca houve um levante "geral" de ameríndios na região que evangelizam. Dizer que não houve guerra aberta de um povo, ou de vários, contra os cristãos é uma maneira hábil de passar em silêncio os ataques isolados de ameríndios contra os cristãos, que existem na Prelazia de Conceição, como em todo Oeste e Norte brasileiro. Da mesma forma, ele insiste no fato de que, graças à ação pacificadora da missão dominicana, os cristãos puderam se instalar na região e

---

53. Ibid.

desenvolver atividades agrícolas. Chega, até mesmo, a apresentar esse fato como o objetivo principal da missão alcançada pelos religiosos, embora se saiba que seu objetivo era, inicialmente, a evangelização de crianças ameríndias para formar casais cristãos que se integrariam à sociedade brasileira.

Essa citação possibilita destacar duas formas de adaptação: a adaptação do discurso e a dos métodos missionários. Adaptar o discurso missionário às expectativas da sociedade brasileira de 1945 envolve destacar a ação dos dominicanos em um jornal de importância nacional, e São Paulo sendo, já naquela época, o centro econômico do país. Portanto, é lógico que ele insista sobre o papel pacificador da missão, possibilitando estender a ocupação agrícola do país graças à eficácia dos métodos dominicanos. Assim, ele justifica os auxílios do Estado concedidos regularmente à missão e responde a seus detratores do SPI. Esse artigo também atesta a adaptação dos métodos e objetivos missionários ao longo do período. Uma adaptação às realidades brasileiras e ao fracasso das estratégias de evangelização inicialmente previstas. A pacificação tornou-se tão importante quanto a evangelização, e, sobretudo, a segunda não mais condiciona a primeira. O objetivo aqui exposto por Dom Sebastião Thomas é a pacificação para possibilitar a expansão das terras agrícolas e a vizinhança pacífica entre cristãos e ameríndios.

Por fim, gostaríamos de destacar outro elemento que permite compreender a evolução do projeto missionário: a extinção dos povos ameríndios com os quais os dominicanos mantêm contato.

De fato, o projeto "civilizador" dos missionários, como o dos brasileiros e dos cientistas da época, esbarra em uma realidade: a extinção progressiva dos ameríndios. Nossos observadores notam que o contato com a sociedade brasileira acarreta o desaparecimento dos povos ameríndios. Frei Gallais o sublinha quando cita a cifra de dez mil Carajás, antecipada por Couto de Magalhães nos anos 1860, e que ele constata ser inferior a mil por volta de 1900: "...é de se temer que a decadência se acentue rapidamente e que essa fração da nação Carajás desapareça"⁵⁴. O "declínio" é, para ele, moral e demográfico, e se deve aos contatos com os brasileiros.

No entanto, o que ele faz é apenas constatar a diminuição desse número e pressagiar a extinção, sem analisar realmente as causas. Alguns anos mais tarde, os missionários que puderam observar de perto o fenômeno dão indicações mais precisas:

> Doenças traiçoeiras, ainda este ano, roubaram vidas entre os indígenas das colônias de Conceição do Araguaia. A mortalidade infantil permanece no nível habitual de 75%, de modo que se acentua, cada vez mais, a diminuição das populações nativas Brasis, principalmente daquelas que estão em contato com os civilizados⁵⁵.

As doenças contraídas pelos ameríndios em contato com "civilizados" são, doravante, apontadas pelos missionários como a causa da alta mortalidade de seus catecúmenos. Frei Audrin, que escreve nos anos 1940, narra o início da missão, sublinha a extinção e tenta explicar as causas. Ele faz distinção entre o rápido desaparecimento dos ameríndios em contato com a sociedade brasileira e a manutenção daqueles que vivem isolados na floresta e que permanecem numerosos. Ele diz em uma apresentação sobre os povos do Araguaia: "Esses diferentes grupos, infelizmente, desaparecem cada ano, por vários motivos, mas, sobretudo, por causa da invasão progressiva de seus territórios pelos civilizados"⁵⁶. Conta que os 1.500 Caiapós em contato com a catequese de Conceição, em 1906, quarenta anos mais tarde, desapareceram totalmente, e acrescenta que presenciou "esse triste fenômeno etnológico". Também dá números para os Carajás, lembrando que, em 1845,

---

54. GALLAIS, *O apóstolo do Araguaia, Frei Gil Vilanova...*, op. cit., 267.
55. NOTÍCIAS da catequese, *Caiapós e Carajás*, n. 18 (out. 1926), 7.
56. AUDRIN, *Entre sertanejos...*, op. cit., 130.

TERCEIRA PARTE | Brasilianização da missão

o explorador Francis de Castelnau contava vários milhares deles, enquanto eram apenas 700 no início do século XX.

Em sua segunda obra[57], publicada em 1963, frei Audrin apresenta as razões da diminuição da população em contato com brasileiros: em primeiro lugar, o consumo excessivo de sal e de açúcar, que não fazia parte de seus hábitos alimentares, e que eles consomem depois que esses produtos servem como salários ou presentes para atraí-los. O que ele não diz é que os missionários praticavam largamente esse tipo de troca. Em seguida, ele denuncia o alcoolismo dos ameríndios em contato com a sociedade; aliás, segundo ele, essa é a principal causa do desaparecimento dos Caiapós e dos Carajás evangelizados em Conceição do Araguaia. Acrescenta que o trabalho forçado, ao qual alguns brasileiros submetiam os ameríndios, os matava ou os fazia perder o gosto pela vida nas *aldeias*. Conta, também que, alguns deles, principalmente os mais velhos, conscientes do perigo, evitavam o contato com "estranhos" e recusavam seus presentes. Explica que frei Vilanova, tendo compreendido o perigo dos contatos entre brasileiros e ameríndios, quis, ao fundar Conceição, instalar-se num local isolado; infelizmente, a presença dos frades atraiu rapidamente cristãos e acarretou a "decadência" dos Caiapós. Frei Audrin vai ainda mais longe, quando explica que, segundo ele, os feiticeiros ameríndios, incitando-os a se matarem, são em parte responsáveis pela extinção:

> Acrescentamos, aqui, de passagem, que em nossa opinião, os *pajés* [feiticeiros] foram uma das causas da diminuição rápida de tribos outrora prósperas. Os *pajés*, de fato, passam a vida lançando ou denunciando feitiços; seus oráculos e suas denúncias, sempre aceitos com terror, são motivo constante de inimizades e de crimes bárbaros entre *aldeias* e famílias, como observamos entre Carajás e Xerentes[58].

---

57. AUDRIN, *Os sertanejos que eu conheci...*, op. cit., 130.
58. Ibid., 140.

Da evangelização à pacificação

Os ameríndios seriam, portanto, em parte responsáveis por seu próprio desaparecimento. Por fim, ele cita o Marechal Rondon, que considera o maior especialista e defensor dos ameríndios, ao falar sobre as doenças e o gosto pelo álcool transmitido pelos "aventureiros" brasileiros. Segundo o marechal, essas são as principais causas do desaparecimento dos ameríndios, que teriam passado de dois milhões, em 1910, para quinhentos mil no início dos anos 1960. Infelizmente, esses números não podem ser verificados, porque os ameríndios, que não estavam integrados à sociedade, não apareciam nos recenseamentos da época.

O que chama a atenção no discurso dos missionários é que eles nunca colocam questões quanto às consequências de sua própria presença. São os brasileiros que estão envolvidos: os "maus" brasileiros, os "maus cristãos", os "aventureiros"; aqueles que dão mau exemplo com sua vida dissoluta e arrastam os ameríndios à "decadência". Os dominicanos não se sentem responsáveis pelo desaparecimento total dos ameríndios de Conceição; esse desaparecimento é percebido como inevitável e o importante é tê-los "salvo", isto é, evangelizado e batizado. São "salvos" do inferno, o que para os religiosos é o essencial, já que a vida terrena não representa muito aos olhos da eternidade. Nessa visão de uma extinção inevitável, eles se aliam a numerosos cientistas que, do século XIX aos anos 1970, anunciaram o desaparecimento dos ameríndios. Os etnólogos, portanto, justificam a necessidade de estudá-los rapidamente para preservar traços desses povos e de suas características culturais. Apesar de algumas questões, vê-se que, o mais importante, continua sendo o progresso da civilização, que, também ele, parece inevitável; é preciso, portanto, "civilizar" os ameríndios, mesmo que isso acarrete o desaparecimento da maioria deles.

A tomada de consciência de uma iminente extinção dos ameríndios é um elemento a se levar em conta para compreender as transformações do projeto missionário. A "pacificação" dos ameríndios passa a ser o objetivo primeiro para permitir o povoamento e a valorização do interior do país, mas também para poder batizar o maior número possível deles antes de morrerem. A educação e o casamento cristão, em vista de uma integração na sociedade brasileira, tornam-se secundários, senão impossíveis, ante o inevitável desaparecimento dos ameríndios, em razão de seu contato com essa mesma sociedade.

Os missionários, portanto, adaptaram o trabalho de evangelização à realidade brasileira. Gradativamente, foram se fundindo às problemáticas e discursos da época, abandonando o projeto inicial, baseado em uma visão idealizada dos ameríndios, para participar das políticas brasileiras de pacificação.

CAPÍTULO II

Recrutamento: brasilianização muito lenta

De 1881 a 1937, a Província de Tolosa enviou 67 missionários ao Brasil[1]. Reconstruindo a história da missão através da questão da integração de brasileiros na Ordem Dominicana, podemos evidenciar as resistências da província dominicana de Tolosa, com relação ao recrutamento de brasileiros, e as dificuldades que isso acarretou à missão.

1. 1881-1920: efetivos reduzidos e pouco recrutamento brasileiro

Desde 1886, o bispo de Goiás, contrariado, porque não lhe enviam mais missionários, escreve ao provincial de Tolosa:

> É preciso propor ao capítulo, pensar nos meios para termos vocações brasileiras para sua querida Ordem. As ordens religiosas, como todas as obras cristãs, se adaptam em todos os países. Por que a Ordem de

---

1. Fascículos não datados, mas verdadeiramente elaborados a partir dos anos 1900: FREI ALANO, OP, *Memória Dominicana*, fascículo n. 16: Traços biográficos de alguns dominicanos no Brasil, Juiz de Fora.

TERCEIRA PARTE | Brasilianização da missão

São Domingos não procuraria se adaptar nessa diocese? [...] A Europa não pode enviar todas as pessoas necessárias às obras americanas. Mesmo se os brasileiros não tiverem todas as qualidades de corpo e de espírito para os grandes trabalhos, entretanto, eles poderão ajudar[2].

Dom Gonçalves queria que os dominicanos se estendessem mais rapidamente no território da diocese e propõe que recrutem brasileiros, uma vez que eles não podem mais enviar franceses para a missão. Insiste, desde 1883, para que os frades se instalem no Norte, mas somente em 1886 eles fundam um convento em Porto Imperial. Deseja, igualmente, que assumam o seminário de Goiás, o que recusam após longas negociações. Deseja também missionários para a evangelização dos ameríndios, obra da qual o Estado imperial o encarregou, em Goiás, e para a qual recebe ajuda financeira. Os dominicanos avançam, com prudência, no desenvolvimento de suas obras e respondem sistematicamente ao bispo que eles não têm efetivos suficientes para responder a todas às suas solicitações. Com efeito, os efetivos missionários masculinos são poucos durante toda a missão. Eles aumentam muito lentamente e permanecem majoritariamente franceses até os anos 1940, o que coloca a questão da interpretação dessa missão francesa no Brasil.

Chegando a cinco em 1881, o número de missionários aumenta bastante rapidamente nos dez primeiros anos da missão, a fim de responder às necessidades ligadas à abertura sucessiva de três conventos: Uberaba, em 1881, Goiás em 1883 e Porto Imperial em 1886. Nos primeiros anos, novos missionários são enviados ao Brasil a cada ano: 3 em 1881, 6 em 1882, 4 em 1883, 2 em 1884, 1 em 1885, 5 em 1886 e 3 em 1887[3]. Frei Artigue morre nesse ano e frei L. Mélizan voltou

---

2. Carta de Dom Gonçalves Ponce de Leão, datada de 07.01.1886, não classificada, nos arquivos dominicanos do convento Santo Tomás de Aquino, em Tolosa.
3. SANTOS, *Os dominicanos em Goiás e Tocantins (1881-1930)*, op. cit., 149-150.

rapidamente à França; contamos, então, com 22 religiosos dominicanos na Diocese de Goiás em 1887. A partir de 1888, o envio de missionários diminui consideravelmente, já que, vinte anos mais tarde, em 1910, só há 39 religiosos dominicanos na zona de missão[4]. Durante o decênio seguinte, seu número vai mesmo diminuir por causa dos falecimentos dos mais idosos e da fraca renovação dos efetivos. Em 1919, há somente 36 religiosos dominicanos no Brasil. Por outro lado, há 75 religiosas na missão de Goiás[5], na mesma data. As dominicanas francesas, mais numerosas que seus homólogos masculinos, tiveram menos dificuldades para enviar missionárias ao Brasil e, diferentemente dos religiosos, recrutaram brasileiras desde sua chegada.

Como mencionamos várias vezes neste estudo, os territórios confiados aos dominicanos são muito extensos e a população brasileira aumenta muito nesse período. É, pois, lastimável que a Província de Tolosa não tenha aumentado os efetivos missionários, recrutando brasileiros tanto para responder às necessidades religiosas como para se implantar mais profundamente no Brasil. Muitos elementos podem explicar esse fraco contingente de missionário, fato esse ainda mais surpreendente pois as obras desenvolvidas são múltiplas.

No início do século XX, os dominicanos franceses são confrontados com as dificuldades que fazem questionar a existência das províncias francesas. A lei de 1901 sobre as associações acarreta, em 1903, a expulsão da maior parte das congregações religiosas da França. A Província de Tolosa encontra-se totalmente desorganizada; seus religiosos são dispersados entre a Itália e a Espanha e não podem se reinstalar em seus conventos franceses senão a partir de 1920. A Província sofre, durante esse período, uma baixa de vocações, ainda reforçada pela Primeira Guerra Mundial, que matou tantos homens. Isso explica as

---

4. *Catalogus Provincarium et Congregationum, Sacri Ordinis Praedicatorum*, Roma, 1910.
5. TAPIE, *Visite canonique et statistique...*, op. cit.

dificuldades de recrutamento e os problemas de efetivos dos anos 1910 e 1920. Nessas condições, era difícil enviar missionários ao Brasil. No entanto, uma parte dos dominicanos da Província de Tolosa poderia ter se refugiado na missão, mas essa possibilidade não apareceu nos documentos consultados, e muito poucos missionários são enviados ao Brasil durante esse período. No entanto, numerosas congregações femininas, expulsas em 1903, escolheram essa opção e muitos de seus membros aumentaram os efetivos de suas missões estrangeiras. Os membros das ordens masculinas preferiram, parece, instalar-se nos países vizinhos e esperar o momento oportuno para voltar à França.

Nessas condições, o recrutamento de brasileiros, a fim de reforçar os efetivos missionários, poderia ter sido pensado. No entanto, os dominicanos só começaram a recrutar e a formar brasileiros nos anos 1910, quer dizer, mais de trinta anos após sua chegada. Os futuros dominicanos brasileiros deveriam ir à França para fazer o noviciado e continuar sua formação no *Studium*, o que os obrigava a passar vários anos longe do Brasil, o que representava um investimento financeiro grande para a província. Esse aspecto devia ser um freio ao recrutamento, tanto para os brasileiros, que talvez hesitassem em partir por tão longo tempo para a Europa, como para os dominicanos, que deviam estar seguros da vocação de seus aspirantes, para não gastar inutilmente muito dinheiro para suas viagens e formação. Irmãos conversos brasileiros são, assim mesmo, integrados à missão a partir do início do século. São cooperadores que se consagram essencialmente às necessidades materiais dos conventos. Eles não fazem os estudos dominicanos, não são ordenados padres e, portanto, não precisam passar um tempo na França. Para bem formar esses irmãos cooperadores e, eventualmente, achar entre eles futuros frades dominicanos, uma escola apostólica é aberta em 1912, em Uberaba. Os dois primeiros brasileiros chamados a essa vocação partem para a França para dar prosseguimento à sua formação, no final dos anos 1910, e lá ficam por vários anos. Não há, pois, frades dominicanos brasileiros na missão antes do final dos anos 1920.

Frei Luiz Palha é um desses dois primeiros recrutados brasileiros. Primeiramente, é aluno da escola primária das dominicanas de Porto Nacional, no início do século; depois, integra a Escola Apostólica de Uberaba. Após a Primeira Guerra Mundial, vai à França fazer seu noviciado e seus estudos. Volta ao Brasil em 1927 e é designado para o convento de Conceição do Araguaia, onde fará toda a sua carreira missionária. Em 1947, é nomeado bispo de Conceição e ocupa essa função até 1967. O segundo é frei Gil Gomes, menino de Marabá que conheceu os dominicanos em suas *desobrigas*. Ele segue o mesmo percurso de Luiz Palha e, depois, é designado para Conceição, em 1928. Passa também muitos anos em Porto Nacional, antes do fechamento do convento, e sua carreira missionária ele a fez, majoritariamente, no norte da missão.

A abertura dessa escola apostólica era, com efeito, necessária para formar brasileiros que, mostrando o desejo e apresentando as qualidades requeridas, poderiam entrar para a Ordem Dominicana. Em seu relatório de 1919, frei Tapie precisa que a criação de uma escola apostólica estava prevista desde o início do século e que, em 1908, o Capítulo tinha aceitado e financiado o projeto, mas que ela ainda não existia em 1911, quando de sua primeira visita. Em 1919, a escola apostólica funciona em Uberaba:

Hoje, graças a Deus, esta Obra está fundada e parece bem consolidada. [...] Ela já enviou dois postulantes ao nosso Noviciado; mais dois estão prontos e logo serão enviados. Possa essa Escola ser o pequeno grão de mostarda[6] que, com a bênção de Maria Imaculada, se tornará uma grande árvore para o bem das almas e de nossa tão

---

6. A mostarda é uma planta cuja semente serve para fazer a farinha que tem o mesmo nome. A metáfora do grão de mostarda, que se encontra no Evangelho de Mateus 13,31-32, significa que o cristianismo, nascido de um só homem, se propagou sobre a terra toda, assim como o grão de mostarda, minúsculo, torna-se um frondoso arbusto.

querida missão. Pedimos aos frades de todos os nossos conventos da missão que se empenhem no discernimento de um ou dois garotos virtuosos e inteligentes, predestinados por Deus à vida missionária, e a dar-lhes aulas, durante algum tempo, a fim de que possam cursar o terceiro ou, ao menos, o quarto ano, chegando a Uberaba[7].

O testemunho de frei Tapie permite afirmar que o desejo de recrutamento local existia. É, pois, difícil compreender por que o número dos candidatos continua limitado quarenta anos após o início da missão e quase dez anos após a abertura da escola apostólica.

A desorganização da província francesa, a Primeira Guerra Mundial e a falta de meios financeiros para enviar brasileiros à Europa podem explicar, em parte, o fraco recrutamento brasileiro. No entanto, não pensemos que essas razões sejam suficientes. Com efeito, outros elementos nos parecem necessários ser levados em conta, sobretudo o fraco nível de educação das populações de Goiás.

Pode-se, com efeito, pensar que as populações rurais dessa região do interior não correspondiam às exigências intelectuais da Ordem. Os missionários franceses qualificavam, muitas vezes, os brasileiros do interior de "ignorantes", como vimos em suas correspondências. Igualmente destacamos a falta de estruturas escolares da região, o que explica que as populações fossem pouco instruídas. Aliás, se olharmos só o nível de alfabetização, verifica-se que Goiás tem os níveis mais baixos da média nacional. Em 1890, somente 14,5% da população brasileira sabe ler e escrever, e 11% no estado de Goiás; em 1920, é 25% em escala nacional, e 15,5% em Goiás. Esses números reforçam ainda o papel da escola apostólica e dos colégios fundados pelas dominicanas para educar os goianos e tentar que alguns cheguem ao nível de aceder à vocação dominicana. Com efeito, eles não poderiam enviar ao noviciado, na França, quem não tivesse o

---

7. Tapie, *Visite canonique et statistique...*, op. cit., 24.

mínimo de conhecimento sobre a vida religiosa dominicana. O sucesso de suas escolas e o prestígio do qual pareciam gozar teriam, no entanto, lhes permitido um recrutamento mais importante. A integração dos irmãos cooperadores goianos, desde o início do século XX, reforça a hipótese que faz da fraqueza da instrução um dos freios do recrutamento em Goiás. Com efeito, ela mostra que os dominicanos não eram contrários à integração dos brasileiros. No entanto, limitavam-se ao recrutamento dos irmãos cooperadores que têm uma função essencialmente prática, o que leva a pensar que esses últimos não eram aptos a se tornar frades dominicanos por causa de seu baixo nível de instrução.

Outro elemento pode explicar as resistências dominicanas à integração de brasileiros: aparentemente, os negros e os mestiços não eram aceitos na escola apostólica de Uberaba, o que evidencia a cor da pele como obstáculo à entrada na Ordem. Nesse país muito mesclado e sobretudo em Goiás, nessa época, essa interdição impedia a integração da maioria dos brasileiros à escola apostólica. Esse aspecto não aparece nas fontes dominicanas por nós consultadas. Ouvimos falar sobre isso, pela primeira vez, quando de nossa viagem de estudo ao Brasil, pelos habitantes de Conceição do Araguaia. Depois, encontramos confirmação em um artigo publicado nos atos de um colóquio dominicano de 1995. O autor, Sérgio Lobo de Moura[8], dominicano, destaca esse argumento, explicando que os estatutos da escola apostólica mencionavam essa interdição e que foi preciso esperar os anos 1930 para que um mestiço fosse enviado ao noviciado na França.

Já no início da conquista na América espanhola, os dominicanos não aceitavam nem os ameríndios nem os mestiços. O aumento dos

---

8. MOURA, Sergio Lobo de, OP, Uma missão em processo de reimplantação, a Ordem Dominicana no Brasil entre as duas guerras mundiais, *Los Dominicos y el Nuevo Mundo, siglos XIX-XX*, Actas del V° Congreso Internacional, Queratéro, México, 1995, Editorial San Esteban, Salamanca, 1997, 571.

TERCEIRA PARTE | Brasilianização da missão

efetivos passava, pois, pelo envio de frades da Europa e por um recrutamento nas famílias de descendentes de brancos[9].

Também no Brasil, os negros e mestiços não eram aceitos na Ordem Terceira de São Domingos, de Salvador, no século XVIII[10].

A composição da população de Goiás é, pois, um elemento importante para explicar a resistência dos dominicanos à integração de brasileiros. Com efeito, se eles recusavam o hábito dominicano aos negros e aos mestiços, era-lhes difícil recrutar em Goiás, onde esses últimos compunham a grande maioria da população. No recenseamento de 1872, 74% dos habitantes de Goiás se declaram negros ou mestiços, 62% no país e 45,5% no Distrito Federal do Rio de Janeiro, a capital. O recenseamento de 1890 nos mostra que 66,5% dos habitantes se declaram negros ou mestiços em Goiás, 55% no Brasil e 38% no Rio de Janeiro. Em 1940, os negros e os mestiços são 27% em Goiás, 36,5% no país e 28% no Rio de Janeiro[11]. Pode ser surpreendente notar uma queda tão significativa na proporção de negros e mestiços no Brasil entre essas duas datas, mas muitas explicações podem ser mencionadas: antes de tudo, a grande imigração de europeus no Brasil, no fim do século XIX e início do século XX, fez aumentar a proporção de brancos. Estima-se em 3,5 milhões o número de migrantes europeus chegados ao Brasil entre 1890 e 1930[12], quando a população total passa de 14 para 35 milhões. No entanto, esses migrantes se concentram sobretudo no Sul do país e no litoral e poucos europeus chegam a Goiás. Sua chegada pode, pois, explicar o aumento proporcional de brancos no Rio de Janeiro e no conjunto do país, mas não em Goiás.

---

9. HINNEBUSCH, *The Dominicans a Short History*, 175.
10. BENNASSAR, Bartolomé; MARIN, Richard, *Histoire du Brésil, 1500-2000*, Paris, Fayard, 2000, 162.
11. Ver tabela em Anexos, p. 466, para os números exatos tirados dos recenseamentos do IBGE, no período que nos interessa. Os cálculos da porcentagem foram estabelecidos a partir dos dados dessa tabela, que arredondamos.
12. BENNASSAR, *História do Brasil, 1500-2000*, op. cit., 285.

Recrutamento: brasilianização muito lenta

A grande variação das proporções de negros e mestiços entre 1890 e 1940 parece pouco verossímil, assim como o fato dessa proporção ser menos importante em Goiás que no Rio de Janeiro em 1940. A interpretação desses números deve, pois, levar em conta as evoluções da percepção que os brasileiros tinham deles próprios durante esse período. É preciso não esquecer que, no Brasil, cada um declara sua cor. Pode-se, pois, pensar que, em 1940, muitos daqueles que se declararam mestiços, em 1872, tenham se declarado brancos por razões sociais. É igualmente possível que, em 1872 e 1890, a cor da pele tenha sido definida pelos agentes do recenseamento, ao passo que, em 1940, as pessoas tenham, elas próprias, preenchido os formulários. A Primeira República brasileira (1889-1930) corresponde a um período em que o "embranquecimento" da população é preconizado e praticado na sociedade, em virtude de uma vontade de "progresso" encarnado pela "civilização europeia". Procura-se, então, casar com alguém mais branco que a própria pessoa, a fim de subir mais alto na sociedade. As teorias antropológicas racistas da época apresentam a mestiçagem de maneira muito negativa, pois acarretava a degradação da "raça branca superior". Não é de admirar que esse período, cheio de preconceitos, tenha produzido um aumento do número de brasileiros se definindo como "brancos". Além disso, deixando de lado a difícil interpretação da autodefinição brasileira e voltando para a visão dominicana, pode-se facilmente pensar que boa parte dos brasileiros que se considerava branca não o era aos olhos dos dominicanos. Com efeito, a população goianense, historicamente composta de ameríndios, negros e mestiços, e de alguns descendentes de colonos portugueses, não devia apresentar, para um francês do fim do século XIX, as características de uma população branca. Pode-se, pois, pensar que não era possível, para os dominicanos, recrutar em Goiás. Além disso, a formação se fazia na França e a cor da pele dos brasileiros era mais problemática nos conventos franceses que em Goiás, onde os missionários já tinham se habituado à realidade da mestiçagem brasileira.

As razões que explicam o fraco recrutamento local são, pois, múltiplas, mas essa postura é de difícil compreensão, porque os missionários se queixavam, regularmente, em suas correspondências, de serem muito pouco numerosos para desenvolver suas obras e responder corretamente às necessidades da diocese. Além disso, as reticências dos dominicanos para o recrutamento brasileiro, acrescidas pelos problemas da Ordem, na França, colocam a missão em grandes dificuldades nos anos 1920 e 1930.

2. 1920-1937: grandes dificuldades da missão e início da integração

Eis todos os nossos conventos, fora Uberaba, com três religiosos somente [escreve frei Bigorre em 1923]: e duas das casas, que têm três religiosos, têm o número de três, mas na realidade estão à beira do colapso. Pense bem na situação. Ela nunca esteve nesse ponto crítico. Relativamente ao irmão converso, pior ainda... É o caso, mais do que nunca, de termos confiança em Deus, porque, humanamente falando, tudo é alarmante... Entretanto, tenho esperança[13].

É assim que frei Bigorre, então vigário provincial, resume a situação da missão em 1923. O número de religiosos diminuiu ainda mais desde 1919. Eles eram 30 em 1922[14], mas, após o falecimento de dois missionários, são 28. Além disso, alguns estão muito idosos e não podem mais fazer *desobrigas*, nem executar muitas tarefas; é o que se subentende quando ele diz que algumas casas não podem realmente contar com os três religiosos. A situação da missão torna-se cada vez mais difícil e

---

13. Carta de frei Bigorre, datada de 13.03.1923, classificada como K1156, nos arquivos dominicanos do convento Santo Tomás de Aquino, em Tolosa.
14. Carta de frei Bigorre, datada de 30.03.1922, classificada como K1155, nos arquivos dominicanos do convento Santo Tomás de Aquino, em Tolosa.

sua permanência é ameaçada, porque, sem a chegada de novos missionários, ela se extinguirá por si mesma, à medida que eles forem morrendo. A Província de Tolosa, em plena reorganização de seus conventos franceses, não pode enviar religiosos ao Brasil, porque dispõe apenas de um número suficiente para manter as instituições necessárias à sua existência. No Brasil, alguns missionários se sentem abandonados pela província-mãe. Em 1921, frei Wolstyniak destaca o desinteresse da província pela missão: "Na França, conhece-se bem nossa aflição; sabem que ela aumenta a cada falecimento, mas isso não os atinge; lembrem-se de como batalhamos, estando na França, como insistimos oportuna e inoportunamente, sem nenhum resultado!"[15]. Ele se dirige, aqui, ao vigário provincial, frei Bigorre, e faz alusão ao capítulo de 1920, onde se encontraram.

A única possibilidade de continuar a missão é desenvolvendo o recrutamento local. Frei Bigorre coloca, então, como prioridade a Escola Apostólica de Uberaba:

> Eu queria que o capítulo estivesse ao lado da Escola, de pé, para apoiá-la; e o ideal seria que ele considerasse essa obra como primordial, com sua existência assegurada, mesmo correndo risco de enfraquecer, por um tempo, as outras obras. Os jesuítas não hesitaram em suprimir dois grandes colégios para fazer uma grande escola apostólica: eles se reestruturam para trabalhar melhor[16].

Como vigário provincial, ele decide, em 1924, fixar-se em Uberaba para se ocupar de todas as funções da Escola Apostólica (aulas, estudos, direção). Ele precisa que havia somente nove alunos, quando chegou,

---

15. Carta de frei Wolstyniak, datada de 22.11.1921, classificada como K1154, nos arquivos dominicanos do convento Santo Tomás de Aquino, em Tolosa.
16. Carta de frei Bigorre, datada de 16.05.1924, classificada como K1158, nos arquivos dominicanos do convento Santo Tomás de Aquino, em Tolosa.

e que só ficou com os quatro que lhe pareciam mais aptos à vocação dominicana, mas espera recuperar quatro ou cinco novos alunos em pouco tempo, e obter o apoio do capítulo para essa obra.

O relatório de 1932 de frei Bonhomme[17] nos mostra que os efetivos da missão aumentaram um pouco, pois há 35 dominicanos no Brasil. Esse aumento se deve, essencialmente, à chegada de europeus, pois não temos menção de brasileiros fazendo, nessa época, seus estudos na França. Além disso, ele insiste diretamente junto ao mestre-geral da Ordem para que ele envie ao Brasil cinco ou seis religiosos, propondo que sejam dominicanos espanhóis ou italianos, o que mostra que a Província de Tolosa não tem condições de enviar missionários. Frei Bonhomme precisa igualmente que há oito alunos na Escola Apostólica de Uberaba e que dois dentre eles poderão ir para o noviciado dentro de um ano.

Ao contrário, o número de dominicanas instaladas em Goiás dobrou desde 1919, chegando a 150 em 1932, porque continuam integrando muitas brasileiras. Começaram a incorporar mestiças e mesmo ameríndias formadas em seus colégios, há vários anos. Em 1925, um artigo da revista *Cayapós e Carajás*[18] menciona, com efeito, a chegada, ao convento de Conceição, de duas novas irmãs, uma delas, irmã Maria Sebastiana, da "nobre tribo dos Xerentes", que foi educada no colégio das irmãs de Porto Nacional. No livro sobre o centenário da presença das dominicanas[19], o autor conta que, em 1926, frei Sala, então vigário provincial, levou à França a fotografia de duas aspirantes dominicanas de Conceição para solicitar às autoridades provinciais a autorização para integrá-las no noviciado de Uberaba. Mesmo não estando justificado no relatório, pode-se perguntar por que uma fotografia era necessária

---

17. Relatório de frei Bonhomme, datado de 30.04.1932, classificado como K1325, nos arquivos dominicanos do convento Santo Tomás de Aquino, em Tolosa.
18. NOVAS catechistas, *Cayapós e Carajás*, n. 14 (out. 1925), 10-11.
19. LOPES; BICHUETTE (org.), *Dominicanas...*, op. cit., 88.

para solicitar essa autorização. Como o autor precisa que se tratava de duas internas, é possível que elas fossem ameríndias. Em todo caso, a população de Conceição devia ser, em grande parte, mestiça. Pode-se, então, supor que a foto das aspirantes dominicanas era necessária para questionar sua admissão com base em suas características físicas. Em todo caso, não temos mais elementos para apoiar essa hipótese.

No entanto, é certo que as dominicanas optaram, desde o início da missão, pela integração de brasileiras, favorecendo, assim, uma implantação local de suas obras, e isso lhes permitiu um desenvolvimento muito mais rápido que seus homólogos masculinos.

Para os dominicanos, a questão da sobrevivência da missão se coloca de maneira cada vez mais crucial. A missão empaca, não pode responder às necessidades religiosas da diocese e mantém, com muito sacrifício, suas obras e seus conventos. Em uma carta de 1937, frei Vayssière lembra esses anos tão difíceis:

> Como assegurar o revezamento? Afetada duramente pela expulsão e pela guerra, será que a Província de Tolosa poderá, por muito tempo, assegurar a evangelização desses imensos territórios [...]. Essa epopeia apostólica no longínquo Brasil, tão heroicamente assumida e mantida, deveria ficar sem um dia seguinte, como um meteoro deslumbrante, mas de efêmera duração? Aliás, a santa Igreja, por seu empenho em criar e desenvolver o clero indígena nas regiões infiéis, não convidaria nossa missão a uma nova orientação de seus esforços?[20]

Nos anos 1920, duas encíclicas encorajam, com efeito, as ordens religiosas engajadas em missões estrangeiras a trabalhar pela implantação de um clero de origem local: a encíclica *Maximum Illud*, promulgada em 1919 por Bento XV (1914-1922), e depois a encíclica *Rerum Ecclesiae*,

---

20. Carta de frei Vayssière, de setembro de 1937, classificada como K1361, nos arquivos dominicanos do convento Santo Tomás de Aquino, em Tolosa.

TERCEIRA PARTE | Brasilianização da missão

promulgada em 1926 por Pio XI (1922-1939). Elas afirmam a importância da criação de um clero indígena para a difusão do catolicismo e insistem sobre o papel dos missionários estrangeiros na formação desse clero. Para apoiar essas resoluções, os primeiros bispos chineses, japoneses e indígenas são nomeados nos anos 1920, e, nos anos 1930, africanos acedem também a esse cargo. Essas novas orientações romanas e as grandes dificuldades nas quais se encontra a missão incitam os dominicanos a se voltarem a um recrutamento brasileiro. Eles devem se adaptar às realidades brasileiras e se abrir a um recrutamento local. Assim, o primeiro mestiço brasileiro entra para a Escola Apostólica nos anos 1950, cinquenta anos após a chegada dos primeiros dominicanos a Goiás.

No entanto, as dificuldades continuam e a Escola Apostólica obtém fracos resultados. Frei Aleix escreve em 1936:

> O estado atual da Província e da França não nos permite contar com religiosos vindos de lá. [...] Que pena! Que futuro nos dará nossa minúscula escola apostólica, com uma média de doze meninos, dos quais três quartos serão eliminados. Essa escola está situada em uma cidade e em uma zona onde a juventude sonha com negócios, bois e empregos, desde sua infância, e onde, em cinquenta anos, não houve senão duas vocações dominicanas masculinas e poucas vocações sacerdotais [...] por que os superiores estão obrigados a fazer a tentativa perigosa de organizar pequenos conventos com elementos inadequados ou duvidosos, recusados em outros lugares? É porque temos muitas casas e poucos religiosos. [...] Em todos os lugares, angústia, tristeza, desânimo. É urgente diminuir o número de nossas casas, agrupar de modo mais eficaz os conventos e melhor prover os religiosos espalhados em conventos, para evitar humilhações e desastres para a Ordem, suas obras e membros daqui[21].

---

21. Carta de frei Aleix, datada de 07.06.1936, classificada como K1343, nos arquivos dominicanos do convento Santo Tomás de Aquino, em Tolosa.

Recrutamento: brasilianização muito lenta

O religioso volta aqui a falar sobre a impossibilidade de se recrutar em Goiás. Afirma que as aspirações da juventude, nessa zona rural, não correspondem à vocação missionária. Ante a impossibilidade de receber socorro da província francesa, ele propõe fechar conventos a fim de reagrupar os missionários e preservar, assim, a vida religiosa, colocada em risco pelo isolamento dos frades, pouco numerosos nos conventos. Frei Aleix acrescenta ainda:

> Todas as congregações, chegadas bem depois de nós ao Brasil, têm escolas apostólicas organizadas, material e pedagogicamente falando, sobre bases esplêndidas: capuchinhos, franciscanos, jesuítas, redentoristas, padres de Issoudan, palotinos[22], irmãos maristas etc. [...] todos têm mais de cinquenta e até cem postulantes ou junioristas em suas escolas, bem como numerosos religiosos brasileiros, e, muitos, excelentes. [...] A maior parte dessas Ordens ou Congregações tem missões ou prelazias, mas seus conventos, com grupos de seis a oito religiosos, estão em zonas populosas, onde os recursos materiais e morais, bem como oportunidades para o ministério, são abundantes. Eles mantêm obras que os tornam conhecidos, apreciados por suas ações, e atraem vocações numerosas e sérias [...]. Enquanto nós, durante mais de quarenta anos, e ainda hoje, temos nossas casas, ou três quartos delas, em lugares sem aumento do nível intelectual e moral, sem profunda piedade familiar, atrasados em termos de educação, instrução, aspirações, e pouco a pouco estéreis quanto às vocações: em Formosa, Goiás, Porto, Conceição, apenas duas em cinquenta anos. E esses lugares não dão, sob esse ponto de vista, nenhuma séria esperança de um futuro melhor.

Ele insiste sobre os limites do recrutamento em Goiás, afirmando, mais uma vez, que a população não apresenta as qualidades requeridas,

---

22. Frades de Issoudun: Missionários do Sagrado Coração. Palotinos: Piedosa Sociedade das Missões.

e compara a situação dos dominicanos com a das outras congregações religiosas. O fraco recrutamento de brasileiros é, com efeito, uma particularidade da missão dominicana. Outras congregações europeias que chegaram ao Brasil na mesma época integraram brasileiros mais rapidamente. Essas congregações se estabeleceram, primeiramente, nas grandes cidades e abriram diretamente escolas apostólicas e noviciados, com a finalidade declarada de recrutar brasileiros e de desenvolver suas obras e sua influência no Brasil. Pode-se observar, nessa citação, outra preocupação dos dominicanos: a concorrência com outras ordens religiosas para se implantar no Brasil. Outros missionários destacam essa inferioridade e se queixam, reprovando a Província de Tolosa e seus predecessores, quanto à situação na qual a missão se encontra. Em 1936, frei Pedro de Souza critica a Escola Apostólica de Uberaba:

> Digo-lhe, com toda simplicidade, que este era meu ideal: organizar uma verdadeira escola apostólica como todas as congregações que se estabeleceram no Brasil. Todas as outras Ordens religiosas ou Congregações encontram vocações, e apenas nós vegetamos, há mais de cinquenta anos. Há Congregações religiosas estabelecidas no Brasil há vinte ou vinte e cinco anos e que já têm padres brasileiros. A Escola Apostólica de Uberaba é uma vergonha para nós e, se não temos vocações, é simplesmente por nossa culpa. Já falei sobre isso várias vezes com o reverendo vigário provincial, mas ele nunca levou essas queixas em consideração[23].

Igualmente, frei Alano du Noday escreve:

> [...] a questão que para mim domina tudo: o recrutamento de vocações. Parece que não trabalhamos o suficiente para isso até aqui, o

---

23. Carta de frei Pedro de Souza, datada de 02.06.1936, classificada como K1350, nos arquivos dominicanos do convento Santo Tomás de Aquino, em Tolosa.

que nos prejudica gravemente. Imagine, meu Reverendo, que, nos arredores do Rio de Janeiro, os frades franciscanos têm um esplendoroso *Studium* com oitenta estudantes. A formação intelectual e religiosa pode ser comparada com a das casas da Europa. Estamos longe, mas, com o tempo, com método e orações, chegaremos lá[24].

Essas citações evidenciam as disparidades entre os dominicanos e as outras ordens religiosas instaladas no Brasil. Se eles quiserem se estabelecer por muito tempo no Brasil e ter tanta influência sobre os católicos brasileiros quanto as outras congregações, devem se instalar nas cidades importantes.

A fundação do convento do Rio de Janeiro[25], em 1927, e a abertura a um maior recrutamento permitiram aos dominicanos acelerar a integração de brasileiros e se alinhar com outras congregações. No entanto, essas duas citações, extraídas de cartas redigidas dez anos após a instalação no Rio de Janeiro, mostram-nos que isso não aconteceu, embora, graças às vocações despertadas na capital, três jovens tenham sido enviados ao noviciado na França, em 1933, e outros três em 1938[26]. A questão da lentidão do recrutamento subsiste assim mesmo e é de admirar que a missão não tenha desaparecido antes da reação dos dominicanos. Pode-se perguntar se, além de todas as razões evocadas, a Província de Tolosa não tenha se desinteressado da missão brasileira. Com efeito, apesar dos gritos de alarme de numerosos missionários, nota-se que há pouca reação por parte das autoridades provinciais. Encontra-se mencionado em muitas cartas o abandono dos religiosos. Frei Tauzin, recentemente chegado ao Brasil, escreve em 1935 que a missão sofre, desde muito tempo, por falta de iniciativa:

---

24. Carta de frei Alano du Noday, datada de 02.01.1936, classificada como K1346, nos arquivos dominicanos do convento Santo Tomás de Aquino, em Tolosa.
25. Ver fotografia em Anexos, p. 474.
26. Relatório de frei Cazabant, datado de 15.09.1938, nos arquivos dominicanos do convento Santo Tomás de Aquino, em Tolosa.

TERCEIRA PARTE | Brasilianização da missão

> No início, há, ao lado do heroísmo admirável dos fundadores, ou melhor, depois desse heroísmo, falhas enormes do governo, marcando uma estreiteza de olhar tanto do lado daqueles que deveriam ter tomado iniciativas no Brasil quanto do lado daqueles que, na França, as paralisaram [...]. E essas faltas impuseram enormes sacrifícios a nossos irmãos, pedindo-lhes um contínuo heroísmo e paralisando o desenvolvimento da Ordem. Neste momento, a situação é crítica. De toda parte, pedem-se decisões, e a resposta é sempre o *status quo*. A inércia do vigário provincial exaspera todo mundo[27].

Ele não é o único a criticar frei Sala, vigário provincial, de 1932 a 1936, a quem numerosos missionários reprovam por ser muito otimista e não querer tomar nenhuma decisão. Ele critica, sobretudo, as escolhas passadas, que confinaram os dominicanos no interior do país e não permitiram a implantação durável da Ordem no Brasil. Frei Cazabant escreve, no ano seguinte, que os jovens missionários estão "irritados" e têm dificuldade para se dedicar à missão, porque pensam que a Ordem não toma a posição que deveria tomar no Brasil. Acrescenta que esse ponto de vista é partilhado também pelos mais antigos e que alguns estão "amargurados". Diz também que é preciso fechar alguns conventos de Goiás e fundar outros nas grandes cidades, como foi decidido no capítulo de 1928 e reafirmado durante a visita canônica de frei Bonhomme, em 1932. Ele pensa que é urgente sair desse "estado de inação"[28]. Frei Alano du Noday insiste, em uma carta[29] de 1936, sobre a necessidade de fundar um convento em São Paulo. Essa fundação, aparentemente prevista desde 1930, poderia facilitar-lhes transferir a

---

27. Carta de frei Tauzin, datada de 27.06.1935 classificada K1338, nos arquivos dominicanos do convento Santo Tomás de Aquino, em Tolosa.
28. Carta de frei Cazabant, datada de 01.05,1936, classificada como K1344, nos arquivos dominicanos do convento Santo Tomás de Aquino, em Tolosa.
29. Carta de frei Alano du Noday, datada de 10.03.1936, classificada como K1347, nos arquivos dominicanos do convento Santo Tomás de Aquino, em Tolosa.

Escola Apostólica para essa cidade importante. Ele fala também sobre frei Pedro de Souza, a quem e descreve como um excelente religioso que se deveria nomear, segundo seu parecer, superior de Formosa, e acrescenta: "A nomeação de um superior brasileiro acabaria com numerosos preconceitos e faria calar a muitas críticas". Essa observação coloca numerosas questões e abre caminho para muitas hipóteses. É difícil saber se ele fala de "preconceitos" e de "críticas" internas ou externas à missão e à Província de Tolosa. É provável que ele faça alusão a comentários feitos por brasileiros, missionários ou não, denunciando os preconceitos dominicanos, que tornam muito difícil sua integração na Ordem e impossível o acesso a funções importantes. Essas posições podem também ser adotadas por jovens missionários, que reprovam os mais velhos e as autoridades provinciais por sua falta de adaptação às realidades brasileiras e pela reação deles diante da situação crítica da missão.

Resistências à brasilianização, preconceitos racistas e intelectuais, falta de vontade para uma implantação durável ou falta de meios; é difícil explicar esses quase vinte anos de espera, durante os quais a missão passou por grandes dificuldades. A visita canônica de frei Lacrampe, em 1936-1937, marca o início da reorganização da missão, da qual frei Cazabant, nomeado vigário provincial, assume a direção. Assim, nos quinze últimos anos da missão, os dominicanos, de costas contra a parede, modificam suas estratégias e deverão integrar um número significativo de brasileiros.

3. 1937-1952: urbanização e brasilianização da missão

Frei Pedro de Souza descreve, em termos bem duros, a falta de coragem dos missionários nos anos 1930:

A Ordem não vive mais no Brasil; vegeta simplesmente por falta de operários. Antigamente, a população era pequena e os religiosos, mais numerosos; agora é o contrário. [...] Esta região do Brasil, onde estamos estabelecidos, é uma das mais ingratas que se possa encontrar. Que podemos esperar desse deserto?... O que tivemos até o presente: o nada, o vazio... É preciso que os religiosos que vão se sacrificar nos conventos da roça tenham, pelo menos, a esperança de que seus sacrifícios não serão em vão e que as novas vocações virão ajudá-los e ampará-los [...]. É triste, mais uma vez, ver desaparecer o prestígio da Ordem neste querido país. É verdade, falo como um brasileiro que ama sua terra natal, mas também como um filho de São Domingos que ama mais ainda sua família religiosa e gostaria de ver estender seu reino benfazejo nessas almas que pedem o pão da palavra divina, mas não encontram apóstolos para lhes dar...[30].

Para escapar dessa situação dramática, frei Cazabant elenca o que deveria, segundo ele, ter sido feito para recrutar brasileiros para desenvolver a missão:

> Desenvolver mais nossa ação no Rio de Janeiro e nos outros grandes centros, como São Paulo e Belo Horizonte, onde nossa Ordem pode recrutar e se desenvolver, conservando, no interior do país, aquilo que for possível, sempre com o culto de um passado que não foi sem mérito. Onde, se houve erros, foi por serem demais generosos e esperar demais para fazer o que agora se impõe sem mais atraso. [...] É preciso, antes de tudo, aproximar-se da juventude universitária. [...] Isso é muito dominicano e aí se encontrarão os melhores elementos para a obra que se tem em vista. [...] Diz-se que só deveríamos manter os grandes centros pelos motivos expostos acima, e esses dois extremos opostos seriam nossas missões[31].

---

30. Carta de frei Pedro de Souza, datada de 02.06.1936, classificada como K1350, nos arquivos dominicanos do convento Santo Tomás de Aquino, em Tolosa.
31. Carta de frei Cazabant, datada de 01.05.1936, classificada como K1344, nos arquivos dominicanos do convento Santo Tomás de Aquino, em Tolosa.

Por "nossas missões", frei Cazabant quer designar os conventos de Porto Nacional e de Conceição do Araguaia. Compreende-se aqui que o convento do Rio de Janeiro é apenas uma primeira etapa e que outras fundações são previstas para desenvolver a missão em outras regiões do país. A ideia de uma fundação em São Paulo torna-se, aliás, cada vez mais urgente durante os anos 1930.

Em 1937, frei Vayssière, provincial de Tolosa, escreve ao mestre-geral da Ordem para partilhar com ele as reflexões de frei Lacrampe sobre a necessidade de uma fundação em São Paulo[32]. Ele apresenta todas as razões que favorecem essa fundação: antes de tudo, os dominicanos são "simpáticos" na cidade, graças à ação apostólica que os religiosos de Uberaba desenvolveram há muito tempo na região, sobretudo implantando numerosos centros do rosário. Depois, a cidade de São Paulo está situada no trajeto entre Rio de Janeiro e Uberaba, e as irmãs de Prouilhe estão aí presentes desde 1930. Enfim, a maioria dos missionários é favorável a esse projeto e a cidade oferece importantes possibilidades de recrutamento, graças, sobretudo, à importância da imigração europeia. Esse último argumento mostra, mais uma vez, as reticências dominicanas ao recrutamento brasileiro. Preferem recrutar migrantes ou descendentes de migrantes europeus, cuja cultura religiosa e a cor da pele correspondem melhor às exigências da Ordem.

Todavia, para conduzir bem essa nova fundação, os dominicanos devem abandonar alguns conventos do interior do país, porque o recrutamento no Rio de Janeiro não é abundante como esperavam e os reforços franceses permanecem insuficientes. Essa decisão parece muito difícil de ser tomada e os debates concentram-se na escolha dos conventos concernidos. Em 1937, após a visita canônica de frei Lacrampe, os missionários afirmam em uma carta comum:

---

32. Carta de frei Vayssière, datada de 08.01.1937, classificada como K1357, nos arquivos dominicanos do convento Santo Tomás de Aquino, em Tolosa.

TERCEIRA PARTE | Brasilianização da missão

Dada a necessidade de ir a São Paulo para o recrutamento, quase impossível, no interior do país, apesar de enormes sacrifícios pessoais e financeiros, e considerando também que não se pode chegar a isso sem aceitar o sacrifício de algumas casas, onde, aliás, não conseguimos exercer convenientemente, com grande prejuízo da religião, o ministério que assumimos, sem esperança de ajuda suficiente e oportuna, pensamos, ainda que nosso coração esteja defendendo o contrário, em propor a supressão de algumas casas, na medida exigida pelas circunstâncias e segundo o seguinte critério:

Visto que convém, absolutamente, conservar a obra missionária da Província, cujo ideal se concretiza em Porto Nacional e em Conceição, pedimos que não mexam nessas duas casas. [...] Desejamos também guardar a casa de Uberaba, berço da missão [...]. Restam, pois, Formosa e Goiás[33].

O mestre-geral da Ordem, frei Gillet, responde a frei Lacrampe e aceita todas as proposições feitas pelo visitador e os missionários[34]. Ele aprova a doação dos conventos de Goiás e de Formosa a outras congregações e a manutenção de Porto Nacional e Conceição, enquanto "casas plenamente missionárias". O convento de Uberaba deve ser mantido; os missionários idosos poderão se retirar e os jovens, se formar aí antes de irem para os conventos do norte. Além disso, os retiros anuais de todos os conventos poderão ser realizados aí. Insiste igualmente sobre a importância da presença dominicana no Rio de Janeiro, onde, além da pregação, eles devem se consagrar ao ministério intelectual, essencialmente direcionado aos jovens. Finalmente, segundo ele, a fundação

---

33. Carta assinada por frei Lacrampe, visitador canônico, por frei Aleix, superior de Goiás, e pelo frei Cazabant, superior de Formosa, datada de 23.02.1937, classificada como K1358, nos arquivos dominicanos do convento Santo Tomás de Aquino, em Tolosa.
34. Carta de frei Gillet, datada de 30.08.1937, classificada como K1360, nos arquivos dominicanos do convento Santo Tomás de Aquino, em Tolosa.

de São Paulo deve ser feita logo, pois é chamada a se tornar a casa principal do Brasil; a escola apostólica será transferida para aí e será aberto um noviciado simples. Essa carta do mestre da Ordem, cheia de encorajamentos, testemunha a vontade da Ordem de apoiar a missão e de não deixar que ela morra.

Assim, a instalação nas grandes cidades do Sul continua, com a fundação de um convento em São Paulo, em 1937, depois em Belo Horizonte, em 1941, e, em 1951, transferem a Escola Apostólica para Juiz de Fora. Paralelamente, os dominicanos deixam Goiás. Em 1937, o convento de Goiás é confiado aos dominicanos italianos da Lombardia, o de Formosa, a religiosos estigmatinos[35], e o de Porto Nacional é fechado em 1944. Conservam no interior só os conventos de Uberaba, berço da missão, e o de Conceição do Araguaia, cidade que fundaram para o trabalho de evangelização. Não têm, pois, mais conventos em Goiás, que foi, no entanto, a região onde a missão se desenvolveu no início[36]. Os dominicanos se instalarão aí, novamente, depois da criação da província dominicana brasileira, com a abertura de um convento em Goiânia, em 1952. Em 1941, abrem uma casa em Marabá, porque o rápido crescimento da cidade torna necessária uma maior presença dos dominicanos[37]. Ela é afiliada ao convento de Conceição, e um ou dois religiosos passam aí uma parte do ano.

Frei Cazabant inicia esses diferentes projetos durante seus dois mandatos como vigário da missão (1937-1944). Ele é o artesão dessas

---

35. Ordem religiosa fundada em 1816, na Itália, por São Gaspard Bertoni. A Congregação dos Estigmatinos de Nosso Senhor Jesus Cristo tem por vocação promover o ministério paroquial e a educação. Ela também é chamada Ordem Estigmatina.
36. Ver mapa em Anexos, p. 456.
37. Em 1939, havia cerca de 11.500 habitantes em Marabá, o que explica por que os missionários não podiam atender às necessidades religiosas somente, periodicamente, nas *desobrigas*. Há, na mesma data, mais de 18 mil habitantes em Conceição. Cf. RODRIGUES (org.), *Álbum do Pará*, op. cit.

TERCEIRA PARTE | Brasilianização da missão

mudanças, que lhe valeram numerosas críticas no seio da missão. Com efeito, aqueles que não queriam abandonar os conventos de Goiás contestam suas decisões e aqueles que sonhavam implantar a missão nas grandes cidades acham que a reorganização não se fez tão rapidamente. Frei Cazabant é um religioso emblemático da história dessa missão, na qual viveu durante mais de cinquenta anos. Nascido em 1872, fez sua profissão religiosa em 1893. Chega ao Brasil em 1898, com 26 anos de idade. Primeiro é designado para o convento de Uberaba, onde se ocupa da Confraria do Rosário e participa de seu desenvolvimento em todo o estado de São Paulo. É designado, em seguida, para o convento de Formosa, onde fica de 1908 a 1925. É aí que ele passa a maior parte de sua vida missionária. De 1925 a 1932, é designado para o convento de Goiás e, depois, para o do Rio de Janeiro, até 1936. De 1936 a 1937, volta a Formosa como superior e estabelece as condições da passagem do convento aos estigmatinos. Em 1937, é nomeado vigário provincial da missão, logo em seguida à visita canônica de frei Lacrampe, e volta ao Rio de Janeiro. É a partir dessa data que ele inicia as transformações da missão em vista da fundação de uma província brasileira. Ele lamenta precisar fechar os conventos de Goiás, especialmente o de Formosa, ao qual se apegou. Entretanto, a falta de meios e de pessoas são tais que ele não vê outras soluções para garantir a perenidade da missão. Ele se pronuncia, primeiro, no sentido de conservar no interior do país somente os conventos de Porto Nacional e de Conceição do Araguaia, como territórios de missão. Em seguida, muda de ideia e toma posição a favor do fechamento de Porto Nacional e pela manutenção de Uberaba, lugar histórico da missão. Ele se mostra muito decidido nas correspondências no início de seu cargo e insiste sobre a urgência dessas mudanças. Entretanto, a Segunda Guerra Mundial provoca dificuldades e demora nas comunicações. As correspondências entre a Província de Tolosa e a missão brasileira tornam-se quase inexistentes, sobretudo a partir de 1942, quando toda a França é ocupada. Em 1940, frei Cazabant vai à França para o Capítulo Provincial que, finalmente, não foi realizado por causa da guerra. Ele levou, aliás, mais de um ano para voltar ao Brasil, pois ficou meses retido em Marselha, depois em Dakar, e volta à missão somente em 1942. Ainda que continue com o cargo de vigário provincial até 1944, é auxiliado, em sua ausência, por frei Chambert e depois, progressivamente, é substituído por frei Pedro de Souza, devido a problemas de saúde. Em 1952, momento da fundação da província brasileira, frei Cazabant, com 80 anos, decide ficar no Brasil. Passa, aparentemente, o restante de sua vida religiosa no convento do Rio de Janeiro, como atestam as cartas que ele escreveu à sua irmã, até 1964, ano da morte desta. Apesar dos atrasos devidos à guerra, seu vicariato é de mudanças decisivas para a missão e de uma aceleração do recrutamento de brasileiros.

Uma nova fase da missão se abre, pois, em 1937, permitindo um recrutamento nas elites urbanas e a integração de numerosos brasileiros. Em 1934, há somente 32 religiosos dominicanos no Brasil[38], mas são 39 em 1942[39] e 53 em 1949[40]. Aparentemente, frei Cazabant reorganizou a Escola Apostólica, que obtém melhores resultados. A partir da fundação do convento de São Paulo, os dominicanos começaram a recrutar brasileiros em número significativo, o que tende a provar que suas reticências para com as populações mulatas e menos instruídas de Goiás eram uma realidade. Entretanto, outro elemento entra em conta a partir de 1937, quando os dominicanos começam a encarar a fundação de uma província dominicana brasileira. Frei Vayssière, provincial de Tolosa, escreve ao mestre da Ordem:

Nossos primeiros missionários do Brasil e aqueles que os seguiram, durante longos anos, tiveram em vista, principalmente, não o

---

38. Em *Catalogus Provincarium et Congregationum, Sacri Ordinis Praedicatorum*, Roma, 1934.
39. Documento datado de 11.02.1942, classificado como K1435, nos arquivos dominicanos do convento Santo Tomás de Aquino, em Tolosa.
40. Em *Catalogus Provincarium et Congregationum, Sacri Ordinis Praedicatorum*, Roma, 1949.

estabelecimento da Ordem de São Domingos no Brasil, mas a evangelização desse país. Eis por que, abandonando voluntariamente as regiões florescentes e povoadas, foram para o interior do país, para os lugares mais abandonados, até mesmo se estabelecendo em plena região indígena, onde a civilização ainda não havia chegado [...] a mentalidade de nossos missionários foi se transformando pouco a pouco; mudaram seu fuzil de ombro e, entrando sempre mais no espírito da Igreja, que força a criação e a formação de um clero indígena pouco a pouco, estão agora de acordo em trabalhar [sic] principalmente no recrutamento de vocações e preparar, assim, o estabelecimento da futura Província do Brasil. [...] estabelecer centros de recrutamento, seja nas cidades como Rio de Janeiro, onde o apostolado doutrinal da juventude universitária pode suscitar excelentes vocações, seja nas regiões aptas ao recrutamento de escolas apostólicas, podendo descobrir crianças susceptíveis de compreender o ideal religioso e a ele se doar. [...] os puros [sic] brasileiros são, em geral, pouco aptos à vida religiosa, é um fato que a experiência tem nos mostrado muito [...]. Para recrutar elementos sólidos e estáveis, é preciso, pois, estabelecer-se em regiões onde há muitos imigrantes de origem europeia, alemães e italianos, sobretudo. Eis por que a Província de Tolosa tinha voltado seus olhos para sua primeira e próxima fundação em São Paulo [...][41].

Nesse documento, o provincial diz que a fundação de uma província brasileira é pensada desde a visita de frei Bonhomme, em 1932. No entanto, isso se torna um assunto recorrente nas correspondências somente no final dos anos 1930. O estabelecimento de uma província dominicana necessita, com efeito, de um certo número de religiosos, de conventos formais e de estruturas de recrutamento e de formação, quer dizer, um noviciado e um *Studium*. Volta-se, pois, à questão do

---

41. Carta de frei Vayssière, datada de 08.01.1937, classificada como K1357, nos arquivos dominicanos do convento Santo Tomás de Aquino, em Tolosa.

recrutamento e da importância para os dominicanos de se estabelecerem fora de Goiás, para terem acesso a uma população mais instruída. Se se compara as taxas de alfabetização de uma região com a outra, pode-se evidenciar a importância dos conventos do Rio de Janeiro e de São Paulo para a implantação da missão no Brasil. Com efeito, se a porcentagem de pessoas alfabetizadas permanece fraca em escala nacional durante toda a missão, ela aumenta mais rapidamente nas grandes cidades do que em Goiás. Em 1920, 25% da população sabe ler e escrever em escala de país, 15% em Goiás, 61,5% no Distrito Federal e 30% no estado de São Paulo. Em 1940, os números alcançam 32% no país, 19% em Goiás, 69% no Distrito Federal e 43% no estado de São Paulo[42]. Acrescentando a isso que a proporção de brancos é mais elevada nessas cidades do que no resto do Brasil, pode-se concluir que, para os dominicanos, as possibilidades de recrutamento eram bem mais elevadas nas grandes cidades do Sul que em Goiás. Além disso, como assinala frei Vayssière, a imigração europeia da primeira metade do século XX se concentra nessas cidades, o que permite aos dominicanos integrar europeus ou descendentes desses imigrantes.

Durante a reorganização da missão, o convento de Goiás é confiado aos dominicanos da Lombardia. As negociações são longas e compreende-se que se acentue a concorrência entre a Província de Tolosa e a da Lombardia, a respeito de sua implantação no Brasil e da fundação de uma província brasileira. Em Goiás, os dominicanos italianos retomam todas as paróquias que estavam a cargo dos franceses, como o centro de evangelização da Ilha do Bananal e, enfim, a igreja e o convento de Goiás, que serão a sede da prelazia provisória que lhe foi confiada por trinta anos. Essa concorrência parece ter acelerado a fundação de conventos nas grandes cidades e o recrutamento de brasileiros. Os

---

42. Ver tabela em Anexos, p. 467, para os números exatos tirados dos recenseamentos do IBGE, no período que nos interessa. Os cálculos da porcentagem foram estabelecidos a partir dos dados dessas tabelas, que arredondamos.

dominicanos de Tolosa e os da Lombardia disputam, com efeito, posições nos grandes centros urbanos.

Frei Lacrampe, visitador da missão em 1936-1937, encontrou-se com o arcebispo de São Paulo para tratar da fundação e se surpreendeu ao saber que os dominicanos da Lombardia também estavam dispostos a se instalar ali. O arcebispo, que é totalmente favorável à instalação de dominicanos em sua cidade, mas não tem preferência quanto às suas origens, dirige-se ao mestre-geral da Ordem para decidir qual província pode se instalar. O provincial de Tolosa destaca o longo tempo da presença da missão francesa no local e a enorme decepção que isso representaria para os missionários e noviços brasileiros de São Maximino, se não houvesse fundação em São Paulo. Insiste sobretudo nas delimitações futuras da província dominicana brasileira, argumentando que os dominicanos da Lombardia poderiam facilmente se instalar no Sul do país. Acrescenta que, com o tempo, será possível haver três províncias dominicanas no Brasil: uma no Norte, com sede na Bahia, outra no centro do país, a partir das fundações de Tolosa, e uma terceira no Sul do país[43].

A concorrência torna-se mais violenta por causa da fundação de Belo Horizonte, que representa uma questão importante para a delimitação da futura província, se os franceses quiserem se implantar no centro do país. Não somente a situação geográfica de Minas Gerais a coloca no coração da futura província, como desejam os dominicanos de Tolosa, mas também é uma das regiões mais católicas e mais ricas do país. Em seu relatório, datado de 1941, frei Cazabant expõe todas as razões pelas quais a província de Tolosa é, segundo ele, mais legítima que a da Lombardia para se instalar em Belo Horizonte. Escreve particularmente: "Enfim, não falemos da grave injustiça que haverá se tirarem de nossa Província esse fruto prestes a ser colhido, fruto que

---

43. Carta de frei Vayssière, datada de 08.01.1937, classificada como K1357, nos arquivos dominicanos do convento Santo Tomás de Aquino, em Tolosa.

Recrutamento: brasilianização muito lenta

ela preparou com tantos sacrifícios e amor durante tão longos anos. Pensem que exatamente quarenta religiosos pereceram nesse trabalho!!!"⁴⁴. Ele retorna à antiguidade da implantação dos dominicanos de Tolosa no Brasil, ao trabalho feito, aos sacrifícios aceitos e a coerência territorial que representa Minas Gerais para a demarcação da futura província. Como para São Paulo, os missionários, embora tenham aceitado a fundação de um convento em Belo Horizonte, levam anos para concretizá-la. O arcebispo, impaciente, está disposto a acolher os primeiros dominicanos que virão. Finalmente, os franceses conservam, por pouco, sua vantagem, devido à Segunda Guerra Mundial, que impede a vinda dos missionários italianos ao Brasil. Eles se posicionam enviando, primeiramente, só um religioso à cidade, em 1941, e não abrem, realmente, um convento senão alguns anos depois, quando há frades suficientes para fazê-lo.

Os franceses, primeiros dominicanos a se estabelecerem no Brasil, não queriam deixar a outros dominicanos as cidades mais importantes. Isso acelerou, ao mesmo tempo, as fundações de São Paulo e de Belo Horizonte e o abandono de Goiás, Formosa e Porto Nacional, a fim de responder às necessidades dos novos conventos.

Durante a Segunda Guerra Mundial, os missionários queriam trazer os dominicanos da província do Canadá[45] para ajudá-los em seus novos conventos. Os canadenses faziam parte dos raros cidadãos estrangeiros que podiam entrar no país durante a guerra, pois o Canadá e o Brasil eram dois aliados dos Estados Unidos e do Reino Unido. Era então impossível receber cidadãos de países aliados ou ocupados pela Alemanha. Várias combinações foram consideradas para trabalhar com os dominicanos canadenses: uma colaboração entre as duas províncias,

---

44. Relatório de frei Cazabant, datado de 01.11.1941, classificado como K1404, nos arquivos dominicanos do convento Santo Tomás de Aquino, em Tolosa.
45. A Ordem Dominicana está implantada no Canadá desde 1873, quando religiosos da província de França se instalaram em Quebec, na Diocese de São Jacinto, a pedido do bispo. A fundação é erigida em província em 1911.

uma cessão de religiosos canadenses ou transfiliações[46] definitivas. Entretanto, o provincial de Tolosa recusa essa colaboração, para grande desespero dos missionários e da hierarquia eclesiástica brasileira. Os canadenses tentam, então, recuperar a fundação de Belo Horizonte, mas o arcebispo espera com paciência que os franceses tenham tempo para organizar um verdadeiro convento. Compreende-se, através dessas questões, que a colaboração entre as províncias dominicanas não era evidente; ao contrário, a concorrência era grande e o mestre-geral devia resolver quando as tensões eram muito fortes. Além disso, a pertença nacional parecia superior à pertença dominicana, e estava ainda maior em período de guerra, quando os engajamentos do país de origem determinavam as alianças no país de missão. Essa última observação pode, aliás, explicar a recusa da Província de Tolosa em trabalhar com os canadenses; com a França colaborando com a Alemanha, os dominicanos franceses talvez não quisessem ou não pudessem ter laços com os aliados dos Estados Unidos e do Reino Unido.

A Segunda Guerra Mundial representa um período de transição para a missão e permitiu um certo desapago com relação à província-mãe. A falta de religiosos é sempre problemática, mas os dominicanos se estabelecem, assim mesmo, nas cidades importantes. Em razão de as comunicações estarem totalmente cortadas com a França, em certos momentos, a missão ganha autonomia, e as estruturas necessárias ao recrutamento brasileiro vão se firmando. Um noviciado é aberto em Uberaba em 1942 e um *Studium* em 1943, em São Paulo, para os estudantes de teologia e de filosofia, o que facilitou o recrutamento de brasileiros, oferecendo-lhes uma formação aqui mesmo. Em 1942, os onze estudantes brasileiros[47] em formação na França voltam ao Brasil para escapar da guerra, graças à intervenção de Alceu Amoroso Lima e do cônsul brasileiro de Marselha. Eles inauguram, então, o *Studium*

---

46. Passagem de um religioso de uma província a outra.
47. Ver fotografia em Anexos, p. 474.

de São Paulo, justamente aberto para permitir que terminassem seus estudos. É o contingente de dominicanos brasileiros mais importante desde o início da missão. Terão um papel preponderante nas novas orientações da missão e na fundação da futura província brasileira. Parece, pois, que a guerra e as dificuldades de comunicação com a província permitiram a aceleração das transformações da missão, que se tornaram inevitáveis para as novas fundações e os engajamentos assumidos junto à hierarquia eclesiástica brasileira. No entanto, o *Studium* de São Paulo é fechado de 1947 a 1953, e os futuros dominicanos brasileiros voltaram a estudar na França. Pode-se pensar que os missionários não eram ainda bastante numerosos para manter o *Studium* e que os professores não tinham o nível necessário. Além disso, a província, que tinha perdido muita autoridade sobre a missão durante a guerra, quis, certamente, reafirmá-la, impondo, de novo, seu controle sobre o recrutamento, através do acesso aos estudos superiores.

Em 1952, no momento da criação da província dominicana brasileira, 58 dominicanos são ligados a essa província[48]. Entre esses religiosos, onze estudantes brasileiros se encontram na Europa, em formação: nove estão em São Maximino, um nos Países Baixos e o último faz doutorado em teologia em Paris. Dos 243 dominicanos que compõem as províncias de Tolosa e do Brasil, 47 são brasileiros, entre os quais frei Moreira, ligado à Província de Tolosa, mas que não é originário da missão, embora tenha feito parte dela por alguns anos. Há, pois, 46 brasileiros, entre os quais onze estudando na Europa, e doze franceses ou europeus na província brasileira, no momento de sua criação. Assim, quando a província é fundada, a grande maioria de seus efetivos é brasileira.

Esses números permitem-nos, igualmente, assinalar que perto de 20% dos efetivos da província de Tolosa são brasileiros, antes da criação

---

48. Em *Catalogus Provinciae Tolosanae et Provinciae Sancti Thomae Aquinatis in Brasilia, Sacri Ordinis Praedicatorum*, de Tolosa, 1952.

da província brasileira (cerca de 15%, sem contar os estudantes), o que representa uma quantidade considerável. No entanto, os dominicanos só recrutaram 46 brasileiros em setenta anos de missão no Brasil.

Assim, só depois da fundação de São Paulo, da autonomia forçada da missão durante a Segunda Guerra Mundial, do repatriamento de estudantes brasileiros e do estabelecimento das instituições necessárias ao recrutamento e à formação no Brasil, é que os contingentes missionários se "abrasilianaram" de maneira significativa, o que resultou na fundação de uma província brasileira autônoma, em 1952. A autonomia da província marca o fim da missão. Os religiosos franceses devem escolher entre o retorno à sua província de origem ou a integração definitiva à província brasileira. A maioria fica no Brasil, o que mostra sua afeição e sua adaptação ao país.

CAPÍTULO III
O apostolado intelectual

1. Os dominicanos nas grandes cidades: uma vontade da hierarquia eclesiástica brasileira

Frei Cazabant, retomando em 1941 a história da fundação do Rio de Janeiro, escreve:

> Resistimos durante muito tempo, talvez tempo demais, a esses apelos. Queríamos conservar a obra em seu caráter puramente missionário. Enfim, depois de aproximadamente cinquenta anos desse duro trabalho, vendo que a Ordem não podia dar aí toda sua medida e que o recrutamento local permanecia forçosamente inferior em quantidade e qualidade, pressionados além disso pelo Cardeal Arcebispo Dom Sebastião Leme da Silveira Cintra, que nisso não fazia senão seguir os traços de seu augusto predecessor, o Cardeal Joaquim Arcoverde de Albuquerque Cavalcanti, resolvemos, enfim, nos estabelece no Rio de Janeiro [...][1].

---

1. Relatório de frei Cazabant, datado de 01.11.1941, classificado como K1404, nos arquivos dominicanos do convento Santo Tomás de Aquino, em Tolosa.

TERCEIRA PARTE | Brasilianização da missão

De fato, desde 1904 frei Lacomme evoca uma fundação no Rio de Janeiro numa carta ao provincial[2]. Ele escreve que Dom Arcoverde, então arcebispo, insiste, cada vez que a ocasião se apresente, para que os dominicanos se instalem no Rio de Janeiro. Aparentemente, o arcebispo lhes propõe se estabelecerem no bairro de Copacabana, diante do oceano, onde há menos riscos de febre amarela do que na Baia da Guanabara. Acrescenta que Copacabana faz parte de uma paróquia onde há um pároco para 60 mil almas, o que permitiria aos dominicanos terem um ministério importante e suprirem suas necessidades. Propõe que sejam instalados dois religiosos numa pequena casa, a fim de preparar uma fundação, o que, ao final das contas, não se realizará.

Consultamos, também, nos arquivos dominicanos, uma solicitação de 1906, proveniente diretamente do Cardeal Arcoverde e dirigida, em italiano, ao mestre-geral da Ordem[3]. Nessa missiva, ele pede a fundação de um convento dominicano na sua cidade episcopal e precisa que os frades poderiam se ocupar essencialmente da pregação na "alta sociedade" e nos estabelecimentos de ensino superior, tais como faculdade de direito, de medicina e da escola politécnica. Uma nota, acrescentada em francês, certamente por ocasião da transmissão da carta à Província de Tolosa, pede para estudar as possibilidades de satisfazer o pedido do cardeal para que não se dirija a outra província. Há outra carta, dirigida por um marista do Rio de Janeiro, ao mestre-geral dominicano para apoiar o pedido do cardeal[4]. Ele adianta como argumento que o Rio de Janeiro pode servir de ligação entre a Europa e o interior do Brasil e, sobretudo, permitir-lhes conseguir fundos para seus conventos no interior do país.

---

2. Carta de frei Lacomme, datada de 12.06.1904, classificada como K1064, nos arquivos dominicanos do convento Santo Tomás de Aquino, em Tolosa.
3. Carta do Cardeal Arcoverde, datada de 24.11.1906, classificada como K1105, nos arquivos dominicanos do convento Santo Tomás de Aquino, em Tolosa.
4. Carta de 1906, classificada como K1104, nos arquivos dominicanos do convento Santo Tomás de Aquino, em Tolosa.

O apostolado intelectual

No relatório de frei Tapie sobre suas visitas canônicas de 1911 e 1919, também é tratada a questão de uma fundação no Rio de Janeiro. O frei evoca primeiramente as vontades expressas pelos missionários em 1911, quando eram numerosos, em desejar a abertura de uma *procura* no Rio de Janeiro ou Belém. Isto é, um posto avançado que facilitaria as comunicações entre Goiás e a Europa, o abastecimento em produtos raros no interior do país, assim como os contatos com as autoridades civis e eclesiásticas brasileiras. Frei Vilanova informava, aliás, ao provincial, desde 1903, sobre uma solicitação do bispo de Belém que desejava ver os dominicanos se instalar na cidade e punha casas à sua disposição[5]. Frei Tapie explica, contudo, que em 1919 essa ideia de *procura* não parecia muito pertinente. Ao contrário, uma fundação no Rio de Janeiro poderia ser benéfica para a missão:

> Contudo, sob um ponto de vista mais elevado e geral, a fundação não mais de uma *Procura*, mas de um verdadeiro convento de ministérios no Rio de Janeiro, nos parece em princípio mais desejável e chamado a fazer um maior bem. Que impulso não receberia, por exemplo, a *Obra do Santo Rosário*, a *Obra das catequistas voluntárias do Santo Rosário*, a *Obra contra as más leituras* e a *Obra da juventude*, sob o patrocínio de Santo Tomás de Aquino, se seu centro, em vez de ser em Uberaba, se encontrasse no Rio de Janeiro? Que bem não poderia fazer aos fiéis e ao clero? Apesar de todas essas razões, essa fundação não nos parece possível na hora atual, porque seria preciso abandonar os postos avançados do interior, e isso não podemos fazer em consciência. Se abandonarmos esses postos, ou se desguarnecermos por pouco que fosse, muitos cristãos, que só recebem a visita do padre uma vez ao ano, ficariam absolutamente privados de todo socorro religioso. [...] É preciso necessariamente esperar por dias melhores. Permita Deus que

---

5. Carta de frei Vilanova, de 1903, classificada como K1100, nos arquivos dominicanos do convento Santo Tomás de Aquino, em Tolosa.

TERCEIRA PARTE | Brasilianização da missão

venham breve e que nossa missão possa tomar um novo impulso, para o bem das almas e a glória de Deus![6]

Vê-se aqui que é ainda a falta de efetivo missionário que impede a expansão da missão. Os religiosos têm consciência quanto à necessidade de uma instalação na capital para o desenvolvimento de suas obras, mas não podem ou não querem abandonar os conventos e os habitantes de Goiás.

Os membros da Ordem Terceira Dominicana do Rio de Janeiro também gostariam que os dominicanos se instalassem na cidade. Assim, em 1923, Alice Bahiana da Fonseca escreve:

> Nossa Ordem Terceira sofre muito ante a ausência de diretores dominicanos. Quando, pois, teremos no Rio de Janeiro frades dominicanos?! Enquanto nossos caros freis se desgastam e se matam no meio dos índios e dos *caipiras*[7], num trabalho dos mais ingratos e com poucos resultados, os bons franciscanos alemães e outros assumem as boas posições, aproveitam todas as ocasiões magníficas, envenenam o coração e o espírito do alto clero da capital e de toda a população católica a respeito dos franceses[8].

Ela é membro da Ordem Terceira e faz parte da "alta sociedade" do Rio de Janeiro. É citada por alguns dominicanos como benfeitora da Ordem e insiste há vários anos para que os missionários se estabeleçam na capital. Faz alusão a um projeto de instalação anterior dos dominicanos, que lhes propunha a paróquia de Ipanema. O capítulo

---

6. TAPIE, *Visite canonique et statistique...*, op. cit., 24-25.
7. Termo pejorativo utilizado para designar os camponeses pobres do interior do país. Em francês corresponderia a "plouc".
8. Carta de Alice Bahiana da Fonseca, datada de 18.10.1923, classificada como K1159, nos arquivos dominicanos do convento Santo Tomás de Aquino, em Tolosa.

de 1920 havia aceito o princípio de uma fundação, mas a demora dos missionários e a nomeação de frei Sebastião Thomas para o cargo de prelado de Conceição do Araguaia, quando ele dirigia as negociações para a instalação no Rio de Janeiro, levaram ao abandono do projeto. A paróquia foi então confiada aos franciscanos alemães mencionados por Alice Bahiana da Fonseca.

Frei Tapie faz o relato da recente fundação no Rio de Janeiro e retoma as solicitações da hierarquia eclesiástica brasileira. Descreve o tipo de obras que o Cardeal Arcoverde e Dom Leme desejavam que os missionários desenvolvessem na cidade:

> [Eles] pediam com insistência essa Fundação, que lhes parecia chamada a realizar o maior bem a todos e, em particular, à juventude das grandes Escolas ou Escolas superiores, dando a essa juventude tão interessantes Conferências, ou melhor, Cursos de Religião hoje tão necessários, e em toda parte atuais. Para essas Conferências e esses Cursos de Religião, os Filhos de São Domingos, os irmãos de Santo Tomás de Aquino, lhes pareciam bem designados [...][9].

Ele acrescenta que religiosos de outras congregações vêm regularmente ao Rio de Janeiro fazer conferências, "em francês", à juventude das elites, mas que é necessário fazer mais do que esses ensinamentos ocasionais. Assim, como na carta de Alice Bahiana da Fonseca, vê-se que a concorrência com outras congregações religiosas devia igualmente ser levada em conta. De fato, a América Latina, e o Brasil em particular, representa um importante campo de apostolado, e as ordens religiosas buscam aí se estabelecer, uma vez que seu futuro é incerto numa Europa cada vez mais ateia e leiga, enquanto os latino-americanos

---

9. Relatório de frei Tapie, datado de 22.10.1927, classificado como AG3P38D001, nos arquivos dominicanos do convento Nossa Senhora Aparecida, em Belo Horizonte.

permanecem majoritariamente católicos. Tomar posição nas cidades mais povoadas e mais ricas é, pois, uma aposta importante para se implantar no Brasil.

Os dominicanos se instalam, pois, nas grandes cidades a pedido da hierarquia católica brasileira, que deseja que eles deem cursos de religião à juventude proveniente das categorias abastadas e das classes dirigentes. A recristianização das elites é, de fato, o objetivo principal da Igreja brasileira no começo do século, e os dominicanos são convidados a dele participar.

Durante a primeira metade do século XX, a Igreja brasileira se reorganiza a fim de recuperar, na sociedade, o lugar perdido desde a instauração de uma república liberal (1889), que proclamou a separação da Igreja e do Estado em 1891. Dom Sebastião Leme é um dos principais atores dessa reforma da Igreja brasileira, que passa por diferentes fases. Num primeiro tempo, muito antiliberal, ela recusa o Estado moderno e quer recristianizar as elites, a fim de recuperar um lugar importante no seio do poder. Intelectuais católicos tomam a dianteira dessa fase, qualificada de "restauração católica" na historiografia brasileira. Entre eles, os mais emblemáticos são Jackson de Figueiredo e Alceu Amoroso Lima.

Jackson de Figueiredo fundou a revista *A Ordem*, em 1921, e o *Centro Dom Vital*, em 1922, que são os órgãos de difusão de suas ideias, dirigidas aos intelectuais e às classes dominantes. Católico muito antiliberal, nacionalista, próximo do pensamento de Charles Maurras e da Ação Francesa, ele influencia fortemente o pensamento católico brasileiro dos anos 1920, que permanece muito conservador. Toma a frente do movimento dos intelectuais católicos, cuja ação consiste, através de publicações, cursos e conferências, em influenciar as classes dirigentes a fim de favorecer seu retorno ao catolicismo. Preconiza o respeito à ordem e à autoridade, encarnadas, segundo ele, pelos valores cristãos, em oposição aos veiculados pelo liberalismo. Os nomes dados à revista e ao centro são, aliás, representativos dessas orientações. A revista é assim intitulada *A Ordem*, o que remete à divisa nacional "Ordem e Progresso", reapropriando-se de um tema caro aos positivistas. Esse título afirma igualmente a importância da noção de ordem numa época em que o poder constituído é contestado por diversos movimentos. O nome do *Centro Dom Vital* faz referência a um dos bispos condenados por ocasião do episódio da questão religiosa, por ter tomado posição contra a maçonaria, opondo-se nisso ao poder imperial. A escolha dessa referência é uma maneira de afirmar a preponderância da autoridade papal sobre a autoridade política. Por ocasião de sua morte, em 1928, Jackson de Figueiredo é substituído por Alceu de Amoroso Lima à frente do *Centro Dom Vital* e da revista *A Ordem*. Este último, muito influenciado por seu predecessor em seu encaminhamento intelectual, defende no início as mesmas ideias tradicionalistas, mas se afasta progressivamente delas e se engaja num processo de aceitação da democracia.

Alceu de Amoroso Lima[10] é um dos intelectuais mais importantes da história do catolicismo brasileiro, dos anos 1920 aos anos 1960. Apesar de uma educação ateia, ele se aproxima dos meios católicos nos anos 1910 e particularmente de Jackson de Figueiredo, ao lado de quem permanece de 1918 a 1928. Esse último lhe apresenta o Padre Leonel Franca[11], que, após sua conversão ao catolicismo, o batiza em 1928. No mesmo ano, Dom Leme lhe confia a direção do *Centro Dom Vital*. Os

---

10. Alceu de Amoroso Lima (1893-1983): intelectual brasileiro, educado numa família ateia, forma-se primeiramente em ciências jurídicas e sociais. Em 1913, viaja a Paris, mas a Primeira Guerra Mundial o obriga a voltar prematuramente ao Brasil, onde retoma seus estudos de direito antes de suceder seu pai à frente dos negócios familiares. Em 1919, começa a escrever em *O Jornal* como crítico literário e adota o pseudônimo de Tristão de Ataíde, sob o qual se faz conhecer em todo o Brasil. Cada vez mais próximo de Jackson de Figueiredo, ele se converte ao catolicismo em 1928.
11. Leonel Franca (1893-1948): jesuíta brasileiro, estuda filosofia e teologia em Roma. De volta ao Brasil, ensina nos colégios jesuítas do Rio de Janeiro e de Nova Friburgo. Membro do Conselho Nacional de Educação em 1931,

TERCEIRA PARTE | Brasilianização da missão

dois homens são próximos e tomam a frente das transformações do catolicismo brasileiro. Em 1935, o então Cardeal Leme confia a Alceu de Amoroso Lima a direção da Ação Católica Brasileira, à frente da qual permanece até 1945. Esse último funda, em 1932, o Instituto Católico de Estudos Superiores (ICES), no Rio de Janeiro, que se tornará a Pontifícia Universidade Católica (PUC) em 1942. Ele é também o delegado do Brasil por ocasião da criação da Organização Democrata Cristã da América (ODCA) em Montevideo, em 1947. É um dos principais pensadores da democracia cristã latino-americana. Ele participará do Concílio Vaticano II, enquanto representante brasileiro.

Esses dois intelectuais são representativos de uma evolução do catolicismo brasileiro, que passa de uma posição antiliberal e nacionalista, encarnada por Jackson de Figueiredo, a uma aceitação da democracia, até se integrar no jogo político que lhe é decorrente. Essa evolução corresponde perfeitamente ao percurso intelectual de Alceu de Amoroso Lima, que o leva do catolicismo muito conservador de Jackson de Figueiredo à democracia cristã, como teremos ocasião de sublinhar mais adiante. Igualmente na França, a Ação Francesa, condenada pelo papa em 1926, é progressivamente suplantada pela Ação Católica, visando a uma atualização da Doutrina Social da Igreja fora da esfera política e mais em sintonia com o pensamento liberal.

As ideias desses intelectuais são sintomáticas da evolução do catolicismo brasileiro. Elas encorajam a recristianização das elites e favorecem a promoção da ação dos católicos na sociedade, o que modela o catolicismo social brasileiro que se desenvolverá em seguida.

Essas evoluções seguem igualmente as do papado: depois da fase de condenação das ideias modernas, cujo ponto culminante foi o *Syllabus*, começa, sob o impulso de Leão XIII, um processo de aceitação das políticas modernas, como atesta a encíclica *Au milieu des sollicitudes*, que

---

teve um papel importante na fundação da universidade católica do Rio de Janeiro, da qual foi o primeiro reitor.

reconhece a Terceira República francesa, em 1892. O pontificado de Leão XIII inicia igualmente a elaboração de uma doutrina social da Igreja, com a encíclica *Rerum Novarum*. Enfim, a condenação da Ação Francesa por Pio XI, em 1926, marca a rejeição das correntes nacionalistas antiliberais e a vontade de favorecer o engajamento dos católicos na sociedade, fora das lógicas partidárias do político.

A Revolução de 1930 dividiu, por um tempo, a Igreja brasileira. A situação era diferente em cada estado, e os bispos se posicionavam a favor ou contra a chegada ao poder de Getúlio Vargas, em função de seus interesses regionais. A rebelião de 1930 é orquestrada pelos partidários da Aliança liberal, da qual Vargas era o candidato, em resposta à sua derrota nas eleições presidenciais, que levaram ao poder o paulista Júlio Prestes, apesar das denúncias de fraudes eleitorais. Em cada estado, os bispos tomam posição a favor ou contra a revolução, em função do partido sustentado pelo governador atual, a fim de permanecer em bons termos com esse último. De fato, uma vez terminado o período revolucionário, o regime de Vargas vai favorecer a restauração católica desejada pela Igreja, enquanto a República a havia afastado das esferas do poder.

No Rio de Janeiro, Dom Leme tenta adotar uma atitude neutra. Em outubro de 1930, ele volta de Roma, onde tinha acabado de receber o título de cardeal, e chega ao Brasil em plena revolução. Ele se posiciona primeiramente como antirrevolucionário, por princípio moral, condenando toda desordem e questionamento da autoridade. Age, em seguida, em favor da paz e pleiteia, junto aos militares revoltados, evitar os combates. Aliás, ele consegue tirar o presidente da República, deposto, do palácio do Catete, em meio à multidão e soldados hostis, a fim de evitar um banho de sangue.

Desde o início do novo regime, a Igreja busca fazer ouvir sua voz e suas reivindicações junto ao poder. Em 1931, duas grandes manifestações reúnem milhares de católicos e permitem-lhes mostrar sua força e sua unidade: a consagração de Nossa Senhora Aparecida como santa padroeira do Brasil e a inauguração do Cristo Redentor no Rio de Janeiro. O papado autoriza, em julho de 1930, o episcopado brasileiro a consagrar Nossa Senhora Aparecida padroeira do Brasil. Ela substitui, assim, São Pedro de Alcântara, que era o santo patrono desde o Império. Escolhendo Nossa Senhora Aparecida, o episcopado faz a escolha de uma santa popular. De fato, por sua história, ela é venerada pelos mais modestos: dois pescadores teriam sido beneficiados por uma pesca miraculosa, após terem retirado uma imagem da Virgem das águas do Paraíba. Seu culto data do século XVIII e seu santuário é, desde então, objeto de numerosas peregrinações. Além do mais, ela não está ligada aos regimes passados nem às classes dirigentes, e ela é negra. Ela representa, portanto, simultaneamente o povo brasileiro e as novas orientações da Igreja. Em maio de 1931, a estátua é levada ao Rio de Janeiro, por ocasião de uma grande manifestação religiosa, que reuniu milhares de fiéis e os membros do governo provisório. É uma maneira de o cardeal Lema fazer ouvir as reivindicações políticas da Igreja Católica, mostrando sua capacidade de agrupamento. Em outubro de 1931, há outra grande aglomeração popular e católica na capital, para a inauguração do Cristo Redentor, por Dom Leme, em presença de Getúlio Vargas. Durante os anos 1930, os Congressos Eucarísticos Nacionais são ainda ocasião para importantes manifestações religiosas nos grandes centros urbanos e reúnem milhares de pessoas, com a participação dos poderes civis.

Para favorecer a consideração das reivindicações católicas pelo novo regime, os intelectuais e a hierarquia católica criam, em 1932, a Liga Eleitoral Católica (LEC), cujo secretário é Alceu de Amoroso Lima. Por ocasião da eleição da assembleia constituinte em 1933, a Liga apoia os candidatos que aceitam apresentar as reivindicações da Igreja Católica. Uma grande parte dos candidatos sustentados pela LEC ganha as eleições, o que permite integrar, na Constituição de 1934, várias reivindicações: a menção de Deus no preâmbulo, a autorização do ensino religioso facultativo nas escolas públicas e a possibilidade para o Estado de subvencionar organismos de interesse geral e, nesse contexto, instituições católicas, como as escolas e os hospitais. Além do domínio político, a Igreja brasileira busca agir no campo social, favorecendo a ação dos católicos na sociedade. Em 1935, é criada a Ação Católica Brasileira[12]. Seus estatutos, elaborados por Dom Leme, foram aprovados pelo papa Pio XI em 1934. Ela constitui a federação dos grupos já existentes, tais como as juventudes femininas e universitárias católicas do Rio de Janeiro ou os diferentes círculos operários católicos, criados desde o início do século, especialmente em São Paulo, e os coloca sob a autoridade eclesiástica. A Ação Católica conhece um grande sucesso. Ela nasce, portanto, num momento de endurecimento do regime que leva, em 1937, à instalação de um regime autoritário, o Estado Novo. Partidos e sindicatos são proibidos e, num clima de censura e de propaganda do Estado, as organizações de ações católicas apresentam-se como os raros espaços de agrupamentos autorizados.

Por isso, a Igreja brasileira não é uniforme. Tensões existem entre os progressistas, que defendem a ação católica e, de maneira mais geral, o envolvimento dos cristãos, tanto na instituição como na sociedade, e os conservadores, que criticam essas novas orientações.

Na constituição do Estado Novo, a Igreja perde a maioria das aquisições de 1934, mas conserva o que é mais importante a seus olhos: o ensino religioso permanece autorizado nos estabelecimentos públicos. Ademais, o entendimento entre a hierarquia católica e Vargas permanece intacta até o fim do regime, em 1945, e o que não é mais oficial na constituição permanece oficiosamente na prática.

---

12. A Ação Católica Brasileira é composta de cinco organizações: a JAC (Juventude Agrária Católica), que reúne jovens do meio rural, a JEC (Juventude Estudantil Católica), que reúne jovens do ensino secundário, a JOC (Juventude Operária Católica), que reúne jovens operários, a JUC (Juventude Universitária Católica), que reúne jovens estudantes do ensino superior, e a JIC (Juventude Independente Católica), que reúne jovens que não fazem parte das diferentes categorias representadas nas outras organizações.

TERCEIRA PARTE | Brasilianização da missão

Em suas memórias, frei Audrin[13] conta que o presidente Vargas frequenta a igreja dos dominicanos no Rio de Janeiro e que Dom Thomas encontrou o presidente em exercício e solicitou sua ajuda para as obras de Conceição do Araguaia. As referências dos missionários a Vargas, ainda que pouco numerosas, são geralmente elogiosas.

Em 1945, Vargas é expulso do poder pelo exército e um processo de redemocratização ocorre, com a eleição de uma assembleia constituinte. Preocupada em conservar relações privilegiadas com o futuro poder e se assegurar de que a nova constituição não retomará as disposições laicas da Primeira República, a Igreja Católica recorre novamente à LEC, com sucesso. Os eleitores católicos são deixados livres na escolha de seus candidatos e partidos, com a condição de esses não serem opostos às reivindicações da Igreja, que permaneceram as mesmas: proibições do divórcio e do aborto, autorizações do ensino religioso a título facultativo nas escolas públicas, assistência religiosa no exército, nas prisões e hospitais, e, enfim, a garantia da propriedade privada e do direito de formar sindicatos. Os dois últimos pontos evidenciam o anticomunismo que se espalhou pela Igreja brasileira. Esse anticomunismo é fortemente reivindicado no manifesto episcopal de 1945, lembrando a encíclica *Divini redemptoris*, de Pio XI (1937), e seu anátema contra o comunismo. As eleições livres e o multipartidarismo restabelecido faziam, de fato, a Igreja brasileira temer um impulso comunista. A Constituição de 1946 lhe é finalmente favorável e suas aquisições são preservadas. A ação católica especializada por setor de atividade, e não mais por idades, é doravante privilegiada, especialmente para concorrer na difusão das ideias comunistas nas categorias mais pobres da população, particularmente na classe operária urbana. A criação da JOC (Juventude Operária Católica), em 1948, testemunha essas orientações. O entendimento da hierarquia eclesiástica com o governo Dutra é muito bom, uma vez que esse último proíbe novamente o partido comunista em 1947. Esse entendimento entre a Igreja e o Estado brasileiro perdura até o golpe de Estado militar de 1964.

---

13. AUDRIN, *Souvenirs d'un missionnaire...*, op. cit., 157.162.

A Igreja brasileira conseguiu, pois, entre 1920 e 1960, reencontrar uma posição privilegiada junto às classes dirigentes e desenvolver novas formas de ação que lhe permitem agir mais diretamente na população, a fim de conservar uma posição importante na sociedade. Os dominicanos, solicitados pela hierarquia católica há tantos anos, instalam-se, enfim, nas grandes cidades, a partir de 1927, e vão participar ativamente nesse processo.

2. Os missionários dominicanos: atores ou guias?

Frei Cazabant retoma, num relatório de 1938, as transformações que a missão conheceu a partir do momento em que entrou em sua fase urbana:

> Eles [os dominicanos] eram, no começo, missionários. Mais tarde se tornaram párocos, propagadores do rosário, fundadores e diretores de escolas e colégios, com uma obra bastante vasta de catequese nos grandes rios Araguaia e Tocantins. [...] A admiração por suas obras era geral. As autoridades religiosas e mesmo as civis não cessavam de repetir. Alguns, e até mesmo nossos religiosos, pensavam que éramos imprudentes permanecendo no interior do país e não aceitando as ofertas que nos eram feitas para os grandes centros. [...] No interior do país, sobretudo em nossa região, o recrutamento é difícil. Por outro lado, sentíamos todos que nossa Ordem, que por devotamento se confinará no interior e às obras missionárias, não havia dado toda sua medida ao Brasil. O Apóstolo e o catequista eram conhecidos. Mas ignorava-se o homem de doutrina profunda, o escritor, o professor de ciências religiosas, o animador de obras sociais etc. E, contudo, era isso que se lhes solicitava de todo lado e com insistência[14].

---

14. Relatório de frei Cazabant, datado de 15.09.1938, classificado como K1373, nos arquivos dominicanos do convento Santo Tomás de Aquino, em Tolosa.

TERCEIRA PARTE | Brasilianização da missão

O ano de 1927 marca a reviravolta da missão, com a fundação do convento do Rio de Janeiro. A missão francesa conhece, então, uma profunda transformação, passando do catolicismo popular das regiões rurais de Goiás aos centros intelectuais urbanos, onde se elaboram as novas orientações da Igreja Católica brasileira. Respondendo ao apelo das autoridades eclesiásticas brasileiras, os dominicanos completam sua obra missionária desenvolvendo um outro aspecto da vocação dominicana: o apostolado intelectual.

Desde as origens da Ordem, os estudos ocupam um lugar importante na vida dominicana. A formação dos religiosos é de alto nível, especialmente em teologia e filosofia, e eles devem continuar estudando durante toda sua vida religiosa. Nos primeiros anos da constituição da Ordem, Domingos já enviava seus frades para se formarem nas cidades universitárias, a fim que adquirirem os conhecimentos necessários aos debates com os "infiéis". Assim, a formação está diretamente ligada à sua vocação de pregação, e o conhecimento deve servir-lhes para difundir a religião católica a todo tipo de população: populações sem acesso à instrução, até os meios mais letrados. Seu alto nível de estudo levou, desde cedo, os dominicanos a trabalhar em estabelecimentos católicos de ensino superior e a envolver-se na cristianização das elites. Ademais, numerosos entre eles são reconhecidos como teólogos importantes na história da Igreja Católica. Eles têm, pois, vocação para participar nos debates intelectuais e na elaboração do pensamento católico de seu tempo.

A partir da fundação de um convento no Rio de Janeiro, os dominicanos se consagram ao apostolado intelectual na capital. Realizam, assim, esse lado de sua vocação que ainda não tinham podido desenvolver no Brasil. Dão cursos e conferências no *Centro Dom Vital*, publicam artigos, pregam retiros para o clero, investem junto à Ordem Terceira Dominicana da capital, cujos membros provêm geralmente das elites dirigentes. Em 1921, participam na criação do Instituto Católico, onde ensinam[15].

---

15. Alceu Amoroso Lima funda, em 1932, no Rio de Janeiro, o Instituto Católico de Estudos Superiores (ICES), que se torna a Universidade Católica (PUC: Pontifícia Universidade Católica do Rio de Janeiro), em 1942.

O apostolado intelectual

Frei Bonhomme faz alusão, num relatório de 1932, à integração dos dominicanos nos meios intelectuais católicos do Rio de Janeiro:

> O reverendo Frei Sala, vigário provincial, dá cursos superiores de religião e conferências a alguns grupos de alta cultura. Nossos frades estão muito bem situados na cidade e gozam da estima do alto clero: Sua Eminência, o Cardeal Sebastião Leme, e Sua Excelência, o Núncio Apostólico Dom Masella, Terceiro Dominicano, são muito simpáticos à Ordem[16].

Esta citação põe em evidência o envolvimento dos dominicanos na recristianização das elites brasileiras e suas ligações com a hierarquia católica brasileira.

Os dominicanos são solicitados em razão, especialmente, de seu conhecimento da obra de Santo Tomás de Aquino. De fato, para melhor compreender as implicações intelectuais dos dominicanos no Brasil, é preciso voltar à renovação tomista, ou neotomismo, do século XIX. O fato de que os dominicanos sejam especialistas da doutrina de Santo Tomás não é estranho ao interesse da hierarquia eclesiástica brasileira, relativamente aos missionários provenientes dessa Ordem. A filosofia tomista ressurgiu nos meios intelectuais católicos no século XIX, depois de ter sido posta de lado durante dois séculos. São os jesuítas italianos da primeira metade do século XIX os primeiros que retomam o pensamento de Santo Tomás. Essa renovação difunde-se, a seguir, na Alemanha e na França. Leão XIII a impõe como doutrina oficial da Igreja na encíclica *Aeterni Patris*, em 1879.

Santo Tomás de Aquino elaborou sua filosofia no século XIII, numa época em que numerosos debates agitavam os pensadores cristãos em

---

16. Relatório de frei Bonhomme, datado de 30.04.1932, classificado como K1325, nos arquivos dominicanos do convento Santo Tomás de Aquino, em Tolosa.

TERCEIRA PARTE | Brasilianização da missão

torno da tradução e da releitura dos filósofos da Antiguidade. É igualmente um período em que os papas buscavam impor sua autoridade sobre os bispos e dirigentes políticos, o que faz lembrar a situação político-religiosa do século XIX. Esquematicamente, podemos apresentar o pensamento de Santo Tomás de Aquino, como uma apropriação do pensamento de Aristóteles pela fé cristã. Tomás de Aquino, em sua releitura de Aristóteles, submeteu a lógica e a razão desse último à verdade revelada por Deus. Para o filósofo, toda verdade é, ou foi, revelada, e isso até mesmo antes que o Cristo viesse à Terra. Essa argumentação permite-lhe visar a razão como uma verdade revelada e submeter tudo o que é natural a uma autoridade sobrenatural, a de Deus. Nosso propósito não é o de explicar em detalhes o pensamento de Santo Tomás de Aquino, mas expor as razões pelas quais sua filosofia foi retomada pelos pensadores católicos do século XIX. Ela permite, de fato, aos neotomistas integrar a modernidade política e científica e, ao mesmo tempo, reivindicar a supremacia da autoridade espiritual sobre essas últimas. A predominância de Deus sobre os homens e a razão permite aqui afirmar a predominância do poder espiritual sobre o temporal e, portanto, do papa sobre os Estados para a direção da Igreja e dos católicos. A afirmação da infalibilidade pontifícia, em 1870, marca a reviravolta tomista do papado, mas é Leão XIII quem oficializa essa volta à filosofia de Santo Tomás. Embora isso possa parecer paradoxal, ele procura, ao voltar para à filosofia medieval, inscrever a religião e a Igreja na modernidade. O tomismo, recomendado na encíclica *Aeterni Patris*, permite-lhe, de fato, submeter as ciências, o conhecimento e a filosofia à fé católica, colocando-os sob sua autoridade espiritual. Compreende-se como a reabilitação do tomismo pela autoridade pontifícia serviu à política de romanização. A Igreja e os intelectuais católicos extraíram da filosofia tomista a argumentação necessária para uma adaptação do catolicismo à modernidade política e social, que buscava excluir o espiritual da organização pública. Essa filosofia permitiu-lhes responder aos racionalistas e se adaptar às políticas laicas, afirmando a autoridade do papa sobre o conjunto do mundo católico e estimulando os católicos a se envolverem na sociedade para defender os valores cristãos diante dos "erros" do mundo moderno.

Na França, os dominicanos são vetores do pensamento tomista, porque a filosofia de Santo Tomás de Aquino está no coração de sua formação. Frei Lacordaire, que restaura a Ordem na França em 1850, foi influenciado pelo pensamento de Lamennais, líder dos intelectuais católicos da primeira metade do século XIX e amigo do Padre Ventura (1792-1861), jesuíta italiano e neotomista da primeira hora. A *Revue Thomiste* é criada em 1893 pela iniciativa de dominicanos franceses, em resposta à vontade expressa por Leão XIII de uma volta à filosofia de Santo Tomás de Aquino. A *Revue Thomiste* marca também a renovação intelectual das províncias dominicanas francesas, após os anos de reorganização e de lenta retomada dos estudos que seguiram sua restauração. Ela é colocada sob a direção do mestre-geral da Ordem e diferentes províncias francófonas participam dela. No início, os dominicanos da Província de França são os mais ativos, mas progressivamente são os da Província de Tolosa que se tornam os principais redatores. Ela se quer, ao mesmo tempo, órgão de estudo e de difusão da doutrina de Santo Tomás e lugar de discussão dos problemas e das ideias científicas da época. Em 1914, Pio X (1835-1903-1914) publica uma lista de vinte e quatro teses tomistas, o que reafirma o lugar do tomismo na filosofia oficial da Igreja, e faz dele o ensino principal dos seminários e das universidades, com a finalidade de lutar contra o pensamento moderno e sua rejeição da religião.

No Brasil, a hierarquia eclesiástica adota naturalmente a filosofia tomista no final do século XIX, uma vez que a maioria dos bispos se forma em Roma e as diretivas papais são aplicadas ao pé da letra no contexto da política de romanização. Ademais, essa doutrina, permitindo conciliar fé cristã e problemas levantados pela modernidade, vai no sentido da recristianização das elites, empreendida pela Igreja e pelos intelectuais católicos. Essas dinâmicas explicam por que as

TERCEIRA PARTE | Brasilianização da missão

autoridades eclesiásticas tenham apelado, desde o início do século, aos dominicanos, ainda mais porque havia poucos teólogos no país nessa época. Embora os missionários tenham levado longos anos para responder a essas solicitações, uma vez instalados no Rio de Janeiro, deram cursos e conferência sobre o tomismo e publicaram inúmeros artigos.

Em 1939, frei Tauzin é professor de "filosofia geral" no Instituto Católico do Rio de Janeiro. Mantém-se no mesmo posto até 1943. Em 1942, frei Cazabant anuncia, numa carta[17], que frei Tauzin vai publicar um livro no Brasil, sob o título: *Bergson e Santo Tomás, conflito entre intuição e inteligência*. Em 1944, frei Hasselmann[18] é secretário do Instituto Católico e igualmente professor de "ciência pedagógica" e de "introdução à filosofia". Os dominicanos publicavam regularmente na revista *A Ordem*, órgão do *Centro Dom Vital*. No número de agosto de 1939, frei Tauzin escreve um artigo intitulado "Entre Bergson e Sto. Tomaz" e anuncia uma série de artigos sobre o assunto (as diferentes partes de sua exposição aparecem na revista até 1940). Ele anuncia igualmente a publicação do conteúdo de algumas conferências, realizadas em setembro de 1938, por ocasião da semana de estudos tomistas, organizada pelo Instituto Católico do Rio de Janeiro. No número de fevereiro de 1943, encontra-se um artigo de frei Dale, "Tomás de Aquino, patrono das Escolas Católicas", no qual expõe as razões pelas quais Leão XIII escolheu Santo Tomás como patrono das escolas. Esses exemplos, não exaustivos, mostram que os dominicanos se engajaram na difusão do tomismo no Brasil.

A partir de 1935, os dominicanos investem no desenvolvimento da Ação Católica Brasileira. Participam na formação da JUC (Juventude Universitária Católica) e, em menor medida, na JOC (Juventude

---

17. Carta de frei Cazabant, datada de 05.05.1942, classificada como K1442, nos arquivos dominicanos de Santo Tomás de Aquino, em Tolosa.
18. Dominicano brasileiro formado na França, no convento São Maximino, ele retorna ao Brasil em 1942.

Operária Católica). Fazem igualmente a promoção desse tipo de engajamento através de artigos que aparecem na imprensa católica. Em 1936, frei Sala publica, nas *Vozes de Petrópolis*, um artigo intitulado "A Eucharistia e a Acção Catholica"[19], no qual escreve:

> Em sua carta ao Eminentíssimo Cardeal Dom Leme e ao episcopado brasileiro sobre a Ação Católica no Brasil, Pio XI determina claramente esse objetivo da A.C. É a ajuda que os leigos podem prestar ao Apostolado da hierarquia. Essa colaboração deve ser em defesa da verdade e da vida cristã, ameaçadas por tantas armadilhas. Por essa colaboração, os leigos se tornam, entre as mãos de seus pastores, instrumento eficaz de sempre maior progresso, religioso e civil. [...] Cada fiel deve tornar-se um apóstolo de Cristo no ambiente social em que a Providência o colocou.

Nesse artigo, frei Sala insiste, ao mesmo tempo, sobre as diretivas romanas e sobre o sentido do engajamento dos leigos no projeto da Igreja, através das organizações de ação católica. Ele incita os católicos a se engajarem, enquanto cristãos, no meio social, para levar a palavra do Cristo. Em 1944, frei Cazabant escreve, na *Revista Eclesiástica Brasileira* um artigo intitulado "Ação Católica, novidade na Igreja"[20], o que mostra que os dominicanos foram atores e promotores da ação católica brasileira e, portanto, da elaboração do catolicismo social no país.

O papel realizado pelos missionários no Brasil é motivado, como visto, pelas diretivas romanas e solicitações brasileiras, mas igualmente pelos movimentos de pensamento veiculados pelos dominicanos e intelectuais católicos franceses da primeira metade do século XX. Os

---

19. FREI SALA, A Eucharistia e a Acção Catholica, *Vozes de Petrópolis, Revista Catholica de Cultura*, n. 4 (abr. 1936) 247. Disponível em: http://www.obras católicas.com. Acesso em: mar. 2012.
20. FREI CAZABANT, Ação Católica, novidade na Igreja, *Revista Eclesiástica Brasileira*, v. 4, mar. 1944.

missionários participam, de fato, nas dinâmicas de circulações de ideias de um continente a outro. Podem, assim, ser vistos como transmissores, ou guias, das ideias que animam os meios católicos franceses. Esses missionários-transmissores são simultaneamente os dominicanos franceses, que chegam ao Brasil a partir dos anos 1930, e os estudantes dominicanos brasileiros, que fazem sua formação na França e se impregnam das ideias que lá circulam. As ligações estabelecidas entre intelectuais católicos franceses e brasileiros, por intermediário dos missionários dominicanos, põem em evidência redes de circulação de pensamento.

Jacques Maritain[21] faz parte desses intelectuais, cujo pensamento difundiu-se amplamente na América Latina. Próximo dos dominicanos franceses, esse filósofo cristão revisitou o pensamento de Santo Tomás de Aquino, confrontando-o com o mundo moderno. Desse modo, teorizou o lugar dos cristãos na modernidade. Primeiramente, fortemente oposto ao liberalismo e à modernidade – ele escreve uma obra intitulada *Antimoderne*[22] em 1922 –, seu pensamento evoluiu em seguida para uma aceitação da democracia. Em *Humanismo integral*[23] (1936), ele preconiza o engajamento dos católicos na sociedade, pondo-se em guarda contra os perigos de um engajamento político.

No Brasil, Alceu Amoroso Lima participou na difusão do pensamento de Maritain. O livro *Antimoderne* encontrou, aliás, um sucesso considerável nos círculos católicos brasileiros, próximos do *Centro Dom Vital*. Há, efetivamente, numerosas semelhanças de pontos de vista entre Maritain e Figueiredo, a propósito dos perigos que representam as ideias

---

21. COMPAGNON, Olivier, *Jacques Maritain et l'Amérique du sud, le modèle malgré lui*, Villeneuve d'Ascq, Presses Universitaires du Septentrion, 2003.
22. MARITAIN, Jacques, *Antimoderne*, Paris, Editions de la Revue des Jeunes, 1922.
23. Id., *Humanisme intégral, problèmes temporels et spirituels d'une nouvelle chrétienté*, Paris, Fernand Aubier, 1937 (Em português: *Humanismo integral. Problemas temporais e espirituais de uma nova cristandade*. São Paulo, Companhia Editora Nacional, 1942. [N. dos T.]).

e os sistemas políticos modernos e as desordens que engendram. Alceu Amoroso Lima descobriu os escritos de Maritain no final dos anos 1920 e começou a escrever-lhe em 1929, o que deu início a numerosos anos de correspondência entre os dois homens. Não sabemos se a presença dos missionários dominicanos no Rio de Janeiro teve um papel nessa tomada de contato com o filósofo. Isso nos parece, contudo, uma hipótese possível, pois Jacques Maritain é muito próximo dos dominicanos franceses[24], e os dominicanos do convento do Rio de Janeiro mantinham ligações estreitas com Dom Leme e o *Centro Dom Vital*, dirigido por Alceu Amoroso Lima. Aliás, um dos missionários, frei Tauzin, conheceu Jacques Maritain no convento de São Maximino, certamente no início dos anos 1930. Frei Tauzin entrou na Ordem em 1929 e realizou seus estudos até 1933, em São Maximino, onde permaneceu até sua partida para o Brasil em 1935. Mantém correspondência com Maritain e é um de seus fervorosos defensores no Brasil, ante os católicos conservadores que criticam o filósofo. Em 1936, Maritain faz escala no Brasil por ocasião de uma viagem à Argentina. Passa, então, um dia no Rio de Janeiro, onde é acolhido por Alceu Amoroso Lima e pronuncia duas conferências: uma no Ministério de Assuntos Estrangeiros, intitulada "Ação e contemplação", e outra na Academia Brasileira de Letras, intitulada "Freud e a psicanálise". Os dois homens são intelectualmente muito próximos e sua correspondência é menos intensa durante a guerra da Espanha. Alceu Amoroso Lima é de fato franquista, como a grande maioria dos católicos no mundo, enquanto Maritain critica Franco e o fascismo sem, no entanto, tomar partido dos republicanos. Vai carregar nos ombros, desse modo, uma grande parte da *intelligentsia* católica por numerosos anos. Apesar de tudo, a leitura do *Humanismo integral* (1937)

---

24. Frei Clerissac, dominicano francês, foi um dos mestres do casal Maritain, depois de sua conversão ao catolicismo em 1906. Foi ele quem os introduziu na filosofia de Santo Tomás de Aquino e os encorajou a se aproximar da Ação Francesa.

vai acompanhar Alceu Amoroso Lima, como a numerosos outros intelectuais latino-americanos, a uma progressiva aceitação da democracia liberal. Em 1943, Jacques Maritain publica um artigo em *A Ordem*, sob o título "A crise da civilização"[25], no qual critica a civilização moderna e ateia, responsável, segundo ele, pela situação que levou à Segunda Guerra Mundial. Ele acrescenta que a civilização e a democracia só sairão dessa crise ao reencontrar suas raízes cristãs. Alceu Amoroso Lima consagra-se, a partir de 1938, à tradução e à publicação das obras de Maritain no Brasil, embora seus livros circulem há muito tempo, porque a maioria dos intelectuais brasileiros domina o francês. Em 1944, o *Centro Dom Vital* cria as Edições AGIR, que publicam as obras de Maritain em português. Os missionários participaram na difusão do pensamento de Maritain nos círculos intelectuais católicos, dos quais tomam parte no Rio de Janeiro, através de seus cursos e escritos.

Na França, as ideias do filósofo são partilhadas e defendidas por numerosos dominicanos; é, pois, evidente que os missionários franceses e os brasileiros formados na Província de Tolosa conheçam suas obras e alguns partilhem seus posicionamentos. Jacques Maritain participa, especialmente, na redação de *La Vie Intellectuelle*, jornal fundado em 1928 por frei Bernadot, cuja redação foi, durante um tempo, em São Maximino, antes de ser transferido para Paris. Em seus artigos, cursos e conferências, os dominicanos participam nos debates que atravessam o mundo católico nessa época: reflexões sobre o lugar da religião, dos leigos e dos clérigos na modernidade, sobre a secularização das sociedades e sobre as formas do engajamento católico. Esses temas estão no coração das reflexões dos católicos da época, tanto na França como no Brasil, e o pensamento de Maritain fornece respostas a esses questionamentos, que recebem uma acolhida favorável entre numerosos dominicanos franceses e nos círculos católicos brasileiros.

---

25. MARITAIN, Jacques, A crise da civilização, *A Ordem*, fev. 1943. Disponível em: http://www.obrascatolicas.com. Acesso em: mar. 2012.

Por outro lado, é interessante sublinhar que, de maneira geral, a obra de Maritain teve maior impacto na América Latina do que na Europa. Seu pensamento difundiu-se nos meios intelectuais católicos de outros países do Cone Sul, especialmente na Argentina e no Chile. Orientou a elaboração da democracia cristã latino-americana, embora seu autor tenha sempre advertido contra o engajamento político, preferindo o engajamento social.

É possível fazer paralelos entre o percurso de Maritain, de *antimoderno* a *humanismo integral*, e a de Alceu Amoroso Lima e as evoluções do catolicismo na França e no Brasil, na primeira metade do século XX. O catolicismo brasileiro passa por três fases durante a primeira metade do século XX: a primeira, encarnada por Jackson de Figueiredo, é muito nacionalista e antiliberal, próxima das ideias da Ação Francesa, à qual muitos católicos franceses são igualmente favoráveis, entre os quais Jacques Maritain, até a condenação dessa pelo papa em 1926. A segunda fase vê numerosos católicos saírem da postura antimoderna e conservadora para repensar o lugar da religião na modernidade. Alceu Amoroso Lima é emblemático desse movimento. Ele segue assim o mesmo caminho intelectual de Maritain[26] e de outros católicos franceses e brasileiros, que aceitam progressivamente o liberalismo e o jogo político que lhe é decorrente. Essa evolução conduz especialmente ao engajamento dos católicos na sociedade, através de diferentes tipos de organizações de ações católicas a partir dos anos 1920 e 1930. A terceira fase assiste ao desenvolvimento de uma corrente mais social, à esquerda da arena política, que conduz a iniciativas muito diversas, indo das organizações de ação católica à criação de partidos democratas cristãos.

---

26. É interessante sublinhar que os três intelectuais citados se converteram ao catolicismo depois de terem passado pelo anticlericalismo, ou ateísmo, o que não é raro nos meios intelectuais católicos da época. De fato, nesse começo do século XX, numerosos intelectuais, tanto no Brasil como na França, se convertem durante sua vida e participam, a seguir, ativamente nas transformações do pensamento católico.

TERCEIRA PARTE | Brasilianização da missão

O movimento Economia e Humanismo, lançado pelo dominicano francês frei Lebret, é uma das expressões dessa reviravolta. Conhece uma difusão importante na América Latina, especialmente por intermediário dos dominicanos em missão no Brasil.

De fato, no final dos anos 1940, os dominicanos de São Paulo convidam frei Lebret[27] para vir ao Brasil. Esse dominicano, que tem uma formação de economista, fundou, em 1941, um centro de pesquisa e uma revista, ambos denominados: Economia e Humanismo. Depois de ter sido próximo da Ação Francesa e partidário de um catolicismo intransigente, ele se volta, nos anos 1930, para o catolicismo social, fazendo uma síntese entre o neotomismo e sua leitura do *Capital* de Marx. Ele busca desenvolver a doutrina social da Igreja, utilizando as ferramentas das ciências humanas (especialmente a demografia e a estatística), a fim de favorecer um desenvolvimento econômico mais igualitário, mais "humano". Vem pela primeira vez ao Brasil em 1947, convidado por um frade dominicano brasileiro, frei Romeu Dale. Os dois homens tinham se encontrado em 1941, em São Maximino, quando frei Dale fazia seus estudos. Frei Lebret dá conferências no Brasil e influencia especialmente a JUC. Frei Dale, assistente geral da JUC do Rio de Janeiro, de 1949 a 1961, lançou as "Equipes de economia humana" na capital. Em 1947, frei Dale apresenta frei Lebret a Alceu Amoroso Lima, que, como delegado do Brasil por ocasião da criação da ODCA (Organização Democrata-Cristã da América) em Montevidéu, em 1947, lê um texto de frei Lebret durante essa conferência, a qual é considerada como o ato de nascimento da democracia cristã latino-americana. É, pois, evidente que os dois homens se inclinam em favor de um catolicismo mais social, embora frei Lebret esteja situado geralmente muito mais à esquerda no cenário político. A partir dessa viagem ao Brasil, as ideias de frei Lebret se difundem em outros países da América Latina, especialmente no Uruguai, para

---

27. PELLETIER, Denis, *Economie et Humanisme, de l'Utopie communautaire au combat pour le tiers-monde*, Paris, Cerf, 1996.

onde fez numerosas viagens e participou em diversos projetos de desenvolvimento. Essas ideias, como as de Maritain, tiveram maior repercussão na América Latina do que na França. Frei Lebret também realizou projetos de desenvolvimento na África e na Ásia.

No correr de sua estada de quatro meses no Brasil, frei Lebret dá cursos na Escola Livre de Ciências Políticas de São Paulo; escola católica onde frei Romeu Dale ensina. Seu curso intitula-se *Introdução geral à economia humana*. Aborda o lugar do marxismo e do tomismo na elaboração de sua teoria de uma economia humana. Também dá uma conferência na Ação Social Arquidiocesana do Rio de Janeiro. Sobretudo, funda em São Paulo uma sucursal de Economia e Humanismo, segundo o modelo da SAGMA (Sociedade para a Aplicação do Grafismo e da Mecanografia para Análise), criada na França em 1945. Essas sociedades fazem pesquisas e estabelecem estatísticas, a fim de planejar projetos de desenvolvimento. Uma das primeiras pesquisas da SAGMACS brasileira (Sociedade para a Análise Gráfica e Mecanográfica Aplicada aos Complexos Sociais) refere-se ao *habitat* operário em São Paulo. A SAGMACS realizou-se com os militantes da Ação Católica e frei Dale, prior do convento dominicano de estudos em 1947. Entretanto, ele é substituído na SAGMACS por frei Benevenuto de Santa Cruz, jovem dominicano brasileiro que acaba de terminar o *Studium* e parte para passar um ano na França, em La Tourette[28], a fim de se formar. Ademais, um dominicano de La Tourette vem passar um ano em São Paulo, esperando que frei Santa Cruz esteja pronto, o que põe em evidência a importância das ligações entre o movimento de frei Lebret e os missionários dominicanos no Brasil.

No entanto, se uma parte do clero brasileiro se entusiasma pelos projetos de frei Lebre, outra parcela dos católicos, entre os quais o

---

28. O convento de La Tourette é fundado em 1945, numa cidadezinha de mesmo nome, perto de Lião. Esse convento é estabelecido na esteira de Economia e Humanismo, onde se encontra sua sede.

arcebispo de São Paulo, Dom Carlos Carmelo de Vasconcelos Motta, critica fortemente suas intervenções. Suas referências ao marxismo são pouco apreciadas, mas é sobretudo sua tomada de posição contra a proibição do partido comunista, promulgada no Brasil em maio de 1947, que lhe vale a hostilidade de grande parte do clero brasileiro. As autoridades eclesiásticas brasileiras fazem apelo até mesmo ao papado, que se torna desconfiado com relação à Economia e Humanismo. Em seguida, o movimento animado por frei Lebret é cada vez mais criticado e vigiado por Roma, que lhe reprova suas familiaridades com o marxismo[29]. As relações de frei Lebret com as autoridades romanas só se tornam melhores nos anos 1960, e ele toma parte enquanto *perito* no Concílio do Vaticano II.

Assim, uma parte da Igreja e das elites católicas brasileiras rejeita os trabalhos de frei Lebret, e ele não será autorizado a voltar ao país antes de 1952. Essas críticas igualmente prejudicaram os missionários dominicanos, pois sua amizade por frei Lebret lhe valeu inimigos entre os católicos conservadores, especialmente em São Paulo. Entre 1948 e 1952, cartas trocadas entre frei Nicolas, provincial, e frei Tauzin, vigário provincial no Brasil, atestam dificuldades que surgiram devido a sua proximidade com economia e humanismo. Assim, frei Nicolas escreve em 1950:

> Ao mesmo tempo em que recebo sua carta tão reticente a propósito de E. H. [Economia e Humanismo], recebo outra num sentido bem contrário de Frei Benevenuto de Santa Cruz. Temo que o engajamento desse pobre frade, nesse caso, tenha sido uma notável imprudência. Encontramos essa imprudência já em andamento quando assumimos o controle do caso, e era difícil voltar atrás. Será possível agora?[30]

---

29. Frei Desroche, um dos mais próximos colaboradores de frei Lebret, chega até mesmo a deixar a Ordem em 1950, depois que seu livro, *Significação do marxismo*, foi condenado pelo papa.

30. Carta de frei Nicolas, datada de 25.05.1950, classificada como AG3P39D028, nos arquivos dominicanos do convento Nossa Senhora Aparecida, em Belo Horizonte.

Embora essa observação permaneça bastante imprecisa, está claro que ele faz alusão ao engajamento de frei Santa Cruz no seio da SAGMACS. Em 1950, esse engajamento parece ter se tornado incômodo para os dominicanos; o que não surpreende, porque é nessa época que o papado está mais desconfiado com relação ao movimento de frei Lebret, que deve mesmo se reorganizar inteiramente, por volta de 1951, para ficar mais em conformidade com as vontades romanas.

No entanto, nos anos 1950, os projetos de Economia e Humanismo multiplicam-se nos diferentes países da América Latina e nas diversas grandes cidades brasileiras. São realizados, geralmente, em colaboração com as autoridades civis. Em agosto de 1954, aliás, se organiza no Brasil o primeiro congresso internacional de economia humana. Frei Santa Cruz faz parte do comitê de organização e o governo de São Paulo participa no financiamento. Ademais, Alceu Amoroso Lima continua a apoiar os projetos de Economia e Humanismo no Brasil. Ele chega mesmo a encontrar, por ocasião de suas viagens à França, o filósofo Emmanuel Mounier[31], assim como frei Henri Desroche, numa visita ao centro de Economia e Humanismo, em 1950; isso testemunha um engajamento cada vez mais pronunciado em favor do catolicismo social e da democracia cristã.

Também encontramos referência a frei Félix Morlion[32] nas correspondências missionárias. Esse dominicano belga exerceu um papel

---

31. Emmanuel Mounier (1905-1950) é um crente fervoroso, fundador da revista *Esprit* e teórico do pensamento personalista, que rejeita o liberalismo e o comunismo, buscando uma terceira via no humanismo cristão. Sua filosofia levou inúmeros católicos a um engajamento político de esquerda.
32. Frei Félix Morlion é um dominicano belga muito engajado na ação católica. Fundou, nos anos 1930, na Bélgica, um centro de informação e de publicação *Pro Deo*, com a finalidade de levar os católicos a lutar contra os totalitarismos. Durante a guerra, ele se exila em Portugal, depois nos Estados Unidos, onde cria outros centros do mesmo tipo. Depois da guerra, funda e dirige, com o apoio do papa Pio XII, a Universidade Internacional dos Estudos Sociais em Roma, Universidade *Pro Deo*, e seu engajamento torna-se cada

importante no desenvolvimento da ação católica, favorecendo especialmente a utilização dos meios de comunicação para a recristianização. Frei Chambert escreve, em 1941, a propósito da visita de frei Morlion ao Brasil:

> É preciso que saibais que esse frei Morlion, que é um trabalhador obstinado, produziu uma grande impressão no Rio de Janeiro e em São Paulo, em todas as esferas católicas, e entusiasmou todos nossos frades do Rio de Janeiro e de São Paulo. Ele conseguiu até mesmo uma retomada de prestígio, a ponto de frei Tauzin e frei Maia tornarem-se, de um dia para outro, "azeite" nas engrenagens mestras da Ação Católica brasileira... diante de muitos outros, de diversas Ordens, que pensavam ser mais importantes do que nós[33].

Vemos aqui que as ligações dos missionários dominicanos com os intelectuais franceses e europeus envolvidos nas novas orientações do pensamento e dos projetos católicos conferem-lhes certa notoriedade. Assim, seu papel de guia das ideias que circulam na França permite-lhes adquirir uma posição mais influente nos círculos católicos brasileiros. Posição que não tinham quando a missão só se desenvolvia no interior do país. O apostolado intelectual coloca-os numa posição vantajosa junto à hierarquia eclesiástica brasileira e lhes permite participar na realização do catolicismo social no país. Podemos igualmente sublinhar a importância dos dominicanos brasileiros nessa reorganização da missão e na sua integração nas dinâmicas da Igreja nacional. Num artigo celebrando

---

vez mais centrado no anticomunismo. Próximo do papado, defendeu o ecumenismo e a paz, realizando, especialmente, missões diplomáticas durante a Guerra Fria. Mostrando muito interesse pelas técnicas modernas e os diferentes meios de comunicação, trabalha para uma utilização das mídias, a fim de recristianizar as massas.
33. Carta de frei Chambert, datada de 10.10.1941, classificada como K1422, nos arquivos dominicanos do convento Santo Tomás de Aquino, em Tolosa.

o centenário da presença dominicana no Brasil, Alceu Amoroso Lima descreve a ação dos dominicanos nestes termos:

> Sua atuação em nosso meio, de 1881 a 1981, já passou por três fases: a primeira, com a ida direta aos *sertões* do Araguaia; a seguinte, ao passarem desses *sertões* aos salões intelectuais dos grandes centros; e a presente, com sua influência junto às Comunidades Eclesiais de Base [...]. Essa entrada dos filhos de Santo Tomás de Aquino no âmago de nossos sertões foi sucedida, como dissemos, por sua extensão aos meios universitários e sociais do Rio de Janeiro, de São Paulo e de Belo Horizonte. Três deles se destacaram, desde logo, nessa segunda fase: frei Sala e frei Pedro Secondi, no Rio de Janeiro, e frei Tauzin, em Belo Horizonte. Os dois primeiros foram cofundadores do Instituto Católico de Estudos Superiores, raiz da futura Universidade Católica do Rio de Janeiro. [...] Se somarmos essa dupla missão, nos *sertões* e nos salões, à presente atuação dos jovens dominicanos brasileiros, continuadores dos franceses [*sic*] do início do século, às comunidades de base, do nosso povo de trabalhadores manual e da ascensão social de nossas massas operárias, teremos uma ideia aproximada da imensa contribuição que esses filhos de Santo Tomás de Aquino prestaram e continuarão prestando, no futuro, à nossa cultura filosófica, religiosa e social. Não esqueçamos, igualmente, a esteira luminosa que o renascimento católico no início do século, na França, no tempo de Péguy e Léon Bloy, estendeu ao Brasil, graças à passagem de Bernanos[34], durante a Secunda Grande Guerra, assim como a influência do "humanismo integral" de Jacques Maritain em nossa geração, na silenciosa

---

34. Georges Bernanos (1888-1948), escritor francês, é um católico fervoroso que, durante um tempo, se aproximou da ação francesa. Conheceu seu primeiro sucesso literário com *Sob o sol de Satã*, publicado em 1926. Exilou-se, durante vários anos, no Brasil, entre 1938 e 1945, e engajou-se, desde o início da Segunda Guerra Mundial, ao lado da França livre.

revolução social que se processa, entre nós, desde 1930, tanto na mente das elites como nas massas em movimento ascensional[35].

Esse testemunho vai no sentido das hipóteses desenvolvidas neste capítulo. Descreve a importância da participação dos missionários nas evoluções do catolicismo brasileiro do século XX e mostra que sua ação se estendeu muito além dos limites cronológicos da missão.

As ligações entre os intelectuais católicos franceses, os dominicanos e os meios católicos brasileiros destacam o papel de mediador exercido pelos missionários e seu envolvimento nas dinâmicas de elaboração do catolicismo social no Brasil. Mostram também a integração desses últimos na Igreja e na sociedade brasileira, sua participação no debate intelectual, permitindo uma brasilianização profunda da missão, que culmina em 1952, com a criação da província dominicana brasileira Santo Tomás de Aquino. Eles participam na difusão das ideias e das experiências desenvolvidas à época nos meios dominicanos franceses e exercem um papel de guia entre as redes de intelectuais católicos de um lado ao outro do Atlântico.

3. Final da missão e fundação de uma província dominicana brasileira

Os dominicanos tomam parte, a partir de 1927, nas dinâmicas intelectuais da Igreja brasileira, o que acelera e fortalece a brasilianização da missão, possibilitando a fundação de uma província dominicana brasileira. Essa fundação, no entanto, só se concretiza em 1952 e levanta numerosas questões. De fato, ainda que visada desde 1931, sua realização parece-nos precipitada sob muitos aspectos, sobre os quais

---

35. LIMA, Alceu Amoroso (sob o pseudônimo Tristão de Athayde), Centenário dos dominicanos, *Jornal do Brasil*, 06.11.1981.

queremos voltar a fim de formular algumas hipóteses sobre as razões dessa precipitação.

Em 1940, o conselho da missão se reúne a fim de preparar o próximo capítulo provincial, para onde frei Cazabant deve ir enquanto delegado e vigário da missão brasileira. Em seu relatório, o conselho declara:

> O conselho crê chegado o momento de fazer convergir os esforços de todos para a criação, tão logo seja possível, de uma província dominicana brasileira – criação já considerada por ocasião da visita do Reverendo Frei Bonhomme [1931] e de acordo com as intenções diversas vezes manifestadas pelo Reverendo Frei Etienne Vayssière [provincial]. Dever-se-á, evidentemente, proceder por etapas. Mas pode-se prever razoavelmente, para o quatriênio que vai começar, as seguintes realizações: criações sucessivas dos vicariatos de Uberaba, São Paulo e Rio de Janeiro, em conventos formais; abertura do noviciado simples, como será dito mais adiante; abertura de um vicariato em Belo Horizonte; e talvez abertura de um *Studium* de filosofia em São Paulo[36].

Essa citação põe em evidência a vontade dos missionários de fundar rapidamente uma província no Brasil e a de concretizar, em quatro anos, as estruturas necessárias para essa fundação. De fato, para criar uma província dominicana, é preciso, no mínimo, que sejam criados conventos formais e estabelecimentos que permitam a formação local, isto é, a abertura de um noviciado e de um *Studium*. Alguns desses objetivos já foram alcançados desde 1941, após o capítulo provincial: o convento de Uberaba é erigido em convento formal, o princípio de abertura de um noviciado é aceito, assim como o da abertura de um

---

36. Relatório do Conselho de Missão, datado de 15.08.1940, classificado como K1378, nos arquivos dominicanos do convento Santo Tomás de Aquino, em Tolosa.

convento em Belo Horizonte e o da fundação de uma província autônoma. Contudo, dois obstáculos maiores impedem a criação dessa província durante o decênio de 1940: a falta de efetivo enfrentada pela missão e a Segunda Guerra Mundial.

A Segunda Guerra Mundial produziu efeitos contraditórios sobre a missão. Por um lado, ocasiona numerosas dificuldades, porque as comunicações são quase impossíveis com a Itália, portanto, com o mestre-geral da Ordem, desde o início da guerra. As comunicações com a França são interrompidas a partir de 1942, quando a zona livre é ocupada pelos alemães. Além disso, as comunicações entre França e Itália eram difíceis durante toda a guerra e não pôde haver o capítulo geral. Em agosto de 1942, o Brasil entra na guerra ao lado dos aliados, o que torna as comunicações totalmente impossíveis. Assim, a missão encontrou-se isolada, e as ligações com sua hierarquia foram rompidas, o que complica as tomadas de decisões em razão da forte hierarquização da Ordem Dominicana. Paradoxalmente, compreende-se que muitas decisões foram tomadas pelo conselho da missão durante a guerra, quando esse se encontrava favorecido justamente de poderes extraordinários. A missão ganha em autonomia e se organiza localmente, sem esperar sistematicamente o aval de sua hierarquia, como fazia até então. Assim, o noviciado funciona em Uberaba de 1942 a 1944, data em que é transferido para São Paulo. A casa de São Paulo é erigida em convento formal e um *Studium* é aberto em 1943. Os dominicanos tomam uma posição em Belo Horizonte, em 1941, e fecham Porto Nacional em 1944. A missão é erigida em vice-província, o que é uma primeira etapa antes da fundação de uma província autônoma. Além disso, o conselho da missão põe, pela primeira vez, um brasileiro à frente da missão, frei Pedro de Souza. De 1942 a 1946, ele é nomeado adjunto de frei Cazabant e dirige de fato a missão, porque esse último está muito doente e em segundo plano. Essa série de decisões mostra que o isolamento compelido da missão durante a guerra permitiu a execução de projetos que já haviam sido considerados por vários anos e continuamente adiados. A falta de iniciativas e a demora dos superiores da província tolosana eram, aliás, criticadas por certos missionários desde os anos 1930, como assinalamos anteriormente. Essa aceleração no início dos anos 1940 dá a sensação de que os missionários aproveitaram dos poderes extraordinários que lhes haviam sido conferidos para engajar, de maneira significativa, as mudanças necessárias para a fundação de uma província dominicana autônoma.

A análise dos arquivos dominicanos permite-nos avançar diferentes elementos a fim de esclarecer as razões pelas quais a separação da missão brasileira e da Província de Tolosa torna-se inevitável no final dos anos 1940: tensões aparecem no seio da missão, assim como entre as autoridades da província e os missionários. O conservadorismo da província de Tolosa parece cada vez mais defasado em relação às evoluções do catolicismo brasileiro e ao envolvimento dos missionários no seio desse último. As dissenções se multiplicam entre dominicanos de Tolosa e os do Brasil, jovens e velhos missionários, franceses e brasileiros.

Em uma carta de 1942, o provincial de Tolosa, frei Dupuy, denuncia a atitude crítica de certos missionários, como "[...] uma prova a mais de que o espírito de obediência está longe de reinar no Brasil, e essa não é a menor de minhas preocupações"[37]. Nessa carta, ele responde a frei Olivier, que lhe havia solicitado voltar para a França, porque não suportava mais ser criticado em suas funções de padre-mestre da escola apostólica e do noviciado de Uberaba. Frei Olivier diz ser julgado incompetente e ser chamado "iluminado" pelos outros missionários. Acrescenta que um brasileiro seria certamente mais bem aceito nesse posto. Fala igualmente das dificuldades de frei Chambert, prior do convento de Uberaba e pároco da paróquia confiada aos dominicanos, também muito criticado e chamado de "Hitler"[38], porque

---

37. Carta de frei Dupuy, datada de 06.05.1942, classificada como K1473, nos arquivos dominicanos do convento Santo Tomás de Aquino, em Tolosa.
38. Carta de frei Olivier, datada de 02.02.1942, classificada como K1472; resposta de frei Dupuy, datada de 06.05.1942, classificada como K1473, nos arquivos dominicanos do convento Santo Tomás de Aquino, em Tolosa.

acumula duas funções e toma decisões sem consultar os outros. Esse mesmo frei Chambert que, em 1941, quando estava à frente da missão na ausência de frei Cazabant, insistia na necessidade de ter missionários jovens e criticava os mais antigos:

> [...] é preciso estar aqui para compreender a penúria de pessoal onde estamos, de pessoas ainda capazes de algum ministério, sobretudo de um ministério "atualizado", e para compreender também a necessidade inaudita [*sic*] que tem o Brasil de nosso apostolado [...] fechar totalmente nossas portas, quando somos tão indigentes, [...] não significaria retardar indefinidamente a eclosão da Ordem no Brasil? [...] Queiramos ou não, o núncio e o cardeal, e o arcebispo de Belo Horizonte, continuarão, como aliás é seu dever, para o bem geral da Igreja no Brasil, a fazer todo o possível para ter dominicanos mais numerosos e... mais modernos que nossos caros velhinhos, ex-missionários do Sertão. [...] Os ex-missionários do Sertão, transplantados para as cidades populosas e modernas, nas quais aprendem com dificuldade a se servir dos meios de transporte, para não falar de outras coisas que de modo algum são capazes de ver, pretendem, contudo, ensinar aos jovens como se faz o ministério, criam-lhes obstáculos a partir do momento que esses sinalizam fazer algo novo, e lamentam entre eles que os jovens vão tudo transtornar, que vão perder as observâncias, enquanto eles mesmos, na realidade, tendo vivido durante muito tempo longe delas, em contínuas cavalgadas, estão, todo tempo, com dificuldade de segui-las[39].

Assim, vê-se aparecer, nas correspondências, sinais de conflitos de gerações entre missionários e observações sobre o desrespeito à autoridade que eram menos frequentes nas cartas dos cinquenta primeiros

---

39. Carta de frei Chambert, datada de 10.10.1941, classificada como K1422, nos arquivos dominicanos do convento Santo Tomás de Aquino, em Tolosa.

anos da missão. Encontram-se, igualmente, críticas da parte dos superiores franceses contra estudantes brasileiros que seguem sua formação no convento de São Maximino. Frei Nicolas, provincial, escreve em 1952:

> Eu vos asseguro que estou preocupado ao ver como a obediência tem pouca profundidade nos jovens brasileiros, mesmo em seu espírito e sua mentalidade. Quando os nossos fazem reclamações, permanece, contudo, normalmente algo de profundamente incontestado e que ocorre em momentos difíceis[40].

Os franceses se queixam regularmente da falta de obediência dos brasileiros, de suas dificuldades em se adaptar à disciplina da Ordem e de seu sentimento de não serem considerados como os outros em razão de sua nacionalidade.

As dificuldades de adaptação dos estudantes brasileiros na França levaram-nos a questionar sobre as dinâmicas adotadas na Província de Tolosa. Assim, pudemos pôr em evidência que nela reinava um espírito mais conservador do que nas outras províncias francesas, o que não correspondia às tendências mais progressistas dos aspirantes brasileiros à vocação dominicana.

As origens desse conservadorismo remontam à restauração das províncias dominicanas francesas na segunda metade do século XIX. De fato, desde essa época, as diferenças entre as províncias de Paris e Tolosa aparecem. Elas estão diretamente ligadas às divergências de pontos de vista dos freis Lacordaire e Jandel, que são os atores principais dessa restauração. Frei Lacordaire, católico liberal, restaura a Ordem Dominicana na França, em 1850, e se encontra à frente da Província da França. Ele dá prioridade à pregação e à adaptação da vocação

---

40. Carta de frei Nicolas, datada de 05.05.1952, classificada como AG3P39D007, nos arquivos dominicanos do convento Nossa Senhora Aparecida, em Belo Horizonte.

dominicana às realidades modernas. Opõe-se rapidamente a frei Jandel, muito conservador e apegado, antes de tudo, à restauração da observância rigorosa das regras religiosas e conventuais da Ordem. Esse último é nomeado mestre-geral da Ordem pelo papa, em 1855, e escreve inúmeros textos críticos sobre as posições liberais de frei Lacordaire. Frei Jandel restaura em seguida as províncias de Lião (1862) e de Tolosa (1865), nas quais introduz uma observância estrita. Isso sugere que aí reina um clima muito mais conservador do que na Província de França, onde as ideias de frei Lacordaire tiveram mais influência, especialmente no interior do convento de Paris. Além disso, a promulgação do *Syllabus*, em 1864, mostra que as ideias defendidas por frei Jandel estão perfeitamente de acordo com as diretivas romanas contra os "erros" modernos. Frei Cormier é nomeado, por frei Jandel, primeiro provincial de Tolosa de 1865 a 1873. Ele ocupa novamente esse cargo de 1878 a 1882, antes de ser eleito mestre-geral da Ordem, por diversas vezes, de 1904 a 1916. Frei Cormier foi secretário e homem de confiança de frei Jandel em Roma, antes de tornar-se o diretor do noviciado de Santa Sabina. Ele devia, pois, partilhar suas posições conservadoras. No *site* da internet dos dominicanos de Tolosa, encontra-se uma observação que vai ao sentido de nossa hipótese: "Ainda que reticente para com o liberalismo de Lacordaire, frei Cormier fará de modo que a Província de Tolosa não constitua um fator suplementar de discórdia entre dominicanos franceses"[41].

A história da *Revue Thomiste*, fundada em 1893, permite igualmente pôr em evidência o conservadorismo reinante no interior da Província de Tolosa. A partir de 1905, a revista assume, de fato, uma virada antimodernista e tradicionalista. O contexto francês das medidas anticlericais de 1903 e da separação da Igreja e do Estado não é estranho a essa virada. Além disso, os autores da revista estão cada vez mais circunscritos aos dominicanos da Província de Tolosa. Entre eles, frei

---

41. *Site* dos dominicanos da Província de Tolosa: http://dominicains.com/fondations-des-precheurs/3-histoire-de-la-province-dominicaine-de-toulouse.

Pègues, muito conservador e próximo da Ação Francesa, imprime suas opiniões à revista. Esse último, aliás, ensinou no *Studium* dominicano de Tolosa e no Instituto Católico, antes das expulsões. Foi professor de dogmática de frei Audrin entre 1899 e 1902, quando esse fazia seus estudos[42]. Frei Pègues, certamente, ensinou a outros futuros missionários no Brasil durante esse período e pôde transmitir-lhes algumas de suas ideias. Entre 1910 e 1935, a maioria dos colaboradores da *Revue Thomiste* provém da Província de Tolosa. A revista conhece pouco desenvolvimento e alterna fases de abertura e fases mais reacionárias, durante as quais frei Pègues exerce sempre um papel importante. É o caso após 1920, quando a revista é inteiramente elaborada em São Maximino, onde ele dirige o *Studium*.

Através da figura de frei Pègues, que ocupa, por diversas vezes, postos importantes, nasce uma corrente dominicana bastante conservadora, próxima da Ação Francesa, que conta com mais representantes na Província de Tolosa do que nas outras províncias dominicanas francesas. A condenação da Ação Francesa pelo papa, em 1926, acarreta, aliás, uma crise importante no interior da província. A condenação romana proíbe, de fato, aos membros do clero ler e apoiar a Ação Francesa e dar a absolvição a seus partidários. Isso provoca divisões entre os dominicanos franceses, porque alguns continuam defendendo o movimento muito depois de sua condenação. Assim, em 1928, o mestre-geral convoca os três provinciais franceses para lhes pedir chamar à ordem seus religiosos, porque as acusações continuam circulando contra os dominicanos e seu apoio à Ação Francesa.

É na Província de Tolosa que a crise é mais importante: em 1927, "o caso de frei Pègues"[43] estoura, porque ele, então diretor do *Studium* de São Maximino, é o mais ardente defensor da Ação Francesa e de

---

42. AUDRIN, *Souvenirs d'un missionnaire...*, op. cit., 22.
43. LAUDOUZE, André, *Dominicains français et Action française, Maurras au couvent*, Paris, Les Éditions Ouvrières, 1989.

Maurras entre os dominicanos. Ele toma posição através de cartas e artigos, chegando mesmo a dizer que o papa – segundo ele mal aconselhado pelos inimigos da França e da monarquia – pode se enganar, o que vai totalmente de encontro ao dogma da infalibilidade pontifícia. A situação torna-se delicada para a Província de Tolosa e numerosos dominicanos solicitam a frei Pègues voltar atrás em suas declarações e se submeter à autoridade romana. Compreende-se aqui por que frei Tapie, provincial de Tolosa à época em visita canônica no Brasil, deve retornar à França, precipitadamente, em setembro de 1927, para resolver a crise. Frei Pègues é penalizado, perde seu posto no *Studium* e deve deixar São Maximino e ir para o convento de Biarritz. O mesmo ocorre no seio da *Revue Thomiste*, e os colaboradores mais conservadores são progressivamente afastados a partir de 1929.

Nos anos 1930, uma nova geração de jovens teólogos se afirma na Província de Tolosa. Essa geração, formada segundo o pensamento de Jacques Maritain, desenvolve um tomismo renovado mais progressista e mais sintonizado com as preocupações da época.

A Província de Tolosa conserva, assim mesmo, orientações mais conservadoras do que as da França, que se torna, nos anos 1930 e 1940, um foco de renovação no seio do catolicismo social francês, em torno especialmente dos freis Congar, Chenu[44] e Lebret. São Maximino permanece por muito tempo considerado como um dos bastiões do conservadorismo

---

44. Esses dois teólogos dominicanos publicaram numerosas obras e são hoje considerados como teólogos importantes na evolução social do catolicismo do século XX. Assim mesmo, ambos foram postos de lado sob o pontificado de Pio XII (1939-1958), especialmente por causa de seu engajamento em favor do movimento dos padres operários, antes de serem reabilitados sob o pontificado de João XXIII (1958-1963). Mais tarde deram apoio à teologia da libertação latino-americana. Yves Marie-Joseph Congar (1904-1995) tomou posição em favor do ecumenismo e de uma maior participação dos leigos na Igreja. Participou no Concílio Vaticano II como *expert*, e João Paulo II o nomeou cardeal em 1994. Marie-Dominique Chenu (1895-1990) consagrou-se à exegese bíblica, à história medieval e à filosofia de São Tomás de Aquino.

e da austeridade entre os conventos franceses. Os estudantes brasileiros, obrigados a aí seguirem sua formação, se queixam regularmente e têm muita dificuldade de se adaptar ao espírito ali reinante.

Numa obra que retrata a vida de frei Mateus Rocha, dominicano brasileiro que estudou na França entre 1949 e 1952, o autor explica as diferenças de orientação entre os *Studium* dominicanos franceses: São Maximino é descrito como uma "fortaleza do tomismo ortodoxo", enquanto o de Paris é visto como um "polo de renovação"[45]. Frei Rocha considera mesmo os poucos meses passados no *Studium* de Paris como os mais importantes de seus três anos de formação na França, porque essa temporada lhe permitiu encontrar os freis Congar e Chenu.

No mesmo sentido, num livro de entrevistas com Dom Balduíno[46], esse último fala da disciplina, do rigor e da "observância monástica" que reinavam em São Maximino, o que para ele foi difícil de viver. Esse dominicano brasileiro, que entrou na Ordem em 1943, fez a primeira parte de sua formação no Brasil. Em 1947, quando o *Studium* de São Paulo é fechado, precisou partir para a França e terminar seus estudos em São Maximino. Aparentemente, ele teve dificuldade de se adaptar ao rigor desse convento, onde permaneceu pelo menos dois anos, durante os quais foi ordenado padre, antes de voltar ao Brasil.

Em 1952, frei Nicolas, provincial, relata as críticas de um estudante brasileiro a respeito de São Maximino:

> Parece que ele [frei Neves[47]] só consegue falar mal de São Maximino. É a moda e não somente entre os brasileiros. É profundamente injusto.

Algumas de suas obras foram postas no índex nos anos 1940. Ele também participou do Concílio Vaticano II.
45. POLETTO, Ivo (org.), *Frei Mateus Rocha, um homem apaixonado pelo absoluto*, São Paulo, Loyola, 2003, 36.
46. Ibid., 46-47.
47. Frei Lucas Moreira Neves (1925-2002), nomeado bispo auxiliar em São Paulo, em 1967; depois, arcebispo, em 1979, arcebispo de Salvador, em 1987, e cardeal, em 1988.

TERCEIRA PARTE | Brasilianização da missão

> O que São Maximino sempre teve de retirado e de moralmente austero torna-se cada vez mais difícil de ser suportado pelos temperamentos modernos. Alguns temperamentos muito "inativos" que aí vivem acentuam, talvez também, a impressão de clausura e de afastamento até mesmo humano do mundo, o que é realmente o que há de mais oposto às tendências modernas da espiritualidade. Mas, se há dispensa de tal dedicação, há também tais riquezas, há na verdade um tal progresso e uma tal marcha para a abertura [...]. Bem entendido, todos esses ressentimentos particulares, todos os descontentamentos pessoais vêm aumentar a corrente das queixas. Com muito mais razão quando se trata de brasileiros, que são de uma inverossímil suscetibilidade nacional[48].

A reputação de austeridade de São Maximino é, pois, sempre intacta no começo dos anos 1950, e as alusões a seu afastamento do mundo moderno testemunham o conservadorismo que ali reina.

Na obra biográfica de frei Mateus Rocha, descobre-se que ele deixou os lazaristas, por julgá-los muito conservadores, para entrar na Ordem dos dominicanos em companhia de frei Marcos Mendes[49]. Além disso, quando voltou ao Brasil depois de sua formação na França, dois outros lazaristas também tinham se juntado ao convento dominicano de São Paulo, os freis Eliseu Lopes e Carlos Josaphat. Para explicar esses movimentos, o autor descreve as polêmicas que a Igreja brasileira atravessou por volta de 1945. Tensões dividiam, de fato, os católicos progressistas, partidários da Ação Católica, do movimento litúrgico[50] e das ideias de Maritain, e os conservadores que criticavam fortemente

---

48. Carta de frei Nicolas, datada de 05.01.1952, classificada como AG3P39D007, nos arquivos dominicanos do convento Nossa Senhora Aparecida, em Belo Horizonte.
49. POLETTO (org.), *Frei Mateus Rocha*, op. cit., 35-38.
50. Movimento litúrgico: movimento surgido no século XIX, que busca a participação dos leigos na oração e na liturgia em geral.

essas novas orientações. Acrescenta que os bispos e os seminários de Mariana, Salvador e Fortaleza são opostos à corrente progressista, dita de "renovação". Esses três seminários são orientados pelos lazaristas de origem francesa, chegados no século XIX. Compreende-se, através desse testemunho, que, no Brasil, os dominicanos eram considerados como mais progressistas que os lazaristas, o que, aparentemente, atraía os jovens religiosos brasileiros.

Além do mais, o entusiasmo de frei Rocha pelos dominicanos de Paris revela que os jovens dominicanos brasileiros estavam atraídos pela corrente progressista existente no seio da Ordem, embora a missão estivesse ligada a uma província mais conservadora. Isso explica, em parte, as tensões existentes entre a hierarquia tolosana e os dominicanos brasileiros.

É interessante notar aqui as contradições na percepção dos dominicanos no Brasil e na França. De fato, embora a Província de Tolosa seja mais conservadora que as outras províncias dominicanas francesas, no Brasil, a missão dominicana é considerada mais progressista que outras ordens religiosas europeias presentes no país.

O final dos anos 1940 e os anos 1950 marcam uma reviravolta na evolução da Igreja e do catolicismo brasileiro, que provoca divisões no seio do clero, entre conservadores e partidários de um catolicismo dito "renovado". O peso maior do laicato e do engajamento da Igreja em favor das categorias mais desfavorecidas da população levam, de fato, nos anos 1960, ao que se chamou "renovação pastoral". Pode-se ver nessas evoluções, ao mesmo tempo, as primícias do Concílio Vaticano II, mas também o fim da romanização. Os bispos brasileiros trabalham visando à organização de uma Igreja nacional unida e buscam uma via própria, levando em conta as realidades e particularidades do país. A criação da CNBB, em 1952, vai no sentido dessa autonomia. Essa "renovação" corresponde à gênese de uma evolução própria às Igrejas latino-americanas, que as levará à elaboração da teologia da libertação nos anos 1960.

TERCEIRA PARTE | Brasilianização da missão

O historiador Riolando Azzi[51] destaca o papel dos religiosos nessa "renovação" do catolicismo brasileiro, através de suas atividades na imprensa, na editoração, no ensino e na ação católica. Ele insiste, em particular, sobre o papel dos dominicanos que especialmente favoreceram a renovação teológica e o desenvolvimento da ação social, difundindo o pensamento de Maritain. Precisa que a renovação pastoral veio essencialmente dos grupos de leigos e, em menor escala, de uma parte do clero. Põe em evidência a particularidade do papel dos dominicanos nesse processo, uma vez que a maior parte das congregações masculinas adota, de preferência, uma posição conservadora.

O catolicismo de renovação pastoral relembra, em numerosos aspectos, o catolicismo tradicional brasileiro. O papel primordial dos leigos e o papel social do catolicismo de renovação nas categorias mais pobres da população religam-se com as características do catolicismo popular, que perpassa toda a história religiosa do Brasil. Isso explica em parte seu sucesso, ao responder melhor às aspirações religiosas brasileiras do que o catolicismo romanizado, muito clerical, que a Igreja favorece desde a metade do século XIX.

As transformações da missão mostram uma adaptação dos dominicanos a essas realidades: chegados no contexto da romanização, eles participaram na formação do clero e na recristianização das elites, antes de exercer um papel importante nas organizações de ação católica. Essa evolução testemunha a brasilianização da missão, que se integra progressivamente às novas formas do catolicismo brasileiro.

Nas cartas trocadas entre frei Tauzin, vigário provincial da missão, e frei Nicolas, provincial de Tolosa, de 1948 a 1952, pudemos perceber divergências de pontos de vista a respeito da fundação da província brasileira. Os missionários são cada vez mais numerosos em desejar uma cisão rápida entre a missão e a província tolosana. Eles duvidam, de fato, quanto ao interesse da província pelo Brasil, porque essa não

---

51. AZZI (org.), *A vida religiosa no Brasil*, op. cit., 20-21.

O apostolado intelectual

fornece reforço quando a falta de religiosos entrava a expansão da missão. O provincial responde que não pode enviar mais missionários porque a própria província carece de efetivo. Entre 1947 e 1948, frei Dupuy chegou a pedir demissão de seu posto de vigário provincial em razão desses problemas. Esse dominicano, primeiramente provincial de Tolosa, de 1942 a 1946, é em seguida colocado à frente da missão, mas, ante a falta de pessoal, ele decide empreender uma viagem à França para pedir missionários a todas as províncias francesas. Sua iniciativa não obtém nenhum sucesso, e ele pede demissão e se recusa a retornar ao Brasil. Esse episódio reforçou o sentimento de abandono dos dominicanos pelo Brasil, tendo o próprio frei Dupuy a impressão de que ninguém na França se interessava pela missão.

Além disso, como sublinhamos mais acima, os brasileiros criticam a formação recebida em São Maximino e lamentam ser tratados diferentemente em razão de sua nacionalidade; por seu lado, os responsáveis franceses fazem observações sobre sua falta de obediência e sua susceptibilidade. Tudo isso mostra as tensões crescentes entre a província-mãe e sua missão, e parece tornar inevitável a fundação de uma província brasileira independente. No entanto, frei Nicolas relembra, em diversos momentos, que há um grande interesse pela missão e que ele não deseja abandoná-la enquanto as condições favoráveis não forem reunidas. Ele menciona igualmente que tudo depende da vontade do mestre-geral da Ordem, frei Suarez, no posto de 1946 a 1954, que exige que haja bons sinais de recrutamento antes da fundação e que todas as instituições necessárias a ela funcionem com eficácia: escola apostólica, noviciado e *Studium*. Ele vem ao Brasil no final de 1951 para verificar a situação da presença dominicana no país. Frei Nicolas, a propósito dessa visita, escreve:

> O mestre-geral conseguirá realmente apressar a formação de uma província brasileira? Certamente ele conhece o projeto. Mas ele se chocará com as dificuldades que conhecemos bem. Minha tática

sempre foi a de dizer que tínhamos pressa que isso fosse feito, uma vez que, no ponto em que se encontram as necessidades de nossa antiga fundação do Brasil, não podemos suficientemente fazer face a elas. Mas, por outro lado, tememos que, apressando as coisas, prejudiquemos o trabalho e, rapidamente, acabemos por criar uma dessas pobres províncias sul-americanas, as quais estão tão distantes do que se espera da Ordem[52].

Ele destaca aqui as hesitações da Província de Tolosa, mas nos faltam elementos para analisar seus subentendidos sobre a falta de qualidade das províncias dominicanas latino-americanas. Quando evoca a impossibilidade de responder às necessidades da missão, ele faz alusão ao envio de missionários, mas certamente também à falta de dinheiro. Os conventos franceses passam, depois da guerra, por grandes dificuldades financeiras. Assim, frei Nicolas solicita, muitas vezes à missão, acertar as despesas geradas pela formação dos estudantes brasileiros em São Maximino. Os numerosos atrasos de pagamento parecem pôr a província em dificuldades.

O mestre-geral deve igualmente decidir a respeito das tensões entre dominicanos franceses e italianos. De fato, como indicamos no capítulo precedente, após numerosos anos a concorrência é forte entre os dominicanos de Lombardia e os de Tolosa a respeito da delimitação da futura província. Todos temem que o mestre-geral queira uma fusão das diferentes missões numa só província brasileira, o que parece impossível aos olhos dos franceses, por causa das divergências de pontos de vista entre as duas províncias.

Finalmente, o mestre-geral toma, durante sua viagem, a decisão de fundar imediatamente uma província brasileira, dando assim satisfação

---

52. Carta de frei Nicolas, datada de 05.01.1952, classificada como AG3P39D007, nos arquivos dominicanos do convento Nossa Senhora Aparecida, em Belo Horizonte.

aos missionários que pediam a cisão há muitos anos. A província Santo Tomás de Aquino, fundada em 7 de março de 1952, reúne apenas os conventos fundados pelos franceses nos limites desejados pelos missionários. Ela compreende, pois, Uberaba, São Paulo, Rio de Janeiro, Juiz de Fora, Conceição do Araguaia e Marabá, respondendo assim às vontades da província tolosana e da missão.

Essa decisão pode parecer precipitada, porque não há mais *Studium* no Brasil naquele momento, o que deveria impedir a fundação da província. Sem dúvida, a perspectiva de poder reabrir rapidamente o *Studium* de São Paulo foi o que levou o mestre-geral a decidir por isso. De fato, o retorno próximo dos brasileiros formados na França iria aumentar o número de religiosos de maneira significativa e permitir relançar essa obra. No entanto, essa decisão, tomada durante uma viagem de alguns meses, parece precipitada, ao se olhar os vinte anos de hesitação que a precedem.

Diversos elementos parecem embasar a hipótese de um afastamento ideológico crescente entre a Província de Tolosa e a missão brasileira, a fim de explicar a fundação apressada da Província Santo Tomás de Aquino. De fato, os missionários e a hierarquia católica brasileira se voltam, gradualmente, para um catolicismo progressista, dito "renovado", e partilham, de preferência, as ideias desenvolvidas na província dominicana da França do que na de Tolosa. Essa última permanece mais conservadora, ainda que, a partir dos anos 1930, haja vontade de abertura. Aliás, os estudantes brasileiros dão testemunho do conservadorismo que reina em São Maximino ainda nos anos 1940, enquanto são frequentemente entusiastas quando reencontram os dominicanos de Paris. Eles se inserem nas dinâmicas da Igreja e dos intelectuais brasileiros que se engajam na doutrina social da Igreja, na Ação católica e na democracia cristã, abandonando progressivamente as posições conservadoras dos anos 1920. Compreende-se assim que, no final dos anos 1930, à medida que a proporção de dominicanos progressistas aumenta no seio da missão, há uma aceleração das transformações dessa e um engajamento maior nos projetos da Igreja brasileira. Compreende-se também que certos missionários, mais idosos e mais tradicionalistas, tenham vivido mal essas mudanças. De fato, a abertura da missão, em direção do catolicismo social brasileiro, a afasta da ideologia da Província de Tolosa, e o aumento dos efetivos em favor dos brasileiros amplia ainda mais o fenômeno. O entusiasmo da hierarquia eclesiástica e dos intelectuais católicos brasileiros pelo tomismo de Maritain e os projetos de desenvolvimento de frei Lebret, ambos muito favoráveis ao desdobramento da Ação católica especializada, colocou os missionários dominicanos no coração dessas transformações e permitiu à missão tornar-se importante. Não apenas os missionários eram guias dessas ideias, mas também suas ligações, reais ou supostas, com os meios católicos progressistas franceses lhes proporcionaram grande prestígio junto aos católicos brasileiros, atraídos por esse tipo de iniciativa. Alguns dominicanos da Província de Tolosa não deviam apreciar essa abertura e a emancipação da missão, e lhes pareceu, sem dúvida, preferível acelerar a fundação de uma província brasileira independente.

Diversas observações de frei Nicolas sobre os dominicanos brasileiros parecem-nos corroborar essa hipótese:

> Creio que Frei Oliveira não poderá nunca ser tão perigoso como Frei Joffily, porque seu prestígio será sempre menor. Ele é mais estável, mais equilibrado. Sua conduta é exemplar, mas não garanto que ele não seja extremamente ambicioso. Contudo, a ideia de completar sua filosofia em Paris é em si muito sábia. Não haveria relação com a situação de Frei Benevenuto[53].

Para compreender essa citação, é preciso situar novamente os religiosos mencionados: frei Oliveira é então estudante na França, seguiu

---

53. Carta de frei Nicolas, datada de 08.06.1951, classificada como AG3P39D017, nos arquivos dominicanos do convento Nossa Senhora Aparecida, em Belo Horizonte.

uma parte de sua formação em São Maximino e a termina em Paris. Frei Benevenuto de Santa Cruz é um dominicano brasileiro ligado ao projeto Economia e Humanismo de São Paulo, para o qual ele passou um ano na França, no convento de La Tourette. Foi muito criticado por essa implicação no movimento de frei Lebret, tanto pelo lado conservador do clero brasileiro como por sua hierarquia dominicana, sobretudo a partir do momento em que Economia e Humanismo passa a ser controlado pelo papa. A alusão de frei Nicolas deve provir de inquietudes suscitadas pelo fato de frei Oliveira ir terminar seus estudos em Paris, num convento da Província da França, onde se desenvolve um catolicismo social militante, afastado do conservadorismo da Província de Tolosa. Nesse contexto, os superiores tolosanos e brasileiros deviam se inquietar ante a eventual possibilidade de formar "outro" frei Benevenuto. Frei Joffily faz parte dos dominicanos brasileiros repatriados ao Brasil em 1942. Ele havia terminado seus estudos antes de seu retorno e foi designado para o *Studium* de São Paulo como professor de dogmática. Frei Balduíno conta[54] que apreciou seu ensino e que frei Joffily era muito inovador. Ele tomava, aparentemente, numerosas liberdades em seu ensino da *Suma Teológica* de Santo Tomás de Aquino. Pode-se pensar, legitimamente, que ele devia ser muito malvisto por tomar essas liberdades na interpretação do tomismo, em confronto com a reputação de ortodoxia doutrinal de São Maximino. É certamente nesse sentido que frei Nicolas considera frei Joffily "perigoso".

O fechamento do *Studium* de São Paulo, de 1947 a 1953, parece, aliás, ir no sentido de uma retomada de controle da formação pela Província de Tolosa, diante do engajamento cada vez mais pronunciado dos missionários brasileiros em favor do catolicismo social. Não encontramos documentos a respeito desse fechamento, mas o conjunto dos elementos apresentados anteriormente permite-nos formular essa hipótese.

---

54. POLETTO, Ivo (org.), *Uma vida a serviço da humanidade*, São Paulo, Loyola, 2002, 48.

TERCEIRA PARTE | Brasilianização da missão

Os dominicanos de Tolosa e alguns missionários franceses parecem querer evitar implicar-se nos movimentos mais engajados socialmente, como o de frei Lebret, bem como estar incomodados ante as atividades de frei Benevenuto de Santa Cruz, e talvez desconheçam o fato de frei Lebret não poder voltar ao Brasil antes de 1952. De fato, frei Nicolas menciona, diversas vezes, pedidos formulados por frei Lebret a fim de voltar, depois de sua primeira vinda em 1947. Esses pedidos, dirigidos ao mestre-geral da Ordem, devem ser aprovados pelos responsáveis da província dominicana encarregada dos lugares aonde o religioso queira ir. Assim, em 1950, o mestre-geral quer o parecer dos freis Nicolas e Tauzin, antes de dar sua aprovação. Esses últimos, provavelmente, responderam negativamente, uma vez que frei Lebret não voltou ao Brasil antes de 1952, uma vez erigida a província brasileira. Além disso, o mestre-geral informou a frei Nicolas que: "[...] bispos brasileiros pediram para suas faculdades professores dominicanos *não franceses* (por causa da falta de segurança doutrinal). O mestre-geral pensa que isso provém dos dominicanos de passagem. Por outro lado, os bispos são soberanos..."[55]. Compreende-se aqui que ele deixa subentendido a respeito da primeira viagem de frei Lebret e da desconfiança que esse suscitou, nos membros do clero brasileiro; suspeita que pesa, doravante, sobre todos os dominicanos franceses. Parece, pois, que os responsáveis pela Província de Tolosa e pela missão tenham preferido permanecer prudentes para não comprometer suas relações com a hierarquia eclesiástica brasileira.

Destacamos, igualmente, que, no momento da fundação da província, somente o convento do Rio de Janeiro é composto de uma maioria de religiosos franceses, enquanto só há brasileiros em São Paulo e Juiz de Fora, lugares de formação e de recrutamento, onde se

---

55. Carta de frei Nicolas, datada de 15.04.1950, classificada como AG3P39D029, nos arquivos dominicanos do convento Nossa Senhora Aparecida, em Belo Horizonte.

encontram o noviciado e a escola apostólica. Esses elementos nos levam a pensar que os franceses estavam agrupados no Rio de Janeiro a fim de manter as boas relações existentes com a hierarquia eclesiástica brasileira – núncio, cardeal e *intelligentsia catholica* da capital –, de prosseguir suas atividades de apostolado intelectual na universidade católica e no *Centro Dom Vital*, e ainda de conservar, assim, a aura prestigiosa que haviam adquirido no Brasil. Paralelamente, os brasileiros têm em mãos o recrutamento, a formação e as atividades de ação católica. No Rio de Janeiro, frei Dale, único brasileiro do convento, se ocupa da JUC. Assim, embora um francês, frei Tauzin, tenha sido nomeado primeiro provincial do Brasil, as novas orientações em favor da doutrina social da Igreja e o futuro da província estão a cargo dos brasileiros. O segundo provincial eleito é, aliás, um brasileiro, frei Mateus Rocha, que permanece no posto de 1956 a 1963.

Podemos então concluir que a brasilianização da missão seguiu duas vias: uma humana e outra ideológica. O recrutamento no país permitiu inverter a relação entre franceses e brasileiros, em favor desses últimos, nos dez últimos anos da missão. O engajamento dos missionários na elaboração do catolicismo social brasileiro e na realização das obras de ação católica permitiu à missão integrar as dinâmicas novas da Igreja brasileira e a afastou da ortodoxia da Província de Tolosa. Esses dois aspectos levaram à fundação de uma província dominicana brasileira autônoma. Província cuja implicação no catolicismo progressista brasileiro, da segunda parte do século XX, será considerável.

Conclusão

Brasilianização

Numerosos aspectos do projeto missionário do início da missão subentendiam a hipótese de uma vontade de europeização do catolicismo brasileiro por parte dos dominicanos. A inscrição da missão na política de romanização, levada a cabo pelo papado e sustentada pela hierarquia eclesiástica brasileira, ia igualmente nesse sentido. Essa política visa uniformizar as práticas religiosas segundo os dogmas do Concílio de Trento e colocar o conjunto dos cleros nacionais sob a autoridade romana. O objetivo parece, pois, ser o de fazer desaparecer as especificidades locais com a finalidade de unificar os católicos e o catolicismo a partir das diretivas romanas. Os dominicanos realizam essas vontades, ao pé letra, na concretização de suas obras em Goiás. Educam a população quanto à importância dos sacramentos, desenvolvem o catecismo, formam o clero e reassumem as confrarias. Eles se chocam, portanto, com as realidades brasileiras e devem se adaptar ao catolicismo popular a fim de serem aceitos. Chegam a difundir algumas práticas graças à autoridade que lhes confere seu estatuto de religiosos europeus, especialmente a importância do matrimônio, do batismo e da confissão, mas as práticas populares herdadas do catolicismo tradicional brasileiro permanecem inalteradas. Por outro lado, o olhar que têm sobre essas práticas passa de uma rejeição total da religiosidade brasileira, qualificada de superficial e sinônimo de ignorância, a uma aceitação da realidade do sentimento religioso brasileiro e da exterioridade de suas expressões, nas quais os dominicanos reconhecem a profundidade da fé dos brasileiros. A transformação de seu olhar dá testemunho de uma adaptação real às realidades do catolicismo brasileiro, que eles acabam por compreender e aceitar.

Eles também chegam com um projeto muito aculturador de evangelização dos ameríndios, cujas características fazem eco às estratégias desenvolvidas na América pelas diferentes congregações religiosas, desde a conquista. Ante o fracasso do projeto inicial, os dominicanos devem rever seus métodos, levar em conta as realidades locais e se adaptar às políticas indigenistas locais e nacionais, a fim de prosseguir sua obra. A vontade deles de evangelização e de aculturação se transforma, no correr dos anos, em estratégias de contato, estabelecimento de confiança e até mesmo "proteção" dos povos que encontram. Essas práticas são parecidas com as práticas de "pacificação" dos funcionários brasileiros e dão testemunho da brasilianização dos missionários.

A recusa persistente de um recrutamento brasileiro também reforçava a hipótese de uma vontade de europeização, porque só o recurso a missionários franceses parecia ser admitido. Contudo, a impossibilidade de obter religiosos franceses em número suficiente levou a missão aos limites da desagregação e tornou o recrutamento de brasileiros indispensável. Acrescentando às diretivas romanas em favor da formação de um clero indígena nos anos 1920, não era possível obstinar-se por mais tempo, a menos do que se declarasse o fracasso definitivo da implantação dominicana no Brasil.

Assim, se o projeto inicial dos dominicanos era, conscientemente ou não, o de uma europeização, então esse foi um fracasso. De fato, o que se depreende do estudo dessa missão aproxima-se mais de uma brasilianização dos missionários e de suas estratégias do que de uma

Conclusão

ocidentalização dos brasileiros missionados, que se chame europeização ou romanização.

Os últimos vinte e cinco anos da missão são ainda mais reveladores dessa evolução. A partir da fundação de um convento no Rio de Janeiro, os dominicanos integram não somente a hierarquia eclesiástica brasileira, mas sobretudo os círculos de pensamento católicos. Eles são auxiliados, é verdade, pela admiração excessiva desses últimos por certos intelectuais católicos e dominicanos franceses da época. Essa admiração beneficia os missionários porque esses obtêm com isso uma certa notoriedade, mas, sobretudo, porque se tornam guias das ideias, obras e homens, de um lado ao outro do Atlântico. Sua notoriedade, suas relações, sua localização nas grandes cidades brasileiras e suas implicações no ensino superior permitem-lhes, igualmente, acelerar o recrutamento nacional. Por sua vez, os jovens dominicanos brasileiros, tendo sido beneficiados de uma formação na França, se engajam na evolução do pensamento católico e na elaboração do catolicismo social brasileiro, mais ainda que seus homólogos franceses. Assim, a missão dominicana vai tomando um lugar cada vez mais importante no seio da Igreja brasileira e se afasta progressivamente da província e hierarquia tolosana. Dissensões, cada vez mais importantes entre a missão e a província-mãe, e entre missionários franceses e brasileiros, conduzem à formação de uma província dominicana brasileira. A brasilianização da missão acarreta, quase naturalmente, a ruptura com a província-mãe. Poder-se-ia mesmo dizer que é o fracasso da europeização que permitiu o sucesso da missão; a implantação definitiva da Ordem Dominicana no Brasil sendo fruto de sua brasilianização.

Nosso estudo assim permitiu dissecar as transferências culturais realizadas nas adaptações e transformações da missão e dos missionários. A exposição de sua brasilianização, como escolhemos denominá-la, constitui, pois, o essencial dos resultados desta pesquisa.

Com o risco de levar o raciocínio bem longe, emitimos uma outra hipótese nesta conclusão: a hipótese de uma ligação entre a evolução da missão e o antropofagismo cultural brasileiro. Esse antropofagismo cultural foi definido nos anos 1920, no seio da corrente intelectual e artística modernista[1], que forja uma visão nova da identidade brasileira. Como o ameríndio antropófago, que ingerindo seu inimigo incorporava sua força, a cultura brasileira seria o fruto da absorção das culturas americanas, europeias e africanas, que, digeridas e transformadas, permitiram a elaboração das especificidades culturais brasileiras. Não poderíamos encarar a brasilianização da missão como expressão desse "antropofagismo" cultural característico do Brasil? Seria uma incorporação da missão pela Igreja brasileira, uma absorção dos dominicanos e de seu pensamento pelo catolicismo brasileiro, que leva à transformação de uma missão dominicana francesa numa província dominicana brasileira. Então, mesmo que os dominicanos tivessem chegado com o projeto de implantar um catolicismo europeizado, eles acabaram sendo integrados no seio do catolicismo brasileiro.

Memória da missão

No transcorrer de minha viagem de estudo no Brasil, pude constatar que a memória da missão dominicana permanece forte nas regiões do interior, mesmo nas localidades onde os religiosos as deixaram há muito tempo[2].

Depois da fundação da província brasileira, a implantação dominicana prosseguiu. Os conventos das grandes cidades se desenvolveram

---

1. *A Semana de Arte Moderna*, organizada de 11 a 18 de fevereiro de 1922 em São Paulo, é considerada como o ato de nascimento do modernismo cultural brasileiro. Em 1928, o *Manifesto Antropofágico*, escrito por Oswald de Andrade, afirma a necessidade de um antropofagismo cultural para a elaboração de uma identidade brasileira própria, que passa por um "devorar" os elementos "importados". O manifesto foi publicado pela primeira vez na *Revista de Antropofagia*, ano I, n. 1, maio 1928.
2. Ver fotografias em Anexos, p. 494 a 496.

Conclusão

e outros foram abertos: os dominicanos fundaram um convento em Goiânia em 1952; um segundo convento foi aberto em São Paulo em 1957; duas casas filiais foram criadas em Curitiba (Paraná), em 1955 e 1978, por iniciativa dos dominicanos da Província de Lombardia[3] e dos de Malta. Enfim, uma casa filial foi aberta em Aragominas (estado do Tocantins), em 2011. A província Santo Tomás de Aquino fundiu-se em 1998 com os outros dominicanos presentes no Brasil, os da Província de Lombardia e os da Província de Malta, chegados ao Brasil em 1961 e instalados no estado do Paraná. A Província Frei Bartolomeu de Las Casas reúne hoje todos os dominicanos do Brasil.

No estado de Goiás, os dominicanos estão sempre presentes em Goiás Velho e Goiânia. Em Uberaba, o convento, fechado de 2004 a 2010, foi reaberto com o noviciado. Em Conceição, todas as pessoas encontradas fizeram narrativas elogiosas sobre os religiosos e parecem lamentar sua partida, que ocorreu em 1979. As dominicanas, que também haviam deixado a cidade, voltaram há alguns anos. Em Porto Nacional, a lembrança dos dominicanos parece encarnada pela memória de Dom Alano du Noday, que foi bispo de 1936 a 1976. Tendo ocupado esse cargo durante quarenta anos, ele mantém um lugar importante na história da cidade. Ele trabalhou especialmente para desenvolver o seminário, a fim de despertar vocações para o sacerdócio e responder às necessidades de sua imensa diocese, que estava quase desprovida de párocos quando chegou. É aparentemente sua devoção, da qual faz prova por sua diocese, que marcou a população mais do que sua pertença dominicana. Sabemos, graças às correspondências dominicanas, que ele viveu com dificuldade a partida de seus irmãos dominicanos em 1944. É possível que, como o próprio bispo, os habitantes tenham

---

3. Os dominicanos de Lombardia chegaram ao Brasil em 1936 e abriram duas casas filiais em Santa Cruz do Rio Pardo, no estado de São Paulo, onde mantinham uma escola apostólica. Em 1937, encarregaram-se do convento de Goiás, fundado pelos dominicanos de Tolosa.

visto essa partida como um abandono, mas não permaneci tempo suficiente na cidade para formar uma ideia mais precisa disso. Há uma estátua de Dom Alano du Noday na praça, diante da catedral, acompanhada de um texto que faz apologia de sua vida. Uma escola leva o nome de frei Audrin, o que testemunha uma memória da missão que vai mais além daquela do bispo. A catedral, cuja arquitetura monumental faz dela um edifício muito original em comparação com as igrejas da região, permanece como o traço mais evidente que os dominicanos deixaram na cidade.

Não pude visitar a cidade de Formosa, mas, a partir do que me foi dito por diversas irmãs dominicanas, parece que a partida das religiosas, cujo colégio foi confiado às irmãs de Jesus Adolescente (afiliadas à Ordem Salesiana), marcou profundamente a população, que se sentiu abandonada.

É verdade que, durante minha viagem no interior do país, nas pegadas dos missionários, pude constatar que, de maneira geral, as dominicanas marcaram mais as memórias que seus homólogos masculinos. É necessário precisar também que as irmãs permaneceram mais tempo na região que os religiosos. Elas são, hoje ainda, numerosas e muito engajadas na educação e nos projetos sociais de algumas cidades que visitei. Suas obras marcaram as memórias, como o mostra a obra frequentemente citada no capítulo que lhe consagramos: *Dominicanas: cem anos de missão no Brasil*[4]. Foi escrito por antigas alunas do colégio de Uberaba, em 1986, em seguida às comemorações do centenário da presença das irmãs naquela cidade, e retrata a história de todas as suas fundações no Brasil, através de testemunhos, artigos de jornais e discursos sempre muito elogiosos, de alunas e de irmãs.

Numerosos estabelecimentos fundados pelas irmãs de Nossa Senhora do Santo Rosário continuam existindo e prosperaram: seus colégios de Uberaba, Goiás, Porto Nacional, Rio de Janeiro, São Paulo,

---

4. LOPES; BUCHUETTE (org.), *Dominicanas...*, op. cit.

Goiânia, Araxá e Curitiba são estruturas importantes, cujo número de alunos é elevado. Em Goiás, o asilo *São Vicente* acolhe hoje oitenta pessoas deficientes; esse lugar propõe um centro de fisioterapia e desenvolve a equoterapia. O orfanato *São José* tornou-se uma escola e um centro comunitário, que acolhem e formam crianças pobres.

Pude me dar conta, por ocasião dessa viagem de estudo, da profunda afeição das populações de Goiás pelas irmãs dominicanas e suas obras, e da pena causada por sua ausência nas cidades que deixaram, mesmo quando isso data de dezenas de anos atrás.

A Congregação do Santo Rosário é hoje composta de cinco províncias: duas na França e três no Brasil[5], onde as irmãs são muito mais numerosas. Diferentemente dos dominicanos, as dominicanas do Brasil continuam sempre ligadas às irmãs de Nossa Senhora do Rosário de Monteils, sede histórica de sua congregação. Há, em seus estabelecimentos brasileiros, a inscrição "Dominicanas de Monteils", assim como o retrato de irmã Anastasie – fundadora do convento de Bor – e paisagens francesas, fotos ou quadros do Aveyron e de Lourdes.

Ao contrário, os dominicanos não parecem ter conservado muitas ligações com a França; raros são os que falam francês, e não conhecem seus homólogos tolosanos. Aqueles que se interessam pela história parecem privilegiar a que começa nos anos 1950, com a fundação da província brasileira. A Ordem, de fato, envolveu-se em diversos níveis na história brasileira da segunda metade do século XX, especialmente na elaboração da teologia da libertação e nas lutas contra a ditadura e pela reforma agrária.

Passei mais de três semanas em Conceição do Araguaia por ocasião dessa viagem de estudo, o que me permitiu aprofundar os aspectos referentes à memória da missão, ao entreter-me com os habitantes. É nessa cidade que a lembrança da missão dominicana e de suas origens

---

5. Em julho de 2019, as irmãs dominicanas do Santo Rosário de Monteils constituem, no Brasil, uma só província. (N. dos T.)

francesas parece mais forte. O fato de os dominicanos terem fundado a cidade amplia sua memória e a marca que eles deixaram em sua história. Há, no brasão da cidade, um religioso, um ameríndio e o desenho da torre da catedral construída pelos dominicanos, o que testemunha as ligações manifestas entre a história da cidade e a da missão. O nome de frei Gil Vilanova, considerado oficialmente como o fundador de Conceição, é conhecido de todos, assim como o lugar de sua primeira missa, que está assinalado por um monumento[6]. Em 1997, por ocasião do centenário da cidade, uma reconstituição foi organizada para evocar sua fundação: Dom Tomás Balduíno, bispo dominicano, acolheu, nas margens do Araguaia, ameríndios Caiapós e celebrou uma missa na esplanada situada entre o rio e a catedral[7].

Em Conceição do Araguaia, pude conversar com habitantes que estudaram no colégio das dominicanas e com alguns que trabalharam com os frades ou as irmãs. Essas conversações não foram feitas segundo a metodologia científica, e são mais uma pesquisa qualitativa. De fato, uma vez que a missão terminou no final de 1952, os habitantes pouco conheceram o período estudado; a maioria de suas lembranças é posterior à fundação da província e, pois, está fora dos limites cronológicos de nosso trabalho. Preferi pedir-lhes simplesmente evocar suas lembranças no correr de discussões informais, a fim de reunir alguns elementos sobre a memória da missão. Todas as pessoas que encontrei me falaram em termos muito elogiosos sobre os dominicanos e dominicanas, e todos lamentaram sua partida. Devemos, contudo, relativizar esses testemunhos entusiastas. Primeiro, são lembranças passadas pelo filtro da memória de cada um, conduzindo-os frequentemente a uma juventude idealizada, mas, sobretudo, essas pessoas têm, ou tiveram, ligações diretas com os dominicanos e são todas próximas da Igreja Católica. Além do mais, sendo eu francesa e trabalhando na história

---

6. Ver fotografias em Anexos, p. 495 e 496.
7. Ver fotografia em Anexos, p. 496.

da Ordem na região, não era raro que me confundissem com uma dominicana ou acreditassem que eu tinha sido enviada por elas. Ademais, eu fora convidada na cidade pelo bispo, Dom You, o que me ligava diretamente com a hierarquia eclesiástica. Nessas condições, é lógico que ninguém ousaria emitir crítica diante de mim.

As pessoas que encontrei hesitavam primeiramente em me falar, mas, uma vez instalada a confiança, era difícil fazê-las parar de falar. Não pude coletar muitos elementos anteriores aos anos 1960, mesmo com as pessoas mais idosas. De fato, para além de suas lembranças da escola, o que permanece na memória coletiva das populações são os engajamentos dos dominicanos nas lutas pela reforma agrária e contra a ditadura, que marcaram a história da região dos anos 1960 até nossos dias.

Em Conceição, são igualmente as dominicanas que mais marcaram as memórias. O colégio e o hospital das irmãs tiveram grande importância para as populações. Até a chegada tardia de um médico, somente o estabelecimento das religiosas oferecia socorro médico a centenas de quilômetros ao redor da cidade. Do mesmo modo, seu papel no desenvolvimento da educação na região é essencial: elas abriram a primeira escola da cidade; durante muito tempo mista, ela era, em consequência, a única estrutura que acolhia as meninas. Além do mais, seu colégio permaneceu o único estabelecimento de ensino secundário na região, até os anos 1960. Seu envolvimento nos campos tão indispensáveis para o desenvolvimento e a perenidade da cidade, como a educação e a saúde, explica amplamente sua popularidade. Nesse contexto, não surpreende constatar que o número de vocações femininas tenha sido alto em Conceição e na região. As famílias da cidade, assim, forneceram um contingente importante de irmãs dominicanas.

Tive oportunidade de encontrar, durante minha estada, duas irmãs que estudaram com as dominicanas: Teresinha de Jesus Costa, 76 anos, e sua irmã, Maria Jesus de Souza, 86 anos, ambas nascidas em Conceição. Elas me contaram que uma prima delas tornou-se dominicana, bem como uma de suas irmãs: irmã Maria Anna de Conceição (*Soeur Annie*, em francês), que estudou na França nos anos 1920. Elas acrescentam que numerosas jovens de Conceição se tornaram religiosas. O pai delas, Simpricio Pereira da Costa, nasceu em 1885. Ele chegou criança em Conceição, com seus pais e quinze irmãos e irmãs. Vinham de Pedro Afonso (Tocantins) e fizeram parte das primeiras famílias instaladas na cidade. Esse homem, aparentemente, conheceu frei Vilanova e o teria ajudado fazer o traçado das primeiras ruas da cidade. Foi também prefeito da cidade nos anos 1910. Teresinha, conhecida de todos como Teresa Costa, estudou com as irmãs de Uberaba para se tornar enfermeira. Primeiro, ela trabalhou no pronto-socorro das irmãs, depois, quando Dom Luiz Palha mandou construir o Hospital *Nossa Senhora do Rosário*, ele lhe pediu para trabalhar lá. Mais tarde, ela dirigiu esse hospital, bem como o orfanato *Pio XII*. Ela dá testemunho da grande admiração pelas dominicanas, mas, sobretudo, por Dom Luiz Palha, terceiro bispo de Conceição e primeiro bispo brasileiro da diocese.

Dom Tomás Balduíno, bispo de Goiás de 1967 a 1998, é também muito evocado pelos habitantes de Conceição. Superior do convento de Conceição, de 1956 a 1964 ele está na origem da *Radio Educadora*[8] e, portanto, da primeira emissora de rádio instalada na região. Essa rádio permitiu difundir cursos de alfabetização e de educação religiosa, instalando postos receptores nos numerosos vilarejos e fazendas da região. Foi fechada em 1981 pela ditadura, que a acusava de difundir mensagens subversivas. Quando ainda frei, Dom Tomás Balduíno também mandou construir um barco-capela, batizado de "Dom Sebastião Thomas". Havia uma capela no interior do barco que servia para fazer *desobrigas* através da diocese. O projeto de um barco-capela havia sido formulado no início do século por frei Lacomme, como tivemos oportunidade de mencionar. Dom Tomás Balduíno é igualmente conhecido

---

8. Ver fotografia em Anexos, p. 485.

por seu engajamento em favor da reforma agrária; aliás, ele participou da criação da Comissão Pastoral da Terra, em 1975[9].

Em Conceição, tive a oportunidade de encontrar Valdemar Costa. Seu testemunho é representativo das entrevistas que tive com os habitantes de Conceição. Além disso, é a pessoa mais próxima dos dominicanos que pude encontrar. De fato, ele trabalhou para os religiosos: era seu piloto no rio e motorista de caminhão, especialmente durante o mandato de frei Balduíno à frente do convento. Ele nasceu em 1932 em Conceição, para onde seus pais tinham vindo se instalar, e estudou no colégio das dominicanas. Ele me contou que os alunos vinham, às vezes, de muito longe para as aulas. Começou a trabalhar para os frades nos anos 1950. Ele se lembra de ter ido buscar o primeiro caminhão levado a Conceição, por volta de 1954. Fizeram-no atravessar o Araguaia, graças a um sistema que ligava dois ubás[10] (embarcações indígenas) carajás entre si, com madeiras e cordas. Também foi ele quem buscou, de barco, todo o material para a rádio em São Miguel do Araguaia. Acompanhou os dominicanos nas numerosas expedições fluviais aos ameríndios. Aliás, ele aparece nas fotografias encontradas nos arquivos de Belo Horizonte, que ele comentou[11] terem sido tiradas por ocasião de uma expedição organizada pelos dominicanos para entrarem em contato com os Xavantes do rio das Mortes. Ele reconheceu Paulo Karajá, que está com ele na fotografia, perto de uma ubá. Ele me contou que esse último tinha muito medo dos Xavantes e que, para não ficarem sozinhos na margem enquanto os outros entravam na floresta, eles ficaram no barco amarrado no meio do rio, o que lhes permitiu pescar o pirarucu que se vê na fotografia. Os Xavantes eram, de fato,

---

9. A CPT (Comissão Pastoral da Terra) foi fundada em 1975 pelos bispos do Nordeste e do Centro do Brasil, incluindo dois dominicanos, Dom Tomás Balduíno e Dom Celso.
10. Esses barcos eram talhados em troncos de árvores e são embarcações tradicionais dos Carajás.
11. Ver fotografias em Anexos, p. 496.

muito temidos na região e tinham a reputação de atacar aqueles que entravam em seu território, como tivemos a ocasião de precisar neste estudo. Além disso, Paulo Karajá pertencia, como seu sobrenome indica, ao povo Carajá, que era inimigo dos Xavantes.

Durante a conversa, Valdemar Costa me falou muito sobre o período da ditadura, explicando-me que os religiosos eram bem-vistos pelo governo até os anos 1970, mas que, a partir do momento em que foram envolvidos nos movimentos por uma melhor repartição das terras, passaram a ser catalogados como "padres comunistas" e vigiados de perto. Por outro lado, os religiosos sempre foram, segundo ele, muito apreciados pelo povo, independentemente de ser franceses ou brasileiros.

Finalmente, se fizermos a síntese das entrevistas realizadas em Conceição, percebe-se que, mais do que o papel religioso, foi as ações sociais e políticas, bem como as melhoras técnicas favorecidas pela presença dos dominicanos, o que mais marcou a memória das populações. Assim, as obras realizadas pelas irmãs, colégios e hospitais principalmente, e o engajamento dos religiosos em favor da reforma agrária são os elementos que aparecem frequentemente nos testemunhos. No que se refere aos progressos técnicos favorecidos ou simplesmente acelerados pela presença dos dominicanos, pode-se citar aqui: a pista de aterrissagem para os aviões do CAN (Correio Aéreo Nacional), o primeiro caminhão, a rádio. Bem antes disso, é preciso sublinhar a chegada do telégrafo, por iniciativa de Dom Sebastião Thomas, e a construção da catedral, entre 1917 e 1934. O edifício foi construído em pedras pintadas com cal, o que não era comum na construção da região, onde pedras eram muito raras e onde se utilizava, sobretudo, madeira e terra crua. Assim, as pedras foram encontradas a muitos quilômetros rio abaixo no Araguaia, trazidas em barcos, e toda a população participou para levá-las até o local onde se construiria a catedral. Os frades ensinaram aos operários como fazer cal. A catedral foi equipada com um relógio e sinos, comprados por Dom Sebastião Thomas em São Paulo, no final dos anos 1930, o que a tornaria uma obra única na região.

Estas observações destacam o "papel civilizador" da ação missionária nessa região; "papel civilizador" tal como era definido no início do século. Diríamos, hoje, que eles foram vetores de progressos sociais e técnicos numa região de frentes pioneiras. Isso nos permite sublinhar, uma vez mais, o viés pelo qual os dominicanos se adaptaram às realidades do interior brasileiro; adaptação que levou à sua brasilianização: não foi a religião que lhes permitiu a integração, mas sim sua participação no povoamento de Goiás e na realização das estruturas indispensáveis a isso.

A saída dos dominicanos e, sobretudo, das dominicanas, em 1979, marcou profundamente a população, que lamenta fortemente sua presença. Não pudemos determinar as razões exatas dessa saída, que, segundo o que pudemos compreender em nossas entrevistas, estaria ligada à nomeação de Dom Patrick Joseph Hanrahan naquele ano. Dom Patrick é, de fato, o primeiro bispo não dominicano nomeado para a Diocese de Conceição do Araguaia. Aparentemente, frei Manuel Borges, dominicano brasileiro, era cotado para ocupar esse cargo, mas o Vaticano preferiu designar Dom Patrick. Ele era tido como mais conservador que seus predecessores, mas finalmente engajou-se na luta contra a ditadura e pela reforma agrária mais fortemente que esses últimos. Os dominicanos teriam desaprovado essa nomeação e não esperaram conhecê-lo para deixar a cidade. Pode-se acrescentar que, até então, o convento servia, simultaneamente, aos religiosos e ao bispo, todos oriundos da missão e pertencentes à mesma Ordem, o que não seria concebível com um bispo não dominicano.

Além do mais, é possível que essa nomeação papal tenha, efetivamente, tido por finalidade sinalizar aos dominicanos que seu engajamento era malvisto pelas autoridades romanas. Em 1979, João Paulo II (papa de 1978 a 2005) tinha, de fato, iniciado um processo visando deter o progresso da teologia da libertação, nomeando bispos conservadores em toda a América Latina. O movimento católico em favor dos pobres, que se desenvolvia desde os anos 1960, era doravante considerado muito próximo da ideologia comunista, o que, no contexto da Guerra Fria, se tornava intolerável pelo papado. Os dominicanos brasileiros tomavam parte no desenrolar da teologia da libertação no Brasil, o que pode explicar o fato de ter-lhe sido retirado o bispado de Conceição do Araguaia, onde seu engajamento nos movimentos sociais era forte.

Os dominicanos igualmente deixaram traços, que testemunham suas origens, na arquitetura de algumas igrejas que edificaram[12]. Três dessas igrejas tiveram frei Blatgé[13] como arquiteto: a igreja de Porto Nacional, inaugurada em 1903; a capela das dominicanas em Uberaba, construída entre 1926 e 1930, e a igreja de Conceição do Araguaia, construída entre 1917 e 1934. A igreja de Porto Nacional e a capela das irmãs em Uberaba pertencem ao estilo romano; a igreja de Uberaba é de estilo neogótico e a de Conceição do Araguaia comporta características góticas, apesar da originalidade de seu pórtico, sobreposto por uma torre com ameias. Esses edifícios lembram, por inúmeros aspectos, as igrejas romanas e góticas do sudoeste da França: seu aspecto massivo, os tijolos ou pedras aparentes, as torres com relógios da igreja de Conceição e da capela das irmãs em Uberaba são características encontradas nas capelas romanas e em obras de estilo gótico meridional. Essas obras são reveladoras do que se encontra na região e, de maneira geral, no Brasil, onde a arquitetura dos edifícios religiosos é, geralmente, colonial ou neocolonial e remete às origens portuguesas do país. Elas testemunham a origem dos dominicanos por sua semelhança com o estilo dos edifícios religiosos construídos durante o período

---

12. Ver fotografias em Anexos, p. 480 a 482.
13. Frei Blatgé (1862-1944): nascido perto de Prouilhe, foi aluno da escola apostólica de Mazères. Fez seu noviciado em São Maximino e em Salamanca, com frei Carrérot. Ele chegou ao Brasil em 1886.

Conclusão

medieval no sudoeste da França. Os dominicanos, igualmente, construíram em Uberaba e Conceição pequenas reproduções da gruta de Lourdes[14]. São pequenas capelas em forma de gruta situadas próximo às igrejas, e nas quais há representações de Bernadette Soubirous diante da aparição da Virgem da Imaculada Conceição. Desse modo, eles favoreceram o culto e importaram a imagem da gruta dos Pirineus e dessa aparição marial ao Brasil.

Chegando ao país, os dominicanos também plantavam vinha em todos os conventos, a fim de produzir seu vinho de missa. Apesar das dificuldades do clima, conseguiram manter essa cultura em Uberaba e Goiás, e algumas dessas vinhas existem até hoje, embora não sirvam mais para a produção de vinho. Nós as vimos em Goiás, no convento dos dominicanos e no asilo *São Vicente*, gerido pelas dominicanas. Os missionários, então, importaram uma planta e uma prática tipicamente europeia para o centro do Brasil[15].

Não pudemos realmente tratar da memória da missão nas grandes cidades brasileiras, porque aí ela é mais difícil de ser discernida e também porque não visitamos todas onde os dominicanos fundaram conventos. Fomos aos conventos do Rio de Janeiro e de Belo Horizonte, mas é difícil, em cidades tão amplas, apreender a memória da missão e da instalação dos dominicanos na população. Esse, aliás, não era nosso objetivo. Viemos pesquisar os arquivos concernentes diretamente à missão. Assim, os contatos, encontros e narrativas que tivemos a oportunidade de nos beneficiar no interior do país possibilitaram-nos perceber, facilmente, essa memória da missão, sem que nos interessássemos por isso de modo particular. Não tivemos esse tipo de intercâmbio nas grandes cidades.

Devemos acrescentar que não fomos a São Paulo, que é, portanto, o coração da província dominicana brasileira desde sua fundação. O

---

14. Ver fotografia em Anexos, p. 485.
15. Ver fotografia em Anexos, p. 481.

convento se torna, rapidamente depois de sua criação, o centro de formação da Ordem no Brasil, reunindo o noviciado e o *Studium*. Depois, ele se tornou o centro intelectual da província, onde residem os teólogos dominicanos brasileiros mais reconhecidos, como frei Josaphat[16] e frei Libânio (mais conhecido sob o nome de frei Betto[17]). Se tivéssemos ido a São Paulo, certamente, teríamos tido acesso a um outro lado da memória da missão; lado que corresponde ao período de desenvolvimento da missão nas grandes cidades, do seu reconhecimento no seio da Igreja brasileira e do recrutamento de elementos brasileiros, alguns dos quais tiveram papel importante na história católica nacional.

A ação dos dominicanos, a partir das grandes cidades brasileiras, ganhou importância após o término da missão, nos anos 1960 e 1970, e é esse período, fora do âmbito de nosso estudo, que mais marcou as populações. Seu engajamento social nas lutas pela terra, como vimos com a ação de Dom Balduíno na criação da Comissão Pastoral da Terra, prossegue até nossos dias. Da mesma forma, a criação do jornal *Brasil*

---

16. OLIVEIRA, Frei Carlos Josaphat Pinto de, *Evangelho e revolução social*, São Paulo, Livraria Duas Cidades, 1962; *Information et propagande, responsabilités chrétiennes*, Paris, Les Éd. du Cerf, 1968; Éthique chrétienne et dignité de l'homme, *Études d'éthique chrétienne*, Fribourg, Editions Universitaires, v. 42, 1992; Contemplation et libération, Thomas d'Aquin, Jena de la Croix, Barthélémy de Las Casas, *Études d'éthique chrétienne*, Fribourg, Editions Universitaires, v. 56, 1993.
17. O frei Carlos Alberto Libanio Christo (*frei Betto*) é autor de numerosas obras e se exprime regularmente na imprensa brasileira. Mencionamos aqui algumas de suas obras: *Batismo de sangue, os dominicanos e a morte de Carlos Marighella*, Rio de Janeiro, Civilização Brasileira, 1982; *Cartas da prisão – 1969-1973*, Rio de Janeiro, Agir, 2008; *O que é Comunidade Eclesial de Base*, São Paulo, Brasiliense, 1985; *Fidel e a religião, conversas com Frei Betto*, São Paulo, Brasiliense, 1985; *Lula, biografia política de um operário*, São Paulo, Estação Liberdade, 1989; *Lula, um operário na Presidência*, São Paulo, Casa Amarela, 2003; *O paraíso perdido, viagens ao mundo socialista*, Rio de Janeiro, Rocco, 2015; *A mosca azul, reflexões sobre o poder*, Rio de Janeiro, Rocco, 2006; *Calendário do poder*, Rio de Janeiro, Rocco, 2007; *Fome de Deus, fé e espiritualidade no mundo atual*, São Paulo, Paralela, 2013.

Urgente – semanário católico progressista – por frei Josaphat, em 1963, testemunha o investimento dominicano no desenvolvimento do catolicismo social latino-americano, que, nos anos seguintes, chega à elaboração da teologia da libertação. No entanto, esse jornal, cuja tiragem chegou a 40 mil exemplares, foi proibido desde o início da ditadura militar, em 1964. É importante sublinhar igualmente o engajamento dominicano contra a ditadura, que valeu, a quatro deles, serem encarcerados, torturados e condenados a quatro anos de prisão, em 1969[18]. Um deles, *frei Betto*, é um dos intelectuais católicos mais renomados e mais ativos do Brasil atual.

A memória da presença dominicana no Brasil está, pois, mais ligada a seus engajamentos nas lutas sociais dos cinquenta últimos anos do que no desenvolvimento da missão francesa em Goiás do final do século XIX.

Considerações finais

Gostaríamos, para terminar, de chamar a atenção de nossos leitores sobre os temas que tivemos de deixar de lado e que nos parecem merecer desenvolvimentos futuros.

De fato, não pudemos, no âmbito desta tese, desenvolver todos os temas que perpassam as abundantes fontes dominicanas às quais tivemos acesso. Tivemos que fazer escolhas a fim de evitar nos dispersar em muitas direções diferentes.

Primeiramente, a obra das dominicanas da Congregação de Nossa Senhora do Santo Rosário no Brasil, aqui, só é objeto de uma subparte, enquanto uma tese inteira poderia ser consagrada a elas. Seu engajamento no ensino, na saúde e na assistência, setores nos quais foram

---

18. Um filme, lançado em 2007, retrata essa história: *Batismo de Sangue*. Esse filme é uma adaptação do livro de frei Betto, *Batismo de sangue, os dominicanos e a morte de Carlos Marighella*, Rio de Janeiro, Civilização Brasileira, 1982.

pioneiras no estado de Goiás e permanecem ativas ainda hoje, é tal que mereceria pesquisas mais aprofundadas. As dominicanas, de fato, formaram gerações de mulheres no interior do Brasil, o que tem, sem dúvida, incidência em numerosos aspectos da história da região.

Poderíamos, igualmente, ter orientado nossas pesquisas sobre a visão que os dominicanos têm sobre a política no Brasil e, em menor medida, na França: seu apoio ao Império brasileiro; os medos suscitados pela Proclamação da República e a separação da Igreja e do Estado no Brasil, bem como os paralelos que puderam fazer com as políticas anticlericais francesas; sua leitura das tensões locais entre liberais e conservadores nas cidades onde se instalam; sua visão favorável relativamente à passagem da coluna Prestes em Porto Nacional, após o período Vargas; sua percepção da Primeira e da Segunda Guerra Mundial... Algumas pistas de reflexão que não desenvolvemos porque não estavam no coração da história da missão, mas que poderiam, contudo, ser objeto de análises fecundas para abordar o lugar e o olhar dos religiosos nas sociedades modernas.

Esta observação permite-nos evocar, rapidamente, um tema que gostaríamos de ter desenvolvido nesta tese: a relação entre o religioso e a modernidade política[19].

De fato, o tema político perpassa nosso trabalho por diferentes aspectos, e tínhamos pensado, durante um tempo, fazer dele o eixo principal desta pesquisa através do conceito de modernidade. A articulação religião-modernidade, tão frequentemente discutida nestes últimos anos pelos historiadores, antropólogos e sociólogos[20], parecia-nos poder ser

---

19. Expusemos uma parte dessas reflexões num artigo: Pic, Claire, Les Dominicains de Toulouse au Brésil (1881-1952), enjeux et rôles politiques d'une mission, *Revue suisse d'histoire religieuse et culturelle* (SZRKG), Academic Press Fribourg, n. 107 (2013) 269-288.

20. As referências sobre esse conceito polêmico são tão numerosas que nos permitimos remeter a um artigo de Lionel Obadia, que nos parece fazer o inventário das principais referências e oferecer uma síntese construtiva das vicissitudes do

Conclusão

proveitosa no estudo desta missão, a fim de interrogar as transformações da Igreja Católica diante da modernidade política, detendo-nos no caso brasileiro.

Pretendíamos, ao analisar a inscrição da missão dominicana na história do catolicismo brasileiro, destacar os paradoxos existentes na oposição religião-modernidade. De um lado, a modernidade política está acompanhada de uma secularização da sociedade que é, num primeiro momento, rejeitada pelo papado (o *Syllabus* sendo a expressão mais forte dessa rejeição). Por outro lado, a necessária adaptação da Igreja Católica a essa nova ordem política passa pela romanização no século XIX e, depois, pela elaboração do catolicismo social no século XX. Catolicismo social, frequentemente percebido como uma resposta da Igreja Católica ante sua perda de poder político; portanto, uma adaptação ao mundo moderno e às transformações das relações entre sociedades, religiões e políticas. Essa resposta pode, também, ser definida como uma modernização da Igreja Católica.

A história da missão dominicana permite, igualmente, mostrar esses paradoxos: a Ordem Dominicana se situa numa tradição católica ortodoxa e os religiosos são expulsos da França em nome da modernidade política; contudo, os missionários se inscrevem na política de romanização, que é uma adaptação da Igreja Católica ao mundo moderno e, nesse sentido, faz parte da modernidade. Além disso, na última parte da missão, eles participam na elaboração do catolicismo social brasileiro e, portanto, na modernização deste.

Na perspectiva de utilizar o conceito de modernidade como grade de leitura do conjunto da missão, tínhamos pensado intitular esta tese "Uma missão a serviço da modernidade". Este título buscava destacar

---

conceito de modernidade, assim como das aberturas interessantes para novas reflexões: Religion(s) et modernité(s), Anciens débats, enjeux présents, nouvelles perspectives, *Socio-anthropologie*, n. 17-18, 2006. Disponível em: URL: http://socio-anthropologie.revues.org/index448.html. Acesso em: out. 2012.

os paradoxos aqui sublinhados, subentendendo que uma missão religiosa poderia estar a serviço da modernidade, o que parecia impossível à primeira vista.

Finalmente, renunciamos nos aventurar sobre o terreno polêmico das reflexões sobre a modernidade. Esse tópico, muito teórico, nos teria afastado do estudo concreto da missão, e pareceu-nos mais interessante nos centrarmos sobre os missionários e seu olhar, em vez de nos lançar nas pesquisas epistemológicas que buscam definir a noção de modernidade. Por isso, este enfoque parece-nos abrir pistas de reflexões pertinentes que nos permitimos expor rapidamente nesta conclusão.

Os estudos das evoluções sociais e políticas dos séculos XIX e XX, utilizando a oposição religião/modernidade, omitem, às vezes, que as recomposições do lugar da religião na política e na sociedade fazem igualmente parte da modernidade, o que mostra os limites analíticos dessa oposição. As múltiplas análises das "renovações" religiosas do final do século XX e as tensões políticas que delas decorrem permitiram, além disso, relativizar a ideia de um mundo moderno secularizado, onde o religioso seria unicamente uma questão privada. O processo de secularização engajado no século XIX é multiforme. Ele se prolonga até hoje e sua análise deu lugar a numerosos estudos de ciências humanas e sociais que interrogam as relações entre a religião e a "modernidade", sem que um consenso analítico tenha surgido. Do desencantamento do mundo descrito por Marcel Gauchet[21] à renovação religiosa das sociedades contemporâneas, passando pela multiplicação das tensões confessionais no mundo, a secularização real ou suposta não cessa de ser reinterrogada.

Esse eixo de análise, aplicado à missão, teria permitido inserir nossa pesquisa num âmbito de reflexão mais amplo, interrogando simultaneamente a evolução do conceito de modernidade através das diferentes

---

21. GAUCHET, Marcel, *Le désenchantement du monde, une histoire politique de la religion*, Paris, Galimard, "Bibliothèque des sciences humaines", 1985.

representações do mundo moderno na França e no Brasil do fim do século XIX à metade do século XX, e a pertinência da oposição entre religião e modernidade.

Temos consciência de que esse tema teria sido muito difícil de tratar, até mesmo impossível no contexto de uma tese, e nos teria, certamente, afastado de nosso objeto principal, que é a missão dominicana. Estas observações parecem-nos, contudo, abrir pistas de reflexões interessantes que gostaríamos eventualmente de prosseguir em seguida.

Anexos

1. Mapas

A missão dominicana em 1886

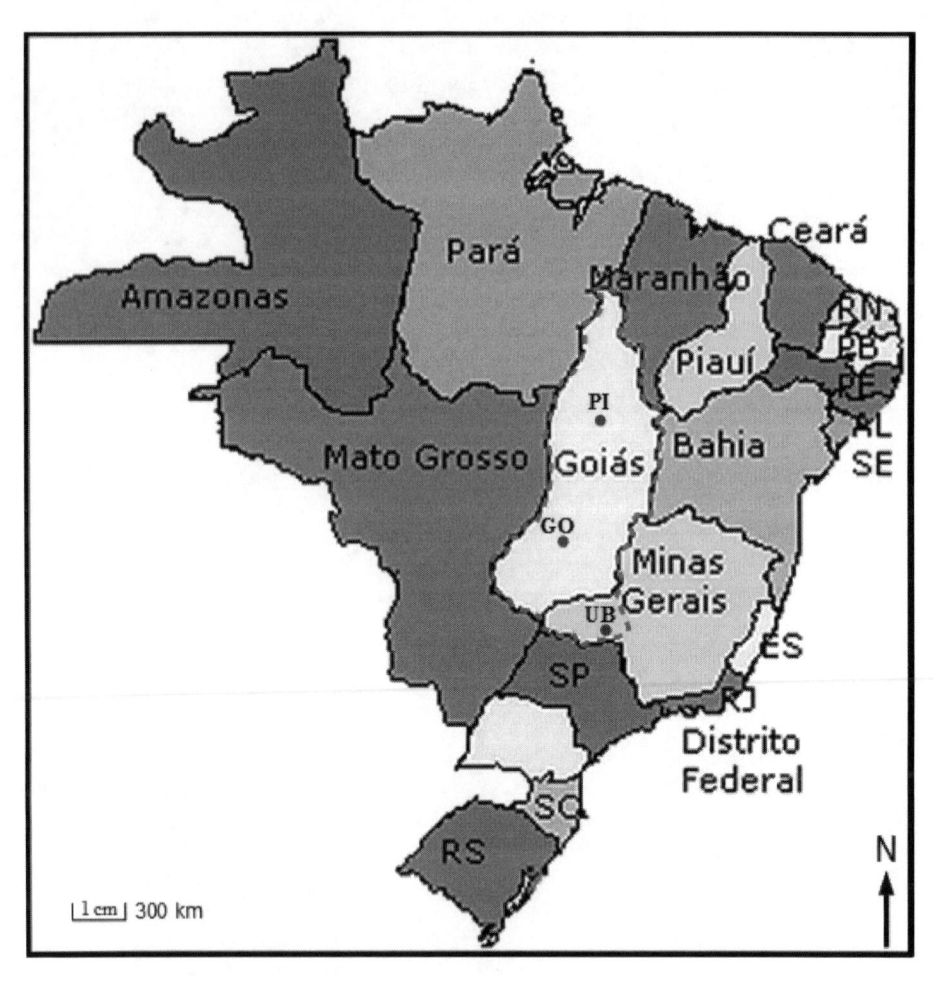

```
_____  Limites das províncias imperiais
- - - -  Limites da Diocese de Goiás e da zona de missão
  •      Cidades onde os dominicanos fundaram conventos
  GO     Goiás
  PI     Porto Imperial
  UB     Uberaba
```

Mapa da missão elaborado pela autora, a partir de um mapa do Brasil político em 1889 (extraído de: http://commons.wikimedia.org/wiki/File:Brazil_states1889.png).

1. Mapas

A missão dominicana em 1920

```
         Limites do estado de Goiás
- - - -  Limites da zona de missão
  •      Cidades onde os dominicanos fundaram conventos
GOIÁS    Estados brasileiros
1881     Ano de instalação dos dominicanos
1884     Ano de instalação das dominicanas de Monteils
```

BA Estado da Bahia	PA Estado do Pará
MA Estado do Maranhão	PI Estado do Piauí
MT Estado do Mato Grosso	SP Estado de São Paulo
MG Estado de Minas Gerais	

Mapa da missão elaborado pela autora, a partir de um mapa do Brasil político em 1889 (extraído de: http://commons.wikimedia.org/wiki/File:Brazil_states1889.png).

ANEXOS

A missão dominicana em 1952, por ocasião da fundação da província dominicana brasileira

[Mapa do Brasil com localizações marcadas]

1. Ceará
2. Rio Grande do Norte
3. Paraíba
4. Pernambuco
5. Alagoas
6. Sergipe

1 cm = 300 km

- **UB** Cidades nas quais os dominicanos de Tolosa possuem conventos e as dominicanas de Monteils, colégios
- **BH** Cidade onde os dominicanos têm um convento
- **GO** Cidades onde as dominicanas de Monteils têm um colégio
- **JF** Cidade onde os dominicanos abriram uma escola apostólica em 1951

AR	Araxá	JF	Juiz de Fora
BE	Belém	MA	Marabá
BH	Belo Horizonte	PN	Porto Nacional
CO	Conceição do Araguaia	RJ	Rio de Janeiro
GA	Goiânia	SP	São Paulo
GO	Goiás	UB	Uberaba

Mapa da missão elaborado pela autora, a partir de um mapa do Brasil político em 1943 (extraído de: http://en.wikipedia.org./wiki/File:Brazil_states1943.png).

1. Mapas

Mapa da Diocese de Goiás, elaborado pelos missionários dominicanos

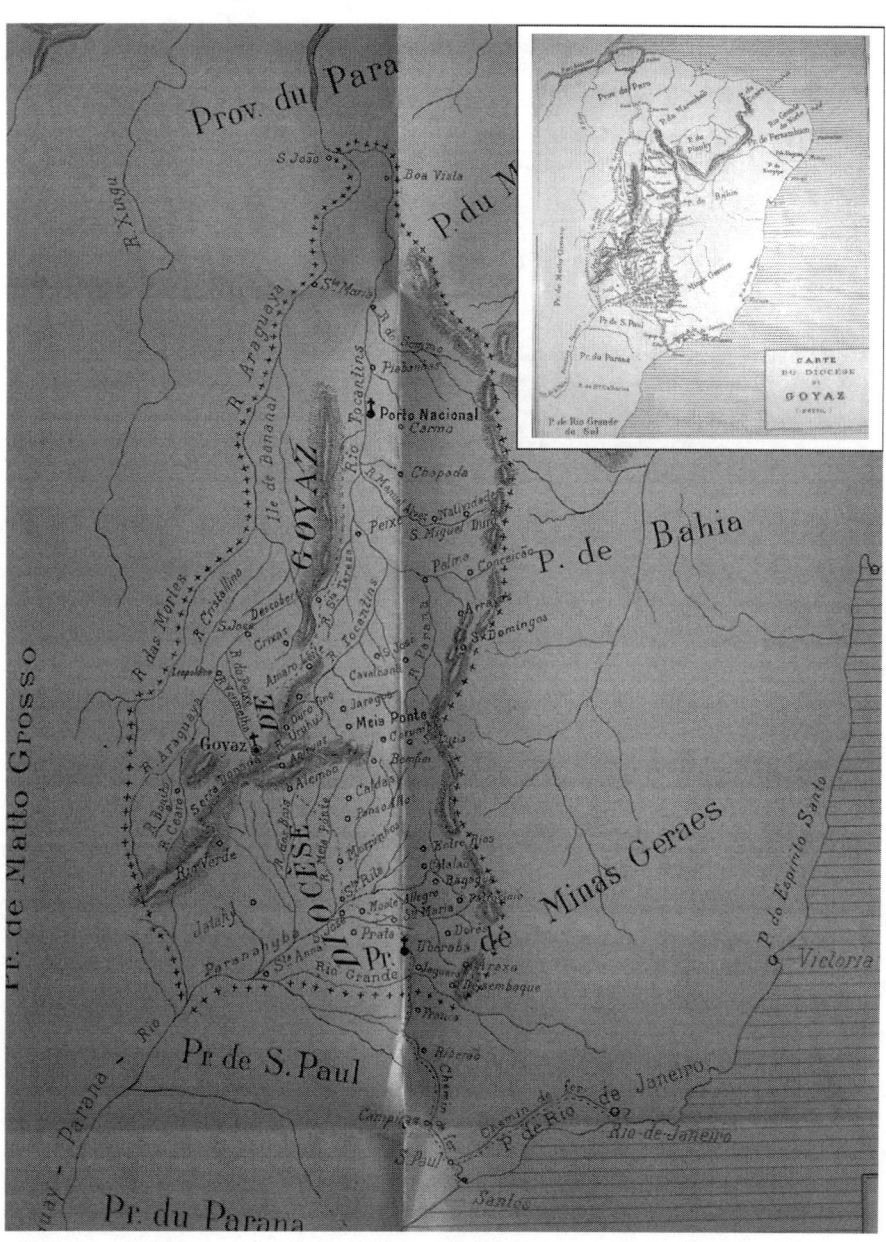

1 cm = 100 km

GALLAIS, Étienne. *Une mission dominicaine au Brésil.* Marseille: Imprimerie Marseillaise, 1893.

ANEXOS

Mapa da missão brasileira, elaborado pelos missionários dominicanos

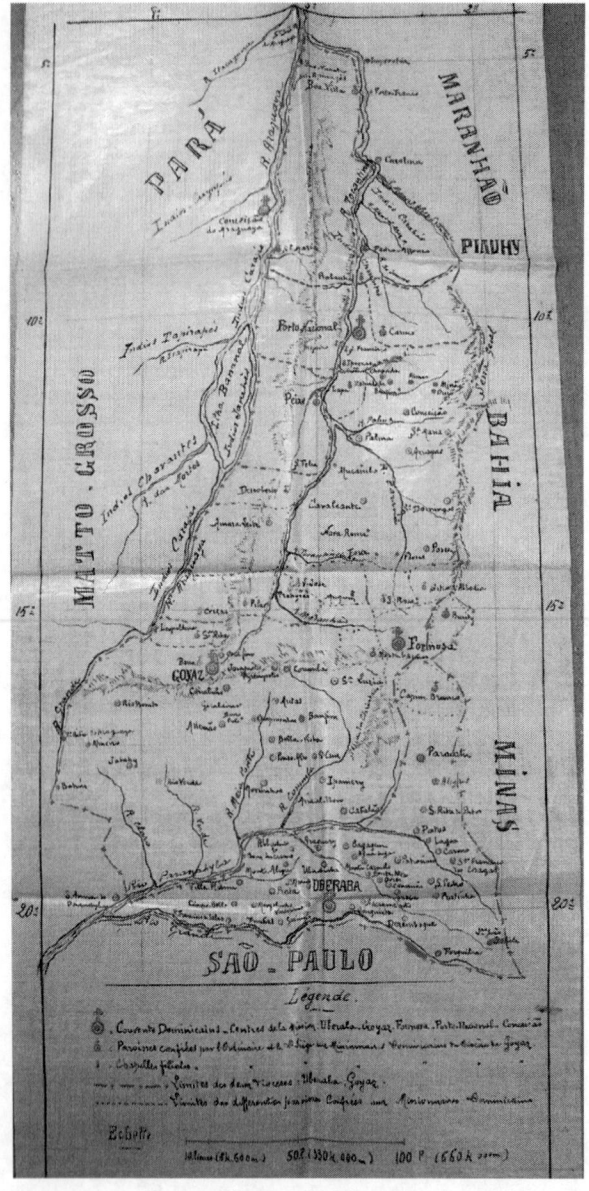

1 cm = 90 km

Arquivos dominicanos de Tolosa, não classificados,
certamente organizados por frei Tournier, por volta de 1910.

1. Mapas

Mapa da bacia do Araguaia, localizando os povos ameríndios da região

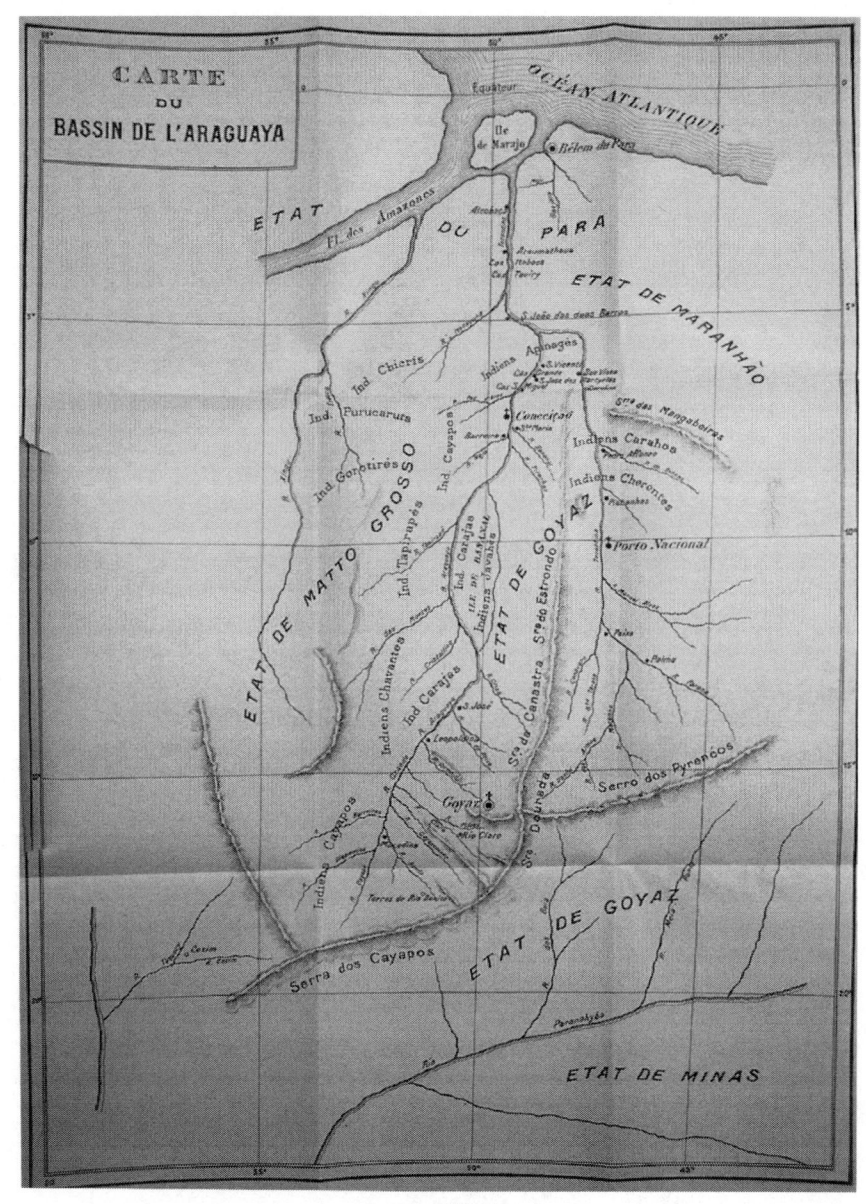

1 cm = 170 km

Mapa elaborado pelos missionários dominicanos
GALLAIS, Étienne. *Le Père Gil Vilanova*. Toulouse: Privat, 1906.

Mapa da Prelazia de Conceição do Araguaia, depois de 1934

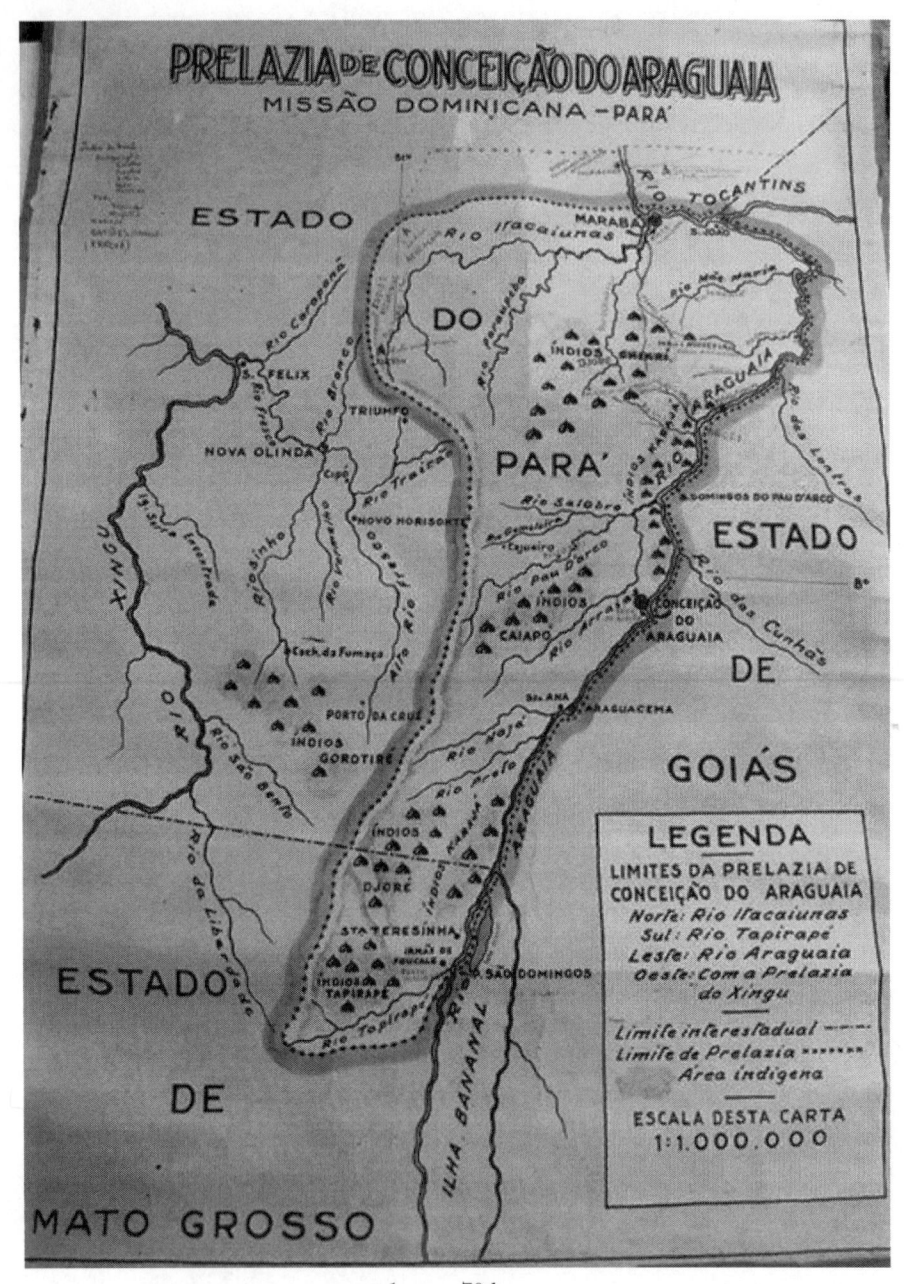

1 cm = 70 km

Arquivos do convento dominicano de Belo Horizonte, não datado.

1. Mapas

Mapa da região oeste de Conceição do Araguaia, elaborado pelos missionários dominicanos

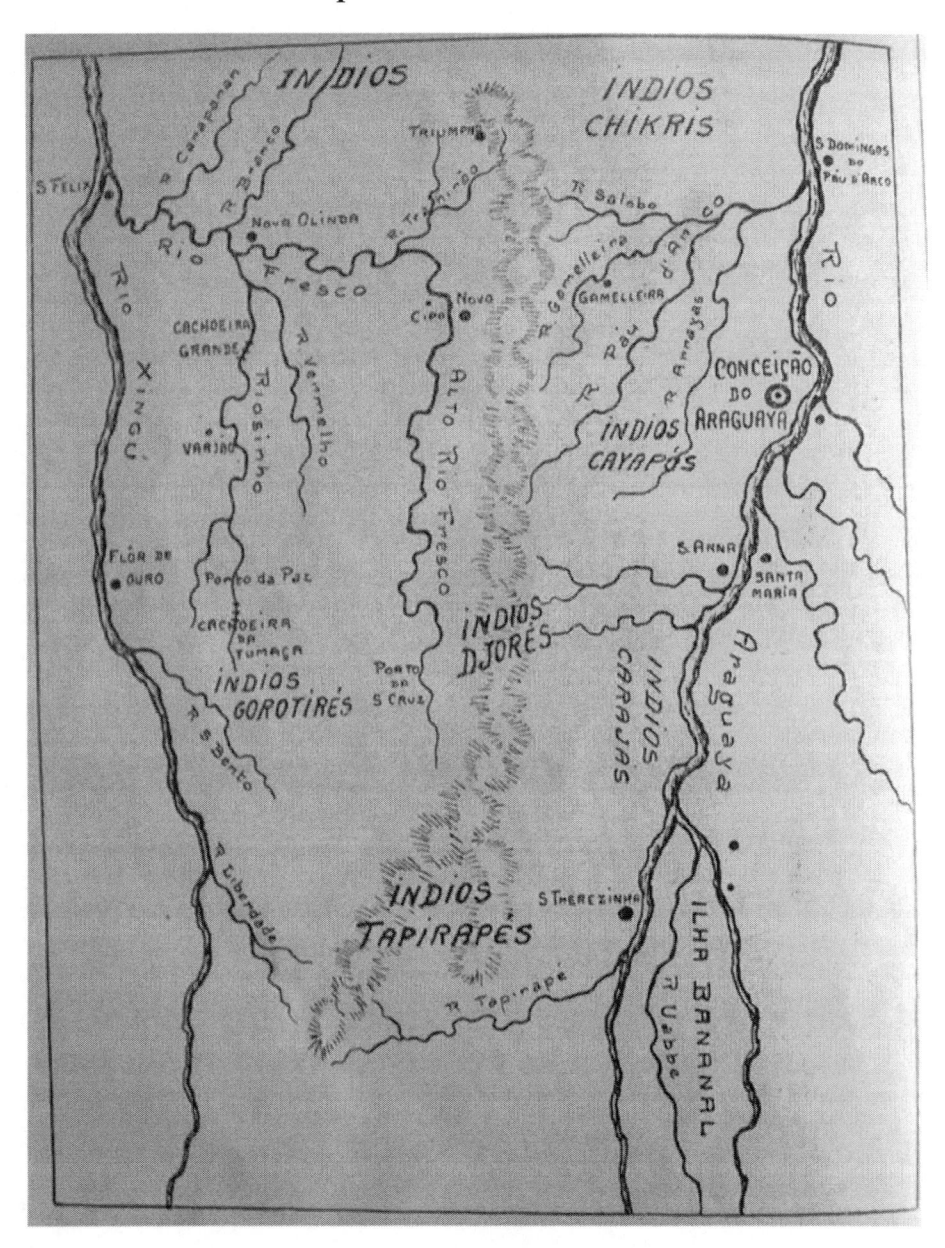

1 cm = 50 km

THOMAS, Sebastião. *Gorotires*. Rio de Janeiro: Imprimatur, 1936.

2. Tabelas

Anexos

Tabela cronológica da missão por decênios e por lugares

	1880	1890	1900	1910	1920	1930	1940	1950	depois
Uberaba	1881 Fundação do convento dominicano 1885 As dominicanas abrem um colégio		1903 As dominicanas abrem um noviciado	1912 Abertura de uma escola apostólica			1942 Abertura de um noviciado dominicano, transferido em 1944 para São Paulo		
Goiás	1883 Fundação do convento dominicano 1889 As dominicanas abrem um colégio					1937 O convento é confiado aos dominicanos da Lombardia			
Porto Nacional	1886 Fundação do convento dominicano		1904 As dominicanas abrem um colégio	1915 Criação da diocese	1920 Dom Carrérot é nomeado bispo	1936 Dom Alano du Noday é nomeado bispo	1944 Fechamento do convento dominicano		
Conceição do Araguaia		1897 Fundação da cidade por frei Vilanova e começo da evangelização dos Caiapós	1902 As dominicanas abrem um colégio	1911 Criação da prelazia apostólica 1912 Dom Carrérot é nomeado bispo	1920 Dom Sebastião Thomas é nomeado bispo		1940 Abertura de uma casa filial em Marabá 1947 Dom Luiz Palha é nomeado bispo		1979 Fechamento do convento dominicano
Formosa			1905 Fundação do convento dominicano	1910 As dominicanas abrem um colégio		1937 Fechamento do convento dominicano	1942 Fechamento do colégio das irmãs		
Rio de Janeiro					1927 Fundação do convento dominicano	1936 As dominicanas abrem um colégio			
São Paulo						1937 Fundação do convento dominicano	1941 As dominicanas abrem um colégio 1944 Abertura do noviciado 1943-1947 Abertura provisória do *Studium*	1953 Reabertura do *Studium*	

2. Tabelas

Tabela cronológica da missão por decênios e por lugares

	1880	1890	1900	1910	1920	1930	1940	1950	depois
Belo Horizonte									
Juiz de Fora							1941 Fundação do convento dominicano	1951 Abertura de uma escola apostólica	
Brasil	1888 Abolição da escravidão 1889 Proclamação da República	1891 Separação da Igreja e do Estado	1905 Nomeação do primeiro cardeal latino-americano, Cardeal Arcoverde		1921 Criação do jornal *A Ordem* 1922 Criação do Centro Dom Vital	1930 Chegada ao poder de Getúlio Vargas 1936 Início do Estado Novo 1935 Criação da Ação Católica	1945 Retorno a um regime republicano	1952 Criação da CNBB	
França	1880 Expulsão dos religiosos		1903 Expulsão dos religiosos 1905 Separação da Igreja e do Estado	1914-1918 Primeira Guerra Mundial	1920 Retorno da Ordem Dominicana 1926 Condenação da Ação Francesa por Roma		1939-1945 Segunda Guerra Mundial 1946 Quarta República		
Roma	Antes de 1880: 1864 *Syllabus* (Pio IX) 1870 Proclamação da Infalibilidade Pontifícia (Pio IX)	1891 Encíclica *Rerum Novarum* (Leão XIII) 1892 Encíclica *Au Milieu des Sollicitudes* / *No meio das solicitudes* (Leão XIII)		1919 Encíclica *Maximum illud* (Bento XV)	1922 Encíclica *Ubi arcano* (Pio XI) 1926 Encíclica *Rerum Ecclesiae* (Pio XI)				
Outro				Dos anos 1910 a 1942, os postulantes brasileiros fazem o noviciado e o estudantado na França			1942 A missão torna-se uma vice-província 1947-1953 Volta do *Studium* na França	07.03.1952 Fundação da província dominicana brasileira	1965 Fundação de um convento dominicano em Recife

Tabela elaborada pela autora.

Anexos

População do Brasil segundo a condição e a cor da pele em todo o país e nos estados onde os dominicanos fundaram conventos

			Brasil	Goiás	Minas Gerais	Pará	Distrito Federal	São Paulo
1872		Total	9 930 498	160 395	2 039 735	275 237	274 972	837 354
	Homens livres	Total	8 419 672	149 743	1 669 276	247 779	226 033	680 742
		Brancos[1]	3 787 289	41 929	830 987	92 634	151 799	433 432
		Pretos	921 150	17 175	207 154	16 829	28 466	56 539
		Pardos	3 324 278	86 389	598 813	93 727	44 845	151 306
		Caboclos	386 955	4250	32 322	44 589	923	39 465
	Escravos	Total	1 510 806	10 652	370 459	27 458	48 939	156 612
		Pretos	1 033 302	6543	264 803	15 874	37 878	111 460
		Pardos	477 504	4109	105 656	11 584	11 061	45 152
1890		Total	14 333 915	227 572	3 184 099	328 455	522 651	1 381 753
		Brancos	6 302 198	76 304	1 292 716	128 813	327 789	873 423
		Pretos	2 097 426	29 656	583 048	22 195	63 908	179 526
		Mestiços	4 638 495	95 972	1 112 255	111 958	112 879	217 605
		Caboclos	1 295 796	25 620	191 080	65 489	17 445	114 199
1940		Total	41 236 315	826 414	6 736 416	944 644	1 764 141	7 180 316
		Brancos	26 171 778	595 890	4 126 348	420 887	1 254 353	6 097 862
		Pretos	6 035 869	140 040	1 297 981	89 942	199 523	524 441
		Pardos	8 744 365	89 311	1 304 116	430 653	305 433	337 814
		Amarelos	242 320	380	2261	909	1550	214 848
		Cor Não Declarada	41 983	793	5710	2253	3282	5351
1950		Total	51 944 397	1 214 921	7 717 792	1 123 278	2 377 451	9 134 423
		Brancos	32 027 661	703 375	4 509 575	325 281	1 660 834	7 823 111
		Pretos	5 692 657	123 298	1 122 940	59 744	292 524	727 789
		Pardos	13 786 742	384 046	2 069 037	734 574	415 935	292 669
		Amarelos	329 082	1163	2257	875	1032	276 851
		Cor Não Declarada	108 255	3039	13 983	2804	7126	14 003

Tabela elaborada pela autora, a partir dos recenseamentos de 1872, 1890, 1940 e 1950, que se encontram no site do IBGE. Disponível em: http://biblioteca.ibge.gov.br.

1. Preferimos conservar aqui as rubricas na ordem de aparecimento utilizada nos recenseamentos estudados. As rubricas variam de um recenseamento a outro.

2. Tabelas

População total e número de habitantes alfabetizados no Brasil e nos estados da missão, de 1872 a 1950

		Brasil	Goiás	Minas Gerais	Pará	Distrito Federal[2]	São Paulo
1872	População	9 930 478	160 395	2 039 735	275 237	274 972	837 354
	Alfabetizados	1 564 481	22 663	223 713	60 484	99 485	141 171
1890	População	14 333 915	227 572	3 184 099	328 455	522 651	1 381 753
	Alfabetizados	2 120 559	24 904	331 404	72 809	270 330	195 665
1900	População	17 438 434	255 284	3 594 471	445 356	811 443	2 282 279
	Alfabetizados	4 385 839	55 562	920 110	133 665	421 072	564 392
1920	População	30 635 605	511 919	5 888 174	983 507	1 157 873	4 592 188
	Alfabetizados	7 493 357	78 530	1 216 641	287 701	710 252	1 369 579
1940	População	41 236 315	826 414	6 736 416	944 644	1 764 141	7 180 316
	Alfabetizados	13 292 605	156 662	1 868 515	328 745	1 221 495	3 196 556
1950	População	51 944 397	1 214 921	7 717 792	1 123 278	2 377 451	9 134 423
	Alfabetizados	18 588 722	284 562	2 461 921	397 647	1 632 722	4 627 329

Tabela elaborada pela autora, a partir dos recenseamentos de 1872, 1890, 1900, 1920, 1940 e 1950, retirados do site do IBGE. Disponível em: http://biblioteca.ibge.gov.br.

---

2. Rio de Janeiro, capital do Brasil.

Anexos

1. Evolução do número de religiosos no Brasil e nos estados da missão, de 1872 a 1950

		1872			1900		1920		1950	
		Seculares	Regulares	Mulheres	Homens	Mulheres	Homens	Mulheres	Homens	Mulheres
Brasil	Brasileiros	1990	97	226	2102	1112	3218	1761	–	–
	Estrangeiros	235	10	60	1045	466	2841	1183	–	–
	Total	2225	107	286	3147	1578	6059	2944	8615	5975
Goiás	Brasileiros	16	–	–	–	–	45	2	–	–
	Estrangeiros	1	–	–	–	–	35	1	–	–
	Total	17	–	–	–	–	80	3	135	15
Minas Gerais	Brasileiros	196	12	4	–	–	743	123	–	–
	Estrangeiros	45	–	–	–	–	413	67	–	–
	Total	241	12	4	–	–	1156	190	1305	536
Pará	Brasileiros	80	1	2	–	–	58	109	–	–
	Estrangeiros	4	–	–	–	–	75	59	–	–
	Total	84	1	2	–	–	133	168	212	112
Distrito Federal[3]	Brasileiros	134	14	–	–	–	325	316	–	–
	Estrangeiros	66	–	50	–	–	291	246	–	–
	Total	200	14	50	–	–	616	562	777	842
São Paulo	Brasileiros	246	2	–	–	–	419	448	–	–
	Estrangeiros	36	–	–	–	–	739	456	–	–
	Total	282	2	–	–	–	1158	904	1880	2127

Tabela elaborada pela autora, a partir dos recenseamentos de 1872, 1900, 1920 e 1950, retirados do site do IBGE. Disponível em: http://biblioteca.ibge.gov.br.

2. Número de congregações religiosas chegadas ao Brasil entre 1549 e 1965

Período	Congregações masculinas	Período	Congregações femininas
1549-1585	4	–	–
1612-1640	2	–	–
1733-1742	0	1733-1742	3
1819-1898	15	1849-1897	17[4]
1900-1965	81	1900-1965	196
Total	102	Total	214

Cf. Leonardi, Paula. *Congregações católicas docentes no estado de São Paulo e a educação feminina, segunda metade do século XIX* [online]. Comunicação apresentada por ocasião do *VI Congresso Luso-Brasileiro de História da Educação* (COLUBHE06), na Universidade Federal de Uberlândia (MG-Brasil), em 2006. Disponível em: http://www.faced.ufu.br/colubhe06/anais/arquivos/113PaulaLeonardi.pdf.

Ela cita como fonte o relatório do CERIS (Centro de Estatística Religiosa e Investigação Social), de 1965.

---

3. Rio de Janeiro, capital do Brasil.
4. Durante esse período, seis congregações foram igualmente fundadas no Brasil.

2. Tabelas

Demografia, localização e origem dos povos ameríndios do centro do Brasil

Povos ameríndios	Autores	Frei Étienne Gallais 1906	Henri Coudreau 1897	Simone Dreyfus 1963[5]	Conhecimentos atuais[6]
Carajás (incluídos os Javaés)	Número	Menos de mil (10 mil por volta de 1860[7])	380, repartidos em 17 aldeias[8]		815 em 1908 (2.500 em 1997, dos quais 841 Javaés)
	Localização	Em pequenos grupos do Araguaia, de Leopoldina ao norte da Ilha do Bananal	Margens do Araguaia Javaés: margem leste da Ilha do Bananal		Margens do Araguaia e Ilha do Bananal
	Origem				Margens do Araguaia
Caiapós do norte (reagrupando os Caiapós Pau d'Arco, os Gorotires, os Xikrins e os Purucurus)	Número	5 mil a 6 mil (dos quais 1.500 são os Pau d'Arco em contato com Conceição, mas frei Vilanova só viu 500)	5 mil 1.500 Caiapós Pau d'Arco, 1.500 Gorotires, 1.500 Purucurus, 500 Xikrins	3 mil em 1955 (estimativa alta segundo o autor) 153 Gorotires[9] Caiapós Pau d'Arco e Purucurus desaparecidos[10]	7 mil em 1900 3.520 em 1991 5.923 em 2006
	Localização	Entre o Araguaia e o *rio Fresco* (leste-oeste) e os rios *Tapirapé* e *Itacaiuna* (sul-norte), aproximadamente 100 mil km²	Entre o Araguaia e o *rio Fresco* (leste-oeste) e os *rios Tapirapé* e *Itacaiuna* (sul-norte), aproximadamente 100 mil km²	Do oeste do *rio Curua* ao Tocantins	No planalto central, estados do Pará e do Mato Grosso, na bacia do Xingu
	Origem	*Cayaponia*, isto é, as fontes do Araguaia na *Serra dos Caiapós*	São Botocudos (ou Tapuias ou Gês) vindos do leste de Minas Gerais, que se dividiram em diferentes povos durante o povoamento do centro do Brasil	Nenhuma informação precisa. O autor diz que foram encontrados no século XVII entre os rios Araguaia e Xingu	Região do curso inferior do Tocantins

---

5. O estudo de Simone Dreyfus só se refere aos Caiapós do norte. Povos que se situavam a oeste se somam aos mencionados por Gallais e Coudreau.
6. Cf. Cunha, Manuela Carneiro da, *História dos índios no Brasil*, São Paulo, Schwarcz, 1998, e o site http://pib.socioambiental.org./pt/povo.
7. Ele cita Couto de Magalhães, que incluía os Javaés e os Tapirapés nesse grupo. Acrescenta que esse número diminuiu no momento em que está escrevendo.
8. Coudreau remontou ao Araguaia até a Ilha do Bananal, e só enumerou uma parte dos Carajás, aqueles da metade norte da região.
9. S. Dreyfus cita Ribeiro, Darcy, Convívio e contaminação, efeitos dissociativos da despovoação provocada por epidemias em grupos indígenas, *Sociologia*, São Paulo, v. XVIII, n. 1, 1956.
10. S. Dreyfus cita, para os Purucurus, Nimuendaju, Curt, *Os Gorotires*, São Paulo, R.M.P., 1952, Nova Série, v. VI.

Caiapós do sul	Número		Em vias de extinção	Desaparecidos (o autor precisa que, ainda que os dois povos do norte e do sul tenham o mesmo nome, eles não devem ser confundidos)	Nenhuma menção. Podemos supor que as populações mencionadas por Gallais e Coudreau não são mais consideradas hoje como Caiapós
	Localização	Entre o norte do estado de São Paulo e as fontes do Araguaia	Fonte do Araguaia, na *Serra dos Caiapós*		
	Origem	*Cayaponia*, isto é, as fontes do Araguaia, onde ainda se encontram	Igual aos Caiapós do norte	Vasta região: sul de Goiás, sudeste de Mato Grosso, noroeste de São Paulo, leste de Minas Gerais	
Xerentes	Número				2.200 em 1851 1.360 em 1924 330 em 1963 700 em 1982 mil em 1987 2.500 em 2006
	Localização	Norte de Porto Nacional, margem direita do Tocantins, na altura do rio Piabanhas	Margens do Tocantins, na região do *rio do Sono* [sic]		Entre o Tocantins e o *rio do Sono*
	Origem	O mesmo para sua localização	Igual aos Caiapós do norte		Testemunhas indígenas assinalam territórios perto do mar, mas os primeiros contatos com os jesuítas no século XVII situam-se na região do Tocantins
Xavantes	Número				Mil em 1851 (uma vez que uma estimativa que inclui os Xerentes conta 3 a 4 mil pessoas) 1.100 em 1958 13 mil em 2007
	Localização	Margem esquerda do Araguaia, bacia do *rio das Mortes*	Margens do *rio das Mortes*		Entre a *Serra do Roncador* e o *rio das Mortes*
	Origem	Margem direita do Tocantins, na altura do rio Piabanhas; seriam Xerentes que teriam fugido diante do avanço da "civilização"	O mesmo que os Caiapós do norte		Entre o Tocantins e o *rio do Sono*. Eles só teriam se separado dos Xerentes no século XIX

Tabela elaborada pela autora.

3. Missionários

Anexos

Missionários de Goiás em torno de D. Gonçalves Ponce de Leão
Fotografia enviada à França para frei Madré, numa carta datada de 04.04.1887.
Arquivos do convento dominicano de Tolosa, não inventariados.

Missionários no Brasil entre 1895 e 1910
Frei Lacomme chegou ao Brasil em 1895 e frei Carrérot foi nomeado para liderar a
Prelazia de Conceição do Araguaia em 1910.
Arquivos do convento dominicano de Belo Horizonte, não datados.

3. Missionários

Frei Gil Vilanova, fundador de Conceição do Araguaia, em 1897
Arquivos do convento dominicano de Belo Horizonte, não datados.

Frei Vilanova (sentado no centro) e os missionários de Conceição do Araguaia, por volta de 1905
THOMAS, Sebastião. *Gorotires*. Rio de Janeiro: Imprimatur, 1936.

Frei Gallais (no centro), por ocasião de uma de suas visitas canônicas (entre 1887 e 1906)
Arquivos do convento dominicano de Tolosa, não inventariados, não datados.

Frei José Audrin, missionário no Brasil de 1902 a 1952
Arquivos do convento dominicano de Belo Horizonte, não datados.

Dominicanos do convento do Rio de Janeiro, por volta de 1938
Arquivos do convento dominicano de Belo Horizonte, não datados.

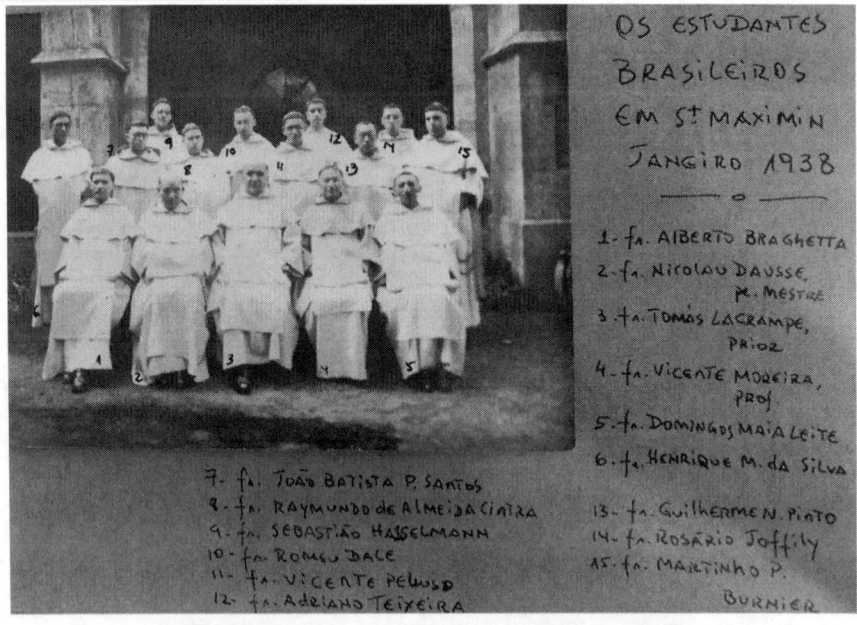

Estudantes brasileiros em São Maximino, em 1938
Arquivos do convento dominicano de Belo Horizonte.

Bispos dominicanos provenientes da missão

Dom Carrérot (bispo de Conceição do Araguaia, de 1911 a 1920, depois de Porto Nacional, de 1920 a 1933)
AUDRIN, José. *Entre sertanejos e índios do Norte*. Rio de Janeiro: Pugil, 1946.

Dom Sebastião Thomas (bispo de Conceição do Araguaia, de 1920 a 1945)
THOMAS, Sebastião. *Gorotires*. Rio de Janeiro: Imprimatur, 1936.

Dom Alano du Noday (bispo de Porto Nacional, de 1936 a 1976)
THOMAS, Sebastião. *Gorotires*. Rio de Janeiro: Imprimatur, 1936.

Dom Luiz Palha (bispo de Conceição do Araguaia, de 1947 a 1967)
Arquivos diocesanos de Conceição do Araguaia.

ANEXOS

As irmãs dominicanas de Nossa Senhora do Rosário no Brasil

Dominicanas de Conceição do Araguaia, por volta de 1908
Álbum do estado do Pará. Paris: Imprimerie Chaponet, 1908.

Dominicanas de Conceição do Araguaia e de Porto Nacional
TOURNIER, Réginald. *Plages lointaines de l'Araguaia.* Paris: Ed. das Missions Dominicaines, 1934.

Comunidade das irmãs dominicanas de Goiás, em 1932
Fotografia encontrada no Colégio Santana, de Goiás Velho.

3. Missionários

Dominicanos e dominicanas em viagem pelo sertão

**Acampamento por ocasião das visitas canônicas de frei Tapie
(1911, 1919 ou 1927)**
Frei Tapie está sentado na rede, no centro da fotografia.
Arquivos do convento dominicano de Tolosa, não inventariados, não datados.

Parada numa fazenda
Arquivos do convento dominicano de Tolosa, não inventariados, não datados.

Missionárias dominicanas em viagem pelo sertão
Arquivos do convento dominicano de Tolosa,
não inventariados, não datados.

**Irmãs dominicanas em viagem
pelo sertão**
Arquivos diocesanos de Conceição
do Araguaia, não datados.

Irmãs dominicanas no rio Araguaia
SOUZA, José Garcia de. *A epopeia
do correio aéreo*. Rio de Janeiro:
Empresa Gráfica Ouvidor, 1946.

Dominicanos no rio Araguaia
TOURNIER, Réginald. *Plages
lointaines de l'Araguaia*. Paris:
Ed. des Missions
Dominicaines, 1934.

3. Missionários

Arquivos do convento dominicano de Belo Horizonte, 1905.

Missa em "desobriga"
Messe em "desobriga", título encontrado no álbum dos dominicanos.
Arquivos do convento dominicano de Belo Horizonte, não datados.

Pele de uma onça abatida por ocasião de uma viagem no sertão
Frei Audrin encontra-se à direita.
Arquivos do convento dominicano de Tolosa, não inventariados, não datados.

Igrejas, conventos e localidades da missão

Igreja de São Domingos, construída pelos dominicanos em Uberaba, entre 1895 e 1904 (as torres foram terminadas em 1914)
TOURNIER, Réginald. *Plages lointaines de l'Araguaia.* Paris: Ed. das Missions Dominicaines, 1934.

Vista lateral da Igreja de São Domingos
Acervo pessoal, 2010.

Igreja de Santa Rita, confiada aos dominicanos quando de sua chegada a Uberaba em 1881
Acervo pessoal, 2010.

Capela do colégio das irmãs dominicanas em Uberaba, construída pelos missionários
Acervo pessoal, 2010.

3. Missionários

Igreja do Rosário, construída pelos dominicanos em Goiás
Acervo pessoal, 2010.

Convento dos dominicanos de Goiás
Acervo pessoal, 2010.

Vinha do convento dos dominicanos de Goiás, plantada pelos missionários em sua chegada
Acervo pessoal, 2010.

Colégio das dominicanas em Goiás
Acervo pessoal, 2010.

Asilo São Vicente, mantido pelas dominicanas desde 1909
Acervo pessoal, 2010.

Igreja de Porto Nacional, construída pelos dominicanos entre 1893 e 1903
TOURNIER, Réginald. *Plages lointaines de l'Araguaia.*
Paris: Ed. das Missions Dominicaines, 1934.

3. Missionários

Arraial de Conceição do Araguaia
Cidade de Conceição do Araguaia, título original destas fotografias. *Álbum do estado do Pará*.
Paris: Imprimerie Chaponet, 1908, elaborado a pedido do governador
do estado do Pará, Augusto Montenegro.

Uma procissão pelas ruas de Conceição
Título encontrado no álbum dos dominicanos. Arquivos do convento dominicano de Belo Horizonte, não datados.

Construção da catedral de Conceição do Araguaia (1917-1934)
Arquivos diocesanos de Conceição do Araguaia.

Catedral e convento de Conceição do Araguaia
Fotografias dos arquivos diocesanos de Conceição do Araguaia, não datadas.

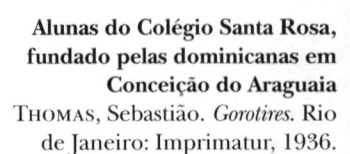

Alunas do Colégio Santa Rosa, fundado pelas dominicanas em Conceição do Araguaia
THOMAS, Sebastião. *Gorotires*. Rio de Janeiro: Imprimatur, 1936.

3. Missionários

No sítio São Luiz, propriedade do convento de Conceição do Araguaia
Título encontrado no álbum dos dominicanos.
Arquivos do convento dominicano de Belo Horizonte, não datados.

Rádio criada pelos dominicanos de Conceição do Araguaia
Fotografias dos arquivos diocesanos de Conceição do Araguaia.

Capela representando a gruta de Lourdes, construída ao lado da catedral de Conceição do Araguaia
Acervo pessoal, 2010.

4. Ameríndios

ANEXOS

Aldeia Carajá
Título original da fotografia no álbum dos dominicanos.
"Aldeia" carajá numa praia do Araguaia.
Arquivos do convento dominicano de Belo Horizonte, não datados.

Encontro dos missionários com ameríndios nas margens do Araguaia
TOURNIER, Réginald. *Plages lointaines de l'Araguaia.* Paris: Ed. das Missions Dominicaines, 1934.

Caiapós em Conceição do Araguaia, no início do século XX
Arquivos do convento dominicano de Tolosa, não datados.

4. Ameríndios

Dom Sebastião, na porta do convento com alguns índios
Título original da fotografia,
no álbum dos dominicanos.
Conceição do Araguaia.
Arquivos do convento dominicano
de Belo Horizonte, não datados.

**Brasão de Dom Carrérot,
bispo de Conceição
de 1911 a 1920**
Arquivos do convento
dominicano de Belo Horizonte.

**Frei Tournier recebendo Xerentes no convento
de Porto Nacional**
Arquivos do convento dominicano
de Belo Horizonte, não datados.

**Brasão de Dom Sebastião
Thomas, bispo de Conceição
de 1920 a 1945**
Arquivos do convento
dominicano de Belo Horizonte.

*Dom Luiz Palha e alguns índios
Caiapós, todos cristãos*
Título original da fotografia no
álbum dos dominicanos.
Arquivos do convento
dominicano de Belo Horizonte.

Frei Bigorre (no Brasil de 1902 a 1926) com alunos Caiapós em Conceição do Araguaia
À esquerda: arquivos do convento dominicano de Tolosa, não datados.
À direita: TOURNIER, Réginald. *Plages lointaines de l'Araguaia*. Paris: Ed. das Missions Dominicaines, 1934.

Missionária dominicana e alunos Caiapós de Conceição do Araguaia
Arquivos do convento dominicano de Tolosa, não datados.

Ameríndias do colégio Santa Rosa de Conceição do Araguaia
A legenda explica que a criança que está no centro é Xerente – as três outras são Caiapós – e é filha de um Caiapó e de uma "cristã".
THOMAS, Sebastião. *Gorotires*. Rio de Janeiro: Imprimatur, 1936.

Pátio interno do colégio das irmãs em Conceição. Pilando arroz
Título original da fotografia no álbum dos dominicanos. Arquivos do convento dominicano de Belo Horizonte, não datados.

4. Ameríndios

Casal cristão educado pelas irmãs dominicanas – Joaquim e Paulina (Caiapós)
Título original da fotografia do álbum dos dominicanos.
Arquivos do convento dominicano de Belo Horizonte, não datados.

General Rondon, em visita ao convento de Conceição do Araguaia, rodeado por autoridades locais
THOMAS, Sebastião. *Gorotires*. Rio de Janeiro: Imprimatur, 1936.

Xerentes em visita a Conceição do Araguaia
THOMAS, Sebastião. *Gorotires*. Rio de Janeiro: Imprimatur, 1936.

ANEXOS

Santa Missa na casa do capitão
Título original da fotografia no álbum dos dominicanos.
Um missionário celebra uma missa nos Tapirapés
Arquivos do convento dominicano de Belo Horizonte, não datados.

Rio Araguaia – Sérgio e frei Sebastião Thomas distribuindo presentes aos Carajás
Título original da fotografia no álbum dos dominicanos.
Arquivos do convento dominicano de Belo Horizonte, não datados.

5. Memória da missão

Estátua de Dom Alano du Noday, diante da catedral de Porto Nacional
Acervo pessoal, 2010.

Escola primária pública de Porto Nacional, levando o nome de um missionário: frei Audrin
Acervo pessoal, 2010.

Placas comemorativas da obra das dominicanas, fixadas na fachada de seu colégio em Goiás
Na primeira: "Nesta casa centenária, as irmãs dominicanas formaram gerações que constituem os pilares da sociedade goiana, 1889-1989. Homenagem: Lions Clube da Cidade de Goiás"
Na segunda: "Aqui viveram as pioneiras do Colégio Santana, fundado em 05/09/1889, pelas dominicanas (lista das primeiras dominicanas). Vidas dedicadas à educação da juventude de Goiás, plantaram fé, instrução, carinho, cultura e paz. Tarefas continuadas por suas sucessoras até os presentes dias. Homenagem da Academia Feminina de Letras e Artes de Goiás e dos ex-alunos, setembro 1998".
Acervo pessoal, 2010.

Conceição do Araguaia: memória da missão através da figura do fundador, Frei Vilanova

Estátua de frei Vilanova, na praça da catedral de Conceição do Araguaia
Acervo pessoal, 2010.

Monumento que marca o local da primeira missa celebrada por frei Vilanova
Acervo pessoal, 2010.

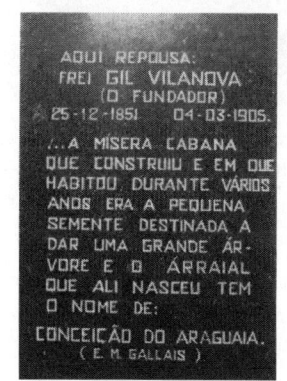

Placa mortuária de frei Vilanova
"Aqui repousa Frei Gil Vilanova (o fundador)... A mesma cabana que construiu e em que habitou durante vários anos era a pequena semente destinada a dar uma grande árvore, e o arraial que ali nasceu tem o nome de Conceição do Araguaia" (E. M. Gallais).
Acervo pessoal, 2010.

Escola primária pública de Conceição do Araguaia, que leva o nome de frei Vilanova
Acervo pessoal, 2010.

Uma rua de Belém que leva o nome de frei Vilanova
Acervo pessoal, 2010.

Anexos

Brasão da cidade de Conceição do Araguaia
Um religioso, um ameríndio e a torre da catedral aí figuram, lembrando o papel dos dominicanos na fundação da cidade.
Acervo pessoal, 2010.

Uma expedição dos dominicanos nos Xavantes, em 1958
Essas precisões nos foram dadas por Valdemar Costa, piloto dos dominicanos, que na fotografia acima usa uma camiseta branca com tira preta.
A seu lado, numa segunda fotografia, ele identificou Paulo Carajá.
Arquivos do convento dominicano de Belo Horizonte, não datados.

Comemoração do Centenário de Conceição do Araguaia, em 1997
Dom Tomás Balduíno (bispo dominicano de Goiás) acolhe os Caiapós nas margens do Araguaia, retomando, assim, simbolicamente, a fundação da cidade por frei Vilanova.
Fotografia de um habitante de Conceição, Manelão.

Fontes

1. Arquivos brasileiros

Arquivos do Serviço de Proteção aos Índios
Museu do Índio, Rua das Palmeiras, 55, Botafogo, CEP 22270-070. Rio de Janeiro, RJ, Brasil.

Arquivos do Serviço de Proteção aos Índios (SPI: 1910-1967)
Inventário acessível pela internet, no site do museu. Fundos acessíveis em microfilmes.

Fundação Darcy Ribeiro
Fundação Darcy Ribeiro, Rua Almirante Alexandrino, 1991, Santa Teresa, CEP 20241-263. Rio de Janeiro, RJ, Brasil.
Arquivos pessoais do antropólogo Darcy Ribeiro, nos quais se encontram arquivos do Serviço de Proteção aos Índios (SPI), para o qual ele trabalhou.

Arquivos públicos de Uberaba
Arquivo público de Uberaba, Rua Onofre da Cunha Resende, 58, São Benedito, CEP 38020-130, Uberaba, MG, Brasil.

Arquivos diocesanos de Conceição do Araguaia
Diocese da Santíssima Conceição do Araguaia, Praça Frei Gil Vilanova, 2738, Centro, CEP 68540-000, Caixa Postal 33, Conceição do Araguaia, PA, Brasil.

Fundação cultural do Pará
Seção das obras raras da biblioteca pública Arthur Vianna.
Fundação Cultural do Pará Tancredo Neves (Centur), Biblioteca Pública Arthur Vianna, Av. Gentil Bitencourt, 650 (esq. Tv. Rui Barbosa), CEP 66035-340, Belém, PA, Brasil.

Arquivos do Museu Goeldi
Biblioteca Domingos Soares Ferreira Penna.
Museu Paraense Emílio Goeldi, Campus de Pesquisa, Av. Perimetral, 1901, Terra Firme, CEP 66077-530, Belém, PA, Brasil.

2. Arquivos dominicanos

Convento dominicano de Tolosa
Convento São Tomás de Aquino, 1 impasse Lacordaire, 31078 Toulouse Cedex 4, França.
- Arquivos inventariados: cartas, relatórios e mapas classificados de K1000 a K 1484, cobrindo o período 1879-1943.
- Arquivos não inventariados: cartas de 1881 a 1890, mapas e fotografias, geralmente não datados.

Convento dominicano de Belo Horizonte
Convento Nossa Senhora Aparecida, Rua Pedro Batista Martins, 173, Aarão Reis, CEP 31814-340, Belo Horizonte, MG, Brasil.
- Cartas e relatórios referentes à missão brasileira, classificados de AG3P36D001 a AG3P26D051 (a classificação, por estar sendo

remanejada durante nossa passagem, em 2010, pode ter sido modificada desde então), cobrindo o período de 1885-1952.
- Mapas e fotografias do período da missão (1881-1952).
- Revista *Cayapós e Carajás*, publicada pelos dominicanos de 1922 a 1933.
- Revista *O Mensageiro do Santo Rosário*, publicada mensalmente pelos dominicanos de Uberaba a partir de 1898, depois pelos frades do Rio de Janeiro de 1937 a 1962.
- *Catalogus Provinciarum et Congregationum. Sacri Ordinis Praedicatorum*, Roma, 1910, 1921 e 1949.
- *Catalogus, conventuum et fratrum, Proviciae Tolosanae, Sacri Ordinis Pradicatorum*, Tolosa, 1934 e 1937.
- *Catalogus, Proviciae Tolosane et Provinciae Sancti Thomae Aquinatis in Brasilia*, Tolosa, 1952.

3. Narrações missionárias

AUDRIN, Joseph. *Entre sertanejos e índios do Norte*. Rio de Janeiro: Pugil, 1946.

_____. *Os sertanejos que eu conheci*. Rio de Janeiro: José Olympio, 1963.

_____. *Souvenirs d'un missionnaire au Brésil (1902-1952)*. Marseille: La Thune, 2009.

GALLAIS, Étienne. *Le Père Gil Vilanova*. Toulouse: Privat, 1906.

_____. *Une catéchèse chez les indiens de l'Araguaya*. Toulouse: Imprimerie Vialelle et Perry, 1902.

_____. *Une mission dominicaine au Brésil*. Marseille: Imprimerie Marsellaise, 1893.

PALHA, Luiz. *Índios do Araguaia, costumes e lendas, coisas vistas e vividas*. Edição e data não mencionadas. Provavelmente editada pela Diocese de Conceição do Araguaia, porque está assinado "Dom Luiz Palha, OP, Bispo missionário" e escrito enquanto Dom Luiz Palha era bispo, isto é, entre 1947 e 1967.

TAPIE, Marie-Hilarion. *Feuilles de route d'un missionnaire au centre du Brésil et chez les peaux-rouges de l'Araguaya et du Tocantins*. Toulouse: Privat, 1913.

_____. *Visite canonique et statistique de la mission dominicaine du Brésil 1911-1919*. Toulouse: Privat, 1919.

_____. *Chevauchées à travers déserts et forêts vierges du Brésil inconnu*. Paris: Plon, 1928.

THOMAS, Sebastião. *Gorotires*. Rio de Janeiro: Imprimatur, 1936.

TOURNIER, Réginald. *Plages lointaines de l'Araguaia*. Paris: Ed. das Missions Dominicaines, 1934.

Bibliografia

1. Obras gerais de referência

AMSELLE, Jean-Loup. *Branchements, anthropologie de l'universalité des cultures*. Paris: Flammarion, 2001.

_____. *L'Occident décroché, enquête sur les postcolonialismes*. Paris: Stock, 2008.

BARBOSA, Rubens A.; EAKIN, Marshall C.; ALMEIDA, Paulo R. (org.). *O Brasil dos brasilianistas*. São Paulo: Paz e Terra, 2002.

BASTIAN, Jean-Pierre (dir.). *La modernité religieuse en perspective comparée, Europe latine, Amérique latine*. Paris: Éditions Karthala, 2001.

BENNASSAR, Bartolomé. *La América española y la América portuguesa, siglos XVI-XVIII*. Madrid: Akal, ³1996.

BERTRAND, Michel; CABANEL, Patrick (dir.). *Religions, pouvoirs et violence*. Toulouse: Presses Universitaire du Mirail, 2004.

BERTRAND, Michel; VIDAL, Laurent (dirs.). *A la redécouverte des Amériques. Les voyageurs européens au siècle des indépendances*. Toulouse: Presses Universitaires du Mirail, 2002.

BETHELL, Leslie (dir.). *Historia de América Latina*, Tome VIII: América Latina: cultura y sociedad, 1830-1930, Tome X: América del sur 1870-1930. Barcelona: Editorial Critica, 1991-1992. (Édition originale: *The*

Cambridge History of Latin America, 12 v. Cambridge: Cambridge University Press, 1984-2008).

BLANCKAERT, Claude. *Naissance de l'ethnologie?* Paris: Les Éd. du Cerf, 1985.

BORGEAUD, Philippe. *Aux Origines de l'histoire des religions.* Paris: Seuil, 2004.

BORNE, Dominique; FALAIZE, Benoit. *Religions et Colonisation, Afrique, Asie, Amériques, Océanie, XVIe-XXe siècle.* Paris: Les Éditions de l'Atelier/Éditions Ouvrières, 2009.

BOUTRY, Philippe. De la sociologie religieuse à l'histoire sociale et culturelle du religieux, dans *Le Mouvement social* [online], n. 215 (Avril-juin 2006), 3-8, consulté le 06 décembre 2012. Disponível em: http://www.jstor.org. Acesso em: 11 fev. 2011.

BROC, Numa. *Dictionnaire illustré des explorateurs et grands voyageurs français du XIXe siècle.* Paris: Ed. du CTHS, 1999.

BRUN, Gérard. *Introduction à l'Histoire totale.* Paris: Economica Anthropos, 2006.

CHARTIER, Roger. *Au bord de la falaise.* Paris: Albin Michel, 1998.

COMPAGNON, Olivier. L'Euro-Amérique en question. *Nuevo Mundo Mundos Nuevos* [online], Debates, 2009. Disponível em: http://nuevomundo.revues.org/index54783.html. Acesso em: abr. 2009.

CRISTÓVÃO, Fernando. *O olhar do viajante. Dos navegadores aos exploradores.* Coimbra: Almedina e CLEPUL, 2003.

CUCHE, Denys. *La notion de culture dans les sciences sociales.* Paris: La Découverte, 1996.

DELACROIX, Christian et al. *Historiographies. Concepts et débats.* Paris: Gallimard, 2010, tomes I et II.

DELIEGE, Robert. *Une histoire de l'anthropologie.* Paris: Ed. du Seuil, 2006.

DELUMEAU, Jean. *L'historien et la foi.* Paris: Fayard, 1996.

DIANTEILL, Erwan; LÖWY, Michael. *Sociologies et religion.* Paris: PUF, 2001, tome II: Approches dissidentes, tome III: Approches insolites.

DUBESSET, Mathilde. Femmes et religions, entre soumission et espace pour s'exprimer et agir, un regard d'historienne. *Nuevo Mundo Mundos Nuevos* [online]. Colloques, mis en ligne le 05 juin. 2008. Disponível em: http://nuevomundo.revues.org/34383. Acesso em: 16 maio 2013.

DUBUISSON, Daniel. *L'Occident et la religion*. Paris: Complexe, 1998.

DUVIOLS, J. P. *Voyageurs français en Amérique. Colonies espagnoles et portugaises*. Paris: Bordas, 1978.

ESPAGNE, Michel. *Les transferts culturels franco-allemands*. Paris: PUF, 1999.

_____. Approches anthropologiques et racines philologiques des transferts culturels. *Revue germanique internationale* [online], 21 | 2004, mis en ligne le 19 sept. 2011. Disponível em: http://rgi.revues.org/1014. Acesso em: 14 out. 2012.

_____. La notion de transfert culturel. *Revue Sciences/Lettres* [online], 1 | 2013, mis en ligne le 18 avr. 2013. Disponível em: http://rsl.revues.org/219. Acesso em: 12 abr. 2014.

FAVRE, Henri. *L'Indigénisme*. Paris: PUF/Coll. Que sais-je?, 1996.

FOUCAULT, Michel. *Les mots et les choses*. Paris: Gallimard, 1966.

FREITAS, Marcos Cezar de (org.). *Historiografia brasileira em perspectiva*. São Paulo: Instituto Franciscano de Antropologia/Contexto, 2000 (¹1998).

GAUCHET Marcel. *Le Désenchantement du monde. Une histoire politique de la religion*. Paris: Galimard/Bibliothèque des sciences humaines, 1985.

GIUMBELLI, Emerson. *O fim da religião. Dilemas da liberdade religiosa no Brasil e na França*. São Paulo: Attar editorial, 2002.

GRAL (Groupe de Recherche sur l'Amérique Latine). *Indianite, ethnocide, indigénisme en Amérique latine*. Toulouse: CNRS, 1982.

GRUZINSKI, Serge. Christianisation ou Occidentalisation? Les sources romaines d'une anthropologie historique. *MEFRIM*, 101 (2), 1989.

_____. *La pensée métisse*. Paris: Fayard, 1999.

_____. *Les quatre parties du monde*. Paris: La Martinière, 2004.

GRUZINSKI, Serge; BERNAND, Carmen. Le Tropique des péchés. In: _____. *Histoire du Nouveau Monde. Les métissages*. Paris: Fayard, 1993.

GRUZINSKI, Serge; BENAT-TACHOT, Louise. *Passeurs culturels. Mécanismes de métissage*. Paris: Presse Universitaire de Marne-la-Vallée/Fondation Maison des Sciences de L'homme, 2001.

GRUZINSKI, Serge; BENAT-TACHOT, Louise; JEANNE, Boris (dir.). *Les processus d'américanisation*. Paris: Éditions Le Manuscrit, 2012, tome 1: ouvertures théoriques.

GUERRA, François-Xavier. L'Euro-amérique. Constitution et perceptions d'un espace culturel commun. *Les civilisations dans le regard de l'autre. Actes du colloque international organisé conjointement par l'UNESCO et l'École Pratique des Hautes Études*. Paris, 13 et 14 décembre 2001, 183-192.

HERVIEU-LEGER, Danièle; AZRIA, Régine. *Dictionnaire des faits religieux*. Paris: PUF, 2010.

HERVIEU-LEGER, Danièle; WILLAIME, Jean-Paul. *Sociologies et religion*. Paris: PUF, 2001, tome I: Approches classiques.

HILDESHEIMER, Française. *L'histoire religieuse*. Paris: Publisud, 1996.

HOORNAERT, Eduardo. Pressupostos filosóficos da historiografia. *Cadernos da UNICAP*, Universidade Católica de Pernambuco, Caderno 7, Recife, jun. 1980.

_____. América Latina. Projeto colonial ou utopia? *Revista de Humanidades, Ciências e Letras*, Recife: Unicap, v. 35, n. 1, jan.-jun. 1993.

JULIA, D. La religion, histoire religieuse. In: LE GOFF, Jacques; NORA, Pierre (dir.). *Faire de l'histoire*. Paris: Gallimard, 1974, tome II.

LANGLOIS, Claude; MAYEUR, Jean-Marie. Sur l'histoire religieuse de l'époque contemporaine. *La Revue Historique*, octobre-novembre 1974, tome 512.

LEDUC, Claudine; FINE, Agnès. Femmes et religions. *CLIO. Histoire, femmes et sociétés* [online], 2 | 1995, mis en ligne el 01 janv. 2005. Disponível em: http://clio.revues.org/485. Acesso em: 05 maio 2013.

LE GOFF, Jacques; NORA, Pierre (dirs.). *Faire de l'histoire*. Paris: Gallimard, 1974, tome 1: Nouveaux problèmes, tome 2: Nouvelles approches, tome 3: Nouveaux objets.

LEVI-STRAUSS, Claude. *Anthropologie structurale*. Paris: Plon, 1958.

_____. *Race et histoire*. Paris: Gallimard, 1987 ('1952).

MATTHIEU, Gilles. *Une ambition sud-américaine. Politique culturelle de la France (1914-1940)*. Paris: L'Harmattan, 1991.

METRAUX, Alfred. Ensayos de mitologia comparada sudamericana. *América indigena*, v. VIII, n. 1, Mexico, 1948.

_____. Les précurseurs de l'ethnologie en France du XVIe au XVIIIe siècle. *Cahiers d'histoire mondiale*, 67, 1963.

_____. *Religions et magies indiennes d'Amérique du sud*. Paris: Gallimard, 1967.

OBADIA, Lionel. Religion(s) et modernité(s). Anciens débats, enjeux présents, nouvelles perspectives. *Socio-anthropologie* [online], n. 17-18, 2006. Disponível em: http://socio-anthropologie.revues.org/index448.html. Acesso em: out. 2010.

ORY, Pascal; DULPHY, Anne; FRANK, Robert; MATARD-BONUCCI, Marie-Anne. (dirs.). *Les relations culturelles internationales au XXe siècle, de la diplomatie culturelle à l'acculturation*. Bruxelles: P.I.E. Peter Lang S.A./Éditions Scientifiques Internationales, 2010.

RECLUS, Elisée. *Nouvelle géographie universelle*. Paris: Hachette, 1876-1894, 19 vol., v. XIX: Amérique du Sud, l'Amazonie et La Plata.

REMOND, René. *Religion et société en Europe*. Paris: Éditions du Seuil, 1998.

RIVIERE, Claude. *Socio-anthropologie des religions*. Paris: Armand Colin, 2008 ('1997).

ROLLAND, Denis. *La crise du modèle français. Marianne et l'Amérique latine*. Culture politique et identité. Rennes, PUR, 2000.

ROLLAND, Denis; SIRINELLI, Jean-François (coord.). *Histoire culturelle des relations internationales. Carrefour méthodologique, XXe siècle*. Paris: L'Harmattan, 2004.

SCHWARTZ, Stuart B.; SALOMON, Frank (dirs.). *The Cambridge History of the Native People of the Americas.* Cambridge: Cambridge University Press, 1996-1999.

SEGALEN, Martine. *Ethnologie, concepts et aires culturelles.* Paris: Armand Colin, 2001.

SEGUY, Jean. Pour une Sociologie de l'ordre religieux. *Archives des sciences sociales des religions*, n. 57/1 (1984) 55-68.

TAYLOR, Anne Christine. God-wealth. The Achar and the missions. In: WHITTEN, JR. N. *Cultural transformation and ethnicity, in modern Ecuador.* Urbana: University of Illinois Press, 1981.

TEIXEIRA, Faustino (org.). *Sociologia da religião.* Petrópolis: Vozes, 2003.

TODOROV, Tzvetan. Voyageurs et indigènes. In: GARIN, Eugenio (éd.). *L'homme de la Renaissance.* Paris, 1990.

_____. *A conquista da América. A questão do outro.* São Paulo: Martins Fontes, 1996.

VAN GENNEP, A. Contributions à l'histoire de la méthode ethnographique. *Revue de Religion*, 67, 1913.

WACHTEL, Nathan. *La Vision des vaincus.* Paris: Gallimard, 1971.

WEBER, Max. *Sociologie des religions. Textes traduits et réunis par J.-P. Grossein.* Paris: Gallimard, 1996.

WILLAIME, Jean-Paul. *Sociologie des religions.* Paris: PUF, 1995.

2. História do Brasil e da "região central"

ARNAULD DE SARTRE, Xavier. *Fronts pionniers d'Amazonie.* Paris: CNRS, 2006.

AUBREE, Marion (secr.). Religions, orthodoxie, hétérodoxie et mysticisme. *Cahiers du Brésil contemporain*, n. 35-36. Paris: CNRS, 1998.

BENNASSAR, Bartolomé. Un cas particulier. Le Brésil. *Notre histoire*, n. 83, nov. 1991.

BENNASSAR, Bartolomé; MARIN, Richard. *Histoire du Brésil 1500-2000*. Paris: Fayard, 2000.

BENOIT, Sébastien; COUDREAU, Henri Anatole (1859-1899). *Dernier explorateur français en Amazonie*. Paris: L'Harmattan, 2000.

BUARQUE DE HOLANDA, Sergio. *Racines du Brésil*. Paris: Gallimard, 1988 (1re éd. brés. 1936).

BURNS, Edward Bradford. *A history of Brazil*. New York: Columbia University Press, 1980 (^{3}1993).

CARELLI, Mario. *Brésil. Épopée métisse*. Paris: Gallimard, 1987.

_____. *Cultures croisées. Histoire des échanges culturels entre la France et le Brésil, de la découverte aux Temps Modernes*. Paris: Nathan, 1993.

CARVALHO, José Murilo de. *A formação das almas. O imaginário da República no Brasil*. São Paulo, Companhia das Letras, ^{2}1990.

CASTELNAU, Francis de. *Expédition dans les parties centrales de l'Amérique du sud, de Rio de Janeiro à Lima, et de Lima au Para*. Paris: P. Bertrand, 1850-1857, 7 tomes.

COMPAGNON, Olivier (pref.); DROULERS, Martine (et al.). *Brésil, Brésils*. Paris: IHEAL, 2006.

COUDREAU, Henri. *Voyage au Xingu*. 30 maio 1896-26-octobre 1896. Paris: A. Lahure, 1897.

_____. *Voyage au Tocantins-Araguaya*. 31 décembre 1896-23 maio 1897. Paris: A. Lahure, 1897.

DOLES, D. E. Martins (coord.). *Interpretação histórica da economia de Goiás e posicionamento do setor agropecuário no contexto econômico e social da região*. Goiânia: Secretaria de Agricultura e Abastecimento, 1995.

DOS SANTOS, Carcius Azevedo. *Araguaia-natureza, Araguaia-projeto. Paisagens socioambientais em Couto de Magalhães, século XIX* [online]. Dissertação apresentada ao PPGHIS-UNB como requisito à obtenção do grau do mestre em História. Brasília, 2007. Disponível em: http://bdtd.bce.unb.br. Acesso em: abr. 2009.

ENDERS, Armelle. *Histoire du Brésil contemporain XIXe-XXe siècle*. Paris: Complexe, 1997.

_____. *Nouvelle histoire du Brésil*. Paris: Chandeigne, 2008.

FAUSTO, Boris (dir.). *História geral da sociedade brasileira*, Rio de Janeiro: Bertrand Brasil, [6]1996.

FREYRE, Gilberto. *Maîtres et esclaves*. Paris: Gallimard, 1974 ([1]1933).

_____. *Vida social no Brasil nos meados do século XIX*. São Paulo: Global, [4]2009.

GATTI JR., Décio; OLIVEIRA, Sebastião José de. A criação e a consolidação da Faculdade de Filosofia, Ciências e Letras Santo Tomás de Aquino em Uberaba, Minas Gerais. Uma experiência singular da congregação dominicana no Brasil (1948-1961). *Educação e Filosofia*, v. 18, n. esp. (maio 2004) 131-150.

GATTI JR., Décio; DA SILVA, Washington Abadio. A formação de "bons christãos e virtuosos cidadãos" na princesa do sertão. O colégio marista diocesano de Uberaba (1903-1916). *Cadernos de História da Educação* [online], n. 2 (jan./dez. 2003) 159. Disponível em: http://www.seer.ufu.br/index.php/che/article/viewFile/343/328. Acesso em: set. 2010.

GUICHARMAUD-TOLLIS, Michèle (coord.). *Regards croisés entre la France et le Brésil*. Paris: L'Harmattan, 2008.

HISTÓRICO de Araguacema [online]. Prefeitura municipal de Araguacema, estado do Tocantins. Disponível em: http://www.biblioteca.ibge.gov.br. Acesso em: mar. 2009.

MAGALHÃES, Couto de. *Viagem ao Araguaia*. São Paulo: Brasiliana, XXVIII, [3]1934 (1re éd. 1863).

_____. *Os selvagens*. Rio de Janeiro: Typografia da Reforma, 1876.

MATTOS, Raymundo José da Cunha. Chorographia històrica da provincial de Goyaz. Revista trimestrial do *Instituto historico, geografico e etnografico do Brazil*, Rio de Janeiro, T. XXXVII, 1874, et T.XXXVIII, 1875.

MATTOSO, Katia M. de Queiròs (dir.). *Mémoires et identités au Brésil*. Paris: L'Harmattan, 1996.

_____ (org.). Le Brésil à l'époque moderne, perspectives missionnaires et politiques européennes. *Cahiers du Brésil contemporain*, Maison des Sciences de l'Homme, n. 32, 1997.

_____ (dir.). *Modèles politiques et culturels au Brésil*. Paris: Presses de Paris-Sorbonne/L'Université, 2003.

MAURO, Frédéric. *La vie quotidienne au Brésil au temps de Pedro Segundo (1831-1889)*. Paris: Hachette littérature, 1980.

MONTEIRO, John Manuel. *Negros da terra. Índios e bandeirantes nas origens de São Paulo*. São Paulo: Companhia das letras, 1994.

MOTA Carlos (dir.). *Viagem incompleta. A experiência brasileira (1500-2000)*. São Paulo: SENAC, 2000.

PEBAYLE, Raymond. *Les Brésiliens pionniers et bâtisseurs*. Paris: Flammarion, 1989.

PIERUCCI, Antonio Flavio de Oliveira (et al.). *O Brasil republicano*. Rio de Janeiro: Bertrand Brasil, [3]1995, tomo III, v. 4: Economia e Cultura (1930-1964), coleção História Geral da Civilização Brasileira, dirigida por Boris Fausto para o período republicano.

PINHEIRO, Paulo Sérgio (et al.). O Brasil republicano. Rio de Janeiro: Bertrand Brasil, [5]1997, tomo III, v. 2: Sociedade e Instituições (1889-1930), coleção História Geral da Civilização Brasileira, dirigida por Boris Fausto para o período republicano.

POTELET, Janine. *Le Brésil vu par les voyageurs et les marins français: 1816-1840*. Paris: L'Harmattan, 1993.

ROLLAND, Denis. *Le Brésil et le monde. Pour une histoire des relations internationales des puissances émergentes*. Paris: L'Harmattan, 1998.

_____. Brésil-Europe. Comment peut-on parler de modèles? *Les modèles européens au Brésil*. Paris: PUPS, 2003.

ROUQUIÈ, Alain. *Le Brésil au XXIe siècle*. Paris: Fayard, 2006.

SCHWARTZMAN, Simon; BROCK, Colin (org.). *Os desafios da educação no Brasil*. Rio de Janeiro: Nova Fronteira, 2005, 9-49.

SIMONIAN, Ligia Terezinha Lopes; PINTO, Paulo Moreira; CAMPOS, Raul Ivan Raiol de. O Parque estadual Serra dos Martírios/

Andorinhas e seus desdobramentos socioeconômicos, culturais e turísticos [online]. *Paper do NAEA*, n. 193, maio 2006. Disponível em: http://www2.ufpa.br. Acesso em: mar. 2009.

SUPPO, Hugo. A política cultural da França no Brasil entre 1920 e 1940. O direito e o avesso das missões universitárias. *Revista de História*, n. 142-143, 2000.

VAINFAS, Ronaldo (dir.). *Dicionário do Brasil imperial* (1822-1889). Rio de Janeiro: Objetiva, 2002.

VIDAL, Laurent. "Sous le masque du colonial" Naissances et "décadence" d'une vila dans le Brésil moderne: Vila Boa de Goiás au XVIIIe siècle. Annales. *Histoire, Sciences Sociales*, 2007/3, 62e année, 577-606.

VIDAL, Laurent; DE LUCA, Tania Regina. *Les français au Brésil, XIXe-XXe siècles*. Paris: Les Indes savantes, 2011.

3. Antropologia e estudo das políticas indigenistas no Brasil

ADDISON POSEY, Darrell. Environmental and Social Implications of Pre-and Postcontact Situations on Brazilian Indians. The Kayapò ant the News Amazonian Synthesis. In: ROOSEVELT, Anna (dir.). *Amazonian Indians from Prehistory to the Present*. The University of Arizona Press, 1994.

ALENCASTRO, Felipe de. L'histoire des Amérindiens au Brésil. Annales. *Histoire, Sciences Sociales*, 2002/5, 57e année, 1323-1335.

AMOROSO, Marta Rosa. Catequese e educação para índios nos aldeamentos capuchinhos. *Revista Brasileira de Ciências Sociais*, São Paulo, v. 13, n. 37, jun. 1998.

ARNAUD, Expedito. A ação indigenista no sul do Pará. *Boletim do Museu Paraense Emílio Goeldi*, n. 49, 1971.

_____. A expansão dos índios kayapó-gorotire e a ocupação nacional (região sul do Pará). Separata da *Revista do Museu Paulista*, v. 32, 1987.

_____. *O índio e a expansão nacional.* Belém: CEJUP, 1989.

ARNAUD, Expedito; ALVES, A. R. A extinção dos índios kararaô (kayapó), Baixo Xingu, PA. *Boletim do Museu Paraense Emilio Goeldi*, n. 53, jun. 1974.

BASTIDE, Roger. *Le sacré sauvage.* Paris: Stock, 1997 (1re éd. Payot, 1975).

_____. *Anthropologie appliquée.* Paris: Stock, 1998 (1re éd. Payot, 1971).

_____. *Le Prochain et le lointain.* Paris: L'Harmattan, 2001.

BASTIDE, Roger; URANGA, Emilio. El positivismo brasileño y la incorporación del proletariado de color a la civilización occidental. *Revista Mexicana de Sociologìa* [online], Mexico: UNAM, v. 8, n. 3, set.-dez. 1946. Disponível em: http://www.jstor.org. Acesso em: março de 2009.

CARDOSO, Roberto de Oliveira. *Identidade, etnia e estrutura social.* São Paulo: Pioneira, 1976.

_____. O índio no mundo dos brancos. A situação dos Tukúna do Alto Solimões. São Paulo: Difel, 1964.

CARNEIRO, Manuela da Cunha (dir.). *História dos índios no Brasil.* São Paulo: Schwarcz, 1998 (¹1992).

_____. A Palavra de Deus: inspirados e exegetas. *Religião e Sociedade.* Rio de Janeiro: ISER (Instituto de Estudos da Religião), n. 2, nov. 1977.

CROS, Claudi R. *La civilisation amérindienne.* Paris: PUF, 1995.

DREYFUS, Simone. *Les Kayapo du Nord. Contribution à l'étude des Indiens Gé.* Paris: La Haye/Mouton & Co, 1963.

HEMMING, John. *The Red gold. Conquest of the Brazilians Indians (1500-1700).* Cambridge, Mass.: Harvard U.P., 1978.

HOORNAERT, Eduardo. A importância das assembleias indígenas para os Estudos Brasileiros. *Religião e Sociedade,* Rio de Janeiro: ISER (Instituto de Estudos da Religião), n. 3, out. 1978.

KRAUSE, Fritz. Nos sertões do Brasil. *Revista do arquivo municipal, LXVI-XCV.* São Paulo, 1940-1944.

LEVI-STRAUSS, Claude. *Tristes tropiques*. Paris: Librairie Plon, 1955.

LIMA, Antonio Carlos de Souza. Sobre o indigenismo, autoritarismo e nacionalidade: considerações sobre a constituição do discurso e da pratica da proteção fraternal na Primeira República. In: OLIVEIRA, João Pacheco de (org.). *Sociedades indígenas e indigenismo no Brasil*. Rio de Janeiro: Ed. da UFRJ. São Paulo: Marco Zero, 1987.

MOREIRA, Aldemar. Contribuição de F. Cardim para a etnologia brasileira. *Verbum*, 11, 1954.

NIMUENDAJU, Curt. Tribes of the lower and middle Xingu River. *Hand book of South American Indians*, Washington, v. III, 1939.

_____. *Os Gorotires*. São Paulo: RMP, 1952, v. VI.

PINTO, Odorico Pires; VILLEGAS, Oscar Uribe. El apostolado positivista y el indigenismo en el Brasil. *Revista Mexicana de Sociologìa* [online], México: UNAM, v. 23, n. 1, jan.-abr. 1961. Disponível em: http://www.jstor.org. Acesso em: mar. 2009.

RIBEIRO, Berta. *O índio na história do Brasil*. São Paulo: Global, 1983.

RIBEIRO, Darcy. Culturas e línguas indígenas do Brasil. *Educação e Ciências Sociais*, Rio de Janeiro: Centro brasileiro de pesquisas educacionais, n. 6, 1957.

_____. *A política indígena brasileira*. Rio de Janeiro: Ministério da Agricultura, 1962.

_____. *Os índios e a civilização*. Petrópolis: Vozes, 1970.

_____. *Ensaios insólitos*. Porto Alegre: L & PM Editores, 1979.

ROCHA, Leandro Mendes. *O Estado e os índios. Goiás (1850-1889)*. Goiânia: Universidade Federal de Goiás, 1998.

_____. *A política indigenista no Brasil (1930-1967)*. Goiânia: Universidade Federal de Goiás, 2003.

RODRIGUES, Cintia Régia. O positivismo e a imagem do índio no jornal. A Federação [CD-ROM]. *Anais do XXIII Simpósio Nacional de História – História: guerra e paz*. Londrina: ANPUH, 2005. Disponível em: http://anpuh.org/anais/?p=17088. Acesso em: abr. 2009.

SCHWARCZ, Lilia Moritz. *O espetáculo das raças. Cientistas, instituições e questão racial no Brasil 1870-1930*. São Paulo: Editoria Schwarcz, 1995 (¹1993).

SMILJANIC, Maria Inês. Os enviados de Dom Bosco entre os Masiripiwëiteri. O impacto missionário sobre o sistema social e cultural dos Yanomami ocidentais (Amazonas, Brasil). *Journal de la Société des Américanistes*, n. 88, (2002) 137-158.

SOIHET, Rachel. O drama da conquista na festa. Reflexões sobre resistência indígena e circularidade cultural. *Estudos Históricos*, n. 9, 1992.

STADEN, Hans. *Nus, féroces et anthropophages*. Paris: Métailié, 1979.

STOLL, Émilie. *Terres indiennes et politiques indigéniste au Brésil*. Paris: L'Harmattan, 2009.

SUESS, Paulo. *Em defesa dos povos indígenas*. São Paulo: Loyola, 1980.

_____. *Culturas e evangelização*. São Paulo: Loyola, 1991.

_____. *Conversão dos cativos*. São Bernardo do Campo: Nhanduti, 2009.

VERSWIJVER, Gustaaf. *The Club-Fighters of the Amazon. Warfare among the Kayapo Indians of Central Brazil*. Gand: Rijkuniversiteit, 1992.

VIVEIROS DE CASTRO, Eduardo. Le marbre et la myrte. De l'inconstance de l'âme sauvage. In: MOLINIE, A.; BECQUELIN, A. (éd.). *Mémoires de la tradition*. Nanterre, 1993.

_____. *Antropologia e imaginação da indisciplinaridade* [online]. Conferência inaugural da cadeira de humanidades do Instituto de Estudos Avançados Transdisciplinares na Universidade Federal de Minas Gerais, Brasil, 18 de maio 2005. Disponível em: http://www.ufmg.br/ieat. Acesso em: 27 dez. 2009.

VIVEIROS DE CASTRO, Eduardo; CARNEIRO da CUNHA, Manuela (org.). *Amazônia etnologia e história indígena*. São Paulo: Núcleo de História Indígena e do Indigenismo da USP: FAPESP, 1993.

WRIGHT, Robin M. (org.). *Transformando os deuses. Os múltiplos sentidos da conversão entre os povos indígenas no Brasil*. Campinas: Ed. Unicamp, 1999.

4. História do catolicismo e das missões fora do Brasil

ALDEN, Dauril. *The Making of an Enterprise. The Society of Jesus in Portugal, Its Empire, and Beyond, 1540-1750.* Stanford: Stanford University Press, 1996.

AUBERT, R. (et al.). Le catholicisme en Amérique latine. *Nouvelle Histoire de l'Église.* Paris: Seuil, 1990, tome V.

BAUDRILLARD, Alfred; AUBERT, Roger (dir.). *Dictionnaire d'histoire et de géographie ecclésiastique.* Paris: Librairie Letouzé et Ané, 1912-... (Tome X, 1938, artcl. Brésil).

BEOZZO, José Oscar. História da Igreja na América Latina. *Religião e Sociedade,* Rio de Janeiro: ISER (Instituto de Estudos da Religião), n. 2, nov. 1977.

BEOZZO, José Oscar; LORSHEIDER, Dom. *500 anos de evangelização da América Latina.* Petrópolis: Vozes, 1992.

BERTRAND, Michel. La Conversion au prix du syncrétisme religieux? Considérations sur l'évangélisation en Amérique Latine. *Diasporas,* n. 3 (2e sem. 2003) 78-97.

BOUYER, Louis. *Dictionnaire théologique.* Paris: Desclée, ²1963.

CABANEL, Patrick. *Entre religions et laïcité. La voie française, XIXe-XXIe siècles.* Toulouse: Privat, 2007.

CABANEL, Patrick; DURAND, Jean-Dominique (dir.). Le grand exil des congrégations religieuses françaises – 1901-1914. *Actes du colloque international de l'université Jean Moulin-Lyon III.* Paris: Les Éd. du Cerf, 2005.

CABANEL, Patrick. *Cadets de Dieu.* Paris: CNRS éditions, 1997.

CASTELNAU-L'ESTOILE, Charlotte de (et al.). *Missions d'évangélisation et circulation des savoirs XVIe-XVIIIe siècle.* Madrid: Casa de Velazquez, 2011.

CHAMORRO, Graciela; CAVALCANTE, Thiago Leandro Vieira; GONÇALVES Carlos Barros (org.). *Fronteiras e identidades. Encontros e desencontros entre povos indígenas e missões religiosas.* Textos das XIII

Jornadas Internacionais sobre as Missões Jesuíticas. São Bernardo do Campo: Nhanduti, 2011.

CHOLVY, Gérard. *La religion en France de la fin du XVIIIe siècle à nos jours*. Paris: Hachette, 1998.

_____. *Christianisme et société en France au XIXe siècle: 1790-1914*. Paris: Éditions du Seuil, 2001.

CHOLVY, Gérard; HILAIRE, Yves-Marie (dir.). *Histoire religieuse de la France – 1800-1880*. Toulouse: Privat, 2000.

_____. *Histoire religieuse de la France – 1880-1914*. Toulouse: Privat, 2000.

_____. *Histoire religieuse de la France. Géographie XIXe-XXe siècle*. Toulouse: Privat, 2000.

_____. *Religion et société en France – 1914-1945*. Toulouse: Privat, 2002.

COMPAGNON, Olivier. L'influence de Jacques Maritain en Amérique Latine. Contribution à l'étude des échanges intellectuels internationaux. *Bulletin de l'Institut Pierre Renouvin*, n. 11, 2001.

_____. *Jacques Maritain et l'Amérique du sud. Le modèle malgré lui*. Villeneuve d'Ascq: Presses Universitaires du Septentrion, 2003.

_____. Avril 1947: la "Déclaration de Montevideo". Le projet démocrate-chrétien en Amérique latine. *Nuevo Mundo, Mundos Nuevos*, BAC – Biblioteca de Autores del Centro, 2005, mis en ligne el 14 févr. 2005. Disponível em: http://nuevomundo.revues.org/605. Acesso em: 06 set. 2010.

_____. La crise du catholicisme latino-américain. *L'Ordinaire Latino-Américain*, Toulouse: IPEALT, n. 210, 2008.

_____. Maritain et l'Amérique du Sud. *Nuevo Mundo, Mundos Nuevos*, BAC – Biblioteca de Autores del Centro, 2005, mis en ligne le 14 févr. 2005. Disponível em: http://nuevomundo.revues.org. Acesso em: 20 jun. 2010.

COULON, Paul; MELLONI, Alberto (dir.). Christianisme, mission et cultures. *Actes du colloque du CREDIC tenu à Bologne* (29 août-1 e septembre 2007). Paris: Karthala, 2008.

CUCHET, Guillaume. Nouvelles perspectives historiographiques sur les prêtresouvriers (1943-1954). *Vingtième Siècle, Revue d'histoire*, v. 3, n. 87 (2005) 177-187.

DELISLE, Philippe (dir.). Acculturation, syncrétisme, métissage, créolisation (Amérique, Océanie, XVIe-XIXe siècle). *Histoire et Missions chrétiennes*, Paris: Karthala, n. 5, mars 2008.

DUCHET-SUCHAUX, Gaston; DUCHET-SUCHAUX, Monique. *Les Ordres religieux. Guide historique.* Paris: Flammarion, 1993.

DUFOURCQ, Élisabeth. *Les Aventurières de Dieu. Trois siècles d'histoire missionnaire française.* Paris: Lattès, 1993.

DUMONT, Micheline; MALOUIN, Marie-Paule Malouin. Évolution et rôle des congrégations religieuses enseignantes féminines au Québec, 1840-1960 [online]. *Sessions d'étude – Société canadienne d'histoire de l'Église catholique*, v. 50, n. 1 (1983) 201-230. Disponível em: http://id.erudit.org/iderudit/1007044ar. Acesso em: 17 maio 2013.

DUROSELLE, Jean-Baptiste. *Histoire du catholicisme.* Paris: PUF, 1949.

DUSSEL, Enrique D. *Historia General de la Iglesia en America Latina.* Salamanca: CEHILA/Ediciones Sígueme, 1983.

FRONTIERES de la Mission. Atas do Colóquio da Escola francesa de Roma 1992. *MEFRIM*, n. 109 (1997) 2.

FOUILLOUX, Étienne. Femmes et catholicisme dans la France contemporaine, aperçu historiographique. *CLIO: Histoire, femmes et sociétés* [online], 2 | 1995, mis en ligne el 01 janv. 2005. Disponível em: http://clio.revues.org/498. Acesso em: 5 maio 2013.

FOULARD, Camille. Les congrégations enseignantes françaises au Mexique (1840-1940). Politiques religieuses, politiques de laïcisation et enjeux internationaux. *Nuevo Mundo, Mundos Nuevos*, mis en ligne el 17 mars 2009. Disponível em: http://nuevomundo.revues.org/55674. Acesso em: 17 maio 2013.

GAGLIANO, J. A.; RONAN, C. E. (éd.). *Jesuit encounters in the New World. Jesuit chroniclers, geographers, educators and missionaries in the Americas 1549-1767.* Rome: Institutum Historicum SI, 1997.

GUGELOT, Frédéric. *La conversion des intellectuels au catholicisme en France (1885-1935)*. Paris: CNRS Éditions, 1998.

LANGLOIS, Claude. *Le catholicisme au féminin. Les congrégations françaises à supérieure générale au XIXe siècle*. Paris: Les Éd. du Cerf, 1984.

LAPERRIERE, Guy. *Les congrégations religieuses: de la France au Québec 1880-1914*. Sainte Foy: Les Presses de l'Université Laval, tome 1: Premières bourrasques 1880-1900, 1996, tome 2: Au plus fort de la tourmente 1901-1904, 1999.

LES ORDRES Mendiants. Religions et Histoire. *Hors-série*, n. 5, abr. 2011.

L'ÉVEIL des catholiques français à la dimension internationale de leur foi XIXe-XXe siècle. *Atas do IV colóquio de história religiosa*, Le Puy 6-9 jul. 1995. (Edition universitaire Montpellier III, 1996).

LÖWY, Michael. *La Guerre des Dieux. Religion et politique en Amérique latine*. Paris: Éditions du Félin, 1998.

MAYEUR, Françoise. *L'éducation des filles en France au XIXe siècle*. Paris: Hachette, 1979. (Nouvelle édition Perrin, 2008).

MAYEUR, Jean-Marie. *Catholicisme social et démocratie chrétienne*. Paris: Les Éd. du Cerf, 1986.

_____ et al. *Histoire du Christianisme des origines à nos jours*. Paris: Desclée, 1992-2001.

MAYEUR, Jean-Marie; HILAIRE, Yves-Marie (dir.). *Dictionnaire du monde religieux dans la France contemporaine*. Paris: Beauchesne, 1985-2001, 10 tomes.

O'REILLY, Patrick. Les études missionnaires en France. *Revue d'Histoire de l'Église de France* [online], tome 17, n. 75, 1931, 161-179. Disponível em: http://www.persee.fr/web/revues/home/prescript/article/rhef_0300-9505_1931_num_17_75_2574. Acesso em: jul. 2013.

PAISANT, Chantal (dir.). *La mission en textes et en images*. Paris: Karthala, 2004.

PELLETIER, Denis (dir.). Utopie missionnaire, militantisme catholique. *Le Mouvement social*, n. 177, oct.-déc. 1996.

_____. *Économie et Humanisme. De l'utopie communautaire au combat pour le tiers-monde*. Paris: Cerf, 1996.

PIERRARD, Pierre. *L'Église bouleversée, de 1789 à 1945*. Paris: Les Éditions Ouvrières, 1992.

PIOLET, J.-B. *Les missions catholiques françaises au XIXe siècle*. Paris: Armand Colin, 1903.

POUPARD, Paul (dir.). *Dictionnaire des religions*. Paris: PUF, ³1993 (¹1984).

PRIEN, Hans-Jürgen. *La historia del cristianismo en América Latina*. Salamanca: Ediciones Sìgueme, 1985.

PROSPERI, Adriano. Outras Indias. Missionari della controriforma tra contadini e selvaggi. *Scienze, credenze occulte, livelli di cultura*. Firenze, 1980.

PRUDHOMME, Claude (pres.). Amérique latine et initiatives missionnaires (XVIe-XXe siècle). *Actes de la XIIIe session du CREDIC à Huelva*. Paris: CREDIC/CNRS, 1994.

_____. *Missions chrétiennes et colonisations: XVIe-XXe siècle*. Paris: Les Éd. du Cerf, 2004.

_____ (dir.). *Une appropriation du monde. Mission et missions: XIXe -XXe siècle*. Paris: Publisud, 2004.

_____. Mission religieuse et action humanitaire: quelle continuité? In: MARAIS, J.; DENECHERE, Y. *Missionnaires et humanitaires de l'Ouest dans le monde au XXe siècle*. Rennes: Association des Annales de Bretagne et Presses Universitaires de Rennes, 2005.

PRUDHOMME, Claude; ZORN, Jean-François (prés.). *Missions chrétiennes et formation des identités nationales hors d'Europe: XIXe-XXe siècle*. Lyon: CREDIC, 1995.

RICARD, Robert. *La "Conquête spirituelle" du Mexique essai sur l'apostolat et les méthodes missionnaires des ordres mendiants en Nouvelle-Espagne de 1523-24 à 1572*. Paris: Institut d'ethnologie, 1933.

_____. Comparison of Evangelization in Portuguese and Spanish America. *The Americas* [online], v. 14, n. 4, Special Issue: Conference on the History of Religion in the New World during Colonial Times (apr. 1958). Published by: Academy of American Franciscan History. Disponível em: http://www.jstor.org/stable/978914. Acesso em: junho de 2012.

ROGERS, Rebecca. Éducation, religion et colonisation en Afrique aux XIXe et XXe siècles. *CLIO. Histoire, femmes et sociétés* [online], 6 | 1997, mis en ligne el 01 janv. 2005. Disponível em: http://clio.revues.org/386. Acesso em: 5 maio 2013.

SERRY, Hervé. *Naissance de l'intellectuel catholique*. Paris: La Découverte, 2004.

SUESS, Paulo. *A conquista espiritual da América espanhola*. Petrópolis: Vozes; Quito: Abya Yala, 1992.

_____. *Evangelizar a partir dos projetos históricos dos outros*. São Paulo: Paulus; Quito: Abya Yala, 1995.

TALIN, Kristoff. Les ordres religieux féminins et le compromis catholique. Esquisse d'une recherche comparative France-Québec. *Social Compass*, 44/4 (1997) 579-594.

THIBAULT, Pierre. *Savoir et pouvoir, philosophie thomiste et politique cléricale au XIXe siècle* [Fonte eletrônica]. Tese doutoral sob a direção de Henri Gouhier, Sorbonne 1970. Biblioteca digital da Universidade de Québec, em Chicoutimi (UQAC). Disponível em: http://classiques.uqac.ca/contemporains/thibault_pierre/savoir_et_pouvoir/savoir_et_pouv oir.html. Acesso em: 07 nov. 2013.

TURCOTTE, Paul-André. A l'intersection de l'Église et de la secte, l'ordre religieux. Sociologie et sociétés. *Catholicisme et société contemporaine*, v. XXII, n. 2, oct. 1990.

VILLER, M. et al. *Dictionnaire de spiritualité*. Paris: Beauchesne, 1937-1995, tome III, 1957, artigo "dévotion".

VON ARETIN, Karl. *Les papes et le monde moderne*. Paris: Hachette, 1970.

1492-1992 – Conquête et Évangile en Amérique Latine. Question pour l'Europe aujourd'hui. *Atas do colóquio realizado na Universidade Católica de Lyon*, de 28 a 30 de janeiro de 1992. Lyon: Profac, 1992.

5. História do catolicismo e das missões no Brasil

ALVES, Marcio Moreira. *L'Église et la politique au Brésil*. Paris: Cerf, 1974.

AZEVEDO, João Lucio d'. *Os jesuítas no Grão-Pará. Suas missões e a colonização*. Coimbra, 1930 (¹1901).

AZZI, Riolando. Catolicismo popular e autoridade eclesiástica na evolução histórica do Brasil. *Religião e Sociedade*, Rio de Janeiro: ISER (Instituto de Estudos da Religião), n. 1, maio 1977.

_____. *O catolicismo popular no Brasil*. Petrópolis: Vozes, 1978.

_____. Presença da Igreja Católica na Sociedade Brasileira (1921-1979). Cadernos do ISER (Instituto de Estudos da Religião). Rio de Janeiro: n. 13, 1981.

_____ (org.). *A Vida Religiosa no Brasil. Enfoques históricos*. São Paulo: Paulinas, 1983.

_____. *O altar unido ao trono. Um projeto conservador*. São Paulo: Paulinas, 1992, Col. História do Pensamento no Brasil, v. III.

_____. *A Igreja Católica na formação da sociedade brasileira*. Aparecida: Santuário, 2008.

BAETA NEVES, Luis Felipe. *O combate de Cristo na terra dos papagaios. Colonialismo e repressão cultural*. Rio de Janeiro: Forense Universitária, 1978.

BEOZZO, José Oscar. História da Igreja Católica no Brasil. *Cadernos da Unicap*, Recife, Caderno 8, set. 1980.

_____. *Leis e regimentos das missões. Política indigenista no Brasil*. São Paulo: Loyola, 1983.

_____ (colab.). *História da Igreja no Brasil*. Petrópolis: Vozes, 1985 (¹1980), tomo II: século XIX.

_____ (org.). *Os religiosos no Brasil. Enfoques históricos*. São Paulo: Paulinas, 1986.

BRUNEAU, Thomas C. *The Political Transformation of the Brazilian Catholic Church*. London: Cambridge University Press, 1974.

_____. *O catolicismo brasileiro em época de transição*. São Paulo: Loyola, 1974.

_____. *The Church in Brazil. The Politics of Religion.* Austin: University of Texas Press, 1982.

CALAVIA SAEZ, Oscar. Os "Homens sem deus" e o cristianismo. Para um estudo dos fracassos missionários. *Religião e Sociedade*, Rio de Janeiro: ISER (Instituto de Estudos da religião), v. 20, n. 2, 1999.

CASTELNAU-L'ESTOILE, Charlotte de. *Les Ouvriers d'une vigne stérile (Les Jésuites et la conversion des indiens au Brésil: 1580-1620).* Lisbonne/Paris: Fondation Calouste Gulbenkian, 2000.

CATÃO, Francisco (org.). *Catecismo e catequese, uma nova proposta. O catecismo da Igreja Católica.* São Paulo: Paulinas, 1993.

COLOMBO, Maria Alzira da Cruz. La venue des congrégations religieuses françaises au Brésil à la fin du XIXe siècle et au début du XXe siècle. *Chrétiens et sociétés* [online], 13 | 2006, mis en ligne el 15 sept. 2009. Disponível em: http://chretienssocietes.revues.org/index2136.html. Acesso em: 18 fev. 2011.

CONGRESSO Internacional de História: missionação portuguesa e encontro de culturas. *Actas: II. África oriental, Oriente e Brasil; III. Igreja, sociedade e missionação; IV. Problemática geral e sociedade contemporânea.* Braga, 1993.

DOURADO, Mecenas. *A conversão do gentio.* Rio de Janeiro: Biblioteca do Exército, 1980 (¹1950).

HAUBERT, Maxime. *L'Église et la défense des sauvages. Le Père Antoine Vieira au Brésil.* Bruxelles: Académie Royale des Sciences d'Outre-mer, 1964.

HOORNAERT, Eduardo. *O cristianismo moreno do Brasil.* Petrópolis: Vozes, 1991.

_____ (coord.). *História da Igreja na Amazônia.* Petrópolis: Vozes, 1992.

HOORNAERT, Eduardo; AZZI, Riolando. *História da Igreja no Brasil.* Petrópolis: Vozes, 1977, Col. História Geral da Igreja na América Latina do CEHILA, tomo II/I.

LABORIE, Jean-Claude. *La Mission jésuite du Brésil: lettres et autres documents (1549-1570).* Paris: Chandeigne, 1998.

LEITE, Serafim Soares. *História da Companhia de Jesus no Brasil*, Lisboa/Rio de Janeiro, 1938-1950, 10 v.

LEME, Dom Sebastião. *Carta Pastoral de D. Sebastião Leme, arcebispo metropolitano de Olinda, saudando a sua arquidiocese.* Petrópolis: Vozes, 1916.

LEONARDI, Paula. *Congregações católicas docentes no estado de São Paulo e a educação feminina. Segunda metade do século XIX* [online]. Comunicação apresentada por ocasião do VI° Congresso Luso-Brasileiro de História da Educação (COLUBHE06), na Universidade Federal de Uberlândia (MG-Brasil), em 2006. Disponível em: http://www.faced.ufu.br/colubheo6/anais/arquivos/113PaulaLeonardi.pdf. Acesso em: 18 fev. 2011.

LIMA, Alceu Amoroso. *O Cardeal Leme. Um depoimento.* Rio de Janeiro: Livraria José Olympio, 1943.

LÖWY, Michael; GARCIA-RUIZ, Jesús. Les sources françaises du christianisme de la libération au Brésil. *Archives des sciences sociales des religions*, n. 97, 1997.

MARIA, P. Julio. *O catolicismo no Brasil.* Rio de Janeiro: Livraria Agir, 1950.

MARIN, Richard. *Dom Helder Câmara. Les puissants et les pauvres.* Paris: Éditions de l'Atelier, 1995.

_____. Du curé d'Ars au P. Lebret ou les matrices françaises du catholicisme brésilien. Colóquio *Res publica, République, República, matrices, héritages, singularités.* Universidade de Nantes, 18-19 nov. 2009.

MENGET, Patrick. Notes sur l'ethnographie jésuite de l'Amazonie portugaise (1653-1759). In: BLANCKAERT, C. *La naissance de l'ethnologie?* Paris: Les Éd. du Cerf, 1985.

NOBREGA, Manuel da. *Cartas do Brasil.* São Paulo: Edusp, 1988.

ROLLAND Denis; FERREIRA Marie-Jo. Brésil. Une séparation "à l'amiable" entre l'Église et l'État. *Matériaux pour l'histoire de notre temps*, n. 78 (2005) 36-40.

SERBIN, Kenneth P. *Secret Dialogues. Church-State Relations, Torture and Social Justice in Authoritarian Brazil.* Pittsburgh: University of Pittsburgh Press, 2000.

_____. *Needs of the Heart. A Social and Cultural History of Brazil's, Clergy and Seminaries.* Notre Dame (Indiana): University of Notre Dame Press, 2006.

VAINFAS, Ronaldo. *Heresia dos índios. Catolicismo e rebeldia no Brasil colonial.* São Paulo: Companhia das Letras, 1999 (¹1995).

VIEIRA, Dilermando Ramos. *O processo de reforma e reorganização da Igreja no Brasil (1844-1926).* São Paulo: Santuário, 2007.

6. História dos dominicanos

1. História da Ordem Dominicana

BARQUILLA, José Barrado, OP (org.). *Los dominicos y el Nuevo Mundo siglos XVIII-XIX, Actas del IV Congreso Internacional, Santa Fé de Bogota 6-10 setembro de 1993.* Salamanca: Editorial San Esteban, 1995.

BARQUILLA, José Barrado, OP; RODRIGUEZ, Lopez Rodriguez, OP (org.). *Los dominicos y el Nuevo Mundo siglos XIX-XX. Actas del V Congreso Internacional, Quéretaro, Qro. Mexico, 4-8 setembro de 1995.* Salamanca: Editorial San Esteban, 1997.

HINNEBUSCH, William A., OP. *The Dominicans a Short History.* New York: Alba House, 1975. Traduit de l'anglais par BEDOUELLE, Guy, OP. *Brève histoire de l'Ordre dominicain.* Paris: Les Éd. du Cerf, 1990.

LAUDOUZE, André, OP. *Dominicains français et Action française 1899-1940.* Paris: Les Éditions Ouvrières, 1989.

L'ORDRE des Prêcheurs et son histoire en France méridionale, *Cahiers de Fanjeaux*, Toulouse: Privat, n. 36, 2001.

2. História da missão dominicana no Brasil

AZZI, Riolando. Os dominicanos durante a época imperial. In: BEOZZO, O. (org.). *Os religiosos no Brasil. Enfoques históricos.* São Paulo: Paulinas, 1986.

DOMINICANOS (Província brasileira). *Dominicanos DCCL*. São Paulo: Livraria Duas Cidades/Província Dominicana Brasileira, 1966.

_____. *Os dominicanos*. São Paulo: Província Dominicana do Brasil, 1981.

DOS SANTOS, Edilvado Antonio, OP. *Os dominicanos em Goiás e Tocantins (1881-1930). Fundação e consolidação da missão dominicana no Brasil*. Dissertação de Mestrado. Goiânia: UFG, ago. 1996.

_____. Os dominicanos em Goiás e Tocantins (1881-1900). In: BARQUILLA, José Barrado (org.). *Los dominicos y el Nuevo Mundo siglos XVIII-XIX, Actas del IV Congreso Internacional, Santa Fé de Bogota 6-10 setembro de 1993*. Salamanca: Editorial San Esteban, 1995.

LOBO DE MOURA, Sergio, OP. Una misión en proceso de reimplantación. La Orden Dominicana en el Brasil entre las dos guerras mundiales. In: BARQUILLA, José Barrado; RODRÍGUEZ, Lopez Rodriguez (org.). *Los dominicos y el Nuevo Mundo – siglos XIX-XX. Actas del V Congreso Internacional, Querétaro, Qro. México, 4-8 set. 1995*. Salamanca: Editorial San Esteban, 1997.

LOPES, M. A. Borges; BICHUETTE, M. M. Teixeira Vale (org.). *Dominicanas. Cem anos de missão no Brasil*. Uberaba: Vitória, 1986.

MONTAGNE, Bernard, OP. Une mission pour la province de Toulouse, les projets apostoliques du Père Cormier. *Mémoires Dominicaines*, Paris: Cerf, n. 6, 1995.

MOUNIER, Catherine. *Volta às fontes*. Goiás: Universidade Católica de Goiás/Congregação Dominicana, 1992.

PIC, Claire. *Une mission dominicaine au Brésil. Premiers temps, 1881-1900, mémoire de maîtrise*. Le Mirail: Université Toulouse, out. 1999.

_____. *A la recherche des "sauvages" dans le diocèse de Goiás. Apport ethnographique des missionnaires dominicains (1881-années 1920), mémoire de master 2 recherche*. Le Mirail: Université Toulouse/IPEALT, 2009.

POLETTO, Ivo (org.). *Uma vida a serviço da humanidade. Diálogos com Tomás Balduíno*. São Paulo: Loyola, 2002.

_____. *Frei Mateus Rocha. Um homem apaixonado pelo absoluto.* São Paulo: Loyola, 2003.

ROCHA, Leandro Mendes. Os missionários em Goiás. In: DEMARQUET, S. *A terra indígena no Brasil.* Brasília: Ministério do Interior/Funai, 1988, Coleção Cocar, v. 1.

Edições Loyola

editoração impressão acabamento
Rua 1822 nº 341 – Ipiranga
04216-000 São Paulo, SP
T 55 11 3385 8500/8501, 2063 4275
www.loyola.com.br